जीत आपकी®

जीत आपकी®

जीतने वाले कोई अलग काम नहीं करते,
वे हर काम अलग ढंग से करते हैं।®

कामयाबी की ओर ले जाने वाली सीढ़ी

शिव खेड़ा

BLOOMSBURY
NEW DELHI • LONDON • OXFORD • NEW YORK • SYDNEY

BLOOMSBURY INDIA
Bloomsbury Publishing India Pvt. Ltd
Second Floor, LSC Building No. 4, DDA Complex, Pocket C – 6 & 7,
Vasant Kunj, New Delhi, 110070

First published in 2014
This edition published in 2014

ISBN: PB: 978-93-82951-84-1
25 24 23

Printed and bound in India by Gopsons Papers Pvt. Ltd., Noida

FSC www.fsc.org
MIX
Paper | Supporting responsible forestry
FSC® C191020

मेरी माँ को समर्पित

जिनका मैं उस मज़बूत बुनियाद बनाने

के लिए सदा एहसानमंद रहूँगा

जिसके आधार पर यह

किताब लिखी गई है

शिव खेड़ा अमेरिका में **'क्वालीफाइड लर्निंग सिस्टम इंकॉ., यू.एस.ए.'** के संस्थापक हैं। एक लेखक, शिक्षक, बिजनेस सलाहकार, प्रेरक प्रवक्ता और एक सफल उद्यमी, कई रूप हैं शिव खेड़ा के।

ये लोगों को उनकी सच्ची क्षमता का एहसास कराने में प्रेरित और सूचित करते हैं। वे अपने असरदार संदेश दुनिया के दूसरी ओर अमेरिका से सिंगापुर तक ले जा चुके हैं। उनकी 30 साल की रिसर्च, सोच-समझ और तजुर्बे ने लोगों को खुद पर विश्वास और खुशहाली के रास्ते पर बढ़ने में मदद की है।

शिव खेड़ा 17 **पुस्तकों** के लेखक हैं जिसमें अंतर्राष्ट्रीय बेस्टसेलर (international bestseller) **You Can Win** शामिल है, जिसकी 38,00,000 से ज़्यादा कापियां 21 भाषाओं में बिक चुकीं हैं। इनकी दूसरी किताबें बिक्री के नये स्तर छू रही हैं। शिव खेड़ा के प्रभावशाली ग्राहकों में दूसरों के साथ शामिल हैं – **जी.एम., आई.बी.एम., एच.पी., सिटीग्रुप, एच.एस.बी.सी., कैनन, नेस्ले, फिलिप्स** आदि।

दुनियाभर में 17 देशों के दसियों हज़ार लोगों ने उनके **प्रेरणादायक कार्यक्रमों** से फायदा उठाया और करोड़ों तक इन्होंने अपना संदेश पहुंचाया है।

इन्हें राउंड टेबल फाउंडेशन से मान्यता मिली, रोटरी इन्टरनेशनल और लायंस इन्टरनेशनल ने सम्मानित किया।

इनका ट्रेडमार्क है–

"जीतने वाले कोई अलग काम नहीं करते,
वे हर काम अलग ढंग से करते हैं"®

लेखक की ओर से

सफलता का मतलब सिर्फ असफल होना नहीं है, बल्कि सफलता का सही अर्थ है अपने असली मक़सद को पाना। इसका मतलब है पूरा युद्ध जीतना, न कि छोटी-मोटी लड़ाईयाँ जीतना।

– एडविन सी. ब्लिस

आप ऐसे लोगों से मिले ही होंगे जो अपनी ज़िंदगी बेमक़सद गुज़ार रहे हैं। ऐसे लोग क़िस्मत के रास्ते से जो भी पाते हैं, उसे ही क़बूल कर लेते हैं। चंद लोग ही होते हैं जिन्हें क़ामयाबी तुक्के से मिल जाती है, पर ज़्यादातर लोग तो नाख़ुशी और हताश (frustration) में ही ज़िंदगी गुज़ार देते हैं।

यह किताब ऐसे लोगों के लिए नहीं है, जिनमें क़ामयाबी हासिल करने के लिए न तो पक्का इरादा होता है, न ही इसके लिए वे वक़्त निकालते हैं और न ही क़ामयाब होने के लिए कोशिश करते हैं।

यह किताब आपके लिए है। सीधी-सी बात है कि आप इस किताब को पढ़ रहे हैं। जिससे ज़ाहिर होता है कि आप अपनी ज़िंदगी को और भी बेहतर और ख़ुशहाल बनाना चाहते हैं।

आपकी क़ामयाबी के रास्ते में यह किताब मददगार साबित हो सकती है।

यह किताब किस क़िस्म की है?

WHAT KIND OF BOOK IS THIS?

एक नज़रिए से देखा जाए तो यह निर्माण पुस्तिका (construction manual) है। यह क़ामयाबी के लिए ज़रूरी औज़ारों के बारे में बताती है, और एक ख़ुशहाल और भरपूर ज़िंदगी का नक्शा तैयार करती है।

दूसरे नज़रिए से देखें तो यह लज़ीज खाना बनाने की रेसिपी (recipe) बतानेवाली किताब (cookbook) है। जिस तरह खाना बनाते समय उसमें

इस्तेमाल होनेवाली हर सही चीज़ को सही मात्रा में मिलाया जाए, तो ही खाना बढ़िया बनता है, उसी तरह इस किताब में उन उसूलों की बात की गई है, जिनका सही मात्रा में इस्तेमाल आपको क़ामयाबी की हर ऊँचाई तक पहुँचा सकता है।

लेकिन सबसे बढ़ कर यह एक गाइडबुक है। यह हर क़दम पर क़ामयाबी का सपना देखने से लेकर उन सपनों को सच करने तक के रास्ते बताती है।

इस किताब को कैसे पढ़ना चाहिए?

HOW TO READ THIS BOOK?

यह किताब आपको नए लक्ष्य बनाने, एक नए उद्देश्य की समझ पैदा करने और आपके ख़ुद के बारे में और आपके भविष्य के बारे में नए विचार पैदा करेगी। जैसा कि किताब के नाम से ही ज़ाहिर है, यह आपको अपनी पूरी ज़िंदगी क़ामयाब बनाने में मदद करेगी।

लेकिन आप इस किताब की ख़ास बातों का फ़ायदा एक सरसरी नज़र में पढ़ने या पूरी किताब को एक बारी में गटक लेने से नहीं उठा सकते। इसके लिए तो आपको एक बार में सिर्फ़ एक ही अध्याय (chapter), बहुत धीरे-धीरे और समझते हुए पढ़ना होगा। जब तक एक अध्याय की सारी बातें अच्छी तरह से न समझ लें, अगले अध्याय को पढ़ने के लिए जल्दबाज़ी न करें।

आप इसे एक 'वर्कबुक' (workbook) की तरह इस्तेमाल करें। आपने क्या समझा, क्या सोचा, सब इस वर्कबुक में साइड में लिखते जाएँ और किताब के उन वाक्यों, पैराग्राफ़ों या हिस्सों पर निशान लगातें जाएँ, जो आपके लिए ज़रूरी हों।

हर अध्याय को पढ़ने के बाद उसकी ख़ास-ख़ास बातों पर अपने जीवनसाथी या दोस्तों से चर्चा ज़रूर करें। ख़ासकर वैसा कोई दोस्त या रिश्तेदार जो आपकी ख़ूबियों और ख़ामियों को अच्छी तरह से जानता हो। उसकी निपक्ष्ज्ञ राय आपके लिए मददगार होगी।

एक कार्य योजना की शुरूआत कीजिए

START AN ACTION PLAN

इस किताब का एक मक़सद यह भी है कि आपको आनेवाली ज़िंदगी के लिए एक कार्य योजना (Action Plan) तैयार करने में मदद करे। अगर आपने अब तक कोई कार्य योजना नहीं बनाया है, तो यह किताब आपको तीन चीज़ें बताएगी –

1. आप क्या हासिल करना चाहते हैं?

2. किस तरह से उसे हासिल करना चाहते हैं?

3. कब तक हासिल करने की योजना (plan) है?

इस किताब को पढ़ते वक़्त एक नोटबुक साथ रखें और उसे तीन हिस्सों में बाँट लें – आपके लक्ष्य, आप अपने लक्ष्य कितने मुकामों से गुज़र कर पाना चाहते हैं, और इस क़ामयाबी के लिए आपका टाइम-टेबल।

जब आप इस किताब को पढ़ कर ख़त्म करेंगे, आपकी नोटबुक एक ऐसी मज़बूत नींव तैयार कर चुकी होगी, जिस पर आप अपनी नई ज़िंदगी की इमारत खड़ी कर सकते हैं।

इस किताब में बताए गए नियम और उसूल सर्वव्यापी (universal) हैं, जो हर हालात, हर मुल्क, और हर संगठन में अपनाए जा सकते हैं। जैसा कि प्लेटो (Plato) ने कहा है – "सच्चाई अमर है।"

इस पूरी किताब में मैने सिर्फ़ लिखने की सुविधा के लिए पुर्लिंग शब्दों का इस्तेमाल किया है, लेकिन इस किताब में बताए गए उसूल या रास्ते पुरुष और महिला, दोनों पर एक जैसे ही लागू होते हैं। कहीं कोई फ़र्क़ नहीं है। क़ामयाबी के ये उसूल इस आधार पर लिखे गए हैं कि ज़्यादातर लोग क़ाबिलीयत या अक़्ल की कमी के कारण नाक़ामयाब नहीं होते बल्कि इरादा (desire), रास्ता (direction), समर्पण (dedication) और अनुशासन (discipline) की कमी के कारण नाक़ामयाब होते हैं।

आभार

हर काम की तरह इस किताब को लिखने में भी कई लोगों की मेहनत शामिल है। मैं अपनी बेटियों और ख़ासतौर पर अपनी पत्नी का शुक्रिया अदा करता हूँ। इस काम को पूरा करने में इनके धैर्य और मदद ने मुझे प्रेरणा दी है। मैं अपने स्टाफ़ (staff) के कड़े प्रयास का भी शुक्रगुज़ार हूँ जिन्होंने अपनी मेहनत और कोशिशों से इस किताब का प्रकाशन मुमकिन बनाया।

इस किताब में इस्तेमाल किए गए उदाहरण, कहानियाँ, घटनाएँ पिछले 25 सालों के दौरान अख़बारों, मैगज़ीनों, भाषणों, सेमिनारों में शामिल लोगों के अलावा कई अन्य जगहों से जमा किए गए हैं। बदक़िस्मती से कई बार इन जानकारियों के स्रोत (source) नोट नहीं किए जा सके या मालूम नहीं हो सके, इसलिए जानकारी के सही स्रोत के प्रति आभार प्रकट कर पाना संभव नहीं। इन स्रोतों की जानकारी न होने के बावजूद मैं उन सारे लोगों के प्रति अपना आभार प्रकट करना चाहूँगा, जिन्होंने इस किताब के लिए जाने-अनजाने अपना योगदान दिया है।

इस किताब में इस्तेमाल की कई सामग्री के लिए आभार प्रकट करने का हर संभव प्रयास किया गया है। भूल से भी किसी का आभार प्रकट करने में चूक हो गई हो तो लेखक के ध्यान में लाने पर अगले संस्करण (edition) में इसे ठीक कर दिया जाएगा।

पुस्तक में कॉपीराइट (copyright) सामग्री के इस्तेमाल की इजाज़त देने के लिए मैं इन सबके प्रति आभार प्रकट करता हूँ –

The Best of . . . Bits & Pieces, Copyright © 1994. Reprinted by permission. The Economics Press, Inc., 12 Daniel Road, Fairfield, NJ 07004–2565, USA. Tel: (+1973) 2271224, Fax: (+1973) 2279742, e-mail: info@epinc.com, Website: http://www.epinc.com

अनुक्रम

अध्याय

1

नज़रिए का महत्त्व

सकारात्मक रुख अपनाएँ

एक आदमी मेले में गुब्बारे बेच कर गुज़र-बसर करता था। उसके पास लाल, नीले, पीले, हरे और इसके अलावा कई रंगों के गुब्बारे थे। जब उसकी बिक्री कम होने लगती तो वह हीलियम गैस से भरा एक गुब्बारा हवा में उड़ा देता। बच्चे जब उस उड़ते गुब्बारे को देखते, तो वैसा ही गुब्बारा पाने के लिए आतुर हो उठते। वे उसके पास गुब्बारे खरीदने के लिए पहुँच जाते, और उस आदमी की बिक्री फिर बढ़ने लगती। उस आदमी की बिक्री जब भी घटती, वह उसे बढ़ाने के लिए गुब्बारे उड़ाने का यही तरीका अपनाता। एक दिन गुब्बारे वाले को महसूस हुआ कि कोई उसके जैकेट को खींच रहा है। उसने पलट कर देखा तो वहाँ एक बच्चा खड़ा था। बच्चे ने उससे पूछा, "अगर आप हवा में किसी काले गुब्बारे को छोड़ें, तो क्या वह भी उड़ेगा?" बच्चे के इस सवाल ने गुब्बारे वाले के मन को छू लिया। बच्चे की ओर मुड़ कर उसने जवाब दिया, "बेटे, गुब्बारा अपने रंग की वजह से नहीं, बल्कि उसके अंदर भरी चीज़ की वजह से उड़ता है।"

हमारी ज़िंदगी में भी यही उसूल लागू होता है। अहम चीज़ हमारी अंदरूनी शख़्सियत है। हमारी अंदरूनी शख़्सियत की वजह से हमारा जो नज़रिया बनता है, वही हमें ऊपर उठाता है। हार्वर्ड विश्वविद्यालय (Harvard University) के विलियम जेम्स (William James) का कहना है, *हमारी पीढ़ी की सबसे बड़ी खोज़ यह है कि इंसान अपना नज़रिया बदल कर अपनी ज़िंदगी को बेहतर बना सकता है।*

हमारा नज़रिया हमें क़ामयाबी दिलाता है

OUR ATTITUDE CONTRIBUTES TO SUCCESS

हार्वर्ड विश्वविद्यालय द्वारा कराए गए एक अध्ययन के मुताबिक, 85 प्रतिशत मौकों पर किसी इंसान को नौकरी या तरक्क़ी उसके *नज़रिए* की वजह से मिलती है, जबकि अक्लमंदी या ख़ास तथ्यों (facts) और आंकड़ों (figures) की जानकारी की वजह से केवल 15 प्रतिशत मौकों पर ही मिलती हैं। ताज्जुब की बात है कि ज़िंदगी में क़ामयाबी दिलाने में तथ्यों और आंकड़ों की केवल 15 प्रतिशत हिस्सेदारी होती है, पर शिक्षा के मद की सारी रकम इन्हीं चीज़ों को पढ़ाने में खर्च की जाती है।

'जीत आपकी' नाम की यह किताब क़ामयाबी के बाकी 85 प्रतिशत के बारे में ही है। अंग्रेज़ी भाषा में ***Attitude*** (नज़रिया) सबसे महत्त्वपूर्ण लफ़्ज है। यह ज़िंदगी के हर पहलू पर असर डालता है, यहाँ तक कि आदमी की निजी और व्यावसायिक ज़िंदगी पर भी। क्या कोई आदमी अच्छे नज़रिए के बिना अच्छा अफ़सर बन सकता है? क्या कोई छात्र (student) अच्छे नज़रिए के बिना अच्छा छात्र बन सकता है? क्या माँ-बाप, शिक्षक, सेल्समैन, मालिक या कर्मचारी अच्छे नज़रिए के बगैर अपना किरदार (role) अच्छी तरह निभा सकते हैं?

हमारा क्षेत्र चाहे जो हो, क़ामयाबी की बुनियाद तो **नज़रिया** ही है।

अगर क़ामयाब होने के लिए नज़रिए की इतनी अहमियत है तो क्या हमें ज़िंदगी के बारे में अपने नज़रिए की जाँच-परख नहीं करनी चाहिए और क्या हमें ख़ुद से यह सवाल नहीं करना चाहिए कि हमारा नज़रिया हमारे मक़सद पर कैसे असर डाल सकता है?

हीरों से भरा खेत
ACRES OF DIAMONDS

हफ़ीज अफ़्रीका का एक किसान था। वह अपनी ज़िंदगी से खुश और संतुष्ट था। हफ़ीज खुश इसलिए था कि वह संतुष्ट था। वह संतुष्ट इसलिए था क्योंकि वह खुश था। एक दिन एक अक्लमंद आदमी उसके पास आया। उसने हफ़ीज को हीरों के महत्त्व और उनसे जुड़ी ताकत के बारे में बताया। उसने हफ़ीज से कहा, "अगर तुम्हारे पास अंगूठे जितना भी बड़ा हीरा हो, तो तुम पूरा शहर खरीद सकते हो, और अगर तुम्हारे पास मुट्ठी जितना बड़ा हीरा हो तो तुम अपने लिए शायद पूरा देश ही खरीद लो।" वह अक्लमंद आदमी इतना कह कर चला गया। उस रात हफ़ीज सो नहीं सका। वह असंतुष्ट हो चुका था, इसलिए उसकी खुशी भी खत्म हो चुकी थी।

दूसरे दिन सुबह होते ही हफ़ीज ने अपने खेतों को बेचने और अपने परिवार की देखभाल का इंतजाम किया, और हीरे खोजने के लिए रवाना हो गया। वह हीरों की खोज में पूरे अफ़्रीका में भटकता रहा, पर उन्हें पा नहीं सका। उसने उन्हें यूरोप में भी ढूँढ़ा, पर वे उसे वहाँ

भी नहीं मिले। स्पेन पहुँचते-पहुँचते वह मानसिक, शारीरिक और आर्थिक स्तर पर पूरी तरह टूट चुका था। वह इतना मायूस हो चुका था कि उसने बार्सिलोना (Barcelona) नदी में कूद कर खुदकुशी कर ली।

इधर जिस आदमी ने हफ़ीज के खेत खरीदे थे, वह एक दिन उन खेतों से होकर बहने वाले नाले में अपने ऊंटों को पानी पिला रहा था। तभी सुबह के वक़्त उग रहे सूरज की किरणें नाले के दूसरी ओर पड़े एक पत्थर पर पड़ी, और वह इंद्रधनुष की तरह जगमगा उठा। यह सोच कर कि वह पत्थर उसकी बैठक में अच्छा दिखेगा, उसने उसे उठा कर अपनी बैठक में सजा दिया। उसी दिन दोपहर में हफ़ीज को हीरों के बारे में बताने वाला आदमी खेतों के इस नए मालिक के पास आया। उसने उस जगमगाते हुए पत्थर को देख कर पूछा, "क्या हफ़ीज लौट आया?" नए मालिक ने जवाब दिया, "नहीं, लेकिन आपने यह सवाल क्यों पूछा?" अक्लमंद आदमी ने जवाब दिया, "क्योंकि यह हीरा है। मैं उन्हें देखते ही पहचान जाता हूँ।" नए मालिक ने कहा, "नहीं, यह तो महज एक पत्थर है। मैंने इसे नाले के पास से उठाया है। आइए, मैं आपको दिखाता हूँ। वहाँ पर ऐसे बहुत सारे पत्थर पड़े हुए हैं। उन्होंने वहाँ से नमूने के तौर पर बहुत सारे पत्थर उठाए, और उन्हें जाँचने-परखने के लिए भेज दिया। वे पत्थर हीरे ही साबित हुए। उन्होंने पाया कि उस खेत में दूर-दूर तक हीरे दबे हुए थे।

इस कहानी से हमें क्या सीख़ मिलती है? इससे हमें छह सीख़ मिलते हैं –

1. जब हमारा नज़रिया सही होता है, तो हमें महसूस होता है कि हम हीरों से भरी हुई ज़मीन पर चल रहे हैं। मौके हमेशा हमारे पावों तले दबे हुए हैं। हमें उनकी तलाश में कहीं जाने की ज़रूरत नहीं है। हमें केवल उनको पहचान लेना है।
2. दूसरे के खेत की घास हमेशा हरी लगती है।
3. हम दूसरों के पास मौजूद चीज़ों को देख कर ललचाते रहते हैं। इसी तरह दूसरे हमारे पास मौजूद चीज़ों को देख कर ललचाते हैं। हमसे

अपनी जगह की अदलाबदली करने का मौका हासिल करके उन्हें खुशी होगी।

4. जिन्हें मौके की पहचान नहीं होती, उन्हें मौके का खटखटाना शोर लगता है।
5. मौका जब आता है, तो लोग उसकी अहमियत नहीं पहचानते। जब मौका जाने लगता है, तो उसके पीछे भागते हैं।
6. कोई मौका दोबारा नहीं खटखटाता। दूसरा मौका पहले वाले मौके से बेहतर या बदतर हो सकता है, पर वह ठीक पहले वाले मौके जैसा नहीं हो सकता। इसीलिए सही वक़्त पर सही फ़ैसला लेना बेहद ज़रूरी होता है। गलत वक़्त पर लिया गया सही फ़ैसला भी गलत फैसला बन जाता है।

डेविड और गोलियथ
DAVID AND GOLIATH

हम सभी बाइबिल में बताई गई डेविड और गोलियथ की कहानी जानते हैं। गोलियथ एक राक्षस था। उसने हर आदमी के दिल में अपनी दहशत बैठा रखी थी। एक दिन 17 साल का एक भेड़ चराने वाला लड़का अपने भाईयों से मिलने के लिए आया। उसने पूछा, "तुम लोग इस राक्षस से लड़ते क्यों नहीं हो?" उसके भाई गोलियथ से डरते थे। उन्होंने जवाब दिया, "क्या तुमने देखा नहीं कि वह इतना बड़ा है कि उसे मारा नहीं जा सकता?" इस पर डेविड ने कहा, "बात यह नहीं है कि बड़ा होने की वजह से उसे मारा नहीं जा सकता, बल्कि हक़ीकत यह है कि वह इतना बड़ा है कि उस पर लगाया गया निशाना चूक ही नहीं सकता।" उसके बाद जो हुआ, वह सबको मालूम है। डेविड ने उस राक्षस को गुलेल से मार डाला। राक्षस वही था, लेकिन उसके बारे में डेविड का नज़रिया अलग था।

हम नाक़ामयाबी को कैसे देखते हैं, यह हमारे नज़रिए से तय होता है। आशावादी (positive) सोच वाले आदमी के लिए नज़रिया क़ामयाबी की सीढ़ी बन सकता है। दूसरी ओर निराशावादी (negative) सोच के आदमी के लिए यह रास्ते

का रोड़ा बन सकता है। *थिंक एंड ग्रो रिच (Think and Grow Rich)* और कई अन्य किताबों के लेखक नेपोलियन हिल (Napolean Hill) का कहना है कि हर समस्या अपने साथ अपने बराबर का या अपने से भी बड़ा अवसर साथ लाती है।

संस्थाओं के लिए नज़रिए का महत्त्व
THE IMPORTANCE OF ATTITUDE TO ORGANISATIONS

क्या आपको कभी इस बात पर हैरानी हुई है कि कुछ लोग, संस्थाएं या देश दूसरों के मुक़ाबले अधिक क़ामयाब क्यों होते हैं? इसमें कोई राज़ नहीं छिपा है। वे इसलिए क़ामयाब होते हैं कि वे दूसरों के मुक़ाबले अधिक असरदार ढंग से सोचते और काम करते हैं। वे अपनी सबसे क़ीमती जायदाद, यानी लोगों में निवेश (invest) करते हैं।

मैंने दुनिया की कई बड़ी कार्पोरेशनों के आला अफ़सरों (Executives) से बात की, और उनसे पूछा – "अगर आपके पास जादू की छड़ी हो, और आपको केवल एक ऐसी चीज़ बदलनी हो, जिससे आपको तरक्क़ी मिल जाए, साथ ही उत्पादकता (productivity) और लाभ भी बढ़ जाए तो आप किस चीज़ को बदलना चाहेंगे?" सबका जवाब एक ही था। उनका कहना था कि वे अपने लोगों का नज़रिया बदलना चाहेंगे। नज़रिया बेहतर होने पर लोगों में टीमभावना बढ़ेगी, बरबादी कम होगी, और वे ज़्यादा वफ़ादार हो जाएंगे। कुल मिला कर उनकी कंपनी में काम करने का बेहतर माहौल बन जाएगा।

तज़रबा बताता है कि किसी भी व्यापार की सबसे क़ीमती पूँजी उससे जुड़े लोग होते हैं। पूँजी या औज़ारों से लोगों की क़ीमत अधिक होती है। बदक़िस्मती से सबसे ज़्यादा मानव-संसाधन (Human resource) ही व्यर्थ या बेकार चला जाता है। *लोग आपकी सबसे बड़ी संपत्ति बन सकते हैं, या सबसे बड़ा बोझ भी बन सकते हैं।*

टीक्यूपी – सारी ख़ूबियों वाले लोग
TQP – TOTAL QUALITY PEOPLE

बहुत सारे ट्रेनिंग प्रोग्राम जैसे कि कस्टमर सर्विस (customer service), सेलिंग स्किल्स (selling skills) और स्टैटेजिक प्लानिंग (strategic planning) के बाद मैं इस नतीजे पर पहुँचा हूँ कि इनमें से ज़्यादातर कार्यक्रम काफी अच्छे होते हैं, लेकिन इनके सामने एक बहुत बड़ी चुनौती है। इनमें से कोई भी तब तक क़ामयाब नहीं हो सकता, जब

तक उनकी बुनियाद सही न हो और वह सही बुनियाद है टी क्यू पी। यह टी क्यू पी क्या है? इसका मतलब है – टोटल क्वालिटी पीपॅल (Total Quality People), यानी सारी ख़ूबियों से भरे लोग। यानी वे लोग जो अच्छे चरित्र वाले, ईमानदार, नैतिक मूल्यों और सकरात्मक नज़रिए (positive attitude) वाले लोग होते हैं।

मुझे ग़लत न समझें। आपको दूसरे सारे प्रोग्रामों की ज़रूरत है लेकिन वे तभी सफ़ल होंगे, जब आपकी नींव सही होगी और वह नींव है – टी क्यू पी। उदाहरण के तौर पर कुछ ग्राहक-सेवा कार्यक्रमों (customer service programmes) में हिस्सेदारी करने वालों को "प्लीज़" या "थैंक यू" कहना, मुस्कराना और हाथ मिलाना सिखाया जाता है; लेकिन किसी आदमी में सेवा करने का जज़्बा ही न हो, तो वह कब तक मुस्करा सकता है? इसके अलावा लोग नक़ली मुस्कान को पहचान जाते हैं और अगर मुस्कान सच्ची न हो, तो उसे देख कर चिढ़ पैदा होती है। मेरा कहना यह है कि असलियत को दिखावे पर हावी होना चाहिए, न कि दिखावे को असलियत पर। बेशक, ग्राहकों से पेश आने वाले लोगों को "प्लीज़" और "थैंक यू" कहना चाहिए, और मुस्कराना चाहिए। ये बातें महत्त्वूपर्ण हैं। लेकिन याद रखें कि अगर मन में सेवा करने की भावना हो, तो आम ज़िंदगी में ये बातें ख़ुद-ब-ख़ुद आसानी से शामिल हो जाते हैं।

एक बार एक आदमी मशहूर फ्रांसीसी दार्शनिक (Philosopher) ब्लेज़ पास्कल (Blaise Pascal) से मिला, और उनसे कहा – "अगर मेरे पास आपके जैसा दिमाग़ हो, तो मैं बेहतर इंसान बन जाऊँगा।" इस पर पास्कल ने जवाब दिया– "बेहतर इंसान बनो, तुम्हारा दिमाग खुद-ब-खुद मेरे जैसा हो जाएगा।"

महान संगठनों (organisations) को तनख़्वाहों या काम करने के हालात के पैमाने पर नहीं आँका जाता है। उन्हें भावना, नज़रिए और आपसी संबंधों के पैमानों पर आँका जाता है। जब कर्मचारी कहते हैं, "मैं यह काम नहीं कर सकता", तो इसके दो मायने हो सकते हैं – या तो उनका मतलब है कि उन्हें वह काम करने का तरीका मालूम नहीं है, या फिर वे उस काम को करना नहीं चाहते हैं। अगर वे काम करने का तरीका नहीं जानते हैं, तो यह टेक्निकल ट्रेनिंग (technical training) का मुद्‌दा है, लेकिन अगर वे काम नहीं करना चाहते हैं, तो यह नज़रिए से जुड़ा मुद्‌दा हो सकता है (उन्हें उस काम की परवाह नहीं है), या वह नैतिकता का मुद्‌दा हो सकता है (वे मानते हैं कि उन्हें वह काम नहीं करना चाहिए)।

कैलग़ेरी टॉवर (Calgary Tower) की ऊँचाई 190.8 मीटर है। उसका कुल वज़न 10,884 टन है। उसमें से 6,349 टन (कुल वज़न का लगभग 60 प्रतिशत भाग) वज़न ज़मीन के अंदर है। इससे ज़ाहिर होता है कि भव्य दिखने वाली कई इमारतों की नींव काफ़ी मज़बूत होती है। जिस तरह किसी भव्य इमारत के टिके रहने के लिए उसकी नींव मज़बूत होनी चाहिए, उसी तरह क़ामयाबी के टिके रहने के लिए भी मज़बूत बुनियाद की ज़रूरत होती है और क़ामयाबी की बुनियाद होती है नज़रिया।

संपूर्णतावादी नज़रिया
A HOLISTIC APPROACH

मैं संपूर्णतावादी (holistic) नज़रिए में यक़ीन रखता हूँ। हम केवल हाथ, पाँव, आँख, कान, दिल और दिमाग़ नहीं, बल्कि एक संपूर्ण इंसान हैं। काम करने के लिए एक पूरा आदमी जाता है, और काम करके एक पूरा आदमी लौटता है। घर की परेशानियाँ (family problems) हमारे कामकाज पर, और कामकाज से जुड़ी परेशानियाँ (work problems) हमारी पारिवारिक ज़िंदगी पर असर डालती हैं। पारिवारिक समस्याओं की वजह से तनाव का शिकार होने पर हमारी उत्पादकता (productivity) घट जाती है। इसी तरह कामकाज से जुड़ी परेशानियाँ न केवल हमारे परिवार, बल्कि ज़िंदगी के हर पहलू पर असर डालती हैं। निजी, पेशे से जुड़ी और सामाजिक समस्याएँ एक-दूसरे पर लाज़िमी तौर पर असर डालती हैं।

आपके नज़रिए को तय करने वाले कारक
FACTORS THAT DETERMINE YOUR ATTITUDE

मैं आपसे कुछ सवाल पूछता हूँ – हम नज़रिए के साथ ही जन्म लेते हैं, या उसे बड़ा होने पर विकसित करते हैं? हमारा नज़रिया किन चीज़ों से बनता है? अगर माहौल की वजह से ज़िंदगी के बारे में आपका नज़रिया नकारात्मक (negative) हो गया है, तो क्या आप उसे बदल सकते हैं?

दरअसल हमारे नज़रिए का ज़्यादातर हिस्सा हमारी ज़िंदगी के शुरूआती सालों में ही बन जाता है।

यह सच है कि हम अपने मिज़ाज की कुछ खासियतों (tendencies) के साथ पैदा होते हैं, लेकिन बाद में हमारा जो नज़रिया बनता है, उसे खास तौर से ये तीन चीज़ें (factors) तय करती हैं –

1. माहौल (Environment)
2. तज़रबा (Experience)
3. शिक्षा (Education)

इन्हें हम नज़रिए के ती 'Es' कह सकते हैं। अब इन तीनों पर नज़र डालते हैं –

1. माहौल (Environment)

माहौल में ये चीजें शामिल होती हैं –

- घर – अच्छा या बुरा असर (Home – positive or negative influences)
- स्कूल – साथियों का दबाव (School – peer pressure)
- काम – मददगार, या ज़रूरत से अधिक नुक्ताचीनी करने वाला सुपरवाइज़र (Work – supportive or over critical supervisor)
- मीडिया – टेलीविजन, अख़बार, पत्रिकाएँ, रेडियो, फिल्में (Media – television, newspaper, magazines, radio, movies)
- सांस्कृतिक पृष्ठभूमि (Cultural background)
- धार्मिक पृष्ठभूमि (Religious background)
- परंपराएँ और मान्यताएँ (Traditions and beliefs)
- सामाजिक माहौल (Social environment)
- राजनीतिक माहौल (Political environment)

ऊपर बताए गए सारे माहौल मिल कर हमारी तहज़ीब बनाते हैं। घर हो, संस्था हो, या देश हो – हर जगह की अपनी एक तहज़ीब होती है। उदाहरण के तौर पर, आप एक स्टोर में जाते हैं, तो वहाँ के मैनेजर से लेकर सेल्स क्लर्क (sales clerk) तक को विनम्र, मददगार, दोस्ताना और खुशमिज़ाज़ से भरा पाते हैं; फिर आप दूसरी दुकान में जाते हैं, तो वहाँ काम करने वालों को रूखा और बदतमीज़ पाते हैं।

आप एक घर में जाते हैं, तो वहाँ माँ-बाप और बच्चों को तमीज़वाला, मिलनसार और दूसरों का ख़्याल रखने वाला पाते हैं, जबकि दूसरे घर में जाने पर हर आदमी को कुत्ते-बिल्लियों की तरह आपस में लड़ता पाते हैं।

जिन देशों की सरकारों और राजनीतिक माहौल में ईमानदारी होती है, वहाँ के लोग भी आम तौर पर ईमानदार, कानून का पालन करने वाले और मददगार

होते हैं। इसका उलटा भी उतना ही सही है। जिस तरह बेईमान और भ्रष्ट माहौल में एक ईमानदार आदमी का जीना मुश्किल हो जाता है, उसी तरह ईमानदारी से भरे माहौल में बेईमान व्यक्ति को मुश्किल होती है। *अच्छे माहौल में मामूली कर्मचारी की भी काम करने की शक्ति बढ़ जाती है, जबकि बुरे माहौल में अच्छा काम करने वाले की काम करने की शक्ति घट जाती है।*

तहज़ीब (culture) कभी नीचे से ऊपर की ओर नहीं जाती है बल्कि वह हमेशा ऊपर से नीचे की ओर आती है। हमें पीछे मुड़ कर देखना चाहिए कि हमने खुद के लिए और अपने आसपास के लोगों के लिए कैसा माहौल तैयार किया है। बुरे माहौल में लोगों से अच्छे व्यवहार की आशा नहीं की जा सकती। जहाँ कानून का न होना ही कानून बन जाता हो, वहाँ ईमानदार नागरिक भी चोर, उचक्के और बेईमान हो जाते हैं।

कुछ समय निकाल कर इस बात का ग़ौर कीजिए कि हमारा माहौल हम पर कैसे असर डालता है, और हम जो माहौल तैयार करते हैं, वह दूसरों पर कैसे असर डालता है?

2. तज़रबा (Experience)

अलग-अलग लोगों से मिले तज़रबे के मुताबिक हमारा व्यवहार भी बदल जाता है। अगर किसी इंसान के साथ हमें अच्छा अनुभव मिलता है, तो उसके बारे में हमारा नज़रिया अच्छा होता है, पर बुरा अनुभव मिलने पर हम सावधान हो जाते हैं। अनुभव और घटनाएँ हमारी ज़िंदगी के संदर्भ बिंदु (reference point) बन जाते हैं। हम उनसे नतीजे निकालते हैं, जो भविष्य के लिए मार्गदर्शन (guidelines) की भूमिका निभाते हैं।

3. शिक्षा (Education)

शिक्षा औपचारिक (formal), और अनौपचारिक (informal), दोनों तरह की होती है। आजकल हमलोग सूचनाओं के सागर में गोते लगा रहे हैं, लेकिन ज्ञान और समझदारी का अकाल पड़ा हुआ है। ज्ञान को योजनाबद्ध ढंग से समझदारी में बदला जा सकता है, और समझदारी हमें क़ामयाबी दिलाती है।

शिक्षक की भूमिका काफी महत्त्वपूर्ण होती है। उसका प्रभाव अनंत काल (eternity) तक रहता है। इसके असर की लहरें अनगिनत हैं।

शिक्षा ऐसी होनी चाहिए, जो हमें केवल रोज़ी-रोटी कमाना नहीं बल्कि जीने का तरीका भी सिखाए।

सकारात्मक नज़रिए वाले लोगों को कैसे पहचानें?

HOW DO YOU RECOGNISE PEOPLE WITH A POSITIVE ATTITUDE?

जिस तरह सेहत खराब न होने का मतलब अच्छी सेहत नहीं होता, उसी तरह किसी इंसान के नकारात्मक (negative) न होने का मतलब यह नहीं होता कि वह सकारात्मक (positive) है।

सकारात्मक नज़रिए वाले लोगों की शख़्सियत (personality) में कुछ ऐसी खासियतें होती हैं, जिनकी वजह से उन्हें आसानी से पहचाना जा सकता है। ऐसे लोग दूसरों का ख़्याल रखने वाले, आत्मविश्वास से भरे, धीरज वाले और विनम्र होते हैं। ये लोग खुद से, और दूसरों से काफी ऊँची उम्मीदें रखते हैं, उन्हें अच्छे नतीजे हासिल होने की आशा रहती है।

सकारात्मक नज़रिए वाला आदमी हर मौसम में फलने वाले (बारहमासी फल) जैसा होता है। उसका हमेशा स्वागत किया जाता है।

सकारात्मक नज़रिए के फ़ायदे

THE BENEFITS OF A POSITIVE ATTITUDE

सकारात्मक नज़रिए के कई फ़ायदे होते हैं। इन्हें आसानी से देखा जा सकता है। लेकिन आसानी से दिखाई देनी वाली चीज़ को उतनी ही आसानी से अनदेखी भी कर दिया जाता है।

सकारात्मक नज़रिया

आपके लिए फ़ायदेमंद –

- शख़्सियत खुशनुमा हो जाती है
- जोश पैदा होता है
- ज़िंदगी का आनंद बढ़ जाता है
- आपके अगल-बगल के लोगों को प्रेरणा मिलती है
- आप समाज में महत्त्वपूर्ण योगदान देने वाले सदस्य, और राष्ट्र की संपत्ति बन जाते हैं।

संस्थाओं के लिए –

- उत्पादकता बढ़ जाती है
- टीमभावना बढ़ती है

- समस्याएँ हल हो जाती हैं
- गुणवत्ता (quality) बढ़ जाती है
- माहौल आपके मुताबिक बनता है
- वफ़ादारी बढ़ती है
- लाभ ज़्यादा मिलता है
- मालिक, कर्मचारी और ग्राहक के बीच बेहतर संबंध बनते हैं
- तनाव कम होता है।

नकारात्मक नज़रिए के नतीजे
THE CONSEQUENCES OF A NEGATIVE ATTITUDE

ज़िंदगी की राह रुकावटों से भरी पड़ी है, और अगर हमारा नज़रिया नकारात्मक हो, तो अपने लिए सबसे बड़ी रुकावट हम ख़ुद बन जाते हैं। नकारात्मक नज़रिए वाले लोगों के लिए दोस्ती, नौकरी, शादी और संबंधों को क़ायम रख पाना काफ़ी मुश्किल होता है। नकारात्मक नज़रिए की वजह से –

- संबंधों में कड़वाहट बढ़ती है
- लोग नाराज़ रहते हैं
- ज़िंदगी बेमकसद हो जाती है
- सेहत खराब रहती है
- ख़ुद के लिए, और दूसरों के लिए तनाव बढ़ाता है

नकारात्मक नज़रिए की वजह से घर और कामकाज की जगह का माहौल बिगड़ जाता है। ऐसा आदमी समाज के लिए बोझ बन जाता है। ये लोग अपने नकारात्मक नज़रिए को छुआछूत रोग की तरह अपने आसपास के लोगों और आने वाली पीढ़ियों तक फैला देते हैं।

अपने नकारात्मक नज़रिए से वाकिफ़ होने के बावजूद हम उसे बदलते क्यों नहीं हैं?
WHEN WE BECOME AWARE OF OUR NEGATIVE ATTITUDE, WHY DON'T WE CHANGE?

इंसान का स्वभाव आम तौर पर बदलाव-विरोधी होता है। हमें बदलाव तकलीफ़देह लगता है। बदलाव का नतीजा अच्छा हो, या बुरा, पर अकसर इससे तनाव बढ़ता है। कई बार हम अपनी बुराईयों (negativity) के साथ जीने में

इतना आराम महसूस करते हैं कि बेहतरी के लिए होने वाले बदलावों को भी क़बूल नहीं करना चाहते। हम बुरे ही बने रहना चाहते हैं।

चार्ल्स डिकेंस (Charles Dickens) ने एक ऐसे कैदी के बारे में लिखा है, जो सालों तक एक काल कोठरी में कैद रहा। सज़ा काट लेने के बाद उसे आज़ाद कर दिया गया। उसे काल कोठरी से बाहर खुली धूप में लाया गया। उस आदमी ने अपने चारों ओर देखा। कुछ देर में ही वह अपनी इस नई आज़ादी से परेशान हो गया। उसने वापस काल कोठरी में जाने की इच्छा ज़ाहिर की। वह आज़ादी और खुली दुनिया के बदलावों को क़बूल करने के बजाए काल कोठरी, अंधेरे और हथकड़ियों में ही सुरक्षा और आराम महसूस कर रहा था, क्योंकि वह उन्हीं का आदी हो चुका था।

इन दिनों भी कई कैदी ऐसा ही व्यवहार करते हैं। एक अंजाने संसार के साथ तालमेल कायम करने का तनाव उनकी बर्दाश्त से बाहर होता है; इसलिए वे जानबूझ कर और अपराध करते हैं, ताकि उन्हें वापस जेल में भेज दिया जाए। वहाँ उनकी आज़ादी पर भले ही पाबंदी रहती हो, लेकिन उन्हें अपने बारे में कम फैसले लेने पड़ते हैं।

अगर हमारा नज़रिया नकारात्मक है, तो हमारी ज़िंदगी सीमाओं में कैद है। ऐसे नज़रिए की वजह से हमको अपने काम में सीमित क़ामयाबी ही मिल सकेगी। हमारे दोस्तों की तादाद कम होगी, और हम ज़िंदगी का कम आनंद उठा पाएँगे। अगले अध्याय (Chapter) में मैं सकारात्मक नज़रिया विकसित करने के तरीकों के बारे में चर्चा करूँगा। हो सकता है कि सकारात्मक नज़रिया विकसित करने के लिए हमको थोड़ा तनाव झेलना पड़े, और बदलाव की वजह से अनिश्चितता सी महसूस हो, पर यक़ीनन, हमें इसका लाभ मिलेगा।

कार्य योजना
(ACTION PLAN)

सपने तो दर्जनों हैं . . . पर अहमियत इस बात की है कि उन्हें अमल में कैसे लाया जाता है।

— थिओडोर रुज़वेल्ट

1. अपनी दो समस्याएँ लिखिए। उसके बाद उनमें से हर समस्या से हासिल हो सकने वाले कम से कम एक अच्छे नतीजे के बारे में लिखिए।

चेतावनी – अधिकतर लोगों के लिए ऐसा करना आसान नहीं होगा। हममें से अधिकतर लोगों की समस्याओं में अवसर देख पाने की आदत नहीं है।

समस्या	संभावित लाभ
समस्या	संभावित लाभ

2. इस तरीके को भविष्य में आने वाली समस्याओं पर भी आजमाएँ।

अध्याय

2

सकारात्मक नज़रिया कैसे विकसित करें

हमारे सामने मौजूद किसी भी तथ्य से ज़्यादा महत्त्वपूर्ण उस तथ्य के बारे में हमारा नज़रिया होता है, क्योंकि हमारी सफलता या असफलता उसी से तय होती है।

– नार्मन विंसेंट पीले

हम बचपन में जो भी नज़रिया अपनाते हैं, वो उम्र भर हमारे साथ रहता है। इसमें कोई शक़ नहीं कि बचपन में हमारे लिए सकारात्मक नज़रिया बनाना बेहद आसान होता है। अगर पैदाइशी मिज़ाज और बचपन के तज़रबे के मेल से आपका नज़रिया सकारात्मक बन गया है, तो हम वाकई ख़ुशकिस्मत हैं। लेकिन जानबूझ कर या हालात की वजह से हमारा नज़रिया नकारात्मक बन गया हो तो क्या हम उससे चिपके रहेंगे? कत्तई नहीं! क्या इसे बदला जा सकता है? हाँ! क्या ऐसा करना आसान होगा? बिल्कुल नहीं! क्या यह करने लायक है? यक़ीनन!

हम सकारात्मक नज़रिया कैसे बना और बरकरार रख सकते हैं? इसके लिए हमको –

- सकारात्मक नज़रिया बनाने के उसूलों से वाकिफ़ होना होगा।
- सकारात्मक नज़रिया कायम रखने की इच्छा पैदा करनी होगी।
- इन उसूलों को अमल में लाने के लिए अनुशासित (disciplined) तथा निष्ठ (dedicated) होना होगा।

हमें जैसा भी माहौल, शिक्षा और तज़रबा मिला हो, पर बड़े होने के बाद हमारे नज़रिए के लिए कौन ज़िम्मेदार है? ख़ुद हम। हमें अपने व्यवहार और कामों की ज़िम्मेदारी क़बूल करनी होगी। कुछ लोग किसी ग़लती के लिए, ख़ुद को छोड़ कर बाकी सभी लोगों को दोषी ठहराते हैं। यह हम पर निर्भर करता है कि हर सुबह हम अपना नज़रिया ख़ुद चुनें।

नकारात्मक नज़रिए वाले लोग अपनी असफलताओं के लिए अकसर माँ-बाप, शिक्षक, जीवनसाथी, बॉस, सितारों, तकदीर, आर्थिक स्थितियों और सरकार, यानी पूरी दुनिया को ज़िम्मेदार ठहराते रहते हैं।

हमको अपने बीते दिनों से आज़ाद होना होगा। हमें अपनी शख़्सियत पर जमी धूल को झाड़कर मुख्य धारा में शामिल होना होगा। हमें अपने सपनों की एक मुक़म्मिल तस्वीर बना कर आगे बढ़ना होगा। सच्चाई, ईमानदारी और अच्छाई से जुड़ी चीज़ों के बारे में सोचने से हमारी सोच सकारात्मक हो जाएगी।

नज़रिया बदलने के आठ कदम
8 STEPS TO ATTITUDE CHANGE

अगर हम सकारात्मक नज़रिया बनाना और क़ायम रखना चाहते हैं, तो हमको सावधानीपूर्वक ये कदम उठाने पड़ेंगे –

पहला कदम – अपनी सोच बदलें और अच्छाई खोज़ें
(Step 1 – Change Focus, Look for the Positive)

हमें अच्छी चीज़ों का खोज़ी बनना पड़ेगा। हमें ज़िंदगी के सकारात्मक पहलू पर ध्यान देना होगा। किसी इंसान, या किसी हालात के बुरे पहलू के बजाए उसके अच्छे पहलू पर ग़ौर करना शुरू करें। हममें से ज़्यादातर लोगों को अपनी ही सोच का माहौल इस ढंग से ढाल देता है कि हम ग़लतियों और कमियों को ढूँढ़ने के आदी हो चुके होते हैं; और इसीलिए तस्वीर का अच्छा पहलू हमसे अनदेखा रह जाता है।

सोने की तलाश में
LOOK FOR THE GOLD

एंड्रयू कार्नेगी (Andrew Carnegie) अपने बचपन के दिनों में ही स्कॉटलैंड (Scotland) से अमरीका (America) चले गए। उन्होंने छोटे-मोटे कामों से शुरूआत की, और आख़िरकार अमरीका में स्टील बनाने वाली सबसे बड़ी कंपनी के मालिक बन गए। एक ऐसा वक़्त आया जब उनके लिए 43 करोड़पति काम करते थे। करोड़ रुपये इस ज़माने में भी बहुत होते हैं लेकिन सन् 1920 के आसपास तो उनकी बहुत ज़्यादा कीमत थी।

किसी ने कार्नेगी से पूछा, "आप लोगों से कैसे पेश आते हैं?" उन्होंने जवाब दिया – "लोगों से पेश आना काफ़ी हद तक सोने की खुदाई करने जैसा ही है। हमको एक तोला (Ounce) सोना खोद निकालने के लिए कई टन मिट्टी हटानी पड़ती है। लेकिन खुदाई करते वक़्त हमारा ध्यान मिट्टी पर नहीं, बल्कि सोने पर रहता है।"

एंड्रयू कार्नेगी के जवाब में एक बहुत महत्त्वपूर्ण संदेश छिपा हुआ है। हो सकता है कि किसी इंसान, या किसी हालात में कोई अच्छी बात साफ़ तौर पर न दिखाई दे रही हो। ऐसी हालत में हमें उसे गहराई में जाकर तलाशना होगा।

हमारा मकसद क्या है? सोना तलाशना। अगर हम किसी इंसान, या किसी चीज़ में कमियाँ ढूँढेंगे, तो हमको ढेरों कमियाँ दिखाई देंगी। लेकिन हमें किस चीज़ की तलाश है – सोने की, या मिट्टी की? कमियाँ ढूँढ़ने वाले तो स्वर्ग में भी कमियाँ निकाल देंगे। अधिकतर लोगों को वही मिलता है, जिसकी उन्हें तलाश होती है।

कुछ लोग हमेशा नकारात्मक पहलू को देखते हैं
SOME PEOPLE WILL ALWAYS LOOK FOR THE NEGATIVE

नकारात्मक नज़रिए वाले लोग हमेशा नुक़्स निकालते हैं
(Negative People will Always Criticize)

कुछ लोग हर चीज़ में नुक़्स निकालते हैं। कोई काम भले ही बहुत अच्छी तरह किया गया हो, पर उन्हें इससे कोई फ़र्क़ नहीं पड़ता। ऐसे लोगों ने नुक़्स निकालने को ही अपना पेशा बना लिया है। वे *पेशेवर आलोचक (career critics)* हैं। वे इस तरह नुक्ताचीनी करते हैं, जैसे कि उन्हें इसके लिए किसी प्रतियोगिता में इनाम मिलने वाला हो। वे हरेक इंसान में और हरेक हालात में कोई-न-कोई नुक़्स ढूँढ ही निकालेंगे। हमें ऐसे लोग हर दफ़्तर और हर परिवार में मिल जाएँगे। वे चारों ओर कमियाँ ढूँढ़ते और यह बताते फिरते हैं कि चीज़ें कितनी बुरी हैं। वे अपनी समस्याओं के लिए पूरी दुनिया को दोषी मानते हैं। ये लोग दूसरों के जोश पर पानी फेर देते हैं। ऐसे लोगों के लिए एक नाम है। ये लोग ताकत को चूसने वाले (energy suckers) कहलाते हैं। ऐसे लोग कैफ़ेटेरिया (cafeteria) में जाकर बीसियों कप चाय पीएँगे, सिगरेट के लंबे-लंबे कश खींचेंगे और यह सब करने का उनके पास केवल एक बहाना रहता है कि वे अपने तनाव को दूर कर रहे हैं। हक़ीक़त यह है कि ऐसा करके वे खुद के लिए, और दूसरों के लिए तनाव और बढ़ा देते हैं। वे प्लेग की बीमारी की तरह हर तरफ मायूसी का पैग़ाम फैलाते हैं और ऐसा माहौल पैदा करते हैं जिसके नतीजे बुरे या ग़लत हों।

रॉबर्ट फुल्टन (Robert Fulton) ने स्टीमबोट (steamboat) की आविष्कार की। हडसन (Hudson) नदी के किनारे उन्होंने उसका प्रदर्शन किया। उसे देखने

के लिए जमा हुई भीड़ में कुछ निराशावादी और शक्क़ी मिज़ाज़ के लोग भी शामिल थे। उन लोगों ने मज़ाकिया लहज़े में बोला कि वह बोट कभी चालू नहीं होगी। जब बोट चालू हो कर नदी में आगे बढ़ने लगी, तो जिन लोगों ने कहा था कि वह कभी चालू नहीं होगी, वही लोग फ़ौरन चिल्लाने लगे कि बोट अब कभी नहीं रुकेगी। यह भी क्या नज़रिया है!

एक शिकारी ने चिड़ियों को पकड़ने वाला एक अद्भुत कुत्ता खरीदा। वह कुत्ता पानी पर चल सकता था। शिकारी वह कुत्ता अपने दोस्तों को दिखाना चाहता था। उसे इस बात की बड़ी ख़ुशी थी कि वह अपने दोस्तों को यह काबिले-ग़ौर चीज़ दिखा पाएगा। उसने अपने एक दोस्त को बत्तख का शिकार देखने के लिए बुलाया। कुछ देर में उन्होंने कई बत्तखों को बंदूक से मार गिराया। उसके बाद उस आदमी ने कुत्ते को उन चिड़ियों को लाने का हुक्म दिया। कुत्ता चिड़ियों को लाने के लिए दौड़ पड़ा। उस आदमी को उम्मीद थी कि उसका दोस्त कुत्ते के बारे में कुछ कहेगा, या उसकी तारीफ़ करेगा; लेकिन उसका दोस्त कुछ नहीं बोला। घर लौटते समय उसने अपने दोस्त से पूछा कि क्या उसने कुत्ते में कोई ख़ास बात देखी। दोस्त ने जवाब दिया, "हाँ, मैंने उसमें एक ख़ास बात देखी। तुम्हारा कुत्ता तैर नहीं सकता।"

कुछ लोग हमेशा नकारात्मक पहलू को देखते हैं। निराशावादी किसे कहते हैं? निराशावादी लोगों के ये लक्षण होते हैं –

- जब चर्चा करने के लिए उनके पास कोई तकलीफ़ नहीं होती, तो वे नाख़ुश रहते हैं।
- उन्हें जब कुछ अच्छा लगता है, तो वे यह सोच कर नाख़ुश हो जाते हैं कि बेहतर महसूस करने के बाद उन्हें फिर बदतर महसूस करना होगा।
- उनकी ज़िंदगी का ज़्यादातर वक़्त शिकायत काउंटरों पर बीतता है।
- हमेशा बत्ती बुझाकर देखना चाहते हैं कि अंधेरा कितना है?
- वे ज़िंदगी के आइने में हमेशा दरारें तलाशते हैं।

- यह सुन लेने पर कि किसी और जगह की तुलना में बिस्तर पर ज़्यादा लोगों की मौत होती है, वे बिस्तर पर सोना छोड़ देते हैं।
- वे इस अंदेशे की वजह से अपनी सेहत का मज़ा नहीं ले पाते कि कल वे बीमार पड़ सकते हैं।
- वे बदतर नतीजों के बारे में सोचते भर नहीं हैं, बल्कि हर घटना को बदतर बना भी देते हैं।
- उन्हें चाँद में केवल धब्बे दिखाई देते हैं।
- वे मानते हैं कि सूरज केवल परछाईयाँ पैदा करने के लिए चमकता है।
- वे सहूलियतों को भूल कर केवल अपनी दिक्क़तें गिनते हैं।
- वे जानते हैं कि कड़ी मेहनत से किसी को नुकसान नहीं पहुँचता पर सोचते हैं कि कोई ख़तरा क्यों उठाया जाए।

चेतावनी – अच्छे पहलू पर ध्यान देने का यह मतलब नहीं है कि कमियों को नज़रअंदाज़ कर दिया जाए।

आशावादी बनिए (Be an Optimist)

कोई आदमी आशावादी कैसे बन सकता है? नीचे लिखी लाइनों में यह बात बहुत अच्छी तरह बताई गई है –

"इतने मज़बूत बनिए कि आपके मन की शांति को कोई भंग न कर सके। हर मिलने वाले आदमी से सेहत, ख़ुशी और समृद्धि (prosperity) के बारे में बात करें। अपने सभी दोस्तों को अहसास कराएँ कि हम उनकी खूबियों और मज़बूतियों की क़दर करते हैं। हर चीज़ के केवल उजले पहलू को देखें। केवल अच्छी से अच्छी बातें सोचें, केवल अच्छे से अच्छे नतीजों के लिए काम करें और केवल अच्छे से अच्छे नतीजों की उम्मीद करें। बीते दिनों की ग़लतियों को भूल जाएँ और आने वाले दिनों में ज़्यादा बड़ी क़ामयाबियाँ हासिल करने के लिए आगे बढ़ें। हर आदमी का मुस्करा कर स्वागत करें। अपने को बेहतर बनाने में इतना वक़्त लगाएँ कि दूसरों की आलोचना करने के लिए हमारे पास वक़्त ही न बचे। इतने बड़े बनें कि चिंता छू न सके और इतने अच्छे बनें कि गुस्सा आए ही नहीं।"*

* 'द बेस्ट आफ . . . बिट्स एंड पीसेज़ में क्रिस्चियन डी लार्सेन लिखित 'क्रीड फॉर आप्टिमिस्ट्स' से इकॉनॉमिक प्रेस, फ़ेयरफ़ील्ड, एन जे, सन् 1994, पृष्ठ 3।'

दूसरा कदम – हर काम फ़ौरन करने की आदत डालें
(Step 2 – Make a Habit of Doing it Now)

वह चाँदनी रातों में सोया
उसने सुनहरी धूप का मज़ा उठाया
कुछ करने की तैयारी में ज़िंदगी गुज़ारकर
वह गुज़र गया कुछ न कर – हारकर।

– जेम्स अलबरी

हम सभी ज़िंदगी में कभी न कभी टालमटोल (procrastinate) करते हैं। मैंने भी ऐसा किया है, जिसके लिए मुझे बाद में पछताना पड़ा। टालमटोल की आदत की वजह से हमारा नज़रिया नकारात्मक बन जाता है। किसी काम को करने से अधिक थकान उस काम को न करने के लिए की जाने वाली टालमटोल की वजह से होती है।

कोई भी काम पूरा होने पर खुशहाली लाता है और हौसला बुलन्द होता है, जबकि आधा-अधूरा काम हमारी हिम्मत को वैसे ही खत्म कर देता है, जैसे पानी के टैंक में कोई छेद टैंक को खाली कर देता है।

अगर हम सकारात्मक नज़रिया बनाना और क़ायम रखना चाहते हैं, तो आज में जीने और हर काम को तुरंत करने की आदत डालें।

जब मैं बड़ा हो जाऊँगा (When I Become a Big Boy)

यह वैसी ही बात है, जैसे कि कोई छोटा बच्चा कहता है – मैं बड़ा होने पर फलाँ काम करूँगा, जिससे मुझे खुशियाँ मिलेंगी। जब वह बड़ा हो जाता है तो कहता है – मैं खुशियाँ पाने के लिए फलाँ काम कॉलेज की पढ़ाई समाप्त करने के बाद करूँगा। जब वह कॉलेज की पढ़ाई समाप्त कर लेता है, तो कहता है कि उसे खुशियाँ पहली नौकरी हासिल करने पर मिलेंगी। पहली नौकरी मिलने के बाद वह कहता है कि उसे खुशियाँ शादी हो जाने पर मिलेंगी। शादी हो जाने पर वह कहता है कि उसे खुशियाँ तब मिलेंगी, जब उसके बच्चे स्कूल जाने लगेंगे। जब उसके बच्चे स्कूली पढ़ाई पूरी कर लेते हैं, तो वह कहता है कि उसे खुशियाँ रिटायर (retire) होने के बाद मिलेंगी। और रिटायर होने के बाद वह क्या देखता है? वह देखता है कि उसकी आँखों के सामने ही पूरी ज़िंदगी गुज़र चुकी है।

कुछ लोग अपनी टालमटोल की आदत को भारी-भरकम शब्दों की आड़ में छिपाते हैं। वे कहते हैं, “मैं बारीकी से सोच रहा हूँ।” और छह महीने के बाद

भी वे सोच ही रहे होते हैं। वे यह नहीं समझते कि दरअसल उन्हें एक बीमारी है, जिसे *बारीकी से सोचने का लकवा (Paralysis by Analysis)* कहते हैं। इस वजह से वे कभी सफल नहीं हो पाते।

टालमटोल करने वालों की एक और नस्ल होती है। ये लोग कहते हैं, "मैं तैयारी कर रहा हूँ।" न केवल एक महीने, बल्कि छह महीने के बाद भी वे तैयारी ही कर रहे होते हैं। ये लोग भी नहीं समझ पाते कि उन्हें 'बहानेबाज़ी' (excusitis) की बीमारी है। वे लगातार बहाने बनाते रहते हैं।

वर्तमान में जीएँ (Live in the Present)

ज़िंदगी कोई ड्रेस रिहर्सल (dress rehearsal) नहीं है। हम किसी भी दर्शन (philosophy) में विश्वास करते हों, पर हमें ज़िंदगी का खेल खेलने का मौका केवल एक ही बार मिलता है। दाँव पर इतनी कीमती चीज़ें लगी होती हैं कि आप ज़िंदगी यूँ ही बरबाद नहीं कर सकते। दाँव पर आने वाली पीढ़ियों का भविष्य लगा होता है।

हम कहाँ हैं और किस दौर में हैं? जवाब है कि इसी दौर में हैं, और यहीं हैं। इसलिए हम आज को बेहतर बनाएँ और इसका भरपूर आनंद लें। इसका यह मतलब नहीं है कि हमें भविष्य के लिए कोई योजना नहीं बनानी चाहिए, बल्कि पैग़ाम यह है कि हमें आगे की योजना बनाने की ही ज़रूरत है और अगर हम अपने 'आज' का भरपूर इस्तेमाल खुशहाली के लिए कर रहे हैं, तो हम ख़ुद-ब-ख़ुद आने वाले बेहतर कल के लिए बीज बो रहे हैं। क्या हम मानते हैं?

अगर हम अपने नज़रिए को सकारात्मक बनाना चाहते हैं, तो टालमटोल की आदत छोड़ें, और 'तुरंत काम करो' पर अमल करना सीखें।

ज़िंदगी में सबसे दुख भरे शब्द हैं –

- "ऐसा हो सकता था।"
- "मुझे ऐसा करना चाहिए था।"
- "मैं यह कर सकता था।"
- "काश! मैंने ऐसा किया होता।"
- "अगर मैं थोड़ी और कोशिश करता, तो यह काम हो सकता था।"

जो काम आप आज कर सकते हैं, उसे कभी भी कल पर न टालें।

– बेंजामिन फ्रैंकलिन

मुझे यक़ीन है कि जीत हासिल करने वालों के मन में भी टालमटोल करने की इच्छा ज़रूर पैदा हुई होगी, पर उन्होंने उसे अपने ऊपर कभी हावी नहीं होने दिया।

लोग जब कहते हैं, "मैं यह काम किसी और दिन करूँगा", तो इस बात को तय मान लीजिए कि वे उस काम को कभी नहीं करेंगे।

कुछ लोग इस बात का इंतज़ार करते रहते हैं कि उनके घर से निकलने से पहले सारी लाल बत्तियाँ हरा सिग्नल (signal) देने लगें, पर ऐसा कभी नहीं होता। वे शुरूआत करने से पहले ही नाक़ामयाब हो जाते हैं। यह दुखद स्थिति है।

टालमटोल करना बंद करें। क्या हमें बहानेबाजी करने की आदत को इसी समय 'अलविदा' नहीं कह देना चाहिए?

तीसरा कदम – अहसान मानने का नज़रिया बनाएँ (Step 3 – Develop an Attitude of Gratitude)

अपनी दिक़्क़तों के बारे में सोचने के बजाए अपनी सहूलियतों के बारे में सोचें। अपने इर्दगिर्द के फूलों की खुशबू सूँघने के लिए वक़्त निकालें। आप कई बार सुनते होंगे कि कोई आदमी दुर्घटना की वजह से अंधा, या अपाहिज हो गया, लेकिन उसे हरज़ाने के तौर पर लाखों रुपये मिल गए। हममें से कितने लोग ऐसे आदमी की जगह लेना चाहेंगे? ऐसा चाहने वाला शायद ही कोई होगा। हम शिकायतें करने के इतने आदी हो गए हैं कि उन चीज़ों की ओर हमारी नज़र ही नहीं जाती, जो हमारे पास मौजूद हैं। हमारे पास ऐसी बहुत सारी चीज़े हैं, जिनके लिए हमें शुक्रगुज़ार होना चाहिए।

मैं जब कहता हूँ कि अपनी दिक़्क़तों के बजाए सहूलियतों पर ग़ौर करें, तो इसका मतलब यह नहीं है कि हमें आत्मसंतुष्ट (complacent) हो जाना चाहिए। अहसानमंद होने के नज़रिए का मतलब आत्मसंतुष्टि नहीं है। यदि मेरी बातों से आपको आत्मसंतुष्ट हो जाने का संदेश मिला है, तो मैं अपनी बात को न समझा पाने के लिए दोषी हूँ और आप दोषी हैं अपना मनपसंद मतलब निकालने के लिए।

लोग किसी बात का मनचाहा मतलब कैसे निकालते हैं, यह बताने के लिए मैं एक कहानी सुनाता हूँ। एक डॉक्टर को शराबियों के एक समूह को संबोधित करने के लिए मेहमान वक्ता (Guest speaker) के रूप में बुलाया गया। वह उनके सामने कोई ऐसा नमूना पेश करना चाहता था, जिससे उन्हें यह अहसास हो कि शराब सेहत के लिए नुक़सानदेह होती है। उसने दो काँच के बर्तन लिए। एक में साफ़ पानी भरा, और दूसरे में शराब भरी। उसने साफ़ पानी में एक केंचुआ

डाला। वह आसानी से तैरता हुआ, पानी के ऊपर आ गया। फिर उसने एक केंचुआ शराब में डाला, और वह सबकी आँखों के आगे टुकड़े-टुकड़े हो गया। वह यह साबित करना चाहता था कि शरीर के अंदर शराब का ऐसा ही असर होता है। नमूना पेश करने के बाद उसने शराबियों के समूह से पूछा कि उन्हें इससे क्या सीख़ मिली। उसका सवाल सुन कर पीछे बैठे एक शराबी ने जवाब दिया, "इसका मतलब यह है कि शराब (alcohol) पीने से हमारे पेट में कीड़े नहीं होंगे।" क्या उस कहानी का यही संदेश था? बिल्कुल नहीं। किसी बात का मनचाहा मतलब ऐसे ही निकाला जाता है। हम वह नहीं सुनते, जो हमें सुनाया जाता है, बल्कि वह सुनते हैं, जो हम सुनना चाहते हैं।

हमें मिली बहुत सारी नियामतें (blessings) छिपे हुए ख़ज़ाने की तरह हैं। हमें अपनी दिक्क़तों के बारे में नहीं, बल्कि अपनी नियामतों के बारे में सोचना चाहिए।

चौथा कदम – लगातार ज्ञान हासिल करने का कार्यक्रम बनाइए (Step 4 – Get into a Continuous Education Programme)

आइए, पहले हम अपनी कुछ ग़लतफ़हमियों को दूर करें। आम तौर पर माना जाता है कि हम स्कूल-कॉलेजों में शिक्षा प्राप्त करते हैं। कई देशों में आयोजित की जाने वाली सेमिनारों में मैं अपने श्रोताओं से यह सवाल अकसर पूछता हूँ, "क्या हम स्कूल-कॉलेजों में वास्तव में शिक्षा हासिल करते हैं?" इस बात पर आम तौर पर सहमति है कि वहाँ शिक्षा कुछ ही लोग हासिल कर पाते हैं, और ज़्यादातर लोग उससे वंचित रह जाते हैं। मेरी बात का ग़लत मतलब न निकालें। हमें स्कूल-कॉलेजों में ढेर सारी सूचनाएँ हासिल होती हैं। शिक्षित होने के लिए सूचनाएँ भी ज़रूरी हैं, लेकिन उसके साथ ही हमें शिक्षा का सही मायने भी समझना चाहिए।

बौद्धिक शिक्षा (intellectual education) हमारे दिमाग़ पर असर डालती है, जबकि नैतिक शिक्षा (values based education) हमारे मन को प्रभावित करती है। यदि शिक्षा मन को ट्रेनिंग नहीं देती, तो वह ख़तरनाक हो सकती है। अगर हम अपने दफ़्तर, घर, और समाज में लोगों के चरित्र का निर्माण करना चाहते हैं, तो हमें उन्हें एक स्तर तक नैतिक शिक्षा देनी ही होगी। ईमानदारी, दया, साहस, दृढ़ता और ज़िम्मेदारी जैसे बुनियादी गुण विकसित करने वाली शिक्षा बेहद ज़रूरी है।

हमें ज़्यादा अक्षर-शिक्षा की ज़रूरत नहीं, बल्कि चरित्र बनाने वाली शिक्षा की है। नैतिक स्तर पर शिक्षित आदमी ज़िंदगी में उस आदमी की तुलना में ज़्यादा क़ामयाबी और तरक़्क़ी हासिल कर सकता है, जिसे ज़्यादा अच्छी शिक्षा मिली हो, पर जिसके पास नैतिकता की पूँजी बिल्कुल न हो।

नैतिकताविहीन शिक्षा (Education without Values)

विश्वविद्यालय (Universities) से युवक बहुत क़ाबिल मगर पढ़े-लिखे जाहिल बनकर निकल रहे हैं क्योंकि हम युवाओं को नैतिकता का कोई आधार नहीं दे पा रहे हैं जिसकी उन्हें ज़्यादा-से-ज़्यादा तलाश है।

— स्टीवन मूलर, अध्यक्ष, जॉन हॉपकिंस यूनिवर्सिटी

असली शिक्षा आदमी के दिल और दिमाग़, दोनों को ट्रेनिंग देती है। एक अनपढ़ चोर शायद मालगाड़ी से सामान ही चुराएगा, पर पढ़ा-लिखा चोर तो रेल की पूरी पटरी ही उड़ा ले जाएगा। हमें 'ग्रेड' नहीं, बल्कि ज्ञान और बुद्धिमत्ता हासिल करने के लिए होड़ लगानी चाहिए। तथ्यों को जानने से ज्ञान हासिल होता है, और उनका सरलीकरण करने से समझदारी प्राप्त होती है। कोई आदमी अच्छा ग्रेड, और ऊँची डिग्री हासिल करने के बावजूद अशिक्षित रह सकता है। ज़्यादा सीखे बिना भी अच्छे ग्रेड और डिग्री तो मिल जाती है लेकिन सबसे अहम बात कोई सीख सकता है तो वह यह है कि 'सीखने के सही तरीके को सीखें, (Learn to Learn)। लोग सूचनाओं को रटने की क़ाबिलीयत को ही ग़लती से शिक्षा समझ लेते हैं। बिना मूल्यों के दिमाग़ी शिक्षा समाज के लिए आफ़त को पैदा करती है।

ज्ञान शक्ति नहीं है (Knowledge is Not Power)

हमें अकसर बताया जाता है कि ज्ञान शक्ति है। लेकिन यह असलियत नहीं है। ज्ञान तो महज़ जानकारी का नाम है। ज्ञान में शक्ति बनने की क्षमता है और यह तभी शक्ति बनता है जब इसका इस्तेमाल किया जाता है।

एक इंसान पढ़ना नहीं जानता, दूसरा पढ़ना जानते हुए भी नहीं पढ़ता है। दोनों में क्या फ़र्क़ है? बेन फ्रैंकलिन (Ben Franklin) के मुताबिक, कोई ख़ास फ़र्क़ नहीं है।

सीखने और खाने में काफ़ी समानता है। अहम बात यह नहीं होती कि हमने कितना खाया है, बल्कि यह होती है कि हमने कितना पचाया है।

सच यह है कि ज्ञान में शक्ति छिपी होती है, पर असली शक्ति बुद्धिमत्ता है।

शिक्षा के कई रूप होते हैं। इसका मतलब केवल ग्रेड और डिग्री हासिल करना नहीं होता है। शिक्षा के दायरे में ये सारी बातें शामिल हैं –

- अपनी शक्ति को बढ़ाना
- आत्मअनुशासन सीखना
- दूसरों की बातें ध्यान से सुनना
- सीखने की गहरी इच्छा होना

हमारा दिमाग़ माँसपेशियों की तरह होता है। उसका तेज, या मंद होना इस पर निर्भर होता है, हम उसका कितना इस्तेमाल करते हैं।

अगर आप सोचते हैं कि ज्ञान पाना महँगा है, तो अज्ञानी बनके देखो।

– डेरेक बॉक

ज़रूरी नहीं है कि शिक्षित व्यक्ति सही फ़ैसला करे
EDUCATION DOES NOT MEAN GOOD JUDGEMENT

एक आदमी सड़क के किनारे समोसे बेचा करता था। अनपढ़ होने की वजह से वह अख़बार नहीं पढ़ता था। ऊँचा सुनने की वजह से रेडियो नहीं सुनता था, और आँखें कमजोर होने की वजह से उसने कभी टेलीविज़न भी नहीं देखा था। इसके बावज़ूद वह काफ़ी समोसे बेच लेता था। उसकी बिक्री और नफ़े में लगातार बढ़ोतरी होती गई। उसने और ज़्यादा आलू ख़रीदना शुरू किया, साथ ही पहले वाले चूल्हे से बड़ा और बढ़िया चूल्हा खरीद कर ले आया। उसका व्यापार लगातार बढ़ रहा था, तभी हाल ही में कॉलेज से बी.ए. (B.A.) की डिग्री हासिल कर चुका उसका बेटा पिता का हाथ बँटाने के लिए चला आया।

उसके बाद एक अजीबोगरीब घटना घटी। बेटे ने उस आदमी से पूछा, “पिताजी क्या आपको मालूम है कि हमलोग एक बड़ी मंदी का शिकार बनने वाले हैं?” पिता ने जवाब दिया, “नहीं, लेकिन मुझे उसके बारे में बताओ।” बेटे ने कहा – “अंतर्राष्ट्रीय परिस्थितियाँ बड़ी गंभीर हैं। घरेलू हालात तो और भी बुरे हैं। हमें आने वाले बुरे हालात का सामना करने के लिए तैयार हो

जाना चाहिए।" उस आदमी ने सोचा कि उसका बेटा कॉलेज जा चुका है, अख़बार पढ़ता है, और रेडियो सुनता है, इसलिए उसकी राय को हल्के ढंग से नहीं लेना चाहिए। दूसरे दिन से उसने आलू की ख़रीद कम कर दी, और अपना साइनबोर्ड (signboard) नीचे उतार दिया। उसका जोश ख़त्म हो चुका था। जल्दी ही उसी दुकान पर आने वालों की तादाद घटने लगी और उसकी बिक्री तेज़ी से गिरने लगी। पिता ने अपने बेटे से कहा, "तुम सही कह रहे थे। हमलोग मंदी के दौर से गुज़र रहे हैं। मुझे ख़ुशी है कि तुमने वक़्त से पहले ही सचेत कर दिया।"

इस कहानी से हमें क्या सीख मिलती है? इससे ये नतीजे निकलते हैं –

1. हम अपनी सोच के मुताबिक, खुद को आत्मसंतुष्ट करने वाली भविष्यवाणियाँ कर देते हैं।
2. कई बार हम बुद्धिमत्ता को अच्छा फ़ैसला मानने की ग़लती भी कर बैठते हैं।
3. एक इंसान ज़्यादा बुद्धिमान होने के बावजूद ग़लत फ़ैसला कर सकता है।
4. अपने सलाहकार सावधानी से चुनिए, लेकिन अमल अपने ही फ़ैसले पर करिए।
5. अगर किसी इंसान में आगे दी हुई पाँच ख़ूबियाँ हों, तो वह स्कूली शिक्षा हासिल किए बिना क़ामयाब हो सकता है –
   - चरित्र (character)
   - प्रतिबद्धता (commitment)
   - दृढ़ विश्वास (conviction)
   - तहज़ीब (courtesy)
   - साहस (courage)
6. कई लोग ज़्यादा ज्ञानी हैं। उन्हें चलता-फिरता विश्वकोष (encyclopedia) माना जा सकता है, पर दुख की बात है कि इसके बावजूद वे नाक़ामयाबी की जीती-जागती मिसाल होते हैं।

समझदारी का मतलब किसी हुनर को तेज़ी से सीखना है। हुनर एक योग्यता है। क्षमता में योग्यता, और सीखे गए हुनर को अमल में लाने की इच्छा, ये दोनों बातें शामिल होती हैं। इच्छा वह नज़रिया है जो किसी हुनरमंद इंसान को क्षमतावान बनाता है। बहुत से लोग हुनरमंद तो होते हैं लेकिन सामर्थ्यवान नहीं होते क्योंकि सही नज़रिए के बिना क़ाबिलीयत व्यर्थ जाती है।

यूनिवर्सिटी की पहली ज़िम्मेदारी ज्ञान देना और चरित्र निर्माण होता है, न कि व्यापारिक और तकनीकी शिक्षा देना।

— विंस्टन चर्चिल

शिक्षित होने का मतलब क्या है? (What Does It Mean to Be Educated)?

हमें शिक्षित किसे मानना चाहिए? (Whom, then, do I call educated?)

पहले, वे जो रोज़ाना आने वाले हालात का सामना सही ढंग से करते हैं और वे जो हालात से सामना होने पर सही निर्णय लेने और सही क़दम उठाने में शायद ही कभी चूकते हों।

दूसरे, वे जो दूसरों के साथ व्यवहार में बड़प्पन दिखाते हैं, दूसरों के अप्रिय व्यवहार और बातों का बुरा नहीं मानते और अपने सहयोगियों के साथ उतने भले होते हैं, जितना कि एक इंसान हो सकता है।

और आगे, वे जो अपनी ख़ुशियों पर क़ाबू रखते हैं, और कठिनाईयों को अपने ऊपर हावी नहीं होने देते, और कठिन परिस्थितियों का मुक़ाबला एक बहादुर इंसान की तरह करते हैं जो इंसानी फ़ितरत है।

और सबसे बड़ी बात है कि वे लोग जो सफलता मिलने पर बिगड़ते नहीं, जो अपनी असलियत से मुँह नहीं मोड़ते; साथ ही बुद्धिमान और धीर-गंभीर व्यक्ति की तरह दृढ़ता से ज़मीन पर पैर जमाए रखते हैं; तुक्के से मिली अच्छी चीज़ों पर ख़ुश होने के बजाए जन्म से मिली क़ाबिलीयत और बुद्धि से प्राप्त क़ामयाबियों पर ख़ुश होते हैं। ख़ुश होने की ऐसी प्रवृत्ति उनकी बचपन से ही होती है।

जिन लोगों के चरित्र में इनमें से एक-दो नहीं, बल्कि सारे गुण हैं, जिन्होंने ये सभी बातें सीखी हैं – वे ही सर्वगुणसम्पन्न सच्चे अर्थों में शिक्षित हैं।

— सुकरात (470-390 ई०पू०)

थोड़े में कहें तो पढ़े-लिखे वे लोग हैं जो किन्हीं भी हालात में साहस और अक्लमंदी से काम करना तय करते हैं। अगर कोई मूर्खता के बजाए समझदारी, बुराई के बजाए अच्छाई, और असभ्यता के बजाए सद्‌गुण को चुनता है, तो ऐसे आदमी के पास स्कूली डिग्रियाँ न होने के बावजूद उसे शिक्षित माना जाना चाहिए।

बहुमुखी शिक्षा क्या है?
WHAT IS A BROAD-BASED EDUCATION?

एक जंगल में कुछ जानवरों में स्कूल शुरू करने का फ़ैसला किया। छात्रों में एक चिड़िया, एक गिलहरी, एक मछली, एक कुत्ता, एक ख़रगोश और दिमागी तौर पर कमज़ोर ईल मछली शामिल थी।

पाठ्यक्रम (curriculum) तय करने के लिए एक बोर्ड बनाया गया। बोर्ड ने तय किया कि छात्रों को बहुमुखी शिक्षा दी जाएगी और उन्हें उड़ना, पेड़ पर चढ़ना, तैरना एवं बिल खोदना सिखाया जाएगा। हर जानवर को सभी तालीम हासिल करने की पाबंदी थी।

चिड़िया उड़ान भरने में माहिर थी। उसने इस विषय में 'ए' ग्रेड ('A' grade) हासिल किया, लेकिन जब बिल खोदने की बारी आई, तो वह अपनी चोंच और पंख तोड़ बैठी और असफल साबित होने लगी। इस नाक़ामयाबी का उस पर ऐसा असर पड़ा कि जल्दी ही उसे उड़ान भरने में भी सी-ग्रेड ('C' grade) मिलने लगा। पेड़ पर चढ़ने और तैरने में तो वह फेल ही हो गई। गिलहरी पेड़ पर चढ़ने में काफ़ी कुशल थी, लेकिन वह तैरने में असफल हुई । मछली सबसे अच्छी तैराक थी, लेकिन वह पानी के बाहर निकल ही नहीं सकती थी, इसलिए बाकी सभी विषयों में फ़ेल हो गई। कुत्ता स्कूल गया ही नहीं, उसने फीस भी जमा नहीं की, और प्रबंधकों से इस बात को लेकर झगड़ता रहा कि पाठ्यक्रम (curriculum) में भौंकना भी शामिल किया जाए। ख़रगोश को बिल खोदने में 'ए' ग्रेड मिला, लेकिन उसके लिए पेड़ पर चढ़ना एक बहुत बड़ी समस्या थी। वह बार-बार असफल

होता रहा, और एक दिन ज़मीन पर इस प्रकार बुरी तरह गिरा कि उसे ब्रेन डैमेज (brain damage) हो गया। वह बच तो गया, लेकिन उसके दिमाग़ पर ऐसा असर पड़ा था कि उसे बिल खोदने में भी दिक्क़त होने लगी, और उसे इस विषय में भी 'सी' ग्रेड मिलने लगा।

आख़िरकार, दिमाग़ी तौर पर बीमार ईल को जिसने हर काम आधे-अधूरे ढंग से किया था, कक्षा का सबसे उत्तम छात्र घोषित कर दिया गया। बोर्ड खुश था कि हर छात्र को बहुमुखी शिक्षा मिल रही थी।

सही मायने में बहुमुखी शिक्षा छात्रों को ज़िंदगी के लिए इस ढंग से तैयार करती है कि उनमें मौजूद किसी क्षेत्र-विशेष से संबंधित योग्यता और क्षमता भी बरकरार रहे।

कुदरत ने हम सभी को कुछ खास क्षमताएँ दी हैं (We are All Gifted with Some Strengths)

हर्मिंगबर्ड (गुँजन करने वाली छोटी-सी चिड़िया) का वज़न एक तोला (ounce) के दसवें हिस्से के बराबर होता है। वज़न इतना कम होने की वजह से ही वह काफ़ी मुश्किल क़िस्म की कलाबाज़ियाँ भी कर सकती है। वह अपने पंखों को केवल एक सेकंड में 75 बार फड़फड़ा सकती है। अपनी इस ख़ूबी की वजह से हर्मिंगबर्ड उड़ान भरते समय तरह-तरह के फूलों का मधु पी सकती है, पर वह हवा में ऊँची उड़ान भरने, तैरने या छलांग मारने में असमर्थ होती है। दूसरी ओर शुतुरमुर्ग का वज़न लगभग 300 पौंड (pound) होता है। वह दुनिया का सबसे बड़ा पक्षी है, पर उड़ान नहीं भर सकता, लेकिन उसके पैर इतने मज़बूत होते हैं कि वह 50 मील प्रति घंटे की रफ़्तार से दौड़ सकता है, और 12-15 फीट लंबे क़दम भर सकता है।

अज्ञानता (Ignorance)

अज्ञानी होना उतनी शर्म की बात नहीं है जितनी कि किसी काम को सही ढंग से सीखने की इच्छा न होना।

— बेंजामिन फ्रैंकलिन

जानकारी का भ्रम होना शिक्षा नहीं बल्कि अज्ञानता है। बेवकूफ लोगों के पास एक अजीब तरीके का आत्मविश्वास (confidence) होता है, जो सिर्फ अज्ञानता से ही आता है।

अज्ञानी होना बुरी बात नहीं है, लेकिन अज्ञानता को अपना कैरियर बना लेना यक़ीनन बेवकूफ़ी है। कुछ लोग अज्ञान जमा कर लेते हैं, और फिर उसी को शिक्षा मानने की भूल कर बैठते हैं।

अज्ञानता वरदान नहीं है। यह तो अभाव, दुख, गरीबी और बीमारी का दूसरा नाम है। अगर अज्ञानता कोई नियामत है, तो ज़्यादातर लोग खुश क्यों नहीं हैं? अगर थोड़ा ज्ञान होना खतरनाक है, तो बहुत-सी अज्ञानता छोटापन (pettiness), डर, कट्टरपन, अहंकार और पक्षपात की तरफ ले जाता है। समझदारी अज्ञानता के अंधकार को मिटाने को कहते हैं।

हम सूचना-युग में जी रहे हैं। एक अंदाज़ के मुताबिक सूचना की मात्रा हर साल दूनी होती जा रही है। सूचनाओं के इतनी सरलता से उपलब्ध होने के कारण इन दिनों अज्ञानता को मिटाना आसान है। लेकिन दुख की बात यह है कि हमें ज़रूरी चीज़ों के अलावा बाकी हर चीज़ सिखाई जाती है। हमें लिखना-पढ़ना सिखाया जाता है, पर ऐसी बौद्धिक शिक्षा किस काम की, जो इंसान को दूसरों की इज़्ज़त करना, और हमदर्दी से पेश आना न सिखाए।

हमारे स्कूल ज्ञान के झरने हैं। कुछ छात्र वहाँ अपनी प्यास मिटाने, कुछ चुस्की भरने, और कुछ केवल कुल्ला करने जाते हैं।

व्यावहारिक समझ (Commonsense)

हमने पाँच ज्ञानेन्द्रियों के साथ जन्म लिया है। हमारे पास छू, चख, देख, सूँघ, और सुनकर महसूस करने की क्षमता है, पर सफल लोगों के पास एक छठी इंद्री भी होती है, जिसे व्यावहारिक समझ कहते हैं। चीज़ों को उनको वास्तविक रूप में देखने, और उनसे संबंधित कार्यवाही को सही ढंग से करने की क्षमता ही व्यावहारिक समझ है। यदि आदमी में व्यावहारिक समझ न हो, तो शिक्षा और ज्ञान व्यर्थ चले जाते हैं।

शिक्षा के बिना भी व्यावहारिक बुद्धि हासिल की जा सकती है लेकिन व्यावहारिक बुद्धि के बिना अच्छी-से-अच्छी शिक्षा भी किसी काम की नहीं। भरपूर व्यावहारिक बुद्धि का होना ही बुद्धिमत्ता कहलाता है।

अपनी कुल्हाड़ी की धार तेज करो
SHARPEN YOUR AXE

जॉन (John) नाम का एक लकड़हारा, एक कंपनी में पाँच साल से काम कर रहा था, पर उसे कभी तरक्क़ी नहीं मिली। उसी कंपनी ने बिल (Bill) नाम के एक और लकड़हारे को भी नौकरी पर रखा, और उसे सालभर में ही तरक्की मिल गई। जॉन ने बिल को एक साल के अंदर ही तरक्क़ी दिए जाने का विरोध किया, और इस बारे में बात करने के लिए अपने बॉस के पास गया। उसके बॉस ने जवाब दिया, "तुम अब भी उतने ही पेड़ काटते हो, जितने कि पाँच साल पहले काटते थे। हमारी कंपनी में नतीजे को देखा जाता है। अगर तुम अधिक पेड़ काटने लगो तो हमें तुम्हारा वेतन बढ़ाकर खुशी होगी।" जॉन वापस लौट आया। उसके बाद वह अधिक मेहनत से, और ज़्यादा देर तक पेड़ काटने लगा। इसके बावजूद वह ज़्यादा पेड़ नहीं काट सका। उसने अपनी यह परेशानी बॉस को बताई। बॉस ने उसे बिल से बात करने का सुझाव दिया। उसने कहा, "शायद बिल को कुछ मालूम है, जो मैं और तुम नहीं जानते। जॉन ने बिल से पूछा कि वह ज़्यादा पेड़ कैसे काट लेता है। बिल ने जवाब दिया, "मैं हर पेड़ काटने के बाद दो मिनट के लिए काम रोक देता हूँ, और अपनी कुल्हाड़ी की धार तेज़ करता हूँ।

तुमने अपनी कुल्हाड़ी की धार आख़िरी बार कब तेज़ की थी?"

पिछली शिक्षा और गौरव का ज़्यादा महत्त्व नहीं होता। हमें अपनी कुल्हाड़ी की धार लगातार तेज़ करनी होगी।

अपने दिमाग़ को ख़ुराक दीजिए (Feed Your Mind)

जिस तरह हमारे शरीर को हर रोज़ अच्छे खाने की ज़रूरत होती है, उसी तरह हमारे मस्तिष्क को भी हर रोज़ अच्छे विचारों की ज़रूरत होती है। इस वाक्य में सबसे अहम शब्द, "अच्छा खाना, और अच्छे विचार" हैं। अगर हम अपने शरीर को रोज़ सड़े-गले खाने और अपने दिमाग़ को बुरे विचारों की ख़ुराक दें, तो हमारा

शरीर और दिमाग़ बीमार पड़ जाएँगे। सही पटरी पर बने रहने के लिए हमें अपने मस्तिष्क को शुद्ध और सकारात्मक ख़ुराक देनी होगी।

शिक्षा एक ख़जाना है (Education is a Reservoir)

लगातार सकारात्मक शिक्षा प्राप्त करने से सकारात्मक विचार जन्म लेते हैं।

सकारात्मक सोच वाले लोग उन खिलाड़ियों की तरह होते हैं, जो लगातार अभ्यास (practice) करके अपने अंदर ताकत (stamina) का एक भंडार जमा कर लेते हैं, जिसका इस्तेमाल वे मुकाबले के वक़्त करते हैं। बिना अभ्यास के जब भंडार ही नहीं रहेगा, तो वे भरोसा किस पर करेंगे?

इसी तरह अच्छी सोच वाले लोग अपने दिमाग़ को रोज़ शुद्ध, शक्तिशाली, और सकारात्मक विचारों की ख़ुराक दे कर अपने अंदर उम्मीदों से भरे नज़रिए का एक सुरक्षित भंडार जमा कर लेते हैं। वे इस बात को समझते हैं कि हम सभी को बुराई और नकारात्मक विचारों से सामना होगा। अगर हमारे पास अच्छे विचारों का एक सुरक्षित भंडार होगा, तो हम उन नकारात्मक विचारों पर जीत हासिल करने में क़ामयाब हो जाएँगे, वरना वे हम पर हावी हो जाएँगे।

अच्छी सोच वाले लोग मूर्ख नहीं होते। वे आँखों पर पट्टी बाँध कर ज़िंदगी नहीं बिताते। वे ज़िंदगी में जीत हासिल करने वाले ऐसे लोग होते हैं, *जिन्हें अपनी सीमाएँ मालूम होती हैं, पर वे अपनी मज़बूतियों पर ध्यान देते हैं।* दूसरी तरफ हारने वालों को अपनी मज़बूतियों का अहसास होता है, पर उनका सारा ध्यान अपनी कमज़ोरियों पर टिका रहता है।

पाँचवाँ कदम – अच्छे स्वाभिमान का निर्माण कीजिए (Step 5 – Build A Positive Self-esteem)

स्वाभिमान क्या है? (What is Self-esteem?)

स्वाभिमान ख़ुद अपने बारे में महसूस करने का नज़रिया है। जब हम अपने बारे में अच्छा महसूस करते हैं, तो हम बेहतर काम करते हैं। घर और दफ्तर में हमारे रिश्ते बेहतर हो जाते हैं। दुनिया हमें ज़्यादा अच्छी लगने लगती है। इसकी वजह क्या हो सकती है? वजह यह है कि हमारी भावनाओं और व्यवहार में सीधा रिश्ता होता है क्योंकि हम किसी चीज़ या बात के बारे में जैसा महसूस करेंगे, वैसा ही उसके प्रति व्यवहार करेंगे।

स्वाभिमान कैसे विकसित करें?
(How Do We Build Positive Self-esteem)?

अगर हम अच्छा स्वाभिमान जल्दी बनाना चाहते हैं, तो इसका सबसे अच्छा तरीका यह है कि हम कुछ काम ऐसे लोगों की मदद के लिए करें, जो उसका बदला न तो पैसे से, न ही कुछ और देकर चुका सकते हैं।

कुछ साल पहले मैंने कैदियों को नज़रिया और आत्मसम्मान विकसित करने के तरीके सिखाने का एक कार्यक्रम चला रहा था। उस दौरान मैंने कुछ हफ़्तों में ही इतना कुछ सीखा, जितना कि मैं सालों में नहीं सीख सका था।

दो सप्ताह तक मेरे कार्यक्रम में भाग लेने के बाद एक कैदी ने मुझे रोक कर कहा, "शिव, मैं कुछ ही हफ़्तों में जेल से रिहा होने वाला हूँ।" मैंने उससे पूछा कि उसने "नज़रिया बनाओ कार्यक्रम" से क्या सीखा? वह कुछ देर सोचता रहा। उसके बाद उसने कहा कि वह अब अपने बारे में अच्छा महसूस कर रहा है। मैंने कहा, "मेरे लिए इस 'अच्छा' शब्द का कोई मायने नहीं है। मुझे यह बतलाओ कि तुम्हारे व्यवहार में ख़ास बदलाव क्या आया है?" दरअसल मेरा मानना है कि यदि सीखने वाले के व्यवहार में बदलाव न आए, तो यह नहीं माना जा सकता कि उसने वास्तव में सीखा है।

उस कैदी ने मुझसे कहा कि अब वह हर रोज़ बाइबिल (Bible) पढ़ता है। तब मैंने उससे पूछा कि बाइबिल पढ़ने का उस पर क्या असर पड़ा है? उसने जवाब दिया कि अब वह ख़ुद को ख़ुद अपने साथ, और दूसरों के साथ बेहतर महसूस करता है। ऐसा उसने पहले कभी महसूस नहीं किया था। मैंने उससे कहा, "यह तो ठीक बात है, लेकिन सबसे ज़रूरी यह है कि जेल से छूटने के बाद तुम क्या करोगे?" उसने मुझसे कहा कि वह समाज का एक ज़िम्मेदार सदस्य बनने की कोशिश करेगा।" मैंने अपना सवाल दुहराया, तो उसने फिर वही जवाब दिया। मैंने उससे एक बार फिर पूछा, "जेल से छूटने के बाद तुम क्या करोगे?" ज़ाहिर सी बात है कि मैं किसी अलग जवाब की उम्मीद कर रहा था। लेकिन इस बार

उसने गुस्से से भरी हुई आवाज़ में जवाब दिया, "मैं समाज का एक ज़िम्मेदार सदस्य बनूँगा।" तब मैंने उसे बताया कि उसके पहले के जवाब, और इस बार के जवाब में एक शब्द का अंतर था। पहले उसने कहा था, मैं . . . बनने की कोशिश करूँगा, पर इस बार उसने कहा है कि "मैं . . . बनूँगा।" इन दोनों जवाबों में 'कोशिश' शब्द का फ़र्क़ था। हम कोई काम करते हैं, या नहीं करते हैं। वह "कोशिश" शब्द उसकी जेल वापसी के लिए दरवाज़ों को खुला रखता।

हमारी बातचीत सुन रहे एक दूसरे कैदी ने मुझसे पूछा, "शिव, क्या तुम्हें यह सब करने के लिए क्या मिलते हैं?" मैंने उससे कहा कि मुझे यहाँ पर जो भावनात्मक संतुष्टि मिल रही है, वह पैसे से ज़्यादा क़ीमती है। तब उसने पूछा, "तुम यहाँ क्यों आते हो?" मैंने कहा, "मैं अपने स्वार्थ की वजह से आता हूँ। मैं इस दुनिया को जीने के लिए एक बेहतर जगह बनाना चाहता हूँ।" इस तरह की आत्मसंतुष्टि लाभदायक होती है। संक्षेप में कहा जाए तो हम व्यवस्था में जो लगाते हैं, हमको हमेशा उसका पुरस्कार (reward) भी मिलता है, और कई बार तो वह हमारे लगाए गए से बहुत ज़्यादा होता है। लेकिन हमको लगाते समय बदले में कुछ पाने की इच्छा नहीं रखनी चाहिए।

एक और कैदी ने कहा, "लोग जो करते हैं, वह उनका निजी मामला है। अगर कोई नशीली दवाएँ लेता है, तो इससे तुम्हारा क्या लेना-देना है? तुम उन्हें उनके हाल पर क्यों नहीं छोड़ देते हो?" मैंने जवाब दिया, "मेरे दोस्त, हालाँकि मैं तुमसे सहमत नहीं हूँ, फिर भी मैं तुम्हारी यह बात मान लूँगा, कि उससे मेरा कुछ लेना-देना नहीं है, लेकिन क्या तुम मुझे यह गारंटी दे सकते हो कि जब भी कोई नशीली दवाएँ खा कर कार चलाएगा, तो उसकी कार केवल पेड़ से टकराएगी?"

तुम इसकी गारंटी दो, तो मैं तुम्हारी बात मना लूँगा। अगर तुम यह गारंटी नहीं दे सकते कि उस कार से टकरा कर तुम, मैं, या हमारे बच्चे मौत के शिकार नहीं बनेंगे, तो फिर मेरा यक़ीन करो कि उस बात से मेरा संबंध है। मुझे उस आदमी को सड़क से दूर रखना होगा।

"यह मेरी ज़िंदगी है, मैं जो चाहूँगा, वही करूँगा" – इस एक जुमले ने फ़ायदे से कहीं अधिक नुक़सान किया है। लोग शब्दों की सच्ची भावना की उपेक्षा कर देते हैं, और उसका मतलब अपनी सुविधा के अनुसार निकाल लेते हैं। ऐसे लोगों ने इस जुमले को स्वार्थ से जोड़ दिया है, जिसका बुरा असर न केवल उन पर, बल्कि उनके आसपास के पूरे माहौल पर पड़ता है।

ये लोग भूल जाते हैं कि हम अलग-थलग नहीं रहते हैं। आप जो करते हैं, उसका असर मुझ पर पड़ता है और मैं जो करता हूँ, उसका असर आप पर पड़ता है। हम सब एक-दूसरे से जुड़े हुए हैं। हमें यह महसूस करना होगा कि इस धरती में हम सभी की साझेदारी है। हमें ज़िम्मेदारी से व्यवहार करना सीखना होगा।

दुनिया में दो तरह के लोग हैं – देने वाले, और लेने वाले। लेने वाले अच्छा खाते हैं, और देने वाले अच्छी तरह सोते हैं। देने वालों में ऊँचे दर्जे के आत्म-सम्मान की भावना होती है। उनका नज़रिया सकारात्मक होता है। ऐसे लोग समाज की सेवा करते हैं। "समाज की सेवा" करने वालों से मेरा मतलब राजनीतिज्ञ बन बैठे उन घटिया दर्जे के पाखंडी नेताओं से नहीं है, जो दूसरों की सेवा करने का नाटक करते हुए खुद अपनी सेवा करते हैं।

इंसान होने के नाते लेन-देन हम सबको करना पड़ता है, लेकिन ऊँचे दर्जे के आत्मसम्मान वाला स्वस्थ शख़्सियत वह होता है, जिसे केवल लेने की ही नहीं, बल्कि देने की भी आवश्यकता महसूस होती है।

> एक आदमी अपनी नई कार धो रहा था, तभी उसके पड़ोसी ने पूछा, "आपने यह कार कब ख़रीदी?" उस आदमी ने जवाब दिया, "इसे मेरे भाई ने दिया है।" पड़ोसी ने कहा, "काश! मेरे पास भी ऐसी कार होती।" इस पर उस आदमी ने कहा, "आपको यह सोचना चाहिए था कि काश! मेरा कोई ऐसा भाई होता।" पड़ोसी की पत्नी उनकी बातचीत सुन रही थी। उसने बीच में टोक कर कहा, "मैं सोचती हूँ – काश! वह भाई मैं होती।" यह सोचने का कितना सकारात्मक नज़रिया है।

छठा कदम – नकारात्मक असर से बचें
(Step 6 – Stay Away from Negative Influences)

आजकल के नवयुवक (teenagers) बड़े लोगों के व्यवहार और मीडिया से बहुत जल्दी प्रभावित हो जाते हैं। साथियों का दबाव केवल बच्चों और किशोरों पर ही

नहीं, बल्कि बड़े लोगों पर भी असर डालता है। स्वाभिमान की कमी की वजह से लोगों में "नहीं, धन्यवाद" कह कर बुरे असर से दूर रहने की हिम्मत नहीं होती। ये नकारात्मक प्रभाव क्या हैं?

नकारात्मक सोच वाले लोग
NEGATIVE PEOPLE

एक चील का अंडा किसी तरह एक जंगली मुर्गी के घोंसले में चला गया और बाकि अंडों के साथ मिल गया। समय आने पर अंडा फूटा। चील का बच्चा अंडे से निकलने के बाद यह सोचता हुआ बड़ा हुआ कि वह मुर्गी है। वह उन्हीं कामों को करता, जिन्हें मुर्गी करती थी। वह ज़मीन खोद कर अनाज के दाने चुगता, और मुर्गी की तरह ही कुड़कुड़ाता। वह कुछ फीट से अधिक उड़ान नहीं भरता था, क्योंकि मुर्गी भी ऐसा ही करती थी। एक दिन उसने आकाश में एक चील को बड़ी शान से उड़ते हुए देखा। उसने मुर्गी से पूछा, "उस सुंदर चिड़िया का नाम क्या है?" मुर्गी ने जवाब दिया, "वह चील है। वह एक शानदार चिड़िया है, लेकिन तुम उसकी तरह उड़ान नहीं भर सकते, क्योंकि तुम तो मुर्गी हो।" चील के बच्चे ने बिना सोचे-विचारे मुर्गी की बात को मान लिया। वह मुर्गी की ज़िंदगी जीता हुआ ही मर गया। सोचने की क्षमता न होने के कारण वह अपनी विरासत को खो बैठा। उसका कितना बुड़ा नुक़सान हुआ। वह जीतने के लिए पैदा हुआ था, पर वह दिमाग़ी रूप से हार के लिए तैयार हुआ था।

अधिकतर लोगों के लिए यही बात सच है। जैसा कि ओलिवर बेंडहाल होम्स (Oliver Wendall Holmes) ने कहा है हमारे ज़िंदगी का सबसे दुर्भाग्यपूर्ण पहलू यह है कि, "ज़्यादातर लोग मन में कुछ करने की इच्छा लिए ही कब्र में चले जाते हैं।" हम अपनी ही दूरदर्शिता की कमी की वजह से बेहतरी हासिल नहीं कर पाते।

अगर हम चील की तरह आकाश की बुलंदियों को छूना चाहते हैं, तो हमको चील के तौर-तरीकों को सीखना होगा। अगर हम खुद को क़ामयाब लोगों के साथ जोड़ेंगे, तो हम भी क़ामयाब हो जाएँगे। अगर हम चिंतकों के साथ जुड़ेंगे,

तो चिंतक बन जाएँगे। यदि हम देने वालों के साथ रहेंगे, तो देने वाले बन जाएँगे और अगर हम नकारात्मक सोच वाले लोगों के साथ रहेंगे, तो वैसे ही बन जाएँगे।

जब कोई ज़िंदगी में क़ामयाबी हासिल करता है, तो तुच्छ लोग उस पर कीचड़ उछालते हैं, और उसकी टांग खींचने की कोशिश करते हैं। हम जब ख़ुद को ऐसे तुच्छ लोगों से उलझने से बचा लेते हैं, तो हम जीत जाते हैं। मार्शल आर्ट (martial art) में सिखाया जाता है कि जब कोई हम पर हमला करे, तो उसे रोकने के बजाए अपनी जगह से हट जाइए। क्यों? इसलिए कि रोकने के लिए ऊर्जा की ज़रूरत होती है। उसका इस्तेमाल और बेहतर कामों के लिए क्यों न किया जाए? तुच्छ लोगों से उलझने के लिए हमको उनके स्तर तक नीचे उतरना पड़ता है और वे यही चाहते हैं, क्योंकि ऐसा करके हम उनमें से एक बन जाते हैं।

नकारात्मक लोगों को अपने मक़सद में क़ामयाब मत होने दीजिए। ख़ुद को नीचे मत गिराइए। याद रखिए कि किसी आदमी का चरित्र केवल इस बात से नहीं आँका जाता कि वह कैसी सोहबत में रहता है, बल्कि इस बात से भी आँका जाता है कि वह किन लोगों की संगत नापसंद करता है।

धूम्रपान, नशीली दवाएँ और अल्कोहल (Smoking, Drugs and Alcohol)

> *मेरे शराब न पीने की एक वजह यह है कि मैं जानना चाहती हूँ कि मैं कब अच्छा समय बिता रही हूँ।*
>
> – लेडी एस्टर

शराब पीने के बाद आदमी के दिल-दिमाग़ पर कोई रोक-टोक नहीं रह जाती और वह मनमानी हरकतें करने लगता है।

सफ़र के दौरान मैंने देखा है कि कुछ देशों में शराब पीना वक़्त बिताने का ज़रिया बन गया है। अगर हम शराब नहीं पीते हैं, तो वे हमें इस तरह देखते हैं, जैसे कि हम कोई ग़लत काम कर रहे हैं। उनका आदर्श (motto) यह है – "अगर हमारी स्कॉच अच्छी है, तो इससे कोई फ़र्क़ नहीं पड़ता कि हमारी अंग्रेजी कितनी बुरी है।" अगर कोई बैंकर उनसे पूछे, कि आपकी नक़द संपत्ति (liquid asset) क्या है, तो वे स्कॉच की दो बोतलें दिखा देंगे।

आज के दौर में शराब और सिगरेट पीना शान की बात मानी जाने लगी है। इनकी शुरूआत करते वक़्त आदमी सोचता है, "पहली बार ही तो पी रहा हूँ।"

अगर हम लोगों से पूछें कि वे अल्कोहल (शराब) या नशीली दवाएँ क्यों लेते हैं, तो वे हमको जश्न मनाने, मज़ा लेने, दिक्क़तों को भुलाने, तनाव दूर करने, तज़रबा करने, दूसरों पर रोब डालने (शराब पीना बिंदास होने की निशानी है), ख़ुद को फ़ैशनेबल (fashionable) साबित करने, मेलजोल बढ़ाने, और व्यापारिक मक़सद जैसी कई वजहें गिना देंगे।

लोग ख़ुद को साथियों की माँग के मुताबिक ढालना चाहते हैं। मुझे ताज्जुब होता है कि हम "क्या तुम मेरे दोस्त नहीं हो?" "बस एक जाम, सफ़र के लिए", "केवल एक जाम, मेरी सेहत के लिए" जैसे जुमले की वजह से साथियों के दबाव में कैसे आ जाते हैं?

सामाजिक दबाव की वजह से शराब पीने वालों के अंजाम को इस कविता में बहुत अच्छी तरह दर्शाया गया है –

मैंने तुम्हारी सेहत के लिए शराबख़ानों में पी है,
मैंने तुम्हारी सेहत के लिए अपने घर में पी है,
मैंने तुम्हारी सेहत के लिए इतनी बार पी है
कि पीते-पीते मैंने अपनी ही सेहत ख़राब कर ली है।

शराब पी कर गाड़ी चलाने से ज़िंदगियाँ चली जाती हैं। जेरी ज़ॉनसन (Jerry Johnson) ने अपनी किताब *इट्स किलिंग ऑवर किड्स (Its Killing Our Kids)* (पृष्ठ 15) में अमेरिकन हॉस्पिटल एसोसिएशन की रिपोर्टों का हवाला देते हुए लिखा है कि वहाँ अस्पतालों में दाख़िल होने वाले आधे से अधिक मामले अल्कोहल से जुड़े होते हैं। नेशनल सेफ्टी काउंसिल (National Safety Council) के 1989 के दुर्घटना-तथ्य संस्करण (Accident facts edition) के मुताबिक, अमरीका में अल्कोहल पीने की वजह से हर 60 सेकंड में एक दुर्घटना हो जाती है।

अश्लील साहित्य (Pornography)

अश्लील साहित्य महिलाओं और बच्चों को इंसान के स्तर से गिराने का ज़रिया है। अश्लील साहित्य की वहज से –

1. महिलाओं को इंसानी नज़रिए से नहीं देखा जाता
2. बच्चों का यौन-शोषण होता है
3. शादियाँ टूटती हैं
4. यौन-हिंसा बढ़ती है

5. नैतिक मूल्यों को मखौल उड़ता है
6. व्यक्ति, परिवार, और समाज नष्ट होते हैं

अमरीका में हर 46 सेकंडों में किसी न किसी महिला के साथ बलात्कार हो जाता है (निशनल विक्टिम सेंटर/क्राइम विक्टिम रिसर्च एंड ट्रीटमेंट सेंटर, सन् 1992) (National Victim Centre/Crime Victim Research and Treatment Centre, 1992)। बलात्कार करने वालों में से 86 प्रतिशत लोगों ने स्वीकार किया है कि वे अश्लील साहित्य नियमित रूप से पढ़ते रहे हैं। उनमें से 57 प्रतिशत लोगों ने यह भी माना है कि यौन अपराध करते समय उन्होंने अश्लील साहित्य में बयान किए गए दृश्यों की नकल की थी। (डा० विलियम मार्शल - Dr William Marshall, 1988)*

यह देखकर दुख होता है कि कुछ लोग पैसा कमाने के लिए इतना गिर जाते हैं कि अश्लील साहित्य की बिक्री को अपना पेशा बना लेते हैं।

नकारात्मक फ़िल्में एवं टेलीविजन कार्यक्रम
(Negative Movies and Television Programmes)

आजकल के बच्चों के नज़रिए, और मूल्यों पर किसी और के बजाए फ़िल्मों और टेलीविज़न कार्यक्रमों का ज़्यादा असर पड़ता है। एक अनुमान के अनुसार अमरीका में बच्चे हाई स्कूल तक पहुँचते-पहुँचते 20,000 घंटों के टेलीविज़न कार्यक्रम देख चुके होते हैं, और उनकी आँखों के सामने से 5,000 हत्याओं के दृश्य और अल्कोहल से संबंधित 100,000 विज्ञापन गुज़र चुके होते हैं।**

इन टेलीविज़न कार्यक्रमों और विज्ञापनों से संदेश मिलता है कि शराब पीना मौजमस्ती है, सिगरेट पीना शान की बात है, और नशीली दवाओं का तो ज़माना है। अगर अपराध इतनी तेज़ी से बढ़ रहे हैं, तो इसमें हैरत की कोई बात नहीं है।

टेलीविज़न धारावाहिक और कार्यक्रम तथा फ़िल्में शादी से पहले के और शादी के बाद पराए स्त्री-पुरुषों के साथ कायम होने वाले शारीरिक-संबंधों को बड़े लुभावने अंदाज में पेश करते हैं। इसलिए अगर रिश्तों में प्रतिबद्धता (commitment) की कमी दिखाई है और तलाक के मामले बढ़ते जा रहे हैं, तो

---

* द नेशनल कोलिशन फॉर द प्रोटेक्शन ऑफ चिल्ड्रेन एण्ड फेमिलीज़ एनुअल रिपोर्ट, 1995 से उद्धृत।

** जेरी जॉन्सन की पुस्तक 'इट्स किलिंग आवर किड्स, पृ. xvi में वर्णित।

हमें इस पर ताज्जुब नहीं होना चाहिए। कच्चे दिमाग़ वाले लोग मीडिया में देखी-सुनी चीज़ों को ही अपने मानक (standard) और मानदंड (benchmark) बना लेते हैं। वैसे एक हद तक इन चीज़ों का असर हम सब पर होता है।

गाली-गलौज (Profanity)

गाली-गलौज के इस्तेमाल से यही लगता है कि ऐसी भाषा का इस्तेमाल करने वाले के पास शब्दों की कमी है। वह ख़ुद पर काबू नहीं रख पाता, और उसमें आत्मअनुशासन की कमी है।

रॉक संगीत (Rock Music)

कुछ लोकप्रिय गीत अश्लील हैं। हम जो संगीत सुनते हैं, या कला के जिन प्रदर्शनों को देखते हैं, वह हमारे अवचेतन (sub-conscious) मन पर असर डालता है।

सातवाँ क़दम – ज़रूरी कामों को पसंद करने की आदत डालें (Step 7 – Learn to Like the Things That Need to be Done)

> *जो ज़रूरी है उससे शुरू करें, फिर जो मुमकिन है वह करें, और आप अचानक पाएँगे कि आप नामुमकिन काम भी करने लगे हैं।*
>
> – सेंट फ्रांसिस ऑफ असिसी

कुछ काम ऐसे होते हैं, जिन्हें हम पसंद करें, या नापसंद पर वे हमें करने ही पड़ते हैं। जैसे कि एक माँ अपने बच्चे की देखभाल हर हाल में करती है। कोई ज़रूरी नहीं है कि इसमें उसे हमेशा सुख मिलता हो, बल्कि कई बार तो यह तकलीफ़देह हो सकता है। लेकिन हम ऐसे ज़रूरी कामों को पसंद करना सीख लें, तो फिर नामुमकिन भी मुमकिन बन जाता है।

आठवाँ क़दम – अपने दिन की शुरूआत किसी अच्छे (सकारात्मक) काम से करें (Step 8 – Start Your Day with Something Positive)

सुबह के वक़्त सबसे पहले कोई अच्छी चीज़ पढ़ें, या सुनें। रात में अच्छी तरह सोने के बाद हमारा तनाव दूर हो चुका होता है, और हमारा अवचेतन मन किसी बात को बड़ी आसानी से क़बूल कर लेता है। इससे दिनभर के लिए एक लय

बन जाती है, और हमारी दिमाग़ी सोच का ताना-बाना सही रूप ले लेता है, जिससे हमारा पूरा दिन अच्छा बन जाता है। ख़ुद में बदलाव लाने के लिए हमें सोचे-समझे ढंग से कोशिश करनी होगी, और पूरे संकल्प के साथ अच्छे विचार और व्यवहार को अपनी ज़िंदगी का हिस्सा बनाना होगा। सकारात्मक विचार और व्यवहार को अपनाने का अभ्यास रोज़ करें, और इसे तब तक जारी रखें, जब तक यह आदत न बन जाए।

हार्वर्ड विश्वविद्यालय (Harvard University) के विलियम जेम्स (William James) का कहना है, "अगर आपको अपनी ज़िंदगी बदलनी है, तो उसकी शुरूआत फ़ौरन करें।"

अगर आप अब तक बताए जा चुके आठ तरीकों पर अमल करें, तो विजेता बन जाएँगे।

जीतने वाला बनाम हारने वाला

WINNERS VERSUS LOSERS

- जीतने वाला हमेशा समाधान का हिस्सा होता है।
  हारने वाला हमेशा समस्या का हिस्सा होता है।
- जीतने वाले के पास हमेशा कोई न कोई कार्यक्रम (programme) होता है।
  हारने वाले के पास हमेशा कोई न कोई बहाना।
- जीतने वाला कहता है, "मैं आपके लिए यह काम कर देता हूँ।"
  हारने वाला कहता है, "यह मेरा काम नहीं है।"
- जीतने वाले के पास हर समस्या का कोई न कोई हल होता है।
  हारने वाले के पास समस्या है हर समाधान के लिए।
- जीतने वाला कहता है, "मुश्किल होने के बावजूद यह काम किया जा सकता है।"
  हारने वाला कहता है, "इस काम को किया जा सकता है, पर यह बहुत मुश्किल है।"
- कोई ग़लती करने पर जीतने वाला कहता है, "मैं ग़लत था।"
  हारने वाला से कोई ग़लती होती है, तो वह कहता है, "इसमें मेरी कोई ग़लती नहीं थी।"
- जीतने वाला वचनबद्ध होता है।
  हारने वाला खोखले वायदे करता है।

- जीतने वाले की आँखों में क़ामयाबी के सपने होते हैं।
  हारने वाले के पास खोखली योजनाएँ होती हैं।
- जीतने वाला कहता है, "मुझे कुछ करना है।"
  हारने वाला कहता है, "कुछ होना चाहिए।"
- जीतने वाला टीम का हिस्सा होता है।
  हारने वाला टीम के हिस्से करता है।
- जीतने वाला लाभ को देखता है।
  हारने वाला तकलीफ़ को देखता है।
- जीतने वाला संभावनाओं को देखता है।
  हारने वाला समस्याओं को देखता है।
- जीतने वाला "सभी की जीत" के सिद्धांत में विश्वास करता है।
  हारने वाला मानता है कि जीतने के लिए किसी का हारना ज़रूरी है।
- जीतने वाला आने वाले कल को देखता है।
  हारने वाला बीते कल को देखता है।
- जीतने वाला स्थिर स्वभाव वाले तापस्थायी (Thermostate) जैसा होता है।
  हारने वाला तापमापी (Thermometer) जैसा होता है।
- जीतने वाला सोच कर बोलता है।
  हारने वाला बोल कर सोचता है।
- जीतने वाला विनम्र शब्दों में कड़े तर्क पेश करता है।
  हारने वाला कड़े शब्दों में कमज़ोर तर्क पेश करता है।
- जीतने वाला बुनियादी मूल्यों (values) पर मज़बूती से टिका रहता है, पर छोटी-मोटी चीज़ों पर समझौता कर लेता है।

  हारने वाला छोटी-छोटी बातों पर अड़ जाता है, लेकिन मूल्यों पर समझौता कर लेता है।
- जीतने वाला दूसरों की भावनाओं को महसूस करने में विश्वास करता है। वह मानता है कि "दूसरों के साथ वैसा व्यवहार नहीं करना चाहिए, जैसे व्यवहार की उम्मीद हम दूसरों से अपने लिए नहीं करते।"
  हारने वाला इस में विश्वास करता है कि दूसरे तुम्हारे साथ कुछ करें, उससे पहले ही तुम वह काम उनके साथ कर दो।

- जीतने वाला काम को अंजाम देते हैं।
  हारने वाला काम के होने का इंतज़ार करते हैं।
- जीतने वाला जीतने की योजना बनाते हैं, और तैयारी करते हैं। तैयारी ही मूलमंत्र है।

ज़रूरी कदम
ACTION STEPS

असफल होने पर आप निराश हो सकते हैं, लेकिन अगर आपने कोशिश ही नहीं की, तो आपका नाश हो जाएगा।

– बेवर्ली सिल्स

मैं इस अध्याय (Chapter) को उन आठ क़दमों को दोहरा के समाप्त करता हूँ, जिनके बारे में चर्चा की जा चुकी है।

- अच्छी चीज़ों की तलाश करें।
- हर काम फ़ौरन करने की आदत डालें।
- अहसानमंद होने का नज़रिया बनाएँ।
- लगातार ज्ञान हासिल करने का कार्यक्रम तैयार करें।
- अच्छे स्वाभिमान का निर्माण करें।
- नकारात्मक असर से दूर रहें।
- जो काम ज़रूरी हैं, उन्हें पसंद करने की आदत डालें।
- अच्छे ढंग से दिन की शुरूआत करें।

कार्य योजना (ACTION PLAN)

1. इन आठ क़दमों को एक 3–5" के इंडेक्स कार्ड (Index card) पर लिखें, और 21 दिन तक रोज़ पढ़ें।

   इसे पढ़ने के बाद अगले तीस मिनट तक आगे दिए गए सवाल का जवाब सोचें।
2. आप इनमें से हर क़दम का

   - घर
   - काम की जगह
   - समाज में

   कैसे प्रयोग कर सकते हैं?
3. आप ख़ुद में जिन बदलावों को लाना चाहते हैं, उनकी सूची बनाइए।
4. उसके बाद उनमें से हर बदलाव की वजह से ख़ुद (और दूसरों) को होने वाले फ़ायदे की सूची बनाइए।
5. अंत में, एक टाइम-टेबल (Time-table) बनाइए, और उन बदलावों को लाने का संकल्प लीजिए।

अध्याय

3

सफलता

जीत हासिल करने के तरीक़े

बड़ी सफलाताएँ हासिल करने वाले लोग अपना वक़्त व्यर्थ, जटिल क़िस्म के, या विनाशकारी विचारों में उलझ कर नष्ट नहीं करते। वे रचनात्मक (constructive) ढंग से सोचते हैं, और उन्हें मालूम होता है कि उनके सोचने का तरीका ही उनकी क़ामयाबी को तय करेगा।

— डा॰ सेमौर एपस्टीन

हमें अपना ध्यान उन चीज़ों पर लगाना चाहिए, जिन्हें हम चाहते हैं न कि उन चीज़ों पर जिन्हें हम नहीं चाहते।

सफलता इत्तिफ़ाक की देन नहीं है। यह हमारे नज़रिए का नतीजा होती है, और अपना नज़रिया हम ख़ुद ही चुनते हैं। इसलिए सफलता इत्तिफ़ाक से नहीं मिलती, बल्कि हम उसका चुनाव करते हैं।

एक पुजारी कार से कहीं जा रहा था। रास्ते में उसने एक बहुत ही सुंदर खेत देखा। वह कार रोक कर बाहर आया और एक खेत के किनारे खड़ा हो कर उसमें लहलहाती हुई फ़सल की तारीफ़ करने लगा। उस खेत का मालिक (किसान) ट्रैक्टर चला रहा था। पुजारी को देख कर किसान ट्रैक्टर चलाता हुआ उसके पास आया। पुजारी ने उससे कहा, "ईश्वर ने तुम्हें बहुत सुंदर खेत दिया है। तुम्हें उनका अहसानमंद होना चाहिए।" किसान ने जवाब दिया, "हाँ, ईश्वर ने मुझे बहुत अच्छा खेत दिया है और इसके लिए मैं उन्हें धन्यवाद देता हूँ, लेकिन आपको इसे उस समय देखना चाहिए था, जब सारा खेत ईश्वर ने अपने हाथों में रखा हुआ था।"

ज़्यादातर नाक़ामयाब लोग कोई बड़ा लौटरी पाने का इंतज़ार करते रहते हैं, लेकिन इस तरीके से उन्हें क़ामयाबी शायद ही कभी मिल पाती है। आम आदमी सुरक्षा तलाशता है, जबकि असाधारण लोग अवसर तलाशते हैं।

ऐसा क्यों होता है कि कोई इंसान अपनी सफलताओं की कहानियाँ लगातार लिखता जाता है, जबकि दूसरे लोग तैयारी ही करते रह जाते हैं?

ऐसा क्यों होता है कि कोई इंसान एक के बाद दूसरी रुकावटों को पार करता हुआ अपने लक्ष्य को प्राप्त कर लेता है, जबकि दूसरे लोग संघर्ष ही करते रह जाते हैं, और कहीं नहीं पहुँच पाते?

अगर हम इन दोनों सवालों के जवाब हासिल कर लें, तो हमारी ज़िंदगी में इंकलाब आ जाएगा।

सफलता क्या है?

WHAT IS SUCCESS?

अगर आप सचमुच सफ़ल होना चाहते हैं, तो उन कामों को करने की आदत डालिए, जिन्हें असफ़ल लोग नहीं करना चाहते।

— अज्ञात

सफलता और असफलता के बारे में काफ़ी शोध (research) किया गया है। सफलता का राज़ सफल लोगों के जीवन के इतिहास को पढ़ कर जाना जा सकता है। सफल लोग चाहे जिस दौर में पैदा हुए हों, और चाहे जिस क्षेत्र में सक्रिय रहे हों, उनमें कुछ ख़ासियतें समान रूप से पाई जाती रही हैं।

सफलता अपने निशान छोड़ जाती है। यदि हम सफल लोगों के गुणों को पहचान कर उन्हें अपना लें, तो हम भी सफल हो जाएँगे। इसी तरह असफल लोगों में भी कुछ समानताएँ होती हैं। यदि हम उनमें पाई जाने वाली कमियों को ख़ुद से दूर रखें, तो असफल नहीं होंगे।

सफलता कोई रहस्य नहीं है। यह केवल कुछ बुनियादी उसूलों को लगातार अमल में लाने का नतीजा होती है। इसका उलटा भी उतना ही सही है – असफलता और कुछ नहीं, बल्कि कुछ ग़लतियों को लगातार दुहराने का नतीजा होती है। यह बात आपको काफ़ी सरल लगती होगी, लेकिन हक़ीक़त यही है कि ज़्यादातर सच बड़े सरल होते हैं। मैं यह नहीं कह रहा हूँ कि वे आसान होते हैं, लेकिन यह सच है कि वे सरल होते हैं।

सदा मुस्कराना और सबको प्यार करना
गुणी जनों का सम्मान पाना
बच्चों के दिल में रहना
सच्चे आलोचकों से स्वीकृति पाना
झूठे दोस्तों की दग़ाबाज़ी को सहना
ख़ूबसूरती को सराहना
दूसरों में ख़ूबियाँ तलाशना
किसी उम्मीद के बिना
दूसरों के लिए ख़ुद को अर्पित करना

उत्साह के साथ हँसना और खेलना
और मस्ती भरे तराने गाना,
इस बात का अहसास कि
आपकी ज़िंदगी ने किसी एक व्यक्ति का
जीवन आसान बनाया
यही सच्ची सफलता है।

— अज्ञात

हम सफलता को कैसे परिभाषित करते हैं?
HOW DO WE DEFINE SUCCESS?

किसी आदमी को कौन-सी चीज़ क़ामयाब बनाती है? हमें सफलता का अहसास कैसे होता है? किसी के लिए सफलता का मतलब दौलत, दूसरे के लिए शोहरत, तीसरे के लिए सेहत, चौथे के लिए पारिवारिक ख़ुशी, आत्मसंतुष्टि और मन की शांति हो सकता है। इसका मतलब यह हुआ कि सफलता एक निजी अहसास (subjective feeling) है। अलग-अलग लोगों के लिए इसका अलग-अलग मतलब होता है। इस परिभाषा में सफलता की व्याख्या बहुत अच्छे ढंग से की गई है–

"मूल्यवान लक्ष्य की लगातार प्राप्ति का नाम ही सफलता है।"

— अर्ल नाइटिंगैल

आइए, इन परिभाषाओं को सावधानीपूर्वक देखें –

"निरंतर" (progressive) का अर्थ यह है कि सफलता लक्ष्य नहीं, बल्कि एक सफ़र है। हम इस सफ़र में लक्ष्य पर कभी नहीं पहुँचते। एक लक्ष्य पर पहुँचने के बाद, हमारी सफ़र दूसरे लक्ष्य के लिए शुरू हो जाती है, और यह सिलसिला जारी रहता है।

"अनुभूति" (realisation) का मतलब है अनुभव करना। हमें सफलता का अहसास बाहरी चीज़ों की वजह से नहीं होता है। हम इसे अपने भीतर महसूस करते हैं। यह बाहरी नहीं, बल्कि अंदरूनी चीज़ है। इसलिए कई बार कोई चीज़ बाहर से सफलता लग सकती है, पर वह हमें अंदर से बिल्कुल खोखली लगती है।

"सार्थकता" (worthiness) का संबंध हमारी मूल्य प्रणाली से है। मूल्य रहित लक्ष्य सार्थक नहीं हो सकते। हम किस दिशा में बढ़ रहे हैं? सकारात्मक लक्ष्य की दिशा में, या नकारात्मक लक्ष्य की दिशा में? सार्थकता से हमारी सफ़र का स्तर, यानी उसकी गुणवत्ता (quality) तय होती है। इसी से हमारी सफ़र को एक अर्थ,

और हमें आत्मसंतुष्टि मिलती है। लक्ष्य महत्त्वपूर्ण हैं, क्योंकि उनके कारण हमें अपनी दिशा का अहसास होता है।

जो सफलता आत्मसंतुष्टि न दे, वह खोखली होती है।

मुझे नहीं मालूम की क़ामयाबी पाने की कुँजी क्या है, पर हर आदमी को ख़ुश करने की कोशिश करना ही नाक़ामयाबी की कुँजी है।

– बिल कॉस्बी

क़ामयाबी का मतलब यह नहीं है कि हर इंसान आपको क़बूल और पसंद करे। कुछ ऐसे लोग भी हैं, जिनसे मान्यता पाना मैं ख़ुद नही चाहूँगा। मूर्खों की आलोचना को मैं घिनौने चरित्र के लोगों की तारीफ़ से बेहतर मानता हूँ।

मैं सफलता को अच्छी क़िस्मत का नतीजा मानता हूँ, जो हमें प्रेरणा, आकांक्षा, हताशा, और तैयारी की वजह से मिलती है। आम तौर पर क़ामयाबी के सफ़र का सिलसिला ऐसा ही होता है।

सफलता और प्रसन्नता का चोली-दामन का साथ है। सफलता का मतलब यह है कि हम जो चाहें उसे पा लें, और प्रसन्नता का मतलब यह है कि हम जो पाएँ, उसे चाहें।

सफलता का मतलब अपने अस्तित्व को क़ायम रखना भर नहीं है। इसका अर्थ उससे ज़्यादा व्यापक है।

सिर्फ़ ज़िंदगी न गुज़ारो – जीओ (Do more than exist – live)
सिर्फ़ छुओ नहीं – महसूस करो (Do more than touch – feel)
सिर्फ़ देखो नहीं – ग़ौर करो (Do more than look – observe)
सिर्फ़ पढ़ो नहीं – जीवन में उतारो (Do more than read – absorb)
सिर्फ़ सुनो नहीं – ध्यान से सुनो (Do more hear – listen)
सिर्फ़ ध्यान से ही न सुनो – समझो (Do more than listen – understand)

– जॉन एच रोड्स

सफलता की राह में आने में आने वाली कुछ बाधाएँ – वास्तविक या काल्पनिक?

SOME OBSTACLES TO SUCCESS – REAL OR IMAGINED

- अहंकार (Ego)
- असफल/सफल होने का डर; आत्मसम्मान की कमी?
  (Fear of failure/success; lack of self-esteem)

- कोई योजना न होना (No plan)
- कोई निश्चित लक्ष्य न होना (Lack of formalised goals)
- ज़िंदगी के उतार-चढ़ाव (Life changes)
- टालमटोल की आदत (Procrastination)
- पारिवारिक जिम्मेदारियाँ (Family responsibilities)
- आर्थिक सुरक्षा से जुड़े मसले (Financial security issues)
- एकाग्रता की कमी, भ्रमित हो जाना (Lack of focus, being muddled)
- पैसे की लालच में दूर की न सोचना (Giving up vision for promise of money)
- सारा बोझ खुद उठाना (Doing to much alone)
- क्षमता से अधिक उलझ जाना (Overcommitment)
- जुड़ाव न महसूस करना (Lack of commitment)
- ट्रेनिंग की कमी (Lack of training)
- दृढ़ता की कमी (Lack of persistence)
- प्राथमिकताएँ न तय कर पाना (Lack of priorities)

जिताने वाली बढ़त
THE WINNING EDGE

जिताने वाली बढ़त हासिल करने के लिए हमें पूर्णता नहीं, बल्कि उत्तमता (excellence) हासिल करने की कोशिश करनी चाहिए। पूर्णता हासिल करने का सपना देखना दरअसल एक दिमाग़ी खलल (neurotic) है, जबकि उत्तमता हासिल करने की कोशिश करना तरक़्क़ी की राह पर क़दम बढ़ाना है, क्योंकि ऐसा कोई काम नहीं है, जिसे और बेहतर ढंग से न किया जा सके।

हमें केवल थोड़ी-सी बढ़त हासिल करने की ज़रूरत होती है। दौड़ में जीतने वाले घोड़े हारने वाले घोड़ों की तुलना में पाँच या दस गुनी क़ामयाबी हासिल कर लेते हैं। क्या वे दूसरे घोड़ों से पाँच, या दस गुना तेज़ दौड़ते हैं? बिल्कुल नहीं। उसमें दूसरे घोड़ों से थोड़ी-सी ज़्यादा तेज़ी होती है, शायद नाक के बराबर ही अंतर होता हो; लेकिन उसे पाँच, या दस गुना बड़ा इनाम मिलता है।

क्या ऐसा होना चाहिए? इसकी परवाह किसे है? इसका कोई मतलब नहीं है। खेल के नियम ही ऐसे हैं। खेल इसी तरह खेला जाता है। हमारी ज़िंदगी

पर भी यही बात लागू होती है। सफल लोग असफल लोगों से दस गुना तेज़ तर्रार नहीं होते। हो सकता है कि वे उनसे थोड़े ही बेहतर हों, पर उन्हें इतनी सी तेज़ी की वजह से ही दस गुना बड़ा पुरस्कार मिलता है।

हमें किसी एक क्षेत्र में 1000 प्रतिशत बेहतर बनने की नहीं, बल्कि ख़ुद को 1000 अलग-अलग क्षेत्रों में एक प्रतिशत बेहतर बनाने की ज़रूरत है। ऐसा करना बेहद आसान है, लेकिन जीत दिलाने वाली बढ़त भी यही है।

संघर्ष
STRUGGLE

इतिहास बताता है कि बड़े-बड़े विजेताओं को भी जीत से पहले हताश कर देने वाली बाधाओं का सामना करना पड़ा। उन्हें जीत इसलिए मिली कि वे अपनी असफलताओं से मायूस नहीं हुए।

– बी.सी. फोर्ब्स

हमारा इम्तहान लेने के लिए ज़िंदगी में कभी जीत की खुशियाँ आती हैं, तो कभी गम मिलते हैं। यह हम पर निर्भर है कि उनका सामना कैसे करें। जीत कोशिश किए बिना नहीं मिलती।

जीव विज्ञान (Biology) के एक अध्यापक अपने छात्रों को पढ़ा रहे थे कि सूँड़ी (caterpillar) तितली में कैसे बदल जाती है। उन्होंने छात्रों को बताया कि कुछ ही घंटों में तितली अपनी खोल से बाहर निकलने की कोशिश करेगी। उन्होंने छात्रों को आगाह किया कि वे खोल से बाहर निकलने में तितली की मदद न करें। इतना कह कर वह कक्षा से बाहर चले गए।

छात्र इंतज़ार करते रहे। तितली खोल से बाहर निकलने के लिए संघर्ष करने लगी। छात्र को उस पर दया आ गई। अपने अध्यापक की सलाह न मान कर उसने खोल से बाहर निकलने की कोशिश कर रही तितली की मदद करने का फ़ैसला किया। उसने खोल को तोड़ दिया, जिसकी वजह से तितली को बाहर निकलने के लिए और मेहनत नहीं करनी पड़ी। लेकिन वह थोड़ी ही देर में मर गई।

वापस लौटने पर शिक्षक को सारी घटना मालूम हुई। तब उन्होंने छात्रों को बताया कि खोल से बाहर आने के लिए तितली को जो संघर्ष करना पड़ता है, उसी की वजह से उसके पंखों को मज़बूती और शक्ति मिलती है। यही प्रकृति का नियम है। तितली की मदद करके छात्र ने उसे संघर्ष करने का मौका नहीं दिया। नतीजा यह हुआ कि वह मर गई।

अपनी ज़िंदगी पर भी यही उसूल लागू कीजिए। ज़िंदगी में कोई भी कीमती चीज़ संघर्ष के बिना नहीं मिलती। माँ-बाप अपने बच्चों को शक्ति हासिल करने के लिए संघर्ष करने का मौका नही देते। इस तरह वे जिन्हें सबसे अधिक चाहते हैं उन्हीं को नुक़सान पहुँचा बैठते हैं।

बाधाओं को दूर करना
OVERCOMING OBSTACLES

बाधाओं को दूर करके आगे बढ़ने वाले लोग उन लोगों की तुलना में अधिक सुरक्षित होते हैं, जिन्होंने कभी उनका सामना ही नहीं किया। हम सभी को कभी न कभी दिक्क़तों का सामना करना ही पड़ता है। उनकी वजह से कई बार हम मायूस हो जाते हैं। निराशाओं का सामना सबको करना पड़ता है, पर जीतने वाले हताश नहीं होते। ऐसे हालात का जवाब दृढ़ता ही है।

एक अंग्रेजी कहावत है, “शांत समुद्र में नाविक कुशल नहीं बन पाते।” बाद में आसान लगने वाली सारी चीजें शुरू में मुश्किल लगती हैं। हम अपनी समस्याओं से मुँह नहीं चुरा सकते। केवल हारने वाले ही कोशिश छोड़ कर मैदान से हट जाते हैं।

अधिकतर लोग ठीक उस समय हार मान लेते हैं, जब सफलता उन्हें मिलने ही वाली होती हो। विजय-रेखा बस एक क़दम की दूरी पर होती है, तभी वे कोशिश बंद कर देते हैं। वे खेल के मैदान से अंतिम मिनट में हट जाते हैं, जबकि उस समय जीत का निशान उनसे केवल एक फुट के फ़ासले पर होता है।

— एच.रॉस पेरॉट

हम सफलता को कैसे मापते हैं?
HOW DO WE MEASURE SUCCESS?

असली सफलता किसी काम को अच्छी तरह करने, और अपने लक्ष्य को हासिल करने के अहसास से मापी जाती है।

सफलता इस बात से नहीं मापी जाती कि हमने ज़िंदगी में कौन-सा ओहदा हासिल किया है, बल्कि इस बात से मापी जाती है कि हमने वह मुकाम कितनी रुकावटों को दूर करके हासिल किया है। सफलता इस बात से भी नहीं मापी जाती कि हम ज़िंदगी में दूसरे लोगों की तुलना में कैसी उपलब्धियाँ हासिल कर रहे हैं, बल्कि इस बात से मापी जाती है कि हम अपनी क्षमताओं की तुलना में कितनी उपलब्धियाँ हासिल कर रहे हैं। सफल लोग अपने आपसे मुकाबला (competition) करते हैं। वे अपना ख़ुद का रिकार्ड बेहतर बनाते हैं, और उसमें लगातार सुधार लाते रहते हैं।

सफलता इस बात से नहीं मापी जाती कि हमने ज़िंदगी में कितनी ऊँचाई हासिल की है, बल्कि इस बात से मापी जाती है कि हम कितनी बार गिर कर उठे हैं। सफलता का आकलन (measurement) गिर कर उठने की इस क्षमता से ही किया जाता है।

सफलता की हर कहानी महान असफलताओं की भी कहानी है
EVERY SUCCESS STORY IS ALSO A STORY OF GREAT FAILURE

असफलता, सफलता हासिल करने का राजमार्ग (highway) है। आई.बी.एम. के टॉम वाट्सन, सीनियर (Tom Watson Sr.) का कहना, "अगर आप सफल होना चाहते हैं, तो अपनी असफलता की दर दूनी कर दीजिए।"

अगर हम इतिहास पढ़ें, तो पाएँगे कि सफलता की हर कहानी के साथ महान असफलताएँ भी जुड़ी हुई हैं। लेकिन लोग उन असफलताओं पर ध्यान नहीं देते। वे केवल नतीजों को देखते हैं, और सोचते हैं कि उस आदमी ने क्या क़िस्मत पाई है, "वह सही वक्त पर, सही जगह रहा होगा।"

एक आदमी की ज़िंदगी की कहानी बड़ी मशहूर है। यह आदमी 21 साल की उम्र में व्यापार में नाक़ामयाब हो गया; 22 साल की उम्र में वह एक चुनाव हार गया; 24 साल की उम्र में उसे व्यापार में फिर असफलता मिली; 26 साल की उम्र में उसकी पत्नी मर गई; 27 साल

की उम्र में उसका मानसिक संतुलन (nervous breakdown) बिगड़ गया; 34 साल की उम्र में वह कांग्रेस का चुनाव हार गया, 45 साल की आयु में उसे सीनेट के चुनाव में हार का सामना करना पड़ा; 47 साल की उम्र में वह उपराष्ट्रपति बनने में असफल रहा; 49 साल की आयु में उसे सीनेट के एक और चुनाव में नाक़ामयाबी मिली; और वही आदमी 52 साल की उम्र में अमरीका का राष्ट्रपति चुना गया। वह आदमी अब्राहम लिंकन था।

क्या आप लिंकन को असफल मानेंगे? वह शर्म से सिर झुका कर मैदान से हट सकते थे, और अपनी वकालत फिर शुरू कर सकते थे। लेकिन लिंकन के लिए हार केवल एक भटकाव थी, सफ़र का अंत नहीं।

ट्रायोड ट्यूब (triode tube) के आविष्कारक ली डे फारेस्ट (Lee De Forest) पर सन् 1913 में ज़िला अटार्नी ने यह इल्ज़ाम लगाते हुए मुकदमा दायर किया कि उन्होंने धोखाधड़ी की है। जिला अटार्नी का कहना था कि उन्होंने अपनी कंपनी के शेयर ख़रीदवाने के लिए लोगों को यह कह कर गुमराह किया है कि वह इंसान की आवाज़ अटलांटिक के पार तक पहुँचा सकते हैं। उन्हें सरेआम अपमानित किया गया। लेकिन हम सोच सकते हैं कि उन्होंने वह आविष्कार न किया होता, तो हम आज कहाँ होते।

10 दिसंबर, 1903 को *न्यूयार्क टाइम्स* (*New York Times*) के संपादकीय में राइट बंधुओं (Wright Brothers) की सोच पर सवालिया निशान लगाया गया, जो उड़ सकने वाली हवा से भी हल्की मशीन का आविष्कार करने की कोशिश कर रहे थे। इसके एक हफ़्ते बाद ही किट्टी हॉक (Kitty Hawk) में 'राइट बंधुओं' ने अपनी मशहूर उड़ान भरी।

65 साल की उम्र में कर्नल सेंडर्स (Colonel Sanders) के पास पूँजी के नाम पर एक पुरानी कार और सामाजिक सुरक्षा योजना (Social Security Scheme) से मिला 100 डॉलर का चेक ही था। उन्होंने महसूस किया कि अपनी हालत बेहतर बनाने के लिए उन्हें कुछ करना

चाहिए। उन्हें अपनी माँ का फ्राईड चिकन बनाने का नुस्खा याद आया, और वह उसे बेचने के लिए निकल पड़े। क्या हम जानते हैं कि पहला आर्डर हासिल होने से पहले उन्हें कितने दरवाज़ों को खटखटाना पड़ा? एक अंदाज़ के मुताबिक पहला आर्डर हासिल होने से पहले उन्होंने हज़ारों दरवाज़े खटखटाए। हममें से ज़्यादातर लोग तीन बार, दस बार, अधिक से अधिक सौ बार कोशिश करके हार मान लेते हैं, और उसके बाद कहते हैं कि हमने अपनी तरफ़ से पूरी कोशिश की।

वाल्ट डिज़्नी (Walt Disney) जब युवक थे तो कई अख़बारों के संपादकों ने उन्हें यह कह कर लौटा दिया कि उनमें प्रतिभा है ही नहीं। एक दिन एक चर्च के पादरी ने उन्हें कुछ कार्टून बनाने का काम दिया। डिज़्नी चर्च में जिस शेड के नीचे काम कर रहे थे, वहाँ चूहे उधम मचा रहे थे। एक चूहे को देख कर उनके मन में एक कार्टून बनाने का ख़्याल आया और वहीं से मिकी माउस (Mickey Mouse) का जन्म हुआ।

सफल लोग महान काम नहीं करते, वे छोटे-छोटे कामों को महान ढंग से करते हैं।

एक दिन ऊँचा सुनने वाला एक चार साल का लड़का स्कूल से घर लौटा, तो उसकी जेब में उसके शिक्षक का एक नोट रखा था, जिस पर लिखा था, "आपका टॉमी इतना मंदबुद्धि का है कि वह कुछ नहीं सीख सकता। उसे स्कूल से बाहर निकाल लीजिए।" उसकी माँ ने वह नोट पढ़ कर जवाब दिया, "मेरा टॉमी इतनी मंदबुद्धि नहीं है कि कुछ सीख न सके। मैं उसे ख़ुद पढ़ाऊँगी।" और वही टॉमी एक दिन बड़ा होकर महान थॉमस एडीसन बना। वह स्कूल में केवल तीन महीने पढ़ सके थे।

हेनरी फोर्ड ने जो पहली कार बनाई, उसमें वह रिवर्स गियर डालना ही भूल गए थे।

क्या हम इन लोगों को असफल मानेंगे? *वे समस्याएँ न होने की वजह से नहीं, बल्कि समस्याओं के बावजूद क़ामयाब हुए; लेकिन नकारात्मक सोच वाले लोगों को लगता है कि ऐसे लोगों को क़ामयाबी "केवल तक़दीर की वजह" से मिली।*

सफलता की सारी कहानियों के साथ महान असफलताओं की कहानियाँ भी जुड़ी हुई हैं। फ़र्क़ केवल इतना था कि हर असफलता के बाद वे जोश के साथ फिर उठ खड़े हुए। इसे पीछे धकेलने वाली नहीं, बल्कि आगे बढ़ाने वाली नाक़ामयाबी कहते हैं। हम सीखते हुए आगे बढ़ते हैं। हम अपनी असफलताओं से सबक लेते हुए आगे बढ़ते हैं।

सन् 1914 में थॉमस एडीसन (Thomas Edison) की फैक्ट्री जल गई। उस समय उनकी उम्र 67 साल थी। एडीसन जवान नहीं रह गए थे, और फैक्ट्री का बीमा बहुत थोड़े पैसों का था। इसके बावजूद अपनी ज़िंदगी भर की मेहनत को धुआं बन कर उड़ते हुए देख कर उन्होंने कहा, "यह बरबादी बहुत क़ीमती है। हमारी सारी ग़लतियाँ जल कर राख़ हो गईं। मैं ईश्वर को धन्यवाद देता हूँ कि उसने हमें नई शुरूआत करने का मौका दिया।" उस तबाही के तीन हफ़्ते बाद ही, उन्होंने फ़ोनोग्राफ़ (Phonograph) का आविष्कार किया। क्या शानदार नज़रिया है!

आगे सफल लोगों की असफलताओं के कुछ और उदाहरण दिए गए हैं –

- थॉमस एडीसन बिजली का बल्ब बनाने से पहले लगभग दस हजार बार असफल हुए।
- हेनरी फोर्ड 40 साल की उम्र में दिवालिया हो गए थे।
- ली इयाकोका (Lee Iacocca) को 54 साल की उम्र में हेनरी फोर्ड द्वितीय ने नौकरी से निकाल दिया था।
- बीथोवॉन (Beethoven) जब युवा थे, तो उनसे कहा गया था कि उनमें संगीत की प्रतिभा (talent) नहीं है, लेकिन उन्होंने संसार को संगीत की कुछ उत्तम रचनाएँ दीं।

हमें रास्तें में ठोकरें ज़रूर लगेंगी। लेकिन वह हमारे लिए प्रेरणा भी बन सकती है, और हमें विनम्रता का पाठ पढ़ा सकती है। इससे हम मुसीबत की घड़ी में अपने अंदर बाधाओं को दूर करने की शक्ति (driving force) और विश्वास का अनुभव करेंगे।

हर ठोकर लगने के बाद खुद से पूछें कि हमने इस तज़रबे से क्या सीखा? तभी हम रास्ते के रोड़े को क़ामयाबी की सीढ़ी बना पाएँगे।

अगर आप सोचते हैं

अगर आप सोचते हैं कि आप हार गए हैं
तो आप हारे हैं
अगर आप सोचते हैं कि आप में हौसला नहीं है
तो सचमुच नहीं है
अगर आप जीतना चाहते हैं
मगर सोचते हैं कि जीत नहीं सकते
तो निश्चित है कि आप नहीं जीतेंगे
अगर आप सोचते हैं कि हार जाएँगे
तो आप हार चुके हैं
क्योंकि हम दुनिया में देखते हैं कि
सफलता की शुरुआत इंसान की इच्छा से होती है
ये सब कुछ हमारी सोच पर निर्भर करता है
अगर आप सोचते हैं कि पिछड़ गए हैं
तो आप पिछड़ गए हैं
तरक़्क़ी करने के लिए आपको अपनी सोच ऊँची करनी होगी
कोई भी सफलता प्राप्त करने से पहले
आपको अपने प्रति विश्वास लाना होगा।
जीवन की लड़ाईयाँ हमेशा
सिर्फ़ तेज़ और मज़बूत लोग ही नहीं जीतते बल्कि
आज नहीं तो कल जीतता वही आदमी है
जिसे यक़ीन है कि वह जीतेगा।

सबसे बड़ा तोहफ़ा
THE GREATEST GIFT

दुनिया के सभी प्राणियों में मनुष्य शारीरिक रूप से सबसे कमज़ोर है। आदमी चिड़िया की तरह उड़ नहीं सकता, तेंदुए से तेज़ दौड़ नहीं सकता, एलीगेटर की तरह तैर नहीं सकता, और बंदर की तरह पेड़ पर चढ़ नहीं सकता। आदमी की आँख चील की तरह तेज़ नहीं होती, न ही उसके पंजे और दाँत जंगली बिल्ली की तरह मज़बूत होते हैं। जिस्मानी तौर पर आदमी बेहद लाचार, और असुरक्षित होता है। वह एक छोटे से कीड़े के काटने से मर सकता है। लेकिन कुदरत

समझदार और दयालु है। उसने इंसान को जो सबसे बड़ा तोहफ़ा दिया है, वह है सोचने की क्षमता। इंसान अपना माहौल ख़ुद बना सकता है, जबकि जानवरों को माहौल के मुताबिक ढलना पड़ता है।

दुख की बात है कि कुदरत के इस सबसे बड़े तोहफ़े का पूरा इस्तेमाल बहुत कम लोग कर पाते हैं।

असफल लोग दो तरह के होते हैं – वे जो करते तो हैं लेकिन सोचते नहीं; दूसरे वे जो सोचते तो हैं लेकिन कुछ करते नहीं। सोचने की क्षमता का इस्तेमाल किए बिना ज़िंदगी गुज़ारना वैसा ही है, जैसे कि बिना निशाना लगाए गोली दागना।

ज़िंदगी उस रेस्तरां (कैफ़ेटेरिया) की तरह है जहाँ हमको ख़ुद सर्विस करनी पड़ती है। वहाँ हम अपनी ट्रे उठाते हैं, खाना चुनते हैं, और उसका भुगतान करते हैं। अगर हम क़ीमत चुकाने को तैयार हैं, तो वहाँ से कोई भी चीज़ ले सकते हैं। अगर हम कैफ़ेटेरिया में किसी के आ कर खाना परोसने का इंतज़ार करेंगे, तो इंतज़ार ही करते रह जाएँगे। ज़िंदगी भी वैसी ही है। हम चुनाव करते हैं, और फिर क़ामयाब होने के लिए कीमत चुकाते हैं।

ज़िंदगी चुनाव और समझौतों से भरी पड़ी है
LIFE IS FULL OF CHOICES AND COMPROMISES

> *भाग्य केवल संयोग पर निर्भर नहीं होता, बल्कि हम उसे अपने लिए चुनते हैं। वह इंतज़ार करने की नहीं, बल्कि हासिल करने की चीज़ है।*
>
> – विलियम जेनिंग्स ब्रायन

यहाँ दोनों बातें एक दूसरे का विरोध करती हैं। अगर ज़िंदगी चुनावों से भरी है, तो समझौते का सवाल कहाँ उठता है? यक़ीनन, समझौता भी एक चुनाव है। आइए, इस पर विचार करें।

ज़िंदगी चुनावों से कैसे भरी है? (How is Life Full of Choices?)

जब हम अधिक खाना खाते हैं, तो अपना वज़न बढ़ाने का चुनाव ख़ुद करते हैं। जब हम अधिक शराब पीते हैं, तो दूसरे दिन सिर में दर्द पा लेने का चुनाव हमारा अपना होता है। अगर हम शराब पी कर गाड़ी चलाते हैं, तो दुर्घटना में ख़ुद को, या किसी और को मार लेने का ख़तरा ख़ुद चुनते हैं। जब हम दूसरों के साथ बुरा व्यवहार करते हैं, तो इस बात का चुनाव ख़ुद करते हैं कि दूसरे भी हमारे साथ

बुरा व्यवहार करें। जब हम दूसरों की परवाह नहीं करते, तो यह चुनाव हम ख़ुद करते हैं कि दूसरे भी हमारी परवाह न करें।

हर चुनाव का एक नतीजा भी होता है। हम चुनाव करने के लिए तो स्वतंत्र होते हैं, लेकिन उसके बाद वह चुनाव हमें नियंत्रित करने लगता है। दूसरों से कुछ अलग बनने के लिए हम सबके पास बराबर का मौका होता है। ज़िंदगी की तुलना गीली मिट्टी से की जा सकती है। जिस तरह कुम्हार गीली मिट्टी को मनचाही शक्ल में ढाल सकता है, उसी तरह हम भी अपनी ज़िंदगी को मनचाहा रूप दे सकते हैं।

ज़िंदगी समझौतों से कैसे भरी है?
(How is Life Full of Compromises?)

ज़िंदगी केवल मौजमस्ती का नाम नहीं है। इसमें दुख और निराशा का भी सामना करना पड़ता है। ज़िंदगी में ऐसी घटनाएँ भी घटती हैं, जिनके बारे में हमने सोचा तक नहीं होता है। कई बार हर चीज़ उलट-पलट हो जाती है। अच्छे लोगों के साथ भी बुरी घटनाएँ घट जाती हैं। कुछ चीज़ें हमारे काबू से बाहर होती हैं, जैसे कि अपाहिज होना, या शरीर में कोई जन्मजात दोष होना। हम अपने माँ-बाप, या पैदा होने के वक़्त के हालात को तो नहीं चुन सकते। अगर तक़दीर ने हमारे साथ नाइंसाफ़ी की है, तो मुझे अफ़सोस है। लेकिन ऐसा हो ही गया है, तो अब हम क्या करेंगे – चीखेंगे-चिल्लाएँगे या तक़दीर की चुनौती को मंज़ूर करते हुए आगे बढ़ेंगे? यह चुनाव हमको करना है।

किसी साफ़ दिन में हमको झील में सैंकड़ों नावें तैरती दिखाई देंगी। हर नाव अलग दिशा में जा रही होती है। हवा के एक ही दिशा में बहने के बावजूद नावें अलग-अलग दिशाओं में जा रही होती हैं। क्यों? इसलिए कि उनमें पाल (शामियाना) को उसी ढंग से लगाया जाता है, और इसका फ़ैसला नाविक करता है। यही बात हमारी ज़िंदगी पर भी लागू होती है। हम हवा के बहाव की दिशा तो नहीं चुन सकते, पर पाल लगाने का ढंग चुन सकते हैं।

> *सेहत, ख़ुशी और सफलता, हर आदमी के जूझने की क्षमता पर निर्भर होती है। बड़ी बात यह नहीं है कि हमारी ज़िंदगी में क्या घटित होता है, बल्कि यह है कि जो घटित होता है, हम उसका सामना कैसे करते हैं।*
>
> – जार्ज़ एलेन

अपने हालात को चुनना तो हमेशा हमारे बस में नहीं होता, लेकिन अपना नज़रिया हम हमेशा चुन सकते हैं। यह हमारा अपना चुनाव होता है कि विजेता की तरह व्यवहार करें, या पराजित की तरह। हमारी क़िस्मत हमारे मुकाम से नहीं, बल्कि मिज़ाज से तय होती है।

इंद्रधनुष के बनने के लिए बारिश, और धूप, दोनों की ज़रूरत होती है। हमारी ज़िंदगी भी कुछ ऐसी ही है। उसमें सुख है, तो दुख भी है, अच्छाई है, तो बुराई भी है, और उजाला है, तो अंधेरा भी है। जब हम मुसीबत का सामना सही तरीके से करते हैं, तो और मज़बूत बन जाते हैं। हम अपनी ज़िंदगी की सभी घटनाओं पर तो नियंत्रण नहीं कर सकते, पर उनसे निपटने के तरीके पर हमारा नियंत्रण होता है।

रिचर्ड ब्लेशनीडेन (Richard Blechnyden) सेंट लुईस (St. Louis) विश्व मेले में भारतीय चाय का प्रचार करना चाहते थे। वहाँ काफ़ी गर्मी थी। इसलिए उनकी चाय कोई नहीं पीना चाहता था। उसी बीच उन्होंने देखा कि ठंडे ड्रिंक्स की ख़ूब बिक्री हो रही है। उनके मन में ख़याल आया कि क्यों न अपनी चाय में चीनी मिला कर उसे ठंडे ड्रिंक के रूप में बेचे। उन्होंने ऐसा ही किया, और लोगों ने उनकी ड्रिंक को खूब पसंद किया। दुनिया में ठंडी चाय (iced tea) का चलन वहीं से शुरू हुआ।* आदमी कोई बाँजफल (acorn) नहीं है, जिसके पास कोई विकल्प (choice) नहीं होता। बाँजफल खुद यह तय नहीं कर सकता कि वह विशाल वृक्ष बन जाए, या गिलहरियों का भोजन बने, लेकिन मनुष्य चुनाव कर सकता है। अगर हमारे पास नींबू हो, तो हम उसे आँख में डाल कर चीख-चिल्ला सकते हैं, और उसकी शिकंजी बना कर पी भी सकते हैं।

अगर हालात बिगड़ जाएँ (कभी न कभी ऐसा होता ही है), तो यह हम पर निर्भर होता है कि उनका सामना ज़िम्मेदारी से करे, या खीजते हुए करें।

इंसान को क़ामयाब बनाने वाली ख़ूबियाँ

QUALITIES THAT MAKE A PERSON SUCCESSFUL

1. इच्छा (Desire)

सफल होने की प्रेरणा किसी मक़सद को हासिल करने की गहरी इच्छा से जन्म लेती है। नेपोलियन हिल (Napoleon Hill) ने लिखा है – *इंसान का दिमाग जिन*

---

* द बेस्ट ऑफ . . . बिट्स एण्ड पीसेज़, इकॉनोमिक प्रेस, फेयरफिल्ड, एन जे, 1994, पृ. 98 से उद्धृत।

चीज़ों को सोच सकता है, या जिन चीज़ों पर यक़ीन कर सकता है, उन्हें हासिल भी कर सकता है।

एक युवक ने सुकरात से सफलता का रहस्य पूछा? सुकरात ने उससे दूसरे दिन सुबह नदी के किनारे मिलने के लिए कहा। दूसरे दिन युवक सुकरात से मिलने नदी के किनारे पहुँचा, तो उन्होंने उसे नदी की ओर चलने के लिए कहा। जब पानी उनकी गर्दन तक पहुँच गया, तो सुकरात ने अचानक युवक का सिर पानी में डुबो दिया। युवक पानी से बाहर निकलने के लिए छटपटाने लगा, पर सुकरात काफ़ी मज़बूत थे। उन्होंने युवक को पानी में डुबोए रखा। युवक का शरीर जब नीला पड़ने लगा, तब सुकरात ने उसका सिर पानी से बाहर निकाला। सिर पानी से बाहर निकलते ही युवक ने सबसे पहले हवा में एक गहरी सांस ली। सुकरात ने युवक से पूछा, "जब तुम पानी के अंदर थे, तो तुम्हें किस चीज़ की ज़रूरत सबसे ज़्यादा महसूस हो रही थी?" युवक ने जवाब दिया, "हवा की।" सुकरात ने कहा, "सफलता का यही रहस्य है। जब तुम्हें सफलता हासिल करने की वैसी ही तीव्र इच्छा होगी, जैसी कि पानी के अंदर हवा के लिए हो रही थी, तब तुम्हें सफलता मिल जाएगी।"

गहरी इच्छा हर उपलब्धि की शुरूआती बिंदु होती है। जिस तरह आग की छोटी लपटें अधिक गर्मी नहीं दे सकतीं, वैसे ही कमज़ोर इच्छा बड़े नतीजे नहीं दे सकती।

2. वचनबद्धता (Commitment)

सिर्फ सफल होने की कोशिश न करें, बल्कि मूल्य-आधारित जीवन जीने वाला मनुष्य बनने की कोशिश कीजिए।

— अल्बर्ट आइंस्टीन

वचनबद्धता की इमारत *ईमानदारी* और *समझदारी* के खंभों पर टिकी होती है। *इस बात को उस मैनेजर ने बहुत अच्छी तरह ज़ाहिर किया था, जिसने अपने स्टाफ़ के सदस्यों से कहा, "ईमानदारी का मतलब यह है कि पैसे का नुक़सान होने पर भी अपना वचन निभाएँ, और बुद्धिमत्ता का अर्थ यह है कि ऐसे बेवकूफ़ी भरे वादे न करें।"*

समृद्धि और सफलता हमारे विचारों और फ़ैसलों का नतीजा होती हैं। हमारे जीवन को कैसे विचार प्रभावित करेंगे, इसका फ़ैसला हमें ही करना है। सफलता इत्तिफ़ाक से नहीं मिलती। यह हमारे नज़रिए का नतीजा होती है।

जीत के लिए वचनबद्धता ज़रूरी है
(Playing to Win Requires Commitment)

जीत के लिए खेलने, और हार से बचने के लिए खेलने में बहुत बड़ा फ़र्क़ होता है। जब हम जीतने के लिए खेलते हैं, तब पूरे उत्साह और वचनबद्धता के साथ खेलते हैं, लेकिन जब हम न हारने के लिए खेलते हैं, तब हमारे खेल में कमज़ोरी होती है। जब हम हार से बचने के लिए खेलते हैं, तो दरअसल हम नाक़ामयाबी को टालने के लिए खेलते हैं। हम सभी जीतना चाहते हैं, लेकिन जीत की तैयारी की क़ीमत चुकाने के लिए बहुत कम लोग तैयार होते हैं। विजेता जीतने के लिए वचनबद्ध होते हैं, और खुद को उसी मुताबिक ढाल लेते हैं। **जीत के लिए खेलने के पीछे कोई प्रेरणा (inspiration) होती है, जबकि हार से बचने के लिए खेलने का कारण हताशा (desperation) होती है।**

हमें आदर्श परिस्थितियाँ कभी नहीं मिलतीं। वैसी परिस्थितियाँ कभी बनेंगी भी नहीं।

आप लक्ष्य तक न तो किनारे खड़े रह कर पहुँच सकते हैं, और न ही धारा के साथ बह कर। आपको कभी हवा के साथ, तो कभी हवा के विपरीत नाव खेनी होगी, लेकिन उसे लगातार खेते रहना होगा।

कभी किसी कोच, या खिलाड़ी से पूछिए कि सबसे अच्छी, और सबसे घटिया टीम के बीच कितना फ़र्क़ होता है। दोनों टीमों के खिलाड़ियों की शारीरिक क्षमता, प्रतिभा और योग्यता में बहुत मामूली फ़र्क़ होता है। उनके बीच सबसे बड़ा अंतर भावनात्मक स्तर पर होता है। जीतने वाली टीम में समर्पण की भावना होती है, वह अतिरिक्त प्रयास करती है। उसमें जीतने की प्रबल इच्छा होती है। एक विजेता के लिए मुकाबला जितना कड़ा होता है –

- प्रोत्साहन उतना ही बढ़ जाता है
- प्रेरणा और प्रबल हो जाती है
- कार्यक्षमता बढ़ जाती है
- जीत का आनंद बढ़ जाता है

नई चुनौतियाँ नई संभावनाओं को जन्म देती हैं। अधिकतर खिलाड़ियों ने सर्वश्रेष्ठ प्रदर्शन तब किया, जब परिस्थितियाँ उनके हक में नहीं थीं। यही वह समय है, जब वे अपनी छिपी हुई शक्ति को खींचकर बाहर लाते हैं।

जब में थक जाता और थककर रुक जाना चाहता, तो मुझे उत्सुकता होती थी कि मेरी प्रतिद्वंद्वी इस समय क्या कर रहा होगा। जब मैं सोच में देखता कि वह अभी भी प्रैक्टिस कर रहा है तो मैं और मेहनत करता। और जब मैं देखता कि वह थककर आराम कर है तो मैं और भी कड़ी मेहनत करने लगता।

– डॉन गैबल, 'ओलंपिक में कुश्ती के स्वर्णपदक विजेता'

सफलता का मतलब उपलब्धि नहीं, बल्कि उपलब्धि हासिल करने का अहसास है। कुछ लोग कभी कोशिश नहीं करते क्योंकि उन्हें हारने का डर होता है। वे जहाँ हैं, वहाँ पर रुकना भी नहीं चाहते, क्योंकि उन्हें पिछड़ जाने का डर होता है। ख़तरा दोनों तरफ रहता है। समुद्र में चलने वाले ज़हाज़ों पर तूफान में फँसने का ख़तरा मँडराता है। लेकिन वे बंदरगाह पर ही खड़े रहें, तो उनमें जंग लग जाएगा, और उन्हें इसलिए तो बनाया नहीं जाता कि खड़े-खड़े उनमें जंग लग जाए। जीत के लिए खेलने और हार से बचने के लिए खेलने में यह फ़र्क़ होता है कि हार से बचने के लिए खेलने वाले में न तो जीतने का संकल्प होता है और न ही ख़तरा उठाने की चाह। जीत के लिए खेलने वाले दबावों के बीच और निखरते हैं, जबकि हार से बचने के लिए खेलने वालों को मालूम ही नहीं होता कि सफलता कैसे हासिल की जाए।

जीत के लिए खेलने वाले लोग जितना बड़ा मुकाबला होगा, उतनी ज़्यादा तैयारी करते हैं और जो लोग न हारने के लिए खेलते हैं, वे कड़े मुकाबले में अपनी स्वाभाविक क्षमता खो बैठते हैं। वे जीतने की कोशिश पर ध्यान लगाने के बजाए हार से डर कर अपना जोश गँवा बैठते हैं।

हारने वाले सुरक्षा चाहते हैं, जबकि जीतने वाले अवसर तलाशते हैं। हारने वालों को मौत से अधिक ज़िंदगी से डर लगता है। हमें याद रखना चाहिए कि असफल हो जाना कोई अपराध नहीं है, पर कोशिश न करना यक़ीनन अपराध है।

किसी व्यक्ति के जीवन की क्वालिटी उसके बेहतर काम करने की कमिटमेंट पर निर्भर करती है, फिर चाहे उसका कार्यक्षेत्र कोई भी हो।

– विंस लॉम्बार्डी

प्रतिबद्धता दृढ़ विश्वास से बढ़ता है (Conviction Leads to Commitment)

चाहत और दृढ़ विश्वास में बहुत फ़र्क़ है। हमारी चाहतें तो बदली जा सकती हैं, लेकिन दृढ़ता और विश्वास अटल हैं। दबाब पड़ने पर चाहत बदल जाती हैं, लेकिन इंसान का दृढ़ विश्वास और मज़बूत हो जाता है। इसीलिए इंसान की सोच अच्छी होनी चाहिए, ताकि वह सार्थक चीज़ों में ही मज़बूती से विश्वास करे क्योंकि प्रतिबद्धता से ही बढ़ता है।

3. ज़िम्मेदारी (Responsibility)

ज़िम्मेदारी जब हमारी दिली इच्छा भी बन जाती है, तो उससे संतोष और ख़ुशी मिलती है।

— जार्ज़ ग्रिटर

चरित्रवान लोग ज़िम्मेदारियों को क़बूल करते हैं। वे फ़ैसले लेते हैं, और अपनी तक़दीर ख़ुद सँवारते हैं। ज़िम्मेदारी क़बूल करने पर ख़तरा उठाना पड़ता है, जवाबदेह होना पड़ता है। कई बार इससे दिक्क़त महसूस होती है। ज़्यादातर लोग बिना कोई ज़िम्मेदारी लिए अपनी आरामगाह में हाथ पर हाथ रख कर बैठे रहना पसंद करते हैं। वे कुछ कर गुज़रने के बजाए ज़िंदगी इस इंतज़ार में बिताते हैं कि कुछ होगा। ज़िम्मेदारियाँ क़बूल करने का मतलब बेवक़ूफ़ी भरे नहीं, बल्कि नपे-तुले ख़तरे उठाना है। इसका मतलब कोई सही फ़ैसला लेने, या सही कार्यवाही करने से पहले मसले से जुड़े सारे अच्छे बुरे पहलुओं को नाप-तौल लेना है। ज़िम्मेदार लोग यह नहीं सोचते कि उनको जीने की सहूलियतें मुहैया कराना दुनिया का काम है।

आप बचत को नज़रअंदाज़ करके ख़ुशहाल नहीं हो सकते।
आप मज़बूत को कमज़ोर करके कमज़ोर को मज़बूत नहीं बना सकते।
आप अमीरों को ग़रीब बनाकर ग़रीबों को अमीर नहीं बना सकते।
आप रोज़गार देने वाले को नुक़सान पहुँचाकर रोज़गार लेने वाले की मदद नहीं कर सकते।
आप इंसान की आज़ादी छीनकर चरित्र और हिम्मत नहीं बढ़ा सकते।
आप आपसी द्वेष (class hatred) को बढ़ावा देकर भाईचारा नहीं बढ़ा सकते।
आप अपनी चादर से बाहर पैर पसारने के बाद अपनी मुश्किलों से नहीं बच सकते।

उन कामों को करके जो लोग ख़ुद कर सकते हैं और
जो उन्हें करने ही चाहिए आप उनकी
परमानेंट (permanent) मदद नहीं कर सकते।

— अब्राहम लिंकन

अगर हम किसी बर्फ़ीली पहाड़ी पर चढ़ रहे हों, या कोई लड़ाई लड़ रहे हों, तो केवल एक ग़लती की वजह से हमारी जान जा सकती है। लेकिन हममें से ज़्यादातर लोगों के लिए ग़लती से ज़्यादा अहम ग़लती के बारे में हमारा बरताव होता है। ज़िम्मेदार लोग अपनी ग़लतियों को क़बूल करते हैं, और उनसे सीखते हैं, लेकिन कुछ ऐसे लोग भी होते हैं, जो अपनी ग़लितयों से कभी सीख नहीं लेते। हम अपनी ग़लितयों के बारे में तीन तरह का नज़रिया अपना सकते हैं –

- उन्हें नज़रअंदाज़ कर सकते हैं
- उनसे इनकार कर सकते हैं
- उन्हें स्वीकार करके फिर कभी न दुहराने की सीख ले सकते हैं

तीसरे विकल्प को अपनाने के लिए हिम्मत चाहिए। इसको अपनाने में ख़तरे तो हैं, पर यह लाभदायक भी है। इसके बजाए अगर हम अपनी ग़लितयों की पैरवी शुरू कर देते हैं, तो दरअसल हम उन पर काबू पाने के बजाए उन्हें अपने जीवन का केंद्रबिंदु बना लेते हैं। **जब हालात बिगड़ जाते हैं, तो नकारात्मक लोग एक-दूसरे पर इल्ज़ाम लगाने लगते हैं।**

एक कंपनी का प्रेसीडेंट रिटायर हो रहा था। विदाई की पार्टी के बाद उसने कंपनी के नए प्रेसीडेंट को दो लिफ़ाफ़े देते हुए कहा, "अगर तुम्हारे सामने कोई ऐसी समस्या (crisis) आ जाए, जिसे तुम ख़ुद हल न कर पाओ, तो पहला लिफ़ाफ़ा खोल लेना। इसी तरह की समस्या फिर आने पर दूसरा लिफ़ाफ़ा खोल लेना।"

कुछ साल बाद, नए प्रेसीडेंट के सामने एक बड़ी समस्या आई। उसने सुरक्षित रास्ता अपनाते हुए पिछले प्रेसीडेंट का दिया पहला लिफ़ाफ़ा खोला। उसमें लिखा था, "सारा दोष पिछले वाले प्रेसीडेंट पर डाल दो।" उसके कुछ साल बाद, एक और समस्या आई, तो नए प्रेसीडेंट ने दूसरा लिफ़ाफ़ा खोला। उसमें लिखा था, "आने वाले प्रेसीडेंट के लिए दो लिफ़ाफ़े तैयार करो।"

4. कड़ी मेहनत (Hard Work)

भाग्य? मैं भाग्य के बारे में कुछ नहीं जानता। मैंने इस पर कभी भरोसा नहीं किया, और जो लोग इस पर ऐतबार करते हैं, मुझे उनसे डर लगता है। मेरे लिए भाग्य का मतलब है कड़ी मेहनत, और अवसर की पहचान।

— लुसिल बॉल

सफलता इत्तिफ़ाक से मिलने वाली चीज़ नहीं है। इसे पाने के लिए काफ़ी तैयारी और चरित्र की ज़रूरत होती है। ज़्यादातर लोग जीतना तो चाहते हैं, लेकिन जीत हासिल करने के लिए मेहनत और वक़्त नहीं लगाना चाहते। सफलता पाने के लिए त्याग और आत्मअनुशासन की ज़रूरत होती है। कड़ी मेहनत का कोई विकल्प नहीं है। हेनरी फोर्ड (Henry Ford) ने कहा था, "आप जितनी कड़ी मेहनत करेंगे, भाग्य आप पर उतना ही मेहरबान होगा।"

दुनिया काम करने की चाह रखने वालों से भरी पड़ी है। कुछ लोग काम करना चाहते हैं, और कुछ लोग चाहते हैं कि ऐसे लोग काम करते रहें।

मैं आधे दिन काम करना चाहता हूँ। मुझे इसकी कोई परवाह नहीं कि यह पहले 12 घंटे हैं या बाद के 12 घंटे।

— कैमंस विल्सन, सीईओ, होलीडे इन

जिस तरह किसी आदमी को शब्दकोश के पास बैठे रहने से शब्दों के हिज्ज़े नहीं आ जाते, उसी तरह कड़ी मेहनत किए बिना किसी काम को करने की क्षमता नहीं आती। पेशेवर लोग किसी काम को बड़ी आसानी से इसीलिए कर लेते हैं कि वे अपनी काम की बुनियादी बातों में महारत हासिल कर चुके होते हैं।

अगर लोगों को यह पता चल जाता कि इस कुशलता को प्राप्त करने में मुझे कितनी मेहनत करनी पड़ी है तो उन्हें मेरा काम बिल्कुल भी आश्चर्यजनक न लगता।

— माइकेलएंजेलो

एक आदमी अपने काम में अपनी शक्ति और योग्यता का केवल 25 प्रतिशत ही इस्तेमाल करता है। दुनिया उन लोगों का सम्मान करती है जो अपनी 50 प्रतिशत योग्यता तक का इस्तेमाल करते हैं, और उन गिने-चुने लोगों को सिर आँखों पर बिठाती हैं, जो अपनी क्षमता का सौ फ़ीसदी इस्तेमाल करते हैं।

— एंड्रयू कार्नेगी

सफल लोग यह नहीं पूछते कि कितना कम काम करना है, बल्कि वे यह पूछते हैं कि कितना ज़्यादा काम करना है। वे यह पूछते हैं कि कितने घंटे काम करना है, यह नहीं पूछते कि कितने कम समय तक काम करना है। अच्छे संगीतकार रोज़ घंटों तक रियाज़ करते हैं। जीतने वालों को अपनी क़ामयाबी कोई बड़ी बात नहीं लगती, क्योंकि उन्होंने उसके लिए लंबे समय तक कड़ी मेहनत की होती है।

हम जिन चीज़ों का आनंद उठाते हैं, वह किसी न किसी की कड़ी मेहनत का नतीजा होती है। कुछ काम आँखों को दिखाई पड़ते हैं, और कुछ दिखाई नहीं पड़ते, लेकिन महत्त्वपूर्ण दोनों तरह के काम होते हैं। इसलिए अपना काम करके गर्व महसूस कीजिए और जब भी मौका मिले, दूसरों की कड़ी मेहनत को तवज्जोह और इज़्ज़त देकर सराहिए। अपने काम को सलीके, और कड़ी मेहनत के साथ कीजिए। नतीजे के तौर पर हमें अपनी योजना को पूरा करने में सफलता हासिल होगी, और आत्मसंतुष्टि मिलेगी। कभी-कभी दूसरे लोग हमारी तारीफ़ करेंगे, लेकिन उसे बोनस मानिए, क्योंकि असली संतुष्टि तो मनुष्य को अपने अंदर महसूस होती है।

कुछ लोग नौकरी मिलते ही काम करना बंद कर देते हैं। रोज़गार ढूँढने वालों की गिनती बेशक बढ़ रही है, पर आज भी काम करने वाले अच्छे लोगों का मिलना मुश्किल है।

कई लोग निकम्मेपन और फ़ुरसत में फ़र्क़ महसूस नहीं करते। निकम्मेपन में वक़्त गुज़ारने का मतलब समय की बरबादी या चोरी है, जबकि फ़ुरसत का वक़्त आदमी मेहनत करके हासिल करता है। फ़ुरसत का वक़्त बिताने के बाद हम जोश और ताज़गी महसूस करते हैं। दूसरी ओर निकम्मापन हमारी ऊर्जा को निचोड़ लेता है। टालमटोल करते हुए वक़्त बिताना निकम्मापन ही है।

उत्तमता भाग्य से हासिल नहीं होती। यह कड़ी मेहनत और अभ्यास का नतीजा होती है। कड़ी मेहनत और अभ्यास से मनुष्य हर काम को बेहतर ढंग से कर सकता है।

किसी सार्थक काम के लिए कड़ी मेहनत करने का मौका मुहैया करा कर ज़िंदगी हमें सबसे बड़ा इनाम देती है।

— थिओडोर रुज़वेल्ट

कड़ी मेहनत अपने आप में यात्रा की शुरूआत भी है, और अंत भी। इंसान जितनी कड़ी मेहनत करता है, ख़ुद को उतना ही बेहतर महसूस करता है। अच्छे

से अच्छे विचारों पर भी अगर अमल न किया जाए, तो वे बेअसर हो जाएँगे। इच्छाशक्ति, और कड़ी मेहनत के बिना महान प्रतिभाएँ भी व्यर्थ हो जाती हैं।

हमें कुदरत से सबक लेना चाहिए। बत्तख पानी के अंदर लगातार पाँव चलाती रहती है, पर ऊपर से शांत, और कोमल दिखाई देती है।

महान वायलिनवादक (Violin Player) फ़्रिट्ज क्रिस्लर (Fritz Kreisler) एक संगीत समारोह में वायलिन बजा रहे थे। उन्होंने वायलिन बजाना बंद किया, तो एक आदमी ने स्टेज पर आकर पूछा, "आपके जैसी वायलिन बजाने के लिए मैं पूरी ज़िंदगी लगा सकता हूँ।" क्रिस्लर ने जवाब दिया, "मैं तो लगा चुका हूँ।"

सफलता पाने के लिए कोई जादू की छड़ी नहीं होती। वास्तविक जीवन गें क़ामयाबी काम करने वाले को मिलती है, न कि दर्शकों को। दुलत्ती मारने वाला घोड़ा गाड़ी नहीं खींच सकता, और गाड़ी खींचने वाला घोड़ा दुलत्ती नहीं मार सकता। आइए, हम दुलत्ती मारना बंद करके गाड़ी खींचे।

कड़ी मेहनत के बिना क़ामयाबी मिलना नामुमकिन है।

क़ुदरत ने चिड़ियों के लिए खाने का इंतज़ाम तो कर रखा है, पर वह उसे उनके घोंसले में नहीं रख जाती। उन्हें उसे हासिल करने के लिए कड़ी मेहनत करनी पड़ती है। "पैराडाइज लॉस्ट" (Paradise Lost) लिखने के लिए मिल्टन (Milton) रोज़ सुबह चार बजे उठ जाते थे। नोह वेब्स्टर (Noah Webster) को *वेब्स्टर्स डिक्शनरी (Webster's Dictionary)* तैयार करने में 36 साल लग गए।

छोटी-छोटी उपलब्धियाँ हासिल करने के लिए भी हमें कड़ी मेहनत करनी पड़ती है। लेकिन छोटी से छोटी उपलब्धि भी बड़ी-बड़ी बातों से बेहतर होती है।

5. चरित्र (Character)

किसी आदमी का चरित्र उसके नैतिक मूल्यों, विश्वासों और व्यक्तित्व से मिल कर बना होता है। इसकी झलक हमारे व्यवहार और कार्यों में दिखाई देती है। हमें दुनिया के सबसे कीमती रत्न से भी ज़्यादा हिफ़ाजत अपने चरित्र की करनी चाहिए। विजेता बनने के लिए चरित्र आवश्यक है। जॉर्ज वाशिंगटन (George Washington) का कहना था, "मुझे उम्मीद है कि मेरे पास उस चीज़ को क़ायम रखने लायक दृढ़ता और सद्गुण हमेशा बने रहेंगे जिसे मैं सभी उपाधियों से अधिक क़ीमती मानता हूँ, और वह चीज़ है एक ईमानदार आदमी का चरित्र।"

इतिहास का रुख चुनावों, और लोगों की राय से नहीं, बल्कि नेता के चरित्र से तय होता है। ईमानदारी के क्षेत्र में घालमेल की गुंजाइश नहीं होती। सफलता

की राह में कई बाधाएँ होती हैं। इनसे बचने के लिए चरित्र और कड़ी मेहनत की ज़रूरत होती है।

ऐसा क्यों होता है कि ज़्यादातर लोग सफलता को तो पसंद करते हैं, लेकिन सफल लोगों से नफरत करते हैं? जब भी कोई आदमी सामान्य स्तर से ऊपर उठता है, तो उसकी टाँग खींचने के लिए बहुत से लोग तैयार हो जाते हैं। हम जब किसी आदमी को पहाड़ की चोटी पर खड़ा देखते हैं, तो सोचते हैं कि अवसर ने उसका साथ दिया होगा, लेकिन वह वहाँ तुक्के से नहीं पहुँचा। उसे वहाँ तक पहुँचने के लिए कड़ी मशक़्क़त करके मुश्किल चढ़ाई चढ़नी पड़ी है। हमारी ज़िंदगी भी इससे अलग नहीं है। किसी भी पेशे में नाक़ामयाब लोग क़ामयाब इंसान से जलते हैं। आप को हाशिए पर बैठे आलोचक हर जगह मिलेंगे। ये लोग ज़िंदगी में ख़ुद तो ज़्यादा आगे नहीं बढ़ पाए, लेकिन काम करने वालों को चीख-चीख कर नसीहत देते रहते हैं कि उन्हें वह काम कैसे करना चाहिए; पर याद रखिए कि ये लोग न तो नेता हैं, और न ही कर्त्ता (doer)। इन आलोचकों की वजह से अपने लक्ष्य से मत भटकिए। आम लोग आलोचना से बचने के लिए सुरक्षित रास्ता अपनाते हैं। वे निंदा से बचने के लिए न तो कुछ कहते हैं, न करते हैं, न ही कुछ बनते हैं। इस तरह वे आलोचना से तो बच जाते हैं, लेकिन हमेशा सामान्य ही बने रहते हैं। हम ज्यों-ज्यों उपलब्धियाँ हासिल करेंगे, हमारी आलोचना भी बढ़ती जाएगी।

आलोचक वह होता है जो दाम तो हर चीज़ का जानता है, लेकिन उन चीज़ों का महत्त्व नहीं।

– आस्कर वाइल्ड

अपनी आलोचना कोई पसंद नहीं करता, लेकिन ईमानदारी से की गई आलोचना को अपनाने से हमें सीख़ मिलती है, और हमारा विकास होता है। जिस तरह आलोचकों की वजह से मायूस न होने के लिए चरित्र की ज़रूरत होती है, उसी तरह आलोचकों की बात को गौर से सुनने के लिए भी चरित्र की ज़रूरत होती है। जलन की वजह से की गई आलोचना और ईमानदार आलोचना में फ़र्क़ करना बेहद ज़रूरी है। क़ामयाब लोगों के पास यह हुनर होता है। इस हुनर का एक हिस्सा आलोचक के मक़सद को समझना है। इसका दूसरा हिस्सा, और काफ़ी बड़ा हिस्सा ख़ुद को जानना है। क़ामयाब लोग ख़ुद को अच्छी तरह समझते हैं, इसलिए उन्हें मालूम हो जाता है कि कौन-सी आलोचना सही है।

दूसरे लोगों की तरह सफल लोग भी अपनी आलोचना पसंद नहीं करते। लेकिन जब उन्हें कोई आलोचना सच्ची लगती है, तो वे उसे शांति के साथ धैर्य

से सुनते हैं। वे ख़ुद को सुधारने के लिए आलोचक से सलाह माँगते हैं। दरअसल, सफल लोग जिन लोगों पर विश्वास करते हैं, उनसे आलोचना करने के लिए अकसर कहते हैं। वे उनसे पूछते हैं, "मैं कैसा काम कर रहा हूँ?" "मैं खुद को बेहतर कैसे बना सकता हूँ?"

चरित्र बहुत से गुणों का मेल है *(Character is a Combination)*

इंसान का चरित्र, निष्ठा, निःस्वार्थ भावना, समझ, दृढ़विश्वास, साहस, वफ़ादारी, और दूसरों की इज़्ज़त करने जैसे गुणों का मेलजोल होता है।

कोई ख़ुशनुमा – चरित्रवान व्यक्तित्व (personality) कैसा होता है?

- उसका अपना एक स्तर होता है।
- उसमें आत्मसंयम होता है।
- वह संतुलित होता है।
- उसमें अहंकाररहित दृढ़ता और आत्मविश्वास होता है।
- वह दूसरों का ध्यान रखता है।
- वह बहाने नहीं बनाता।
- वह जानता है कि शिष्टाचार, और सलीके से पेश आने के लिए छोटी-छोटी कुर्बानियाँ देनी पड़ती हैं।
- वह अपनी पिछली ग़लतियों से सीखता है।
- वह पैसे, या ऊँचे ख़ानदान की देन नहीं होता।
- वह अपने फ़ायदे के लिए दूसरों को तबाह नहीं करता।
- उसमें दिखावा नहीं, बल्कि असलियत होती है।
- उसमें ऊँचे लोगों की सोहबत में रहने की क़ाबिलीयत तो होती ही है, साथ ही आम आदमी वाला अंदाज़ भी होता है।
- उसके शब्दों में मिठास, नज़र में हमदर्दी, और मुस्कान में शराफ़त होती है।
- उसमें अत्याचार के विरोध में खड़ा हो सकने वाला स्वाभिमान होता है।
- वह अपने साथ और दूसरों के साथ सहज रहता है।
- उसमें एक ख़ास बात होती है, जो उसे जीतने वाली बढ़त दिलाती है।
- वह चमत्कार करता है।
- वह अद्‌भुत उपलब्धियाँ हासिल करता है।
- उसे पहचानना आसान है, लेकिन उसकी व्याख्या करनी मुश्किल है।

- वह ज़िम्मेदारियाँ क़बूल करता है।
- वह विनम्र होता है।
- वह जीत और हार दोनों स्थितियों में समानता बनाए रखता है।
- वह भाग्य और प्रसिद्धि का मोहताज़ नहीं होता।
- वह कोई नेम प्लेट नहीं होता।
- उसमें स्थिरता होता है।
- उसे महसूस किया जा सकता है, पर देखा नहीं जा सकता (Intangible)।
- वह चापलूस नहीं होता, पर विनम्र और शिष्ट होता है।
- इसमें उत्कृष्टता होती है, पर ग़रूर नहीं होता।
- उसमें आत्मअनुशासन और ज्ञान होता है।
- वह आत्मसंतुष्ट होता है।
- वह जीतने पर दयाभाव, और हारने पर समझदारी दिखाता है।

इंसान का स्वभाव कुछ ऐसा है कि अपनी महानतम उपलब्धियों के क्षणों में वह लापरवाह होने लगता है। क़ामयाब होने के साथ ही आपको काफ़ी आत्मअनुशासन की आवश्यकता होगी, और संतुलन क़ायम रखते हुए विनम्रता और प्रतिबद्धता का परिचय देना होगा।

– एच. रॉस पैरो

सफलता हासिल करने से भी अधिक मुश्किल उसे संभालना होता है। कई लोग सफल होना तो जानते हैं, पर सफल होने के बाद उसे संभालना नहीं जानते। इसलिए योग्यता और चरित्र का चोली-दामन का साथ माना जाता है। योग्यता की वजह से आपको सफलता मिलती है, और चरित्र सफलता को संभालता है।

हम अपनी खोज खुद नहीं करते, बल्कि खुद का निर्माण वैसा करते हैं, जैसा हम बनना चाहते हैं।

चरित्र निर्माण का सिलसिला हमारे बचपन से शुरू होता है, और मृत्यु तक चलता रहता है। चरित्र सफलता का मोहताज़ नहीं होता। जिस तरह बगीचे को नष्ट होने से बचाने के लिए बाग़वान को लगातार जंगली घासों की निराई करनी पड़ती है, वैसे ही हमें भी अपनी कमियों को दूर करते हुए अपने चरित्र का निर्माण और विकास लगातार करना पड़ता है।

मुसीबत में चरित्र बनता और/अथवा निखरता है।
(Adversity Builds and/or Reveals Character)

विपरीत परिस्थितियों में कुछ लोग रिकार्ड बनाते हैं, तो कुछ लोग टूट जाते हैं। जॉन एफ केनेडी (John F. Kennedy) ने एक बार कहा था कि जब हालात ठीक न हो, तभी आदमी के चरित्र की पहचान होती है। जब सब कुछ ठीक-ठाक चल रहा हो समझ, दया और शालीनता दिखाना आसान होता है। लेकिन जब हालात ख़राब होते हैं, तो हम पर काफ़ी दबाव होता है। उस हालत में कुछ लोग ठीक से सोच नहीं पाते और अपने आसपास के लोगों पर झल्ला पड़ते हैं। लेकिन कुछ ऐसे लोग भी होते हैं, जो उन स्थितियों में भी स्पष्ट ढंग से सोचते हैं, और दूसरों के साथ इ़ज़्ज़त के साथ पेश आते हैं। इन्सान का चरित्र मुसीबतों में ही उभर कर आता है।

एक रूसी कहावत है, "हथौड़ा कांच को तोड़ देता है, पर लोहे का कुछ नहीं बिगाड़ता।" इस कहावत में काफ़ी सच्चाई है। हम कांच के बने हैं, या इस्पात के? हथौड़ा वही है।

जिस तरह इस्पात का गुण उसमें मौजूद कार्बन से तय होता है, वैसे ही मनुष्य के गुण उसमें उपस्थित चरित्र से तय होते हैं।

6. सकारात्मक सोच (Positive Believing)

सकारात्मक सोच और सकारात्मक विश्वास में क्या फ़र्क़ है? हम जब अपने विचारों की आवाज़ सुनते हैं, तो वे हमें कैसे लगते हैं? वे सकारात्मक हैं या नकारात्मक? हम अपने दिमाग़ को सफलता के लिए प्रोग्राम कर रहे हैं या असफलता के लिए? हमारे सोचने के तरीके का हमारे काम करने की क्षमता पर गहरा असर पड़ता है।

अपने लिए सकारात्मक नज़रिया अपनाने, और प्रेरित होने का चुनाव हमें रोज़ करना होता है। सकारात्मक जीवन जीना आसान नहीं है, पर नकारात्मक जीवन जीना भी तो आसान नहीं है। मैं तो अपने लिए सकारात्मक जीवन ही चुनूँगा। सकारात्मक सोच हमें हमारी क्षमताओं का भरपूर इस्तेमाल करने में मदद देती है।

सकारात्मक विश्वास सकारात्मक सोच से भी बड़ी चीज़ है। इसका मतलब यह जानना है कि सकारात्मक सोच नतीजा देगी।

सकारात्मक विश्वास का मतलब आत्मविश्वास से भरा नज़रिया है, जो तैयारी से उपजता है।

कोशिश के बिना सकारात्मक नज़रिया ख़याल पुलाव पकाने जैसा है। सकारात्मक विश्वास का एक उदाहरण आगे दिया गया है।

कई साल पहले लॉकहीड (Lockheed) ने एल-1011 ट्राइस्टार हवाई जहाज बनाया। उस जेट विमान की शक्ति और सुरक्षा प्रणालियों की जाँच करने के लिए लॉकहीड कंपनी ने 18 महीने तक कठोर से कठोर परीक्षण किए जिसमें उनके 1.5 बिलियन डॉलर लगे। हाइड्रोलिक जैक (Hydraulic jacks), इलेक्ट्रॉनिक सेंसर (electronic sensors) और एक कंप्यूटर की मदद से उस जहाज़ ने एक भी गड़बड़ी के बिना 36,000 उड़ानें भरीं। किसी जहाज़ को इतनी उड़ाने भरने में 100 साल लग जाएँगे। हजारों परीक्षणों के बाद उस जहाज़ को आख़िरकार उड़ान भरने की इज़ाज़त दी गई।*

क्या लॉकहीड कंपनी इस विमान पर पूरा भरोसा कर सकती है? यक़ीकन ! इसको तैयार करने के लिए कड़ी मेहनत की गई है, इसलिए पूरे यक़ीन से कहा जा सकता है कि यह उड़ान भरने के लिए पूरी तरह सुरक्षित है।

7. जितना पाते हैं, उससे अधिक दें (Give More Than You Get)

आजकल सफलता पाना आसान है। अगर हम ज़िंदगी में आगे बढ़ना चाहते हैं, तो थोड़ा अधिक दौड़ें। इस थोड़ी-सी बढ़त की वजह से हमारे लिए कोई कम्पीटिशन नहीं रह जाएगा। हमको जितना मिलता है, क्या हम बदले में उससे थोड़ा ज़्यादा देने के लिए तैयार हैं? हम ऐसे कितने लोगों को जानते हैं, जो जितना पाते हैं, उससे थोड़ा ज़्यादा काम करने की इच्छा रखते हैं? बहुत कम।

ज़्यादातर लोग जितने काम के लिए भुगतान पाते हैं, उतना काम भी नहीं करना चाहते। एक और तरह के लोग भी हैं, जो बस उतना करना चाहते हैं, जिससे कि काम चल जाए। वे बस अपना कोटा पूरा करते हैं, ताकि नौकरी बची रहे। ऐसे बहुत थोड़े से लोग हैं, जो जितने काम के लिए भुगतान पाते हैं, उससे थोड़ा ज़्यादा काम करना चाहते हैं। वे ऐसा क्यों करते हैं?

*'डेली' मोटिवेशंस फ़ॉर अफ्रीकन-अमेरिकन सक्सेस' से, 29 जून, 1993, लेखक डेनिस किंब्रो, फाकेट प्रेस, न्यूयार्क।

हम जितने काम के लिए भुगतान पाते हैं, उससे ज़्यादा काम करने के फ़ायदे ये हैं –

- हम खुद को और ज़्यादा महत्त्वपूर्ण बना लेते हैं, चाहे हम जो भी करते हों और जहाँ भी करते हों।
- इससे हमारा आत्मविश्वास बढ़ जाता है।
- लोग हमको लीडर मानने लगते हैं।
- दूसरे लोग हम पर भरोसा करने लगते हैं।
- ऊपर के अधिकारी हमारी इज़्ज़त करने लगते हैं।
- हमारे मातहतों, और अफ़सरों, दोनों में हमारे लिए वफ़ादारी बढ़ती है।
- आपसी सहयोग बढ़ता है।
- गर्व महसूस होता है, और आत्मसंतुष्टि मिलती है।

अगर हम थोड़ी-सी अधिक मेहनत करें, तो हमारे लिए कोई मुकाबला नहीं रह जाएगा।

अगर आप किसी के लिए काम करते हैं, तो ऊपर वाले की ख़ातिर उसके लिए ईमानदारी से काम कीजिए।

– किम हब्बर्ड

कड़ी मेहनत करने वाले लोगों की उम्र, तज़रबा और शैक्षिक योग्यता, जो भी हो उनकी माँग हर जगह होती है।

- कड़ी मेहनत करने वाले बिना निगरानी के भी काम करते हैं।
- वक्त के पाबंद, और दूसरों की परवाह करने वाले होते हैं।
- बात को ध्यान से सुनते हैं, और निर्देशों का ठीक-ठीक पालन करते हैं।
- सच बोलते हैं।
- आपात स्थिति में बुलाए जाने पर खीज़ते नहीं हैं।
- वो काम सिर्फ काम के लिए नहीं, बल्कि नतीजों के लिए करते हैं।
- हँसमुख और शिष्ट होते हैं।

आपके ग्राहक, दोस्त, जीवनसाथी, माँ-बाप, और बच्चे आपसे जितना चाहते हैं, उन्हें हमेशा उससे अधिक देने की कोशिश करें। कोई भी काम करते समय सोचें कि "मैं इसे और सार्थक (valuable) कैसे बना सकता हूँ, या "यह काम दूसरों के लिए और सार्थक कैसे बन सकता है?"

सफलता की कुँजी को इन चार लफ़्ज़ों में बयान किया जा सकता है, "उसके बाद थोड़ा और।" जीतने वालों से जितनी उम्मीद की जाती है, वे उतना ही नहीं, बल्कि उससे कुछ अधिक करते हैं। जीतने वाले केवल अपनी ज़िम्मेदारी नहीं निभाते, वे उससे कुछ ज़्यादा कर दिखाते हैं। जीतने वाले केवल शिष्ट और दयालु नहीं होते हैं, वे उम्मीद से थोड़े अधिक शिष्ट और दयालु होते हैं। जीतने वाले अपनी सौ प्रतिशत क्षमता लगाने के बाद, थोड़ी और क्षमता दिखाते हैं।

आदमी भरोसेमंद, ज़िम्मेदार और नम्र न हो, तो उसकी योग्यता एक बोझ बन ज़ाती है।

काफ़ी प्रभावशाली शैक्षिक योग्यता वाले कई बेहद अक़्लमंद लोग नाक़ामयाबी की जीती-जागती मिसाल क्यों बने हुए हैं, या सामान्य ज़िंदगी क्यों जी रहे हैं? इसलिए कि उन्होंने किसी काम को अंजाम तक न पहुँचने देने में महारत हासिल कर ली है, और अपने अंदर नकारात्मक ऊर्जा का भंडार जमा कर लिया है। वे जिस काम के लिए भुगतान पाते हैं, उसे करना नहीं चाहते। वे केवल उतना ही करना चाहते हैं, जिससे उनका काम चल जाए। जब हम ज़िंदगी में जितना पाते हैं, बदले में उससे ज़्यादा देते हैं या जब हम जितना वेतन पाते हैं उससे ज़्यादा काम करते हैं, तो हमारे मुक़ाबले में कोई नहीं रह जाता। यह नज़रिया अक्ल डिग्री से अधिक महत्त्वपूर्ण होता है।

8. दृढ़ता की शक्ति (The Power of Peristence)

लगातार कोशिश करते रहने के आगे कुछ नहीं टिक सकता। प्रतिभा भी नहीं – इससे ज़्यादा कोई आम बात है ही नहीं कि बहुत सारे प्रतिभाशाली असफल लोग देखने को मिलते हैं। जीनियस (genius) भी नहीं – हारे हुए जीनियस' तो एक कहावत है। शिक्षा भी नहीं – दुनिया पढ़े-लिखे नासमझों से भरी हुई है। लगातार कोशिश और दृढ़ इच्छा ही सर्वसमर्थ है।

– कैल्विन कूलिज़

अपने सबसे बेहतर स्तर को प्राप्त करने की यात्रा आसान नहीं है। यह रुकावटों से भरी पड़ी है। जीतने वालों में इन बाधाओं को जीतने, और पहले से भी ज़्यादा संकल्प के साथ वापस लौटने की क्षमता होती है।

हिम्मत न हारो

जब कोई काम बिगड़ जाए,
जैसा कि कभी-कभी होगा
जब रास्ता सिर्फ़ चढ़ाई का ही दिखता हो
जब पैसे कम और क़र्ज़ ज़्यादा हो
जब मुस्कराहट की इच्छा आह बने,
जब चिंताएँ दबा रही हों
तो सुस्ता लो, लेकिन हिम्मत न हारो
भूल-भुलैया है ये जीवन
पगडंडियाँ जिसकी हमें पार करनी हैं
कई असफल तब लौट गए
पार होते गए जो आगे बढ़ते गए
धीमी रफ़्तार तो क्या
मंज़िल को इक दिन पाओगे

सफलता छिपी असफलता में ही
जैसे शंका के बादल में आशा की चमक
नाप सकोगे क्या इतनी दूरी
दूर दिखती है लेकिन मुमकिन है यह नज़दीक हो
डटे रहो चाहे कितनी भी मुश्किल हो
चाहे हालात जितने भी बुरे हों, लेकिन हिम्मत न हारो, डटे रहो।

महान वायलिनवादक फ्रिट्ज क्रिस्लर (Fritz Kreisler) से किसी ने पूछा, "आप इतनी अच्छी वायलिन कैसे बजाते हैं? क्या यह भाग्य की देन है?" उन्होंने जताब दिया "यह अभ्यास का नतीजा है। अगर मैं एक महीने तक अभ्यास न करूँ, तो मेरे वायलिन बजाने में आए फ़र्क़ को श्रोता महसूस कर सकते हैं। अगर मैं एक सप्ताह तक अभ्यास न करूँ, तो मेरी पत्नी फ़र्क़ को बता सकती है, और अगर मैं एक दिन अभ्यास न करूँ, तो मैं ख़ुद फ़र्क़ बता सकता हूँ।"

दृढ़ता, प्रतिबद्धता का परिणाम होती है, और उसी से संकल्प का जन्म होता है। धैर्य आनंद देता है। कुछ सेकंड, या कुछ मिनट तक अपनी क्षमता प्रदर्शित करने के लिए खिलाड़ी सालों अभ्यास करते हैं।

दृढ़ता एक फ़ैसला है। यह फ़ैसला लेकर आदमी ख़ुद को कोई काम पूरा करने का वचन देता है। थक जाने पर कोशिश बंद कर देने की इच्छा होती है, लेकिन जीतने वालों में सहनशक्ति होती है। किसी जीतने वाले खिलाड़ी से पूछिए तो वह हमें बताएगा कि शुरू किए गए काम को पूरा करने के लिए उसने कितनी तकलीफ़ सही है। दूसरी ओर कई, असफल लोगों ने शुरूआत तो अच्छी की, पर शुरू किए गए किसी काम को पूरा नहीं किया। दृढ़ता के लिए लक्ष्य होना ज़रूरी है। जिस आदमी के पास कोई लक्ष्य नहीं हो, उसमें न तो कभी दृढ़ता आ सकती है, और न ही उसे कभी आत्मसंतुष्टि महसूस हो सकती है।

9. अपने काम में गर्व महसूस करें (Pride of Performance)

आजकल की दुनिया में लोगों ने अपने काम से गर्व की भावना को अलग कर दिया है क्योंकि इसके लिए कोशिश और कड़ी मेहनत की ज़रूरत होती है। पर कोई काम अंजाम तक तभी पहुँचता है, जब उसके लिए कोशिश की जाती है। हताश होने पर जल्दी क़ामयाबी दिलाने वाले गलत रास्तों (short cut) को अपनाने की इच्छा होती है, लेकिन इनसे बचना चाहिए, भले ही सामने कितनी भी बड़ी लालच हो। गर्व की भावना आदमी के मन में उत्पन्न होती है, और उसकी वजह से उसे जीतने वाली बढ़त मिलती है। अपने काम को लेकर गौरव अनुभव करने का मतलब अहंकारी होना नहीं है। यह तो विनम्रता भरे आनंद का इज़हार है। *काम और काम को करने वाले की गुणवत्ता को एक-दूसरे से अलग नहीं किया जा सकता।* आधे मन से किए गए काम से आधे नतीजे नहीं मिलते, बल्कि इस तरह से किए गए काम से कोई नतीजा ही नहीं मिलता।

तीन लोग ईंटों की चुनाई कर रहे थे। एक आदमी ने उनसे पूछा, "आप क्या कर रहे हैं?" उनमें से एक ने जवाब दिया, "तुम्हें दिखाई नहीं देता कि मैं रोज़ी कमा रहा हूँ?" दूसरे ने जवाब दिया, "तुम्हें दिखाई नहीं देता कि मैं ईंटें चुन रहा हूँ?" तीसरे ने जवाब दिया, "मैं एक

सुंदर स्मारक बना रहा हूँ।" वे एक ही काम को कर रहे थे, लेकिन उसके बारे में उनके तीन बिल्कुल अलग-अलग नज़रिए थे। क्या उनके नज़रिए का उनके काम पर भी असर पड़ेगा? जवाब है – ज़रूर पड़ेगा।

उत्तमता तब हासिल होती है, जब काम करने वाले को अपना सबसे उत्तम प्रदर्शन करके गर्व महसूस होता है। हर काम उसे करने वाले का अक्स होता है चाहे वह कार की सफाई का काम हो, फ़र्श साफ़ करने का काम हो या घर की रंगाई करने का काम।

हर काम को पहली बार ही सही ढंग से कीजिए, और फिर हर बार सही ढंग से कीजिए। आने वाले कल का सबसे अच्छा बीमा आज अच्छे ढंग से किया गया काम है।

माइकेलएंजेलो (Michelangelo) कई दिनों से एक प्रतिमा पर काम कर रहे थे। वह हर बारीकी को सुधारने में काफी वक़्त लगा रहे थे। पास खड़े एक आदमी को ये सुधार गैरज़रूरी लगे। उसने माइकेलएंजेलो से पूछा कि वह उन बारीकियों की इतनी चिंता क्यों कर रहे हैं। माइकेलएंजेलो ने जवाब दिया, "छोटी-छोटी चीजें ही पूर्णता लाती हैं, और पूर्णता कोई छोटी चीज़ नहीं है।"

ज़्यादातर लोग यह भूल जाते हैं कि आपने कोई काम कितनी तेज़ी से किया, लेकिन उन्हें यह याद रहता है कि आपने वह काम कितने अच्छे ढंग से किया था।

अगर किसी आदमी को सड़क साफ़ करने का काम दिया जाए तो उसे सफ़ाई वैसे ही करनी चाहिए जैसे माइकेलएंजेलो पेंटिंग करता हो या बीथोवन संगीत की रचना करता हो या शेक्सपियर कोई कविता लिखता हो। उसे सड़क की सफ़ाई इतनी अच्छी तरह करनी चाहिए कि स्वर्ग और पृथ्वी, दोनों जगहों के लोग रुककर बोलें कि यहाँ सड़क सफ़ाई करने वाला रहता था, जिसने अपना काम गर्व से और बहुत अच्छी तरह किया।

– मार्टिन लूथर किंग, जूनियर

किसी काम को अच्छी तरह करने का अहसास ख़ुद में एक इनाम है। ख़राब तरीके से कई काम करने से अच्छा है कि अच्छे ढंग से कुछ ही काम किए जाएँ।

10. शिष्य बनने की इच्छा रखिए – कोई सलाहकार ढूँढ़िए
(Be Willing to Be a Student – Get a Mentor)

ईश्वर, और गुरु, दोनों सामने खड़े हों, तो शिष्य पहले किसे प्रणाम करेगा? भारतीय परंपरा के अनुसार, वह पहले गुरु को प्रणाम करेगा, क्योंकि उसकी सहायता और मार्गदर्शन के बिना शिष्य ईश्वर को प्राप्त नहीं कर सकता।

सलाहकार, या गुरु ऐसा इंसान होता है, जिसके बीते कल का तज़रबा हमारे आने वाले कल को सँवार सकता है। किसी सलाहकार को सावधानी से चुनिए। अच्छा सलाहकार हमको रास्ता और दिशा दिखाएगा, जबकि बुरा सलाहकार हमको भटकाएगा। अपने सलाहकार को सम्मान दीजिए। उत्सुक प्रकृति के शिष्य बनिए। उत्सुक शिष्य को अपने गुरु से सबसे उत्तम उपलब्धि प्राप्त होती है।

अच्छे गुरु हमारी प्यास बुझाते नहीं, बल्कि हमारी प्यास को जगाते हैं। वे हमको उस राह पर आगे बढ़ाते हैं जिस पर चल कर सवालों के जवाब हासिल होते हैं।

क्या हममें क़ामयाबी के लिए ज़रूरी खूबियाँ हैं?
DO WE HAVE WHAT IT TAKES TO BE SUCCESSFUL?

क्या हममें क़ामयाब होने के लिए ज़रूरी ख़ूबियाँ हैं? कुछ लोगों को लगता है कि उनमें ये ख़ूबियाँ नहीं हैं, और वे सामान्य दर्जे के ही बने रहते हैं। लेकिन हक़ीक़त ऐसी नहीं है। हम सबमें वे दसों ख़ूबियाँ मौजूद हैं, जिनके बारे में इस अध्याय में चर्चा की गई है। यह हो सकता है कि वे ख़ूबियाँ हमारी उम्मीद के मुताबिक विकसित न हुई हों, लेकिन वे हममें मौजूद ज़रूर हैं।

संभव है कि हमें अपनी उन ख़ूबियों के बारे में पता न हो, लेकिन एक बार उन्हें ढूंढ़ लेने के बाद हमारी कार्यक्षमता में बदलाव आ जाता है।

यह कुछ ऐसा ही है, जैसे कि हमारे पिछवाड़े करोड़ों रुपये गड़े हों, और हमको मालूम न हो। उस हालत में हम उनका इस्तेमाल नहीं कर पाएँगे लेकिन उन्हें पाते ही हमारी सोच और व्यवहार बदल जाते हैं। हम सबमें ख़ज़ाना छिपा हुआ है। बस उसे ढूँढ़ कर इस्तेमाल करने की ज़रूरत है।

कार्य योजना (ACTION PLAN)

सफलता का संबंध काम से है। सफल लोग हमेशा गतिशील रहते हैं। वे ग़लतियाँ करते हैं, पर मैदान नहीं छोड़ते।

– कॉनरैड हिल्टन

1. सफलता हासिल करने के लिए हमारे सामने कोई सार्थक लक्ष्य होना चाहिए। अपने सबसे महत्वपूर्ण लक्ष्य को लिखें –

   ____

   ____

   ____

2. सफलता हासिल करने के लिए हमको असफलता पर विजय पानी होगी। अब तक आपने किन असफलताओं पर जीत हासिल की है?

   ____

   ____

   ____

3. बेन फ्रैंकलिन (Ben Franklin) ने 13 गुणों को पहचान कर उनमें से हर एक पर एक हफ़्ते तक काम किया। 13 हफ्तों के बाद, उन्होंने वह सिलसिला दोबारा शुरू किया। यह तय कीजिए कि इस अध्याय में सफलता की जिन दस कुँजियों

की चर्चा की गई है, उन्हें हासिल करने के लिए आप कैसे काम करेंगे?

- इच्छा (Desire)
- प्रतिबद्धता (Commitment)
- ज़िम्मेदारी (Responsibility)
- कड़ी मेहनत (Hard work)
- चरित्र (Character)
- सकारात्मक विश्वास (Positive believing)
- जितना मिले, उससे अधिक देना (Give more than you get)
- दृढ़ता (Persistence)
- अपने काम पर गर्व (Pride of Performance)
- शिष्य बनने की इच्छा, सलाहकार की तलाश (Be a student; get a mentor)

अध्याय

4

हमें कौन सी चीज़ पीछे धकेल रही है?

आने वाले कल की उपलब्धियों की राह में केवल एक बाधा है, और वे हैं हमारे आज के संदेह।

– फ्रैंकलिन डी रुज़वेल्ट

अगर हम कार ब्रेक लगा कर चलाएँ, तो क्या होगा? हमारी कार कभी पूरी रफ़्तार नहीं पकड़ पाएगी, क्योंकि ब्रेक रुकावट पैदा करेंगे। हमारी कार बेहद गर्म होकर बिगड़ जाएगी। अगर कार में ब्रेक-डाउन नहीं हुआ, तो रुकावट की वजह से इंजन पर दबाव पड़ेगा। अपनी मंज़िल तक पहुँचने के लिए हमको दो में से किसी एक रास्ते को चुनना होगा। हम या तो एक्सेलेरेटर (accelerator) और ज़ोर से दबा कर कार को नुक़सान पहुँचाने का ख़तरा उठाएँ, या उसे तेज़ी से चलाने के लिए ब्रेक हटा लें।

इस उदाहरण और हमारी ज़िंदगी के बीच काफ़ी समानता है। हममें से कई लोग ज़िंदगी की गाड़ी ब्रेक लगाकर चलाते हैं। ये ब्रेक क्या हैं? डर, टालमटोल की आदत, आत्मसम्मान की कमी वगैरह ही ब्रेक है। यही चीजें हमें क़ामयाब नहीं होने देती। भावनाओं के इस ब्रेकों को सही नज़रिए, ऊँचे स्वाभिमान और ज़िम्मेदारियाँ क़बूल करके हटाया जा सकता है।

असफलता – श्रेष्ठता न हासिल कर पाने के बीस कारण

FAILURE – 20 REASONS WHY WE DON'T ACHIEVE EXCELLENCE

ज़िंदगी एक दस गीयर वाली साइकिल की तरह है। हममें से ज़्यादातर लोगों के पास ऐसे गीयर हैं जिनका हम कभी इस्तेमाल नहीं करते।

– चार्ल्स शुलज़

ऐसी बीस वजहें हैं, जो हमें असफल बना सकती हैं। इन वजहों को दूर कर हम अपनी सफलता की राह में बाधा बनने वाले ब्रेकों को हटा सकते हैं।

1. ख़तरे उठाने से बचना (Unwillingness to Take Risks)

सफलता पाने के लिए सोचसमझ कर ख़तरे भी उठाने पड़ते हैं। ख़तरे उठाने का मतलब बेवकूफ़ी भरा जुआ खेलना और गैरज़िम्मेदारी बरतना नहीं होता। कई बार लोग गैरज़िम्मेदारीपूर्ण और ऊटपटाँग कामों को करना भी ख़तरे उठाना मान लेते हैं। इस वजह से जब उन्हें बुरे नतीजे मिलते हैं, तो वे अपनी क़िस्मत को दोष देते हैं।

ख़तरे का मतलब अलग-अलग इंसान के लिए अलग-अलग हो सकता है और यह ट्रेनिंग का नतीजा भी होती है। पहाड़ पर चढ़ना किसी प्रशिक्षित (trained) व्यक्ति और किसी नए सीखने वाले दोनों के लिए ख़तरनाक हो सकता है, लेकिन प्रशिक्षित व्यक्ति के लिए इसे गैरज़िम्मेदारी भरा ख़तरा नहीं माना जा सकता। ज़िम्मेदार ढंग से ख़तरे उठाने के लिए ज्ञान, प्रशिक्षण, ध्यानपूर्वक अध्ययन, आत्मविश्वास और क़ाबिलीयत की ज़रूरत होती है।

ख़तरा सामने होने पर ये चीज़ें हमको उसका सामना करने की हिम्मत देती हैं। ख़तरा न उठाने वाला आदमी कोई ग़लती भी नहीं करता। लेकिन कोशिश न करना, कोशिश करके असफ़ल होने से भी बड़ी ग़लती है।

कई लोगों में फ़ैसला न ले पाने की आदत बन जाती है, और यह छुआछूत बीमारी की तरह फैलती है। ऐसे लोग फ़ैसला न ले पाने के कारण कई अवसरों से हाथ धो बैठते हैं। ख़तरे उठाइए, पर जुआ मत खेलिए। ख़तरे उठाने वाले अपनी आँखें खुली करके आगे बढ़ते हैं, जबकि जुआ खेलने वाले अंधेरे में तीर चलाते हैं।

एक बार किसी ने एक किसान से पूछा, “क्या तुमने इस मौसम में गेहूँ की फ़सल बोई है?” किसान ने जवाब दिया, “नहीं, मुझे बारिश न होने का अंदेशा था।” उस आदमी ने पूछा, “क्या तुमने मक्के की फ़सल बोई है?” किसान ने जवाब दिया, “नहीं, मुझे डर था कि कीड़े-मकोड़े खा लेंगे?” तब उस आदमी ने पूछा, “आख़िरकार तुमने बोया क्या है?” किसान ने जवाब दिया, “कुछ नहीं, मैंने कोई ख़तरा नहीं उठाना चाहता था।”

.ख़तरे

हँसने में बेवकूफ़ समझे जाने का डर है।
रोने में जज़्बाती समझे जाने का डर है।
लोगों से मिलने में नाते जुड़ जाने का डर है।
अपनी भावनाएँ प्रकट करने में
मन की सच्ची बात खुल जाने का डर है।
अपने विचार, अपने सपने लोगों से कहने में
उनके चुरा लिए जाने का डर है।

किसी को प्रेम करने पर बदले में प्रेम न पाने का डर है।
जीने में मरने का डर है।
आशा में निराशा का डर है।
कोशिश करने में असफलता का डर है।
लेकिन ख़तरे ज़रूर उठाए जाने चाहिए क्योंकि
ज़िंदगी में ख़तरे न उठाना ही सबसे बड़ा ख़तरा है।
जो शख़्स ख़तरे नहीं उठाता वह न तो कुछ करता है
न कुछ पाता है, और न ही कुछ बनता है
वे ज़िंदगी में दुख-दर्द से तो बच सकते हैं लेकिन
वे सीखने, महसूस करने, बदलाव लाने, आगे बढ़ने या प्रेम करने
और जीवन जीने को सीख नहीं पाते हैं।
अपने नज़रिए की जंज़ीरों में बंधकर ग़ुलाम बन जाते हैं।
और अपनी आज़ादी खो देते हैं।
सिर्फ़ ख़तरे उठाने वाला इंसान ही सही मायनों में आज़ाद है।

2. लगातार कोशिश की कमी (Lack of Persistence)

जब मुश्किलों पर क़ाबू पाना नामुमकिन लगता है, तो भागना सबसे आसान तरीका नज़र आता है। यह बात हर शादी, नौकरी और रिश्ते पर लागू होती है। जीतने वाले चोट भले ही खाएँ, लेकिन मैदान नहीं छोड़ते।

हम सबको ज़िंदगी में ठोकरें लगती हैं, लेकिन इसका यह मतलब नहीं है कि हम असफल हैं।

दृढ़ता और अड़ियलपने में क्या फ़र्क़ है? अंतर यह है कि दृढ़ता मज़बूत इच्छाशक्ति की निशानी है, जबकि अड़ियलपन घोर अनिच्छा का प्रतीक है। ज़्यादातर लोग जानकारी या प्रतिभा की कमी की वजह से नहीं, बल्कि कोशिश बंद कर देने की वजह से असफल होते हैं। सफलता का पूरा राज़ इन दो ख़ूबियों में छिपा हुआ है – दृढ़ता (persistence) और प्रतिरोध (resistance)। जिन कामों को करना चाहिए उनके बारे में दृढ़ता दिखाएँ, और जिन्हें नहीं करना चाहिए, उनका प्रतिरोध (resistance) करें।

> *कोई आदमी इसलिए हीरो नहीं होता कि वह किसी और से ज़्यादा बहादुर है, बल्कि इसलिए होता है क्योंकि वह अपनी बहादुरी दूसरों की तुलना में दस मिनट ज़्यादा दिखाता है।*
>
> – रॉल्फ वाल्डो इमर्सन

3. इच्छा फ़ौरन पूरी करने की चाह (Instant Gratification)

कई लोग रातोंरात लाखों-करोड़ों कमाना चाहते हैं। इस वजह से आजकल लौटरी का धंधा काफ़ी फल-फूल रहा है। हम इच्छाएँ झटपट पूरी करने के दौर में जी रहे हैं। आजकल हमको जगाने से लेकर सुलाने तक के लिए, यानी हर काम के लिए एक गोली मौजूद है। लोग एक गोली खाकर अपनी दिक्क़तों से छुटकारा पाना चाहते हैं। इसी तरह करोड़पति बनने के लिए लोग अपनी ईमानदारी का गला घोंट कर शार्टकट (short-cut) अपनाने से नहीं हिचकते।

इच्छा फ़ौरन पूरी करने की चाह रखने वाले उसके नतीजों के बारे में नहीं सोचते। आज की पीढ़ी अच्छी खुराक़ उसे मानती है, जिसके खाने से वज़न पाँच पाउंड (pound) घट जाए। ऐसे लोग हैं, जो और ज़्यादा जन्मदिन मनाने के बजाए, और ज़्यादा तोहफ़े चाहते हैं।

अगर आप कल के बारे में सोचने के बजाए, केवल आज के बारे में सोचते हैं, तो यह दूरंदेशी नहीं है। सीमित सोच के सहारे आप कोई सार्थक लक्ष्य क़ायम नहीं कर सकते।

4. प्राथमिकताएँ तय न करना (Lack of Priorities)

लोग प्राथमिकताओं की अदलाबदली करते हैं, जबकि ऐसा नहीं करना चाहिए। उदाहरण के तौर पर रिश्ते निभाने के लिए वे समय और स्नेह का मुआवज़ा पैसों और तोहफ़ों से चुकाना चाहते हैं। कुछ लोगों को अपने बीवी-बच्चों के साथ हिलमिल कर वक़्त गुज़ारने के बजाए अपनी गैरहाज़िरी का हरज़ाना चीज़ें ख़रीद कर चुकाना अधिक आसान लगता है।

अपनी प्राथमिकताएँ तय न कर पाने के कारण हम वक़्त बरबाद करते हैं। हम यह नहीं समझ पाते कि वक़्त की बरबादी का मतलब जीवन की बरबादी है। प्राथमिकताएँ तय करने के लिए ख़ुद को अनुशासित करना पड़ता है। इससे हम वह कर पाएँगे जो ज़रूरी है, बनिस्पत वह जिसे हम करना चाहते हैं या जो हमें अच्छा लगता है। हम किसी काम को दिल से करने के बजाए उसकी हार-जीत को ज़्यादा वज़न देते हैं।

आप असफलता और हार का सामना कैसे करेंगे?

इस सवाल का जवाब हमारे चरित्र को काफ़ी हद तक बयान कर देगा। सफलता के राज़ को खोलने की एक महत्त्वपूर्ण चाबी प्राथमिकताएँ तय करना

है। कुछ लोगों के लिए पैसा महत्त्वपूर्ण है, तो कुछ लोगों के लिए सत्ता, किसी के लिए यश महत्त्वपूर्ण है, तो किसी के लिए संपत्ति। हमें अपनी प्राथमिकताओं को समझना होगा। सफलता क़ामयाबी दिलाने वाले उसूलों को पढ़ने, या रटने से नहीं, बल्कि उन्हें समझने, और अपनी प्राथमिकताएँ तय करके उन्हें लागू करने से मिलती है।

5. शार्टकट की तलाश (Looking for Shortcuts)

भोजन मुफ़्त में नहीं मिलता
NO FREE LUNCH

एक राजा ने अपने सलाहकारों को बुला कर उनसे बीते इतिहास की सारी समझदारी भरी बातें लिखने के लिए कहा, ताकि वह उन्हें आने वाली पीढ़ियों तक पहुँचा सके। उन्होंने काफ़ी मेहनत कर समझदारी भरी बातों पर कई किताबें लिखीं, और उन्हें राजा के सामने पेश किया। राजा को वे किताबें काफ़ी भारी-भरकम लगीं। उसने सलाहकारों से कहा कि लोग इन्हें पढ़ नहीं पाएँगे, इसलिए इन्हें छोटा करो। सलाहकारों ने फिर काम किया, और केवल एक किताब लेकर आए। राजा को वह भी काफ़ी मुश्किल लगी। सलाहकारों ने उसे और छोटा किया। इस बार वे केवल एक अध्याय (Chapter) लेकर आए। राजा को वह भी काफ़ी लंबा लगा। तब सलाहकारों ने उसे और छोटा कर केवल एक पन्ना पेश किया। लेकिन राजा को एक पन्ना भी लंबा लगा। आख़िरकार वे राजा के पास केवल एक वाक्य लिख कर ले आए और राजा उससे संतुष्ट हो गया। राजा ने कहा कि अगर उसे आने वाली पीढ़ियों तक समझदारी का केवल एक वाक्य पहुँचाना हो तो वह यह वाक्य होगा, "भोजन मुफ़्त में नहीं मिलता।"

"भोजन मुफ़्त में नहीं मिलता" का मतलब दरअसल यह है कि हम कुछ दिए बिना कुछ पा भी नहीं सकते। दूसरे लफ़्ज़ों में कहें, तो हम जो लगाते हैं, बदले में वही पाते हैं, अगर हमने किसी योजना में ज़्यादा लागत नहीं लगाई है, तो हमको ज़्यादा फ़ायदा भी नहीं मिलेगा।

बेशक, हर समाज में ऐसे मुफ़्तखोर भी होते हैं, जो कुछ किए बिना ही पाने की उम्मीद लगाए रहते हैं।

आसान रास्ता काफ़ी मुश्किल रास्ता साबित हो सकता है

THE EASIER WAY MAY ACTUALLY BE THE TOUGHER

एक बार एक लार्क (Lark) चिड़िया जंगल में गाना गा रही थी। तभी, एक किसान उसके पास से कीड़ों से भरा एक संदूक ले कर गुज़रा। लार्क चिड़िया ने उसे रोक कर पूछा, "तुम्हारे संदूक में क्या है, और तुम कहाँ जा रहे हो?" किसान ने जवाब दिया कि उस संदूक में कीड़े हैं, वह बाज़ार से उन कीड़ों के बदले पंख ख़रीदने जा रहा है। लार्क ने कहा, "पंख तो मेरे पास भी हैं। मैं अपना एक पंख तोड़ कर तुम्हें दे दूँगी, इससे मुझे कीड़े नहीं तलाशने पड़ेंगे।" किसान ने लार्क को कीड़े दे दिए, और लार्क ने बदले में उसे अपना एक पंख तोड़ कर दे दिया। उसके बाद रोज़ यही सिलसिला चलता रहा, और एक ऐसा दिन भी आया, जब लार्क के पास देने के लिए कोई पंख ही नहीं बचा था। वह उड़ कर कीड़े तलाशने लायक नहीं रह गई। वह भद्दी दिखने लगी, और उसने गाना छोड़ दिया। जल्दी ही वह मर गई।

यही बात हमारी ज़िंदगी के लिए भी सच है। कई बार हमें जो रास्ता आसान लगता है, वही बाद में मुश्किल साबित होता है।

इस कहानी का संदेश बहुत ही साफ़ है। लार्क को जो भोजन हासिल करने का आसान तरीका लगा था, वही मुश्किल और नुक़सानदेह तरीका साबित हुआ।

हारने वाले नतीजे जल्दी हासिल करना चाहते हैं
(Losers Look for Quick Fixes)

अपने बगीचे से घास-फूस की सफाई करने के दो तरीके हैं। आसान तरीका यह है कि घास काटने वाली मशीन का इस्तेमाल किया जाए। इससे बगीचे कुछ देर के लिए अच्छा दिखेगा, लेकिन यह समस्या का अस्थाई हल है। जल्दी ही घास फिर उग आएगी। दूसरा थोड़ा मुश्किल तरीका यह है कि घुटनों के बल झुक कर अपने हाथ से एक-एक घास को जड़ से निकालें। यह तरीका समय लेने वाला, और तकलीफ़देह है, लेकिन इसे अपनाने से घास लंबे समय तक नहीं उगेगी। पहला

तरीका आसान लगता है, लेकिन उसे अपनाने से समस्या बनी रहती है। दूसरा तरीका उतना आसान नहीं है, लेकिन वह समस्या को जड़ से खत्म करता है। महत्त्वपूर्ण बात यह है कि समस्या को जड़ से मिटाया जाए। ज़िंदगी में हमारे नज़रिए के बारे में भी यही बात लागू होती है। कुछ लोग अपने अंदर की कड़वाहट, और नाराज़गी का इज़हार करते रहते हैं और यह नज़रिया उनकी ज़िंदगी में बार-बार ज़ाहिर होता रहता है।

आज लोगों की समस्या यह है कि वे हर मसले का हल फ़ौरन चाहते हैं। वे हर चीज़ का समाधान एक मिनट में चाहते हैं। तुरंत हासिल होने वाली कॉफ़ी (instant coffee) की तरह वे फ़ौरन हासिल होने वाली ख़ुशियाँ भी चाहते हैं; लेकिन ऐसा कोई फ़ार्मूला (formula) नहीं है। इस तरह का नज़रिया बाद में निराशा हो जन्म देता है।

6. स्वार्थ और लालच (Selfishness and Greed)

स्वार्थी नज़रिया रखने वाले लोगों, और संगठनों को पनपने का कोई हक नहीं है। वे दूसरों के हितों की परवाह किए बिना आगे बढ़ने की सोचते हैं। लालची आदमी हमेशा और अधिक पाने की चाह रखता है। ज़रूरतें पूरी की जा सकती हैं, लेकिन लालच नहीं। यह मन का कैंसर होती है। लालच रिश्तों को नष्ट कर देता है। लालच आत्मसम्मान की कमी की वजह से पैदा होता है।

इसका अंत कहाँ है?
WHERE DOES IT END?

एक लालची किसान से कहा गया कि वह दिन में जितनी ज़मीन पर चलेगा, वह उसकी हो जाएगी, बशर्ते वह सूरज डूबने तक शुरू करने की जगह पर वापस लौट आए। ज़्यादा से ज़्यादा ज़मीन पाने के लिए वह किसान दूसरे दिन सूरज निकलने से पहले ही निकल पड़ा। वह काफ़ी तेज़ी से चल रहा था क्योंकि वह ज़्यादा से ज़्यादा ज़मीन हासिल करना चाहता था। थकने के बावजूद वह सारी दोपहर चलता रहा, क्योंकि वह ज़िंदगी में दौलत कमाने के लिए हासिल हुए उस मौके को गँवाना नहीं चाहता था।

दिन ढलते वक़्त उसे वह शर्त याद आई कि उसे सूरज डूबने से पहले शुरूआत की जगह पर पहुँचना है। अपनी लालच की वजह से वह उस जगह से काफ़ी दूर निकल आया था। वह वापस लौट पड़ा। सूरज डूबने का वक़्त ज्यों-ज्यों क़रीब आता जा रहा था, वह उतनी ही तेज़ी से दौड़ता जा रहा था। वह बुरी तरह थक कर हाँफने लगा, फिर भी वह बर्दाश्त से अधिक तेज़ी से दौड़ता रहा। नतीजा यह हुआ कि सूरज डूबते-डूबते वह शुरूआत वाली जगह पर पहुँच तो गया, पर उसका दम निकल गया, और वह मर गया। उसको दफ़ना दिया गया, और उसे दफ़न करने के लिए ज़मीन के बस एक छोटे से टुकड़े की ही ज़रूरत पड़ी।

इस कहानी में काफ़ी सच्चाई और एक सबक छिपा है। इससे कोई फ़र्क़ नहीं पड़ता कि किसान अमीर था, या गरीब। किसी भी लालची आदमी का ऐसा ही हश्र होता है।

7. दृढ़ विश्वास की कमी (Lack of Conviction)

जिन लोगों में दृढ़ विश्वास की कमी होती है, वे बीच का रास्ता अपनाते हैं। ज़रा अंदाज़ लगाइए कि सड़क के बीच में चलने वालों का क्या हश्र होता है? लोग उन्हें कुचलते हुए आगे बढ़ जाते हैं।

दृढ़ विश्वास न रखने वाले लोग किसी बात पर अड़ नहीं पाते। आत्मविश्वास और साहस की कमी की वजह से वे लोगों के साथ में बने रहने के लिए उनका साथ निभाते रहते हैं। वे उनकी सोहबत यह जानते हुए भी क़बूल कर लेते हैं कि वे ग़लत कर रहे हैं।

कुछ लोग ख़ुद को यह सोचकर बेहतर मानते हैं कि वे ग़लत काम का समर्थन नहीं करते। पर उनमें विरोध करने का साहस नहीं होता। किसी काम के ग़लत होने के अहसास के बावजूद उसका विरोध न करना, दरअसल उस काम का समर्थन करना ही है।

सफलता पाने का एक अहम राज़ यह है कि किसी बात के विरोध में रहने के बजाए, किसी बात के समर्थन में रहो। इस तरह हम समस्या के नहीं, बल्कि

समाधान का हिस्सा बन जाते हैं। याद रखिए, किसी बात पर टिके रहने के लिए दृढ़ विश्वास की ज़रूरत होती है।

दृढ़ विश्वास आस्था से उपजता है (Confiction Takes Faith)

कर्म के बिना आस्था एक भटकाव बन जाती है। आस्था चमत्कारों का इंतज़ार नहीं करती, बल्कि चमत्कारों को जन्म देती है।

अगर आप सोचते हैं कि आप कर सकते हैं या आप यह सोचते हैं कि आप नहीं कर सकते, तो आप दोनों ही तरह ठीक हैं।

– हेनरी फोर्ड

हमारी ज़िंदगी में बुरे लम्हे आते हैं। हम सभी गिर कर चोट खाते हैं। ऐसे पल हम सभी की ज़िंदगी में आते हैं, जब हमें ख़ुद पर अविश्वास हो जाता है, और हम ख़ुद पर रहम खाने लगते हैं। असली बात यह है कि ऐसी भावनाओं से उभर कर अपनी आस्था को फ़िर कैसे क़ायम किया जाए।

दुनिया में तीन तरह के लोग होते हैं –

1. कुछ लोग काम को अंजाम देते हैं।
2. कुछ लोग काम को अंजाम तक पहुँचते हुए देखते रहते हैं।
3. कुछ लोग अचरज करते रहते हैं कि वह काम अंजाम तक कैसे पहुँचा।

आप किस वर्ग में आते हैं?

8. क़ुदरत के नियमों को न समझना (Lack of Understanding of Nature's Laws)

फ़्रैंकलिन के संकेत समझने से पहले भी बिजली कई बार चमकी थी। न्यूटन के संकेत समझने से पहले भी सेब उनके सिर पर कई बार गिरा था। क़ुदरत हमें हमेशा इशारे करती रहती है। यह हमें बार-बार इशारा करती है, और एकाएक हम उसका इशारा समझ जाते हैं।

– राबर्ट फ्रॉस्ट

सफलता उसूलों का नाम है और ये उसूल क़ुदरत के हैं। बदलाव कुदरत का उसूल है। हम या तो आगे बढ़ रहे हैं या पीछे हट रहे हैं। हम या तो काम बना रहे हैं या काम बिगाड़ रहे हैं। स्थायी (status quo) की कोई गुंजाइश नहीं होती।

अगर हम किसी बीज को पेड़ बनने के लिए नहीं बोएँगे, तो वह सड़ जाएगा। आप चाहें, या न चाहें, बदलाव तो होना ही है और होकर रहेगा। हर तरक्क़ी बदलाव का नतीजा होती है, पर ज़रूरी नहीं कि हर बदलाव की वजह से तरक्क़ी हो। हमें बदलावों का जायज़ा लेना चाहिए, और उन्हें तभी क़बूल करना चाहिए, जब वे वाजिब लगें। किसी चीज़ को जाँचे बिना क़बूल कर लेना आदमी के ढीला स्वभाव को दर्शाता है, ऐसा करना आत्मविश्वास और आत्मसम्मान की कमी की निशानी है।

परंपरा के बारे में काफी कुछ कहा जा सकता है। केवल तरक्क़ी के लिए तरक्क़ी करना एक तरह की कैंसरग्रस्त सोच है। यह चारों ओर फैल रही नकारात्मकता है। यह तरक्क़ी नहीं, बरबादी है। सही मायने में तरक्क़ी के लिए उसका सकारात्मक होना ज़रूरी है।

सफलता क़िस्मत से नहीं, कुछ नियमों का पालन करने से मिलती है।

वजह और नतीजे का सिद्धांत (Law of Cause and Effect)

सफल होने के लिए हमें वजह और नतीजे के सिद्धांत और काम एवं नतीजे के रिश्ते को समझना होगा।

हर नतीजे की कोई वजह होती है। वजह और नतीजे का सिद्धांत, बोने और काटने के सिद्धांत जैसा ही है।

बोने और काटने का सिद्धांत यह है –

1. हम में कुछ बोने की इच्छा होनी चाहिए। इच्छा शुरूआती बिंदु है।
2. हम जैसा बोएँगे, वैसा ही काटेंगे। अगर हम आलू बोएँगे, तो आलू की ही फ़सल काटेंगे, टमाटर की नहीं।
3. काटने से पहले हमको बोना पड़ेगा। पाने से पहले दीजिए। ईंधन डालने से पहले हम भट्टी से गर्मी देने की उम्मीद नहीं कर सकते। कुछ लोग हमेशा देने से पहले ही पाने की उम्मीद लगा बैठते हैं।
4. हम जब कोई बीज बोते हैं, तो उससे कई गुना अधिक फ़सल काटते हैं। अगर हम सकारात्मक बीज बोएँगे, तो हमारी सकारात्मकता की फ़सल कई गुना बढ़ कर मिलेगी, और अगर हम नकारात्मक बीज बोएँगे, तो हम को नकारात्मकता की फसल कई गुना बढ़ कर मिलेगी। लोगों की प्रकृति के नियमों के विपरीत जाते देखना कोई असाधारण बात नहीं है।

5. किसान जानता है कि वह जिस दिन बीज बोता है, उसी दिन फ़सल नहीं काट सकता। फ़सल तैयार होने में हमेशा कुछ वक़्त लगता है।
6. हम कम बोएँगे, तो कम काटेंगे। हम ज़्यादा बोएँगे, तो ज़्यादा काटेंगे।

यह भौतिक विज्ञान (Physics) के नियम जैसा है। हर क्रिया (action) की बराबर शक्ति की प्रतिक्रिया (reaction) होती है। लोग अकसर नतीजे बदलने की कोशिश करते हैं, जबकि वजह बरकरार रहती है। हम अपने दिमाग़ को सकारात्मक विचारों की ख़ुराक लगातार देते रहें, वरना नकारात्मकता खाली पड़ी जगह पर अपने आप काबिज़ हो जाएगी। जो बात जेम्स एलेन (James Allen) ने अपनी किताब 'ऐज ऐ मैन थिंकेथ' (As a Man Thinketh) में कही है, वही बात कई पुरानी कहानियों में भी कही जा चुकी है। इंसान का दिमाग़ बगीचे की तरह होता है। हम अच्छे बीज बोएँगे, तो बगीचा भी अच्छा होगा। अगर हम कुछ नहीं बोएँगे, तो भी कुछ न कुछ तो उगेगा ही, और वह जंगली घास-फूस होगी। यह कुदरत का नियम है।

हमारी ज़िंदगी का सच भी यही है। मैं तो एक क़दम और आगे बढ़ कर कहना चाहूँगा कि जंगली घास-फूस अच्छी बीज बोने के बावजूद उगेंगे। इसलिए निराई का काम हमेशा जारी रहना चाहिए।

हम किसी गिलास में पानी डाल कर तापमान शून्य डिग्री से भी नीचे ला दें, तो पानी जम कर बर्फ बन जाएगा। इसमें कोई अचरज की बात नहीं है। यह कुदरत का नियम है। हक़ीक़त यह है कि ऐसा होना ज़रूरी है।

हमारी विचार ही नतीजों को जन्म देने वाली वजहें हैं।

हमारे विचार वजह हैं।
आप जैसे विचार का बीज बोते हैं, वैसा ही कर्म फलता है।
कर्म का बीज बोने पर, आदत वैसी ही फलती है।
आदत का बीज बोने पर, चरित्र वैसा ही फलता है।
चरित्र का बीज बोने पर, क़िस्मत वैसी ही फलती है।
इस सबकी शुरुआत एक विचार से होती है।

आकर्षण का नियम (Laws of Attraction)

हम उन चीज़ों की ओर आकर्षित नहीं होते हैं, जिन्हें चाहते हैं, बल्कि उन चीजों की ओर आकर्षित होते हैं, जो हमारे जैसी ही होती हैं। यह पुरानी कहावत बिलकुल सच है कि "चोर-चोर मौसेरे भाई" होते हैं।

नकारात्मक सोच वाले लोग ख़तरनाक होते हैं। वे नकारात्मक सोच वाले दूसरे लोगों को अपनी ओर आकर्षित करते हैं। नकारात्मक ढंग से प्रतिक्रिया ज़ाहिर करते हैं। बुरे से बुरे नतीजों की उम्मीद करते हैं, और कभी मायूस नहीं होते हैं।

क्या आपने ग़ौर किया है कि सामाजिक समारोहों में सफल लोग दूसरे सफल लोगों को अपनी ओर आकर्षित कर लेते हैं? दूसरी ओर असफल लोग, असफल लोगों को आकर्षित करते हैं, और एक-दूसरे से सिर जोड़ कर शिकवा-शिकायतें करते हैं, कलपते और बिलखते हैं।

9. योजना बनाने और तैयारी करने की अनिच्छा (Unwillingness to Plan and Prepare)

जीतने की इच्छा सभी में होती है, मगर जीतने के लिए तैयारी करने की इच्छा बहुत कम लोगों में होती है।

– विंस लॉम्बार्डी

ज़्यादातर लोग अपनी ज़िंदगी के बारे में योजना बनाने के बजाए पार्टी, और छुट्टियों के बारे में योजना बनाने में वक़्त बिताते हैं।

तैयारी (Preparation)

आत्मविश्वास तैयारी से ही पैदा होता है। तैयारी का मतलब है योजनाबद्ध ढंग से अभ्यास करना। जीतने वाले ख़ुद पर दबाव बनाए रखते हैं। यह तैयारी दबाव जीत की चिंता किए बिना की जाने वाली तैयारी का होता है। अगर हमारी तैयारी ख़राब है, तो हमारा खेल भी खराब होगा, क्योंकि हम वैसा ही खेलते हैं, जैसी हमारी तैयारी होती है। सफलता, और असफलता के बीच उतना ही अंतर होता है, जितना कि 'सही' और 'लगभग सही' के बीच होता है।

जिस्म और दिमाग़ को पूरी तरह तैयार करने के लिए कुर्बानी और आत्मअनुशासन की ज़रूरत होती है। सामान्य बना रहना काफ़ी आसान है, लेकिन सबसे बेहतर बनना काफ़ी मुश्किल है। इसलिए कोई ताज्जुब की बात नही है कि सामान्य लोग आसान रास्ता अपनाते हैं।

किसी क्षेत्र में सफलता दिलाने वाली बढ़त तैयारी से ही मिलती है।

तैयारी = मकसद + उसूल + योजना + अभ्यास + दृढ़ता + धैर्य + आत्मगौरव

(Preparation = Purpose + Principle + Planning + Practice + Perserverance + Patience + Pride)

तैयारी से आत्मविश्वास उपजता है (Preparation Leads to Confidence)

तैयारी का मतलब यह होता है कि हम असफलता को सह तो लें, पर उसे स्वीकार न करें। इसका मतलब होता है, ख़ुद को निराश, मायूस और हारा हुआ महसूस किए बिना, हार का सामना करने का हौसला रखना।

तैयारी का मतलब होता है, अपनी ग़लतियों से सीखना। ग़लती करना कोई बुरी बात नहीं है। हम सभी ग़लती करते हैं, लेकिन ग़लती को दुहराने वाला आदमी मूर्ख होता है। ग़लती करके उसे न सुधारने वाला आदमी, और बड़ी ग़लती करता है।

किसी ग़लती को संभालने का सबसे अच्छा तरीका यह है कि –

- उसे जल्दी से जल्दी स्वीकार कर लिया जाए
- उसमें उलझा न जाए
- उससे सबक लिया जाए
- उसे दुहराया न जाए
- दूसरों को दोष न दिया जाए और बहाने न बनाया जाए

तैयारी न होने से ही दबाव महसूस होता है। तैयारी, अभ्यास और कड़ी मेहनत का कोई विकल्प नहीं होता है। केवल मन की इच्छाओं और अभिलाषाओं से कोई नतीजा नहीं निकलता। हमको मुकाबले में बढ़त तैयारी ही दिला सकती है।

अगर हमने तैयारी नहीं की है, तो ख़ुद को लाचार महसूस करेंगे। जैसे पानी अपना रास्ता ख़ुद तलाश लेता है, वैसे ही सफलता उन लोगों तक पहुँचने का रास्ता तलाश लेती है, जिन्होंने तैयारी की होती है। कमज़ोर कोशिशों से कमज़ोर नतीजे मिलते हैं। हममें दृढ़ता इन चीज़ों से आती है –

- उद्‌देश्य (purpose)
- तैयारी (preparation)
- धैर्य (patience)
- सिद्धांत (principle)
- सकारात्मक नज़रिया (positive attitude)
- योजना (plan)
- गर्व (pride)
- अभ्यास (practice)
- क़ीमत अदायगी (price)

अपने आप से पूछिए –

- क्या हमारे पास एक साफ उद्देश्य है?
- क्या हमारे पास मक़सद पाने के लिए कोई योजना है?
- हम तैयारी के लिए क्या कोशिशें कर रहे हैं?
- हम क्या क़ीमत चुकाना चाहते हैं, और किस हद तक आगे बढ़ना चाहते हैं?
- क्या हम सफलता हासिल होने से पहले के दबावों को झेलने का धैर्य है?
- क्या हम बेहतर होने के लिए लगातार अभ्यास करने को तैयार हैं?
- क्या हम किसी मज़बूत उसूल की बुनियाद पर खड़े हैं?
- क्या हम अपने कार्यप्रदर्शन (performance) पर गर्व अनुभव करते हैं?
- क्या हमारे पास "मैं यह काम कर सकता हूँ", वाला नज़रिया है?

10. बहाने बनाना (Rationalisation)

जीतने वाले बारीकी से जाँच-परख तो करते हैं, पर बहाने नहीं बनाते। बहाने बनाना हारने वालों की आदत होती है। हारने वालों के पास अपनी नाक़ामयाबी की वजह बताने वाले बहानों की पूरी किताब होती है। उनके बहाने कुछ इस क़िस्म के होते हैं –

- मैं बदनसीब था।
- मेरे सितारे ख़राब हैं।
- मेरी उम्र काफ़ी कम है।
- मेरी उम्र काफ़ी ज़्यादा है।
- मैं लाचार हूँ।
- मुझमें चतुराई नहीं है।
- मैं शिक्षित नहीं हूँ।
- मैं सुंदर नहीं हूँ।
- मेरे अधिक संपर्क नहीं हैं।
- मेरे पास ज़्यादा पैसा नहीं है।
- मेरे पास ज़्यादा वक़्त नहीं है।

- मेरी माली हालत ख़राब है।
- काश, मुझे मौका मिला होता!
- काश, मुझ पर परिवार की ज़िम्मेदारी नहीं होती!
- काश, मैंने सोच-समझकर शादी की होती!

ऐसे बहानों की लिस्ट बढ़ती ही जाती है। किसी आदमी का सफल होना इन दो बातों पर निर्भर होता है – वजह, और नतीजे। वजह पर कोई ध्यान नहीं देता पर नतीजे मायने रखते हैं।

हिंदुस्तान में बंदर कैसे पकड़े जाते हैं?

HOW THEY CATCH MONKEYS IN INDIA?

बंदर पकड़ने वाले एक बक्से का इस्तेमाल करते हैं, जिसमें ऊपर की ओर एक छेद होता है। बंदर उसमें से अपना हाथ बड़ी आसानी से बक्से में डाल सकता है। बक्से में मूँगफलियाँ भरी होती हैं। बंदर मूँगफलियाँ लेने के लिए बक्से में हाथ डालता है, मूँगफलियाँ लेते समय उसकी मुट्ठी बँध जाती है। उसके बाद बंदर अपना हाथ बक्से से बाहर निकालना चाहता है, लेकिन जिस छेद के रास्ते वह खुला हुआ हाथ डालता है, वह इतना बड़ा नहीं होता कि उसमें से मुट्ठी बाहर निकल सके। अब बंदर के पास यह विकल्प (choice) होता है कि वह या तो मूँगफलियों को छोड़ कर हमेशा के लिए आज़ाद हो जाए, या उन्हें पाने के चक्कर में पकड़ लिया जाए। आपने अंदाज़ा लगा लिया होगा कि वह मूँगफलियाँ हाथ में थामे रहता है, और पकड़ा जाता है।

हमलोग उन बंदरों से अलग नहीं हैं। हम ख़ुद की ज़िंदगी में आगे बढ़ने से रोकने वाली बाधाओं से चिपकाए रहते हैं। हम ख़ुद को यह कह कर सही ठहराने की कोशिश करते रहते हैं कि "मैं यह काम नहीं कर सकता, क्योंकि . . .", और इस क्योंकि के बाद, जो शब्द आते हैं, वे उन बाधाओं को ही बयान करते हैं, जो हमें ज़िंदगी में आगे बढ़ने से रोकती रहती है।

सफल लोग बहाने नहीं बनाते। अगर हम असफल होना चाहते हैं, तो हमारे लिए सबसे अच्छी सलाह यह है कि "न तो सोचिए, न कुछ पूछिए, और न ही कुछ सुनिए।"

11. पिछली ग़लतियों से सीख न लेना
(Not Learning From Past Mistakes)

एक इंसान संकोच करता है हीन भावना की वजह से और दूसरा ग़लतियाँ करने के लिए संकोच नहीं करता हीन भावना की ही वजह से।

– हेनरी सी लिंक

इतिहास से सबक न लेने वाले लोग नष्ट हो जाते हैं। अगर हमारा नज़रिया सही हो, तो हम अपनी ग़लतियों से सीखते हैं। असफलता सफ़र का अंत नहीं, महज़ भटकाव होती है। यह देर की वजह बन सकती है, हार की नहीं। सच बात तो यह है कि अपनी ग़लतियों से हमें तज़रबा हासिल होता है।

कुछ लोग सीखते हुए जीते हैं, और कुछ लोग केवल जीते हैं। अक़्लमंद लोग अपनी ग़लतियों से सीखते हैं – अधिक अक्लमंद लोग दूसरों की ग़लतियों से सीखते हैं। हमारी ज़िंदगी इतनी लंबी नहीं होती कि हम केवल अपनी ग़लतियों से सीखते रहें।

12. अवसर को न पहचान पाना
(Inability to Recognise Opportunities)

अवसर बाधाओं का रूप धर कर भी आ सकते हैं। इसलिए बहुत-सारे लोग उन्हें पहचान नहीं पाते। याद रखिए, बाधा जितनी बड़ी होगी, अवसर भी उतना ही बड़ा होगा।

13. डर (Fear)

डर वास्तविक हो सकता है, और काल्पनिक भी। डरा हुआ इंसान अटपटे काम करता है। डर की बुनियादी वजह नासमझी होती है। डर कर जीना भावनाओं की कैद में जीने के समान है।

डर असुरक्षा की भावना, आत्मविश्वास की कमी, और बहानेबाज़ी की आदत को जन्म देता है। यह हमारी क्षमता और योग्यता को नष्ट कर देता है। डरा हुआ इंसान स्पष्ट ढंग से सोच नहीं पाता। डर रिश्तों और सेहत को नष्ट कर देता है। डर की कुछ आम वजहें ये हैं –

- असफलता का डर
- कुछ अनजानी चीज़ का डर

- तैयारी न होने का डर
- गलत फैसला लेने का डर
- अस्वीकार किए जाने का डर

कुछ तरह के डरों को बयान किया जा सकता है, जबकि कई प्रकार के डर केवल महसूस किए जा सकते हैं। डर इंसान को बेचैन कर देता है, जिसकी वजह से इंसान बेतुकी बातें सोचने लगता है। नतीजे के तौर पर समस्याएँ हल करने की उसकी क्षमता पर बुरा असर पड़ता है। आम तौर पर लोग डर से दूर भागते हैं। भागने से हमें राहत मिलती है, और कुछ देर के लिए डर का असर कम हो जाता है, लेकिन डर की वजह बरकरार रहती है। कई बार बेबुनियाद डर हमारी समस्याओं को बढ़ा देता है। क़ाबू से बाहर हो जाने पर डर हमारी ख़ुशियों और रिश्तों को नष्ट कर देता है। डर को एक ऐसा झूठ मानिए, जो हमें सच लगता है। (False Evidence Appearing Real = FEAR)।

असफलता से भी अधिक बुरा असफलता का डर होता है। आदमी के साथ घटित होने वाली सबसे बुरी चीज़ असफलता नहीं होती। कोशिश न करने वाले लोग प्रयत्न करने से पहले ही असफल हो जाते हैं। बच्चे जब चलना सीखते हैं, तो बार-बार गिरते हैं, लेकिन उनके लिए वह असफलता नहीं, बल्कि सीख होती है। अगर वे मायूस हो जाएँ, तो कभी चल नहीं पाएँगे। घुटनों के बल बैठ कर डरी हुई ज़िंदगी जीने से अपने पैरों पर खड़ा हो कर मरना ज़्यादा बेहतर होता है।

14. प्रतिभा का उपयोग न कर पाना (Inability to Use Talent)

अलबर्ट आइंस्टीन (Albert Einstein) का कहना था, "मुझे लगता है कि मैंने ज़िंदगी में अपनी केवल 25 प्रतिशत बौद्धिक क्षमता (intellectual capital) का उपयोग किया।"

विलियम जेम्स (William James) के मुताबिक इंसान अपनी केवल 10-12 प्रतिशत आंतरिक क्षमता का उपयोग करता है।*

ज़्यादातर लोगों की ज़िंदगी का सबसे दुखद पहलू यह होता है कि वे अपने मन में कुछ करने की इच्छा लिए हुए ही मर जाते हैं।

**एम.डी.आर.टी. टाइमलेस ट्रेज़र*, द होल परसन, पृष्ठ 162, लेखक - विलियम जेम्स

जीवित होते हुए भी वे ज़िंदगी को जी नहीं सके। वे इस्तेमाल होने की वजह से नहीं, बल्कि जंग लगने की वजह से मरे। मैं ख़ुद में जंग लगवाने के बजाए इस्तेमाल होना ज़्यादा पसंद करूँगा। ज़िंदगी में सबसे दुखद शब्द ये होते हैं, "मुझे यह करना चाहिए था।"

खाली बैठने और इंतज़ार करने में बहुत फ़र्क़ है। खाली बैठने का मतलब है – बेकारी और निकम्मापन, जबकि धैर्य और इंतज़ार करना एक सोचा-समझा फैसला है, यह एक क्रम है और इसमें लगातार कोशिश और दृढ़ता शामिल है।

किसी ने एक बुज़ुर्ग आदमी से पूछा, "ज़िंदगी का सबसे बड़ा बोझ क्या है?" बुज़ुर्ग ने बड़ी दुखी आवाज़ में जवाब दिया, "ढोने के लिए कोई बोझ न होना।"

15. अनुशासन की कमी (Lack of Discipline)

आपको ज़िंदगी में यह चुनाव करना है, कि आप अनुशासन की क़ीमत चुकाएँगे, या अफ़सोस की।

– टिम कोनर

क्या हमने कभी विचार किया है कि कुछ लोग अपने लक्ष्य तक क्यों नहीं पहुँच पाते? उन्हें बार-बार हार और संकट का सामना क्यों करना पड़ता है? कुछ लोगों को लगातार सफलता क्यों मिलती जाती है, जबकि दूसरे लोगों को अंतहीन असफलताएँ झेलनी पड़ती हैं। खेलकूद, शिक्षा (अकादमिक क्षेत्र), और व्यापार, यानी किसी भी क्षेत्र में अनुशासन के बिना महत्त्वपूर्ण सफलता कोई भी कभी हासिल नहीं कर सका।

अनुशासनहीन लोग हर काम करने की कोशिश करते हैं, लेकिन उनमें किसी भी काम को करने का संकल्प नहीं होता। कुछ तथाकथित उदार चिंतकों ने अनुशासनहीनता को स्वतंत्रता माना है। लेकिन किसी विमान में बैठते वक़्त मैं यही चाहूँगा कि उसका पायलट (pilot) अनुशासित हो। वह उन कामों को करे, जिनकी उससे उम्मीद की जाती है, न कि अपने मन की मौज के मुताबिक़ काम करे। मैं नहीं चाहूँगा कि विमान कोई ऐसा पायलट चलाए, जो इस दर्शन में विश्वास करता हो कि "मैं आज़ाद हूँ। मैं नहीं चाहता कि कोई मुझे कंट्रोल टॉवर से बताए कि मुझे क्या करना है।"

लगातार कोशिश की कमी अनुशासन की कमी का नतीजा होती है। अनुशासित रहने के लिए आत्मनियंत्रण एवं त्याग की आवश्यकता होती है, तथा भटकाव और लालच से बचना पड़ता है। इसका मतलब यह होता है कि हम लक्ष्य

पर ध्यान लगाएँ। भाप इंजन को तब तक नहीं खींच सकती, जब तक उसे एक दायरे में सीमित न कर दिया जाए। नियागरा फाल (Niagara fall) से बिजली तब नहीं बनाई जा सकती, जब तक कि उसे बाँधा न जाए।

ख़रगोश और कछुए की कहानी हम सभी जानते हैं। ख़रगोश में अपनी रफ़्तार के बारे में डींग हाँकी, और कछुए को दौड़ में मुक़ाबला करने की चुनौती दी। कछुए ने चुनौती क़बूल कर ली। उन्होंने एक लोमड़ी को जज बनाया। दौड़ शुरू हुई तो कछुआ अपनी धीमी चाल से चलता रहा, लेकिन ख़रगोश ने रफ़्तार दिखाई। जल्दी ही ख़रगोश ने कछुए को काफी पीछे छोड़ दिया। उसे जीतने का पूरा भरोसा था, इसलिए उसने सोचा, क्यों न एक झपकी ले ली जाए। नींद खुलने पर उसे दौड़ की याद आई, और उसने फिर दौड़ना शुरू किया। लेकिन उसी दौरान कछुआ लक्ष्य तक पहुँच कर दौड़ जीत चुका था।

अनियमित कड़ी मेहनत से कहीं बेहतर है नियमित रूप से की गई थोड़ी-सी भी कोशिश, जो अनुशासन से आती है, अनुशासन और पछतावा, दोनों ही दुखदायक हैं। ज़्यादातर लोगों को इन दोनों में से किसी एक को चुनना होता है। ज़रा सोचिए, इन दोनों में से कौन ज़्यादा तकलीफ़देह है।

जिन बच्चों को बिना अनुशासन के, काफ़ी आज़ादी देकर पाला जाता है, वे आम तौर वर बड़े होकर न तो अपनी इज़्ज़त करते हैं, और न ही माँ-बाप और समाज की परवाह करते हैं। वे ज़िम्मेदारियाँ क़बूल नहीं करना चाहते।

16. आत्मसम्मान की कमी (Poor Self-esteem)

अगर कोई इंसान ख़ुद की इज़्ज़त नहीं करता, और अपनी अहमियत महसूस नहीं करता, तो उसमें स्वाभाविक रूप से आत्मसम्मान की कमी होती है।

ऐसा इंसान न तो अपनी इज़्ज़त करता है, और न ही दूसरों की। उसकी शख़्सियत की ड्राइविंग सीट (driving seat) पर अहंकार (ego) बैठ जाती है। वह फ़ैसले कोई क़ायदे का काम करने के लिए नहीं बल्कि अपने अहंकार को संतुष्ट करने के लिए लेता है। जिन लोगों में आत्मसम्मान की कमी होती है, वे लगातार अपनी पहचान की तलाश करते रहते हैं। वे ख़ुद को ढूँढ़ते रहते हैं। शख़्सियत कहीं पड़ा हुआ नहीं मिलता, उसे बनाना पड़ता है।

बहानेबाज़ी की आदत निकम्मापन और आलसीपन आत्मसम्मान की कमी का ही नतीजा होते हैं। निकम्मापन उस जंग की तरह है, जो बढ़िया से बढ़िया लोहे को भी खा जाता है।

17. ज्ञान की कमी (Lack of Knowledge)

60 साल पहले मैं सारी बातें जानता था, लेकिन अब मैं कुछ नहीं जानता, अपनी अज्ञानता को निरंतर जानते रहने की प्रक्रिया ही शिक्षा है।

– विल ड्यूरॉट

अपनी अज्ञानता के दायरों को जानना ही ज्ञानप्राप्ति की दिशा में पहला क़दम है। इंसान जितना ज़्यादा ज्ञान प्राप्त करता है, उसे अपनी अज्ञानता के क्षेत्रों का अनुभव भी उतना ही ज़्यादा होता है। अगर कोई इंसान यह समझता है कि उसे सब कुछ मालूम है, तो उसे सीखने की सबसे ज़्यादा ज़रूरत है।

अज्ञानी लोग नहीं जानते कि वे अज्ञानी हैं। उन्हें अपने अज्ञान का अहसास ही नहीं होता। दरअसल अज्ञान से भी बड़ी समस्या ज्ञानी होने का भ्रम है, इसकी वजह यह है कि अगर हम कोई चीज़ नहीं जानने के बावजूद उसे जानने का भ्रम पाल लेते हैं, तो ग़लत फ़ैसले लेने लगते हैं।

18. भाग्यवादी नज़रिया (Fatalistic Attitude)

भाग्यवादी नज़रिए वाले लोग उनके हालात की वजह से जन्म लेने वाली ज़िम्मेदारियों को क़बूल करने से कतराते हैं। वे सफलता, और असफलता दोनों को भाग्य की देन मानते हैं। वे सब कुछ भाग्य पर छोड़ देते हैं। वे अपनी कुंडली या सितारों द्वारा पहले से ही लिखी गई तक़दीर को मंज़ूर कर लेते हैं। वे मान लेते हैं कि लाख कोशिश करने के बावजूद होगा वही, जो क़िस्मत में लिखा है। इसलिए वे कोई कोशिश ही नहीं करते, और आत्मसंतुष्टि उनकी ज़िंदगी के जीने का तरीका बन जाती है। वे ख़ुद कुछ कर गुज़रने के बजाए कुछ घटित होने का इंतजार करते रहते हैं। किसी भी असफल आदमी से पूछिए तो वह यही कहेगा कि क़ामयाबी तो क़िस्मत से मिलती है।

कमज़ोर दिमाग़ वाले लोग तक़दीर बताने वालों, कुंडली देखने वालों, और ख़ुद को अवतारी पुरुष घोषित करने वालों के चक्कर में आसानी से आ जाते हैं, जबकि कई बार ऐसे लोग केवल पाखंड कर रहे होते हैं। भाग्यवादी लोग अंधविश्वासों के चंगुल में फँस जाते हैं। कुछ लोग ख़रगोश के पाँव को सौभाग्य हिलाने वाला मानते हैं; वे यह नहीं समझ पाते कि वह पाँव ख़ुद खरगोश के लिए भाग्यशाली साबित नहीं हुआ।

अगर हम असफल होना चाहते हैं, तो भाग्य में विश्वास कीजिए, और सफल होना चाहते हैं तो 'वजह और नतीजे' के सिद्धांत (principle) में विश्वास कीजिए; इस तरह हम अपनी क़िस्मत ख़ुद बनाएँगे। सैमुएल गोल्डविन (Samuel Goldwyn) ने सच ही कहा है, "मैं जितनी कड़ी मेहनत करता हूँ, भाग्य के उतने ही करीब पहुँच जाता हूँ।"

कुछ लोग ख़ुद को बदनसीब मानते हैं
(Some People Think are Just Unlucky)

इस तरह की सोच भाग्यवादी नज़रिए को जन्म देती है। कोई काम आधे मन से करने वाले लोग अकसर ऐसी बातें करते हैं –

- मैं कोशिश करूँगा।
- देखता हूँ कि यह तरीका काम करता है, या नहीं?
- मैं एक बार कोशिश करके देखूँगा।
- मेरे पास खोने के लिए कुछ नहीं है।
- मैंनें वैसे भी ज़्यादा कोशिश नहीं की।

अगर हम इस ढंग से सोचते हैं, तो हमारा असफल होना निश्चित है, क्योंकि आप में दृढ़ता और समर्पण की कमी है। सोचने का यह ढंग साहस, प्रतिबद्धता और आत्मविश्वास की कमी दर्शाता है। **कोई काम आधे मन से करने का मतलब नाक़ामयाबी की उम्मीद करना, और उसे हासिल करना है।**

क़ामयाबी कोशिश से मिलती है
EFFORT DOES IT

एक आदमी ने एक घोड़ा खरीदा, और एक बड़ी सी तख़्ती लगा कर उसे घुड़शाला में खड़ा कर दिया। तख़्ती पर लिखा हुआ था, "दुनिया का सबसे तेज़ दौड़ने वाला घोड़ा।" घोड़े के मालिक ने न तो घोड़े से अभ्यास करवाया, न ही उसे चुस्त-दुरुस्त रखने के लिए प्रशिक्षित किया। उसने घोड़े को एक रेस में दौड़ाया, जिसमें वह आख़िरी नंबर पर रहा। घोड़े के मालिक ने फ़ौरन तख़्ती बदल दी, और घोड़े पर एक नई तख़्ती लगा दी, जिस पर लिखा था, "घोड़े के लिए सबसे तेज़ दुनिया।" लोग अपनी आलसीपन, या ज़रूरी चीज़ों को न करने की वजह से नाक़ामयाब होते हैं, और फिर क़िस्मत को दोष देते हैं।

नज़रिया, हिम्मत, और सोच में गहराई के बिना ज़िंदगी एक अंधा तज़रबा है। तंग, सुस्त और कमज़ोर दिमाग़ वाले लोग हमेशा आसान, और सबसे कम रुकावटों वाले रास्ते चुनते हैं।

15 सेकंड तक अपनी क्षमता प्रदर्शित करने के लिए खिलाड़ी 15 साल तक अभ्यास करते हैं। उनसे पूछिए कि क्या वे ख़ुशकिस्मती से जीतते हैं? किसी खिलाड़ी से पूछिए कि कड़े अभ्यास के बाद वे कैसा महसूस करता है? वह आपको बताएगा कि वह ऐसा महसूस करता है, जैसे कि उसकी पूरी ताकत निचोड़ ली गई है। अगर वह ऐसा महसूस नहीं करता है, तो इसका यही मतलब होगा कि उसने अभ्यास में अपनी पूरी क्षमता नहीं लगाई।

हारने वाले सोचते हैं कि ज़िंदगी ने उसके साथ नाइंसाफ़ी की है। वे केवल अपनी रुकावटों के बारे में सोचते हैं। वे यह नहीं सोचते कि जो इंसान पूरी तैयारी करके अच्छी तरह खेल रहा है, उसे भी उन रुकावटों का सामना करना पड़ा है, पर उसने उन पर काबू पा लिया है। असफल और सफल व्यक्ति में यही फ़र्क़ है। *जीतने वालों की तकलीफ़ बर्दाश्त करने की शक्ति बढ़ जाती है, क्योंकि उसकी मेहनत सिर्फ खेल में प्रदर्शन करने तक सीमित न रह कर उसके चरित्र को भी ऊँचा उठाती है।*

भाग्य उनकी मदद करता है, जो अपनी मदद ख़ुद करते हैं

LUCK FAVOURS THOSE WHO HELP THEMSELVES

एक कस्बे में बाढ़ आई। एक आदमी के सिवा वहाँ रहने वाला हर आदमी किसी सुरक्षित स्थान पर जा रहा था। जिस आदमी ने अपनी जगह नहीं छोड़ी, उसका कहना था, "मुझे विश्वास है कि भगवान मेरी रक्षा करेगा।" पानी का स्तर बढ़ने पर उसे बचाने के लिए एक जीप आई। पर उस आदमी ने यह कह कर जाने से इनकार कर दिया, "मुझे विश्वास है कि भगवान मेरी रक्षा करेगा।" पानी का स्तर और बढ़ने पर वह अपने मकान की दूसरी मंज़िल पर चला गया। तब उसकी मदद करने के लिए एक नाव आई। उस आदमी ने उसके साथ भी यही कह कर जाने से इनकार कर दिया कि "मुझे विश्वास है, भगवान मेरी रक्षा करेगा।" पानी का स्तर बढ़ता जा रहा था। वह आदमी अपने मकान की छत पर चला गया। उसकी मदद के लिए हेलीकॉप्टर

(helicopter) आया। लेकिन उस आदमी ने अपनी वही बात फिर दुहराई "मुझे विश्वास है, भगवान मेरी रक्षा करेगा।" आख़िरकार वह डूब कर मर गया। भगवान के पास पहुँचने पर उसने उनसे गुस्से भरे लहज़े में सवाल किया, "मुझे आप पर पूरा विश्वास था, फिर आपने मेरी प्रार्थनाओं को अनसुना कर मुझे डूबने क्यों दिया?" भगवान ने जवाब दिया, "तुम क्या सोचते हो – तुम्हारे पास जीप, नाव और हेलीकॉप्टर किसने भेजा था?"

भाग्यवादी नज़रिए से उभरने का केवल एक ही तरीका है कि हम ज़िम्मेदारियाँ क़बूल करें, और क़िस्मत पर यक़ीन करने के बजाए 'वजह और नतीजे' के सिद्धांत में विश्वास करें। ज़िंदगी में कोई लक्ष्य, इंतज़ार, चाहत और अचंभित होकर सोच-विचार करते रहने से नहीं, बल्कि काम, तैयारी और योजना से हासिल होता है।

क़िस्मत लायक लोगों पर मेहरबान होते हैं
(Luck Shines on the Deserving)

अलेक्जेंडर ग्राहम बेल (Alexander Graham Bell) अपनी ऊँचा सुनने वाली पत्नी के लिए सुनने में मदद देने वाली एक मशीन बनाने की जीतोड़ कोशिश कर रहे थे। वह उस मशीन को बनाने में तो नाक़ामयाब रहे, पर उसी दौरान उन्होंने टेलीफोन बनाने का सिद्धांत ढूँढ़ निकाला। क्या हम ऐसे व्यक्ति को भाग्यशाली मानेंगे?

अच्छी क़िस्मत तभी हासिल होती है, जब तैयारी और अवसर का मेल हो। कोशिश और तैयारी के बिना अच्छे संयोग घटित नहीं होते।

भाग्य

उसने सारा दिन काम किया
और सारी रात काम किया
उसने खेलना छोड़ा
और मौज-मस्ती छोड़ी
उसने ज्ञान के ग्रंथ पढ़े
और नई बातें सीखीं

वह आगे बढ़ता गया
पाने के लिए सफलता ज़रा-सी
दिल में विश्वास और हिम्मत लिए
वह आगे बढ़ा
और जब वह सफल हुआ
लोगों ने उसे भाग्यशाली कहा।

– अज्ञात

19. उद्देश्य की कमी (Lack of Purpose)

महान मस्तिष्कों में उद्देश्य होते हैं, अन्य लोगों के पास केवल इच्छाएँ होती हैं।

– वाशिंगटन इरविंग

अगर हम ऐसे लोगों की कहानियाँ पढ़ें, जिन्होंने अपनी गंभीर क़िस्म की असमर्थताओं पर विजय प्राप्त की तो यह स्पष्ट हो जाएगा कि प्रबल इच्छा ही उनकी प्रेरणाशक्ति थी। उनकी ज़िंदगी में कोई उद्देश्य था। वे अपने आप को भरोसा दिलाना चाहते थे कि सफलता सारी बाधाओं के बावजूद हासिल की जा सकती है, और उन्होंने ऐसा कर दिखाया।

इच्छाशक्ति के बल पर ही लकवे की शिकार विल्मा रुडोल्फ (Wilma Rudolph) ने 1960 की ओलंपिक दौड़ में सबसे तेज़ दौड़ कर सोने की तीन तमगे हासिल किए।

ग्लेन कनिंघम (Glen Cunningham) के मुताबिक, "यह इच्छाशक्ति ही थी जिसने जले पैरों वाले एक लड़के को एक मील की दौड़ में विश्व रिकार्ड कायम करने की शक्ति दी।"

पाँच साल की उम्र में एक पोलियो-पीड़ित बच्ची ने अपनी शक्ति दुबारा हासिल करने के लिए तैरना शुरू किया। सफल होने की अपनी प्रबल इच्छा के बल पर ही उसने तीन प्रतियोगिताओं में विश्व रिकार्ड कायम किया, और सन् 1956 के मेलबोर्न ओलंपिक (Olympics at Melborne) में स्वर्णपदक (Gold medal) प्राप्त किया। उसका नाम है शेली मौन (Shelley Mann)।

जब लोग उद्देश्यहीन और दिशाहीन होते हैं, तो उन्हें कोई अवसर नहीं दिखाई देता। जब किसी इंसान में कोई काम पूरा करने की इच्छा लक्ष्य की ओर

बढ़ने की सही दिशा का ज्ञान, लक्ष्य के प्रति समर्पण, और कड़ी मेहनत करने के लिए अनुशासन की भावना होती है, तो सफलता उसके क़दम चूमती है। अगर हमारे पास लक्ष्य और सही दिशा का ज्ञान नहीं है, तो हमारे पास और कोई भी खूबी हो, हम सफल नहीं होंगे।

चरित्र की बुनियाद पर ही हर चीज़ टिकी होती है। यह टिकाऊ होता है।

20. साहस की कमी (Lack of Courage)

सफल लोग चमत्कार घटित होने या कोई काम आसानी से हो जाने की आशा नहीं करते। वे रुकावटों पर काबू पाने की हिम्मत और ताकत हासिल करते हैं। वे इस पर ध्यान नहीं देते कि उन्होंने क्या गंवा दिया है, बल्कि इस पर ध्यान देते हैं कि उनके पास क्या बचा हुआ है। इच्छाएँ साकार नहीं होतीं, पर दृढ़ विश्वास पर टिके हुए भरोसे और उम्मीदें पूरी हो जाती हैं। प्रार्थनाएँ तभी स्वीकार की जाती हैं, जब साहस के साथ काम भी किया जाए। साहस और चरित्र, इन दोनों का मेल क़ामयाबी हासिल करने का एक अहम नुस्खा है। आम और खास लोगों के बीच यही फ़र्क़ होता है।

हमारा मन जब साहस से भरा होता है, तो हम अपने डर को भूल जाते हैं, और रास्ते की रुकावटों पर क़ाबू पा लेते हैं। साहस का मतलब डर का न होना नहीं, बल्कि डर को जीतना है। साहस के बिना चरित्र (निष्ठा और न्यायप्रियता) बेअसर होता है, दूसरी ओर चरित्र के बिना साहस, जुल्म का रूप ले लेता है।

सफलता का नुस्ख़ा

A RECIPE FOR SUCCESS

सफलता पाना केक बनाने की तरह है। अगर हमारे पास सही नुस्खा न हो, तो हमको क़ामयाबी नहीं मिलेगी। अच्छा केक बनाने के लिए हमारे पास सही मात्रा में उम्दा क़िस्म की सामग्री होनी चाहिए। हमको उसे न तो ज़्यादा आँच देनी होगी, न ही कम। अगर हमारे पास सही नुस्ख़ा हो तो अभ्यास, और कभी-कभार होने वाली ग़लतियों से मिलने वाली सीख की मदद से यह काम आसान हो जाता है।

अब नुस्खा हमारे पास है। हम इसका इस्तेमाल करेंगे, या नहीं, यह हमको तय करना है।

सफलता हासिल करने के लिए कुछ सबक

A CRASH COURSE FOR SUCCESS

- हारने के लिए नहीं, बल्कि जीतने के लिए खेलें।
- दूसरों की ग़लतियों से सीखें।
- ऊँचे चरित्र वाले लोगों से संबंध रखें।
- जितना पाते हैं, उससे अधिक दें।
- बिना कुछ दिए, कुछ पाने की उम्मीद न रखें।
- हमेशा दूर की सोचें।
- अपने मज़बूत पहलुओं को जानें, और उनकी बुनियाद पर अपना विकास करें।
- फ़ैसला लेते समय हमेशा हालात की व्यापक तस्वीर को ध्यान में रखें।
- अपनी सच्चाई के साथ कभी समझौता न करें।

कार्य योजना
(ACTION PLAN)

1. आप अपना काम बेहतर, ज़्यादा तेज़ और असरदार ढंग से कैसे कर सकते हैं, इस बारे में तीन सुझाव लिखें –

(क) ______________________________

____

____

(ख) ______________________________

____

____

(ग) ______________________________

____

____

2. ऐसे तीन तरीके लिखें, जिनके ज़रिए हम सफलता हासिल करने के उसूलों पर अपनी ज़िंदगी के हर क्षेत्र में अमल कर सकते हैं –

(क) काम ______________________________

____

____

(ख) घर ______________________________

____

____

(ग) सामाजिक________________________

____

____

3. अपनी ज़िंदगी के उन क्षेत्रों के बारे में लिखें, जहाँ अनुशासन का अभाव हमको खटक रहा हो। आकलन करें कि आपको इसकी क्या क़ीमत चुकानी पड़ी रही है।

4. अगली बार किसी बाधा का सामना होने पर रुक कर ख़ुद से ये दो सवाल पूछें – मैं उस चुनौती से क्या सीख सकता हूँ? मैं इस सबक से ज़िंदगी में कैसे फ़ायदा उठा सकता हूँ?

अध्याय

5

प्रेरणा

ख़ुद को और दूसरों को हर रोज़ प्रेरित करना

"इंतज़ार करने वालों को अच्छी चीज़ें मिलती तो हैं, पर केवल ऐसी चीज़ें ही मिलती हैं, जिन्हें कोशिश करने वाले छोड़ देते हैं।"

— अब्राहम लिंकन

मैं दो बातों में यक़ीन रखता हूँ –

(क) ज़्यादातर लोग अच्छे होते हैं, पर वे और अच्छे बन सकते हैं।

(ख) ज़्यादातर लोग यह जानते हैं कि उन्हें अपनी ज़िंदगी को बेहतर बनाने के लिए क्या करना चाहिए।

सवाल यह उठता है कि फिर वे कोशिश क्यों नहीं करते?

कमी है एक चिंगारी की – एक प्रेरणा की। अपनी-मदद-करने-के-तरीके बताने वाली कुछ किताबें यह सिखाने की कोशिश करती हैं कि हमको क्या करना चाहिए? लेकिन मेरा तरीका अलग है। मैं लोगों से पूछता हूँ, "हम यह काम क्यों नहीं करते?" अगर हम सड़क पर मिलने वाले लोगों से पूछें कि क्या करना चाहिए तो वे हमको सारे सही जवाब देंगे। लेकिन अगर हम उनसे यह पूछें कि क्या वे उन बातों पर अमल भी कर रहे हैं, तो जवाब होगा, "नहीं"। इसकी वजह है – प्रेरणा का अभाव।

सबसे शक्तिशाली प्रेरणा हमारे अपने विश्वासों (belief system) से जन्म लेती है। किसी काम के लिए पहल करने के लिए ज़रूरी होता है कि हम जो काम करने जा रहे हैं, उसमें यक़ीन रखें और अपने जीवन में उसकी ज़िम्मेदारी स्वीकार करें। जब हम अपने कार्य और व्यवहार की ज़िम्मेदारी स्वीकार करने लगते हैं, तो ज़िंदगी के बारे में हमारा नज़रिया बेहतर हो जाता है। हम निजी ज़िंदगी में और अपने पेशे में ज़्यादा नतीजे देने लगते हैं। घर और दफ़्तर में हमारे रिश्ते बेहतर होने लगते हैं। ज़िंदगी सार्थक और ज़्यादा भरपूर हो जाती है।

शारीरिक ज़रूरतें (physical needs) पूरी हो जाने के बाद व्यक्ति की भावनात्मक ज़रूरतें (emotional needs) ज़्यादा शक्तिशाली प्रेरणा बन जाती हैं। हमारा हर व्यवहार 'लाभ और हानि' के उसूल से बनता है। अगर लाभ से हानि ज़्यादा है, तो वह हमारे काम में रुकावट बन जाएगी और अगर हानि से लाभ ज़्यादा है, तो वह प्रेरणा (motivation) बन जाएगा। आर्थिक पुरस्कार, छुट्टियों, और तोहफ़ों की शक्ल में मिलने वाले लाभ दिखाई देते हैं, लेकिन मान्यता, प्रशंसा, खुशहाली के अहसास, तरक्क़ी, ज़िम्मेदारी, परिपूर्णता के अहसास, ख़ुद की सार्थकता का अहसास किसी काम को पूरा करने की अनुभूति और विश्वास के रूप में हासिल होने वाले लाभों को केवल महसूस किया जा सकता है, वे आँखों को दिखाई नहीं देते।

प्रेरणा की परिभाषा
LET'S DEFINE MOTIVATION

दूसरा सवाल यह पैदा होता है कि प्रेरणा है क्या? प्रेरणा एक ऐसी प्रेरकशक्ति है, जो हमारे काम या भावनाओं में जोश भरती है। प्रेरित करने का मतलब होता है जोश और जज़्बा पैदा करना। प्रेरणा का अर्थ किसी के अंदर काम करने की लगन पैदा करना भी हो सकता है।

प्रेरणा बहुत शक्तिशाली है। यह हमारे मन के संदेह को दूर करके, हमको प्रेरित और गतिशील करती है। दूसरे शब्दों में प्रेरणा किसी भी 'काम को करने की वजह' मानी जा सकती है। यह एक ऐसी ताक़त है जो हमारी ज़िंदगी बदल सकती है।

हमें प्रेरित होने की आवश्यकता क्यों होती है?
(Why do We Need to Get Motivated?)

प्रेरणा हमारे जीवन की प्रेरकशक्ति होती है। इसका जन्म सफल होने की इच्छा से होता है। सफलता के बिना ज़िंदगी में न तो इज़्ज़त मिलती है, न ही घर, या दफ़्तर में आनंद और उत्तेजना का माहौल बन पाता है। ज़िंदगी उस टेढ़े-मेढ़े पहिए की तरह हो जाती है, जिस पर हचकोले खाते हुए सवारी करनी पड़ती है।

प्रेरणा की सबसे बड़ी दुश्मन आत्मसंतुष्टि है। आत्मसंतुष्ट व्यक्ति कोशिश नहीं करता। आत्मसंतुष्ट लोग विकास भी नहीं कर पाते, क्योंकि उन्हें ज़िंदगी की ज़रूरतों का अहसास ही नहीं हो पाता है।

प्रेरणा – कैसे काम करती है?
MOTIVATION — HOW DOES IT WORK?

प्रेरणा कैसे उत्पन्न होती है, इसे समझ लेने के बाद हम ख़ुद को प्रेरित करके अपने मकसद को तो हासिल कर ही सकते हैं, इसके अलावा दूसरों को भी प्रेरित कर सकते हैं।

हमारी आंतरिक प्रेरणा ही हमारी प्रेरकशक्ति और नज़रिया होती है और यह हमारे आसपास के माहौल पर भी असर डालती है। हम दूसरे लोगों से जैसे व्यवहार की उम्मीद करते हैं, उसे हासिल करने की कुँजी हमारा नज़रिया ही है। कोई इंसान प्रेरित और लक्ष्य के प्रति समर्पित कैसे रह सकता है? इसके लिए खिलाड़ी लंबे समय से आत्मसुझाव के तरीके का इस्तेमाल करते आ रहे हैं। आत्मसुझाव के

अंतर्गत कुछ आशावादी वाक्य वर्तमान काल (Present Tense) में बोले जाते हैं, और उन्हें लगातार दुहराया जाता है। दूसरे शब्दों में कहें तो यह ख़ुद से की गई आशावादी बातचीत है। उदाहरण के तौर पर मान लीजिए कि हमने हाल ही में कोई नया काम शुरू किया है। खुद को आत्मसुझाव देने के लिए हम इस वाक्य को दिन में कई बार दुहारा सकते हैं, "मेरा आत्मविश्वास हर रोज़ बढ़ता जा रहा है", या फिर मान लीजिए कि हमारा बेटा एक ऐसे दौर से गुज़र रहा है, जिसमें उसकी हर बात हमारे मन में खीज पैदा करती है, उस हालत में हम खुद को यह आत्मसुझाव (self-suggestion) दे सकते हैं, "मैं जॉन (John) से बात करते समय शांत, रहूँगा और संयम से काम लूँगा।"

प्रेरणा और अंत:प्रेरणा में क्या फ़र्क़ है?

WHAT IS THE DIFFERENCE BETWEEN INSPIRATION AND MOTIVATION?

मैं देश-विदेश में सेमिनार (seminar) करता रहता हूँ। लोग मुझसे अकसर पूछते हैं कि क्या मैं दूसरों को प्रेरित कर सकता हूँ। मेरा जवाब होता है, नहीं, लोग ख़ुद को ख़ुद ही प्रेरित करते हैं। मैं तो लोगों को प्रेरित होने के लिए अंत:प्रेरणा देता हूँ। उसके बाद लोग अपने लिए प्रेरणादायक माहौल खुद तैयार कर सकते हैं।

अंत:प्रेरणा विचार के रूप में व्यक्त होती है, जबकि प्रेरणा कार्य के स्तर पर व्यक्त होती है। जब आदमी की सोच बदलती है, तो उसका इज़हार उसके व्यवहार में होता है। लोगों को आत्मप्रेरित करने वाली अंत:प्रेरणा देने के लिए आवश्यक है कि उनकी ज़रूरतों को समझा जाए।

सबसे बड़ी प्रेरणा क्या है? पैसा? मान्यता? जीवन स्तर में सुधार? हम जिन्हें प्यार करते हैं, उनसे मिली स्वीकृति? ये सारी चीजें प्रेरकशक्ति बन सकती हैं।

लोग पैसा पाने के लिए बहुत कुछ करते हैं। एक अच्छे नेता के लिए वे उससे भी अधिक कुर्बानी दे देते हैं, लेकिन सबसे अधिक त्याग लोग अपने विश्वास के लिए करते हैं। अपने विश्वास के लिए लोग जान तक दे देते हैं। पूरी दुनिया में ऐसी घटनाएँ रोज़ होती हैं। हम जब ख़ुद को अपने जीवन और व्यवहार के लिए ज़िम्मेदार मानने लगते हैं, तो ज़िंदगी के बारे में हमारे नज़रिए में बेहतरी लाने वाला बदलाव आता है।

प्रेरणा आग की तरह होती है, यदि हम उसमें ईंधन डालना बंद कर देंगे, तो वह बुझ जाएगी। अपने आंतरिक मूल्यों में विश्वास ही हमारा ईंधन है। जब

हमारी प्रेरणा को आंतरिक मूल्यों में विश्वास का ईंधन मिलता है, तो वह लंबे समय तक क़ायम रहती है।

आंतरिक और बाहरी प्रेरणा
INTERNAL AND EXTERNAL MOTIVATION

प्रेरणा दो तरह की होती है – आंतरिक और बाहरी।

बाहरी प्रेरणा (External Motivation)

बाहरी प्रेरणा बाहर से हासिल होती है। बाहरी प्रेरणा के उदाहरण हैं – पैसा, सामाजिक मान्यता, प्रसिद्धि और भय (उदाहरण के तौर पर माँ-बाप से मार खाने का डर, या नौकरी से निकाले जाने का डर)।

भय से उत्पन्न प्रेरणा
FEAR MOTIVATION

एक कंपनी पेंशन योजना शुरू करना चाहती थी। योजना को लागू करने के लिए ज़रूरी था कि उसे सारे कर्मचारी मंज़ूरी दें। जॉन (John) के अलावा हर कर्मचारी ने उस योजना को मंज़ूरी देने के लिए दस्तख़त कर दिए। योजना अच्छी थी, और सभी कर्मचारियों के लिए काफ़ी फ़ायदेमंद थी। लेकिन जॉन के दस्तख़त न करने से रुकावट पैदा हो गई थी। जॉन के सुपरवाइज़र और साथी कर्मचारियों ने उसे दस्त ख़त करने के लिए मनाने की काफ़ी कोशिश की, पर असफल रहे।

आख़िरकार कंपनी के मालिक ने जॉन को अपने दफ़्तर में बुला कर कहा, "जॉन यहाँ पेन रखी है और साथ में पेंशन योजना के वे कागज़ात रखे हुए हैं, जिसमें शामिल होने के लिए तुम्हें दस्तख़त करने हैं। अगर तुम इस योजना में शामिल नहीं होना चाहते, तो तुम्हें इसी वक़्त नौकरी से निकाल दिया जाएगा।" जॉन ने दस्तख़त कर दिए। तब कंपनी के मालिक ने पूछा कि उसने दस्तख़त पहले क्यों नहीं किए। जॉन ने जवाब दिया, "इससे पहले किसी ने इस योजना को इतनी अच्छी तरह नहीं समझाया था, जिस तरह आपने समझाया है।"

अकसर देखा जाता है कि शिकार शिकारी को चकमा दे देते हैं। वजह यह होती है कि शिकारी अपना भोजन जुटाने के लिए दौड़ रहा होता है, जबकि शिकार अपनी जान बचाने के लिए भाग रहा होता है। भय के कारण उत्पन्न होने वाली प्रेरणा के ये फ़ायदे हैं –

- इसकी वजह से काम जल्दी पूरा हो जाता है।
- काम समय पर पूरा हो जाने से नुक़सान नहीं होता।
- थोड़े समय के लिए इंसान की काम करने की शक्ति बढ़ जाती है।

हम इतिहास में पढ़ते हैं कि पिरामिडों (pyramids) को ग़ुलामों ने बनाया था। उनकी लगातार निगरानी की जाती थी और काम न करने पर सज़ा दी जाती थी। लेकिन डर से जन्म लेने वाली प्रेरणा के नुक़सानदेह पहलू भी हैं। मसलन,

- यह बाहर से दी जाने वाली प्रेरणा है। इसका मतलब यह है कि प्रेरणा तभी तक क़ायम रहती है, जब तक प्रेरणा देने वाला मौजूद रहता है। प्रेरणा देने वाले के हटते ही प्रेरणा भी समाप्त हो जाती है।
- यह तनाव पैदा करती है।
- सीमित काम करते हैं जिससे जान बची रहे।
- आख़िरकार, काम करने की शक्ति घट जाती है।
- यह रचनात्मकता को ख़त्म कर देती है।
- लोग 'डंडे के डर' से काम करने के आदी हो जाते हैं, और उनसे काम करवाते रहने के लिए बड़े, फिर और बड़े डंडे की ज़रूरत होती है।

जो लोग केवल उतना काम करते हैं, जिससे कि उनकी नौकरी बची रहे, वे किसी संस्था के लिए क़ीमती साबित नहीं हो सकते।

एक ग्राहक ने किसी कर्मचारी से पूछा, "तुम यहाँ कब से काम कर रहे हो"? कर्मचारी ने जवाब दिया, "जब से उन्होंने मुझे नौकरी से निकालने की धमकी दी।"

प्रोत्साहन-प्रेरणा (Incentive Motivation)

बाहरी प्रेरणा कई तरह के प्रोत्साहनों, बोनस, कमीशन, मान्यता आदि के रूप में भी दी जा सकती है। प्रोत्साहन-प्रेरणा का सबसे बड़ा लाभ यह है कि जब तक असरदार प्रोत्साहन मिलता रहता है, तब तक यह काफ़ी कारगर साबित होती है। ज़रा उस गधे के बारे में सोचिए, जिसके आगे एक गाजर लटक रही हो और पीछे

एक गाड़ी जुती हुई हो। इस मामले में प्रोत्साहन प्रेरणा कारगर तभी साबित होगी जब गधा काफ़ी भूखा हो गाज़र मीठी हो, और गाड़ी पर लदा बोझ हल्का हो।

समय-समय पर हमको गधे को थोड़ी-सी गाजर खाने के लिए देनी होगी, वरना उसका उत्साह खत्म हो जाएगा। थोड़ी गाजर खा लेने के बाद जब गधे का पेट भर जाएगा, तो हमको उसके फिर भूखे होने का इंतज़ार करना पड़ेगा, ताकि वह गाजर खाने के लिए गाड़ी खींचे। हमारी व्यापारिक माहौल (business environment) में भी यही सिलसिला देखने को मिलता है। सेल्समैन (salesmen) अपना कोटा (quota) पूरा होते ही काम करना बंद कर देते हैं, क्योंकि उनकी प्रेरणा कोटा पूरा होने तक ही सीमित होती है। ऐसी प्रेरणा बाहरी है, अंदरूनी नहीं।

आंतरिक प्रेरणा
INTERNAL MOTIVATION

एक लड़का फुटबॉल खेलने की प्रैक्टिस करने लगातार आता था, लेकिन वह कभी टीम में शामिल नहीं हो सका। जब वह प्रैक्टिस करता था, तो उसके पिता मैदान के किनारे बैठ कर उसका इंतज़ार करते रहते थे। मैच शुरू हुए तो वह लड़का चार दिन तक प्रैक्टिस करने नहीं आया। वह क्वार्टर फाइनल (quarter final) और सेमी फाइनल (semi-final) मैचों (matches) के दौरान भी नहीं दिखा लेकिन वह लड़का फाइनल मैच (final match) के दिन आया और उसने कोच (coach) के पास जाकर कहा, "आपने मुझे हमेशा रिज़र्व खिलाड़ियों (reserve players) में रखा और कभी टीम में खेलने नहीं दिया, लेकिन कृपा करके आज मुझे खेलने दें।" कोच ने कहा, "बेटा, मुझे दुख है कि मैं तुम्हें यह मौका नहीं दे सकता। टीम में तुमसे अच्छे खिलाड़ी मौजूद हैं। इसके अलावा यह फाइनल मैच है। स्कूल की इज़्ज़त दाँव पर लगी है। मैं तुम्हें मौका देकर ख़तरा मोल नहीं ले सकता।" लड़के ने मिन्नत करते हुए कहा, सर, मैं आपसे वादा करता हूँ कि मैं आपके विश्वास को नहीं तोड़ूँगा। मेरी आपसे विनती है कि मुझे खेलने दें।" कोच ने इससे पहले लड़के को कभी इस तरह विनती

करते हुए नहीं देखा था। उसने कहा, "ठीक है बेटे, जाओ, खेलो, लेकिन याद रखना कि मैंने यह निर्णय, अपने ही बेहतर फ़ैसले के ख़िलाफ लिया है और स्कूल की इज़्ज़त दाँव पर लगी है। मुझे शर्मिंदा न होना पड़े।"

खेल शुरू हुआ और लड़का तूफान की तरह खेला। उसे जब भी गेंद मिली, उसने गोल मार दिया। कहना न होगा कि वह उस मैच का हीरो बन गया। उसकी टीम को शानदार जीत मिली।

खेल खत्म होने के बाद कोच ने उस लड़के के पास जाकर कहा, "बेटा, मैं इतना ग़लत कैसे हो सकता हूँ? मैंने तुम्हें पहले कभी इस तरह खेलते हुए नहीं देखा। यह चमत्कार कैसे हुआ? तुम इतना अच्छा कैसे खेल गए?" लड़के ने जवाब दिया, "कोच, आज मेरे पिताजी मुझे खेलते हुए देख रहे थे।" कोच ने मुड़ कर उस जगह को देखा जहाँ उसके पिताजी बैठा करते थे, लेकिन वहाँ पर कोई नहीं बैठा था। उसने पूछा, "बेटा, तुम जब भी प्रैक्टिस करने आते थे, तो तुम्हारे पिताजी वहाँ बैठा करते थे, लेकिन आज मैं वहाँ पर किसी को नहीं देख रहा हूँ।" लड़के ने उत्तर दिया,"कोच, मैंने आपको यह कभी नहीं बताया कि मेरे पिताजी अंधे थे। चार दिन पहले उनकी मृत्यु हो गई। आज पहली बार वह मुझे ऊपर से देख रहे हैं।"

आत्मसम्मान, उपलब्धि के अहसास, ज़िम्मेदारी और विश्वास जैसी आंतरिक प्रेरणाएँ व्यक्ति के अंदर से आती हैं। आंतरिक प्रेरणा व्यक्ति को अनुभव होने वाली आंतरिक संतुष्टि है। इसका संबंध जीत या सफलता से नहीं होता, बल्कि यह तो किसी काम को पूरा करने से महसूस होने वाले पूर्णता से जन्म लेती है। इसका रिश्ता केवल मंज़िल पाने से नहीं, बल्कि किसी काम को अंजाम तक पहुँचा देने के अहसास से होता है। किसी निरर्थक लक्ष्य को हासिल करने से आत्मसंतुष्टि नहीं मिलती। आंतरिक प्रेरणा टिकाऊ होती है, क्योंकि यह इंसान के अंदर ही जन्म लेती है, और आत्मप्रेरणा का रूप लेती है।

सफलता पाने के लिए अपनी प्रेरणा को पहचानने और लगातार शक्तिशाली बनाने की ज़रूरत होती है। अपने लक्ष्य को लिखिए, और उसे अपने सामने रख कर सुबह-शाम पढ़ा कीजिए।

दो सबसे अधिक महत्त्वपूर्ण आंतरिक प्रेरणाएँ हैं – मान्यता और ज़िम्मेदारी।

मान्यता पाने का मतलब है – लोग हमारी प्रशंसा करें, हमको मान-सम्मान दें और हमसे जुड़ाव महसूस करें।

ज़िम्मेदारी से आदमी में जुड़ाव और स्वामित्व की भावना जन्म लेती है। वह एक बड़ी तस्वीर का हिस्सा बन जाता है। ज़िम्मेदारी का अभाव आदमी के उत्साह को घटाता है।

मान्यता बाहरी चीज़ है, क्योंकि यह बाहर से हासिल होती है, हालाँकि इसका इज़हार (अहसास) आदमी के अंदर होता है।

दूसरी ओर ज़िम्मेदारी एक अंदरूनी अहसास है, और इसकी अनुभूति व्यक्ति को अपने अंदर होती है।

जिल (Jill) का उदाहरण लें। वह एक ग्राहक सेवा प्रतिनिधि थी, और इस काम में छह सालों से जुड़ी थी। इस काम में कर्मचारी जितनी जल्दी-जल्दी बदलते हैं, उसे देखते हुए, वह यह काम लंबे समय से कर रही थी। जिल को अपना काम पसंद था। उसे ग्राहकों से बात करना और उनकी दिक़्क़तें दूर करना अच्छा लगता था; लेकिन उसे एक बात नापसंद थी। दो साल से भी कम समय से काम कर रहे दूसरे ग्राहक सेवा प्रतिनिधियों को भी उसकी बराबरी का दर्जा दिया गया था। वह इस बात से हताश हो जाया करती थी कि कई ग्राहक सेवा प्रतिनिधि उसकी सलाह सुनना ही नहीं चाहते थे। उनके सामने जब कोई दिक़्क़त आती थी, तो वे सीधे मैनेजर के पास चले जाते थे, जबकि मैनेजर के पास जिल जितना काम का तज़रबा नहीं था।

मैनेज़र ने ग़ौर करना शुरू किया कि जिल का काम हालाँकि ख़राब नहीं था, पर वह पहले जितना अच्छा नहीं रह गया था। वह अपने काम से ख़ुश नहीं लग रही थी। वह इतनी अच्छी कर्मचारी को खोना नहीं चाहता था, इसलिए उसने जिल की तनख़ाह बढ़ा दी। लेकिन काम के बारे में ज़िल का नज़रिया नहीं बदला। अधिक पैसा पाना किसी को भी हमेशा अच्छा लगता है, पर जिल तो सम्मान चाहती थी। उसके बाद मैनेज़र ने जिल से कुछ देर तक बात की। उसके असंतोष की वजह जानने के बाद मैनेज़र ने जिल को सुपरवाइज़र का दर्जा दे दिया और

दूसरे प्रतिनिधियों को निर्देश दिया कि भविष्य में आने वाली सारी दिक़्क़तों का ब्योरा उस तक जिल के जरिए पहुँचेगा। जिल की बढ़ी हुई ज़िम्मेदारी ने उसकी सम्मान पाने की इच्छा पूरी कर दी और उसकी काम करने की शक्ति फौरन बढ़ गई।

आर्थिक पुरस्कार अस्थाई होते हैं और उनका असर थोड़ी देर के लिए होता है। वे लंबे समय तक आत्मसंतुष्टि नहीं दे पाते। इसके विपरीत किसी सोच को अमल में आते हुए देखने का ख़याल अपने आप में भावनात्मक आत्मसंतुष्टि प्रदान करने वाला होता है। लोग महसूस करते हैं कि उनके साथ बेजान चीजों की तरह पेश नहीं आया जा रहा है। वे ख़ुद को एक उपयोगी टीम का हिस्सा मानने लगते हैं। सही काम करना एक ऐसा पुरस्कार है जो ख़ुद ही प्रेरणादायक है।

हम सभी सही या ग़लत तरीके से प्रेरित हैं
WE ARE ALL MOTIVATED — EITHER POSITIVELY OR NEGATIVELY

मैं जब टोरंटो (Toronto) में था, तो मैंने दो भाईयों की कहानी सुनी। उनमें से एक नशीली दवाओं का आदी था और अपने परिवार के लोगों को अकसर पीटा करता था, जबकि दूसरा काफ़ी सफल व्यापारी था। वह समाज में सम्मानित था और उसका एक अच्छा परिवार था। एक ही माँ-बाप द्वारा पाले गए, एक ही माहौल में पले-बढ़े दो भाई एक-दूसरे से इतने अलग कैसे हो गए।

पहले भाई से पूछा गया कि आप यह सब क्यों करते हैं? आप नशीली दवाओं के आदी हैं, शराबी हैं, अपने परिवार के लोगों को पीटते हैं? आपको यह सब करने की प्रेरणा कहाँ से मिलती है? उसने जवाब दिया, "मेरे पिता से, मेरे पिता नशीली दवाओं के आदी थे, शराबी थे और अपने परिवार के लोगों को पीटा करते थे। फिर आप मुझसे क्या बनने की उम्मीद करते हैं? उन्हीं वजहों से मैं ऐसा बन गया हूँ।"

दूसरे भाई से पूछा गया, "आप सारे सही काम क्यों करते हैं? आपकी प्रेरणा का स्रोत क्या है?" और ज़रा सोचिए, उसने क्या कहा, "मैं जब छोटा था, तो अपने पिताजी को शराब के नशे में धुत, और

सारे ग़लत काम करते हुए देखा करता था। मैंने उसी समय सोच लिया था कि मुझे उनके जैसा नहीं बनना है।"

दोनों भाई एक ही स्रोत से प्रेरणा हासिल कर रहे थे लेकिन एक उसका इस्तेमाल सही ढंग से, और दूसरा ग़लत ढंग से कर रहा था। ग़लत ढंग की प्रेरणा इंसान को आसान रास्ता अपनाने की इच्छा पैदा करती है, लेकिन अंत में वह रास्ता ज़्यादा मुश्किल साबित होता है।

काम के दौरान प्रेरित से प्रेरणाहीन बनने के चार पड़ाव
ON THE JOB — THE FOUR STATES FROM MOTIVATION TO DEMOTIVATION

कोई काम शुरू करने के बाद लोग अकसर काम करने की शक्ति और प्रेरणा के कई पड़ावों से गुज़रते हैं।

1. प्रेरित लेकिन बेअसर (Motivated Ineffective)

अपनी नौकरी के दौरान कोई कर्मचारी सबसे अधिक प्रेरित कब होता है? जब वह किसी संगठन, या संस्था में शामिल होता है। क्यों? इसलिए कि वह साबित करना चाहता है कि उसे नौकरी पर रख कर नौकरी देने वाले ने सही फ़ैसला लिया है। वह प्रेरित होता है, लेकिन माहौल में नया होने की वजह से यह नहीं जानता कि उसे क्या करना है, इसलिए बेअसर होता है।

यह एक ऐसा पड़ाव होता है, जब कर्मचारी पूरे खुले दिमाग़ के चीज़ों को सीखना चाहता है। उस दौरान उसे संस्था (organisational) की संस्कृति (culture) में ढालना काफ़ी आसान होता है। इस पड़ाव पर उसे ट्रेनिंग और सही दिशा देना ज़रूरी होता है।

ग़ैर पेशेवर संगठनों के पास दिशा देने वाला कोई कार्यक्रम या तो होता ही नहीं है, अथवा बेहद घटिया दर्जे का होता है। काम के पहले दिन सुपरवाइज़र (supervisor) नए कर्मचारी को उसके काम करने की जगह दिखाता है और उसे क्या करना है, यह बता कर फुर्सत पा लेता है। इस तरह वह कर्मचारी को अच्छी बातें बताने के साथ ही अपनी सारी बुराईयाँ भी सिखा जाता है। नया कर्मचारी सुपरवाइज़र की सारी ग़लतियों को फ़ौरन सीख लेता है, क्योंकि उसे वही सिखाया जाता है। इस तरह वह संगठन नए कर्मचारी को संस्था की संस्कृति में ढालने का मौका गँवा देता है।

दूसरी ओर पेशेवर संगठन नए लोगों को भर्ती करने में काफ़ी सावधानी बरतते हैं। वे उसे और बातों के साथ ये बातें भी बताते हैं –

- पदों का क्रम
- एक-दूसरे से अपेक्षाएँ
- क्या करना है, और क्या नहीं करना है
- मानक (parameters) और दिशा-निर्देश
- क्या स्वीकार किया जा सकता है, और क्या स्वीकार नहीं किया जा सकता है
- संसाधन

जब तक किसी को साफ़ तौर पर यह न बताया जाए कि उससे क्या उम्मीदें हैं, तो उससे काम करने की शक्ति दिखाने की उम्मीद कैसे की जा सकती है? यदि कर्मचारी को भर्ती करते समय सावधानी बरती जाए, और उसे सही दिशा का ज्ञान कराया जाए, तो कई समस्याएँ पैदा ही नहीं होंगी।

2. प्रेरित और असरदार (Motivated Effective)

इस पड़ाव पर पहुँचते-पहुँचते कर्मचारी यह सीख चुका होता है कि उसे क्या करना है और वह कामों को जोश-ओ-खरोश के साथ करता है। वह अपने पेशे को समझ चुका होता है और यह बात उसकी काम करने की शक्ति में दिखाई देती है। उसके बाद वह अगले पड़ाव की ओर बढ़ता है।

3. प्रेरणाहीन, पर असरदार (Demotivated Effective)

कुछ समय के बाद कर्मचारी की प्रेरणा में कमी आने लगती है। वह अपने पेशे की तिकड़में (tricks of the trade) सीखने लगता है। इस पड़ाव पर पहुँचकर कर्मचारी प्रेरणाहीन हो चुका होता है। वह इतना काम तो करता रहता है, जिससे कि मालिक को उसे नौकरी से निकालने का मौका न मिले, लेकिन वह प्रेरित होकर काम नहीं करता।

यह कर्मचारी के विकास के लिहाज़ से नुकसानदेह होता है। किसी भी संस्था में अधिकतर लोग इसी तीसरे पड़ाव पर होते हैं। एक प्रेरित पेशेवर कर्मचारी अपने पेशे की बारीकियों को अच्छी तरह सीखता है और तिकड़मों को धोखेबाज़ों और धूर्तों के लिए छोड़ देता है, लेकिन एक प्रेरणाहीन कर्मचारी कंपनी को नुकसान पहुँचाने लगता है। उसकी खुद की काम करने की शक्ति कामचलाऊ होती है और

वह अच्छी काम करने की शक्ति वाले कर्मचारियों का मज़ाक उड़ाने लगता है। वह नए विचार नहीं अपनाना चाहता और अपने चारों ओर निराशा फैलाता है।

हमारा मकसद ऐसे कर्मचारियों को वापस दूसरे पड़ाव पर लाना, यानी ट्रेनिंग के ज़रिए उन्हें फिर से प्रेरित और असरदार बनाना है। किसी कर्मचारी को अधिक समय तक तीसरे पड़ाव पर नहीं रहना चाहिए। क्योंकि यहाँ से वे या तो दूसरे पड़ाव पर वापस लौट कर एक बार फिर प्रेरित और असरदार कर्मचारी बन जाते हैं अथवा चौथे पड़ाव पर पहुँच जाते हैं।

4. प्रेरणाहीन-बेअसर (Demotivated Ineffective)

अगर कोई कर्मचारी इस पड़ाव पर पहुँच जाता है, तो फिर मालिक के पास उसे नौकरी से निकालने के अलावा और कोई रास्ता नहीं बच जाता। इस बिंदु पर सबसे उचित कदम यही होता है।

याद रखिए कि मालिक भी वही चाहते हैं, जो कर्मचारी चाहते हैं। वे व्यापार को बढ़ाना और सफल बनाना चाहते हैं, अगर कर्मचारी इस मकसद में मदद देते हैं, तो वे मालिक के लिए क़ीमती बन जाते हैं और ख़ुद अपने लिए भी क़ामयाबी हासिल कर लेते हैं।

प्रेरणाहीन बनाने वाले कारण

DEMOTIVATING FACTORS

शुरू में प्रेरित रहने वाला कर्मचारी उस पड़ाव से खिसक कर प्रेरणाहीन कैसे बन जाता है? कर्मचारी को प्रेरणाहीन बनाने वाले कुछ कारण ये हैं –

- अनुचित आलोचना (Unfair criticism)
- नकारात्मक आलोचना (Negative criticism)
- सबके सामने अपमानित किया जाना (Public humiliation)
- काम न करने वालों को पुरस्कृत करने से काम करने वालों का उत्साह कम होता है (Rewarding the non-performers, which can be demotivating for the performers)
- असफलता या असफलता का डर (Failure or fear of failure)
- सफलता से कई लोग आत्मसंतुष्ट हो जाते हैं (Success, which leads to complacence)

- दिशाहीनता (Lack of direction)
- कोई निश्चित लक्ष्य न होना (Lack of measurable objectives)
- आत्मसम्मान की कमी (Low self-esteem)
- प्राथमिकताएँ तय न करना (Lack of priorities)
- नकारात्मक आत्मवार्ता (Negative self-talk)
- दफ़्तर की राजनीति (Office politics)
- अनुचित व्यवहार (Unfair treatment)
- पाखंड (Hypocrisy)
- घटिया मानदंड (Poor standards)
- तेज़ी से किए जाने वाले बदलाव (Frequent change)
- अधिकार दिए बिना सौंपी गई ज़िम्मेदारी (Responsibility without authority)

कोई आवश्यक नहीं है कि एक संतुष्ट व्यक्ति प्रेरित भी हो। कुछ लोग थोड़े में ही संतुष्ट हो जाते हैं। ऐसे मामलों में संतुष्टि निष्क्रियता भरी आत्मसंतुष्टि को जन्म देती है, जबकि प्रेरणा का जन्म उत्तेजना से होता है, और उत्तेजना तभी पैदा होती है, जब किसी काम के प्रति पूरा समर्पण हो।

प्रेरित करने के नए तरीके तब तक कारगर नहीं हो सकते, जब तक प्रेरणाहीन बनाने वाली वजहों को दूर न कर दिया जाए। कई बार प्रेरणाहीन बनाने वाले कारणों को दूर कर देने भर से लोग प्रेरित हो जाते हैं।

प्रेरक (Motivators)

हम जिस मकसद को हासिल करना चाहते हैं वह है आत्मप्रेरणा (self-motivation), यानी एक ऐसी स्थिति, जिसमें लोग कोई काम किसी दूसरे की पैदा की हुई वजहों से नहीं, बल्कि अपनी ख़ुद की वजहों से करें। ऐसी प्रेरणा ही टिकाऊ होती है।

याद रखिए, सबसे बड़ी प्रेरकशक्ति हमारा विश्वास है। हमें ख़ुद में यह विश्वास पैदा करना होगा कि अपने काम और व्यवहार के लिए हम ख़ुद ज़िम्मेदार हैं। लोग जब ज़िम्मेदारी क़बूल करने लगते हैं, तब गुणवत्ता (quality), उत्पादकता (productivity) रिश्तों, टीमभावना के साथ काम, यानी हर चीज़ में सुधार आ जाता है।

दूसरों को प्रेरित करने के कुछ तरीके ये हैं –

- मान्यता दें (Give recognition)
- इज़्ज़त दें (Give respect)
- काम को दिलचस्प बनाएँ (Make work interesting)
- अच्छे श्रोता बनें (Be a good listener)
- लक्ष्य तय करने के लिए प्रोत्साहित करें (Encourage goal setting)
- विकास के अवसर मुहैया कराएँ (Provide opportunities for growth)
- ट्रेनिंग दें (Provide training)
- चुनौती पेश करें (Throw a challenge)
- मदद करें, पर दूसरों के लिए उन कामों को न करें, जिन्हें वे अपने लिए ख़ुद कर सकते हैं (Help, but don't do for others what they should do for themselves)

निष्कर्ष (Conclusion)

लोग कोई काम हमारी पैदा की हुई वजहों से नहीं, बल्कि ख़ुद की वजहों से करते हैं। रैल्फ वाल्डो इमर्सन (Ralph Waldo Emerson) के साथ घटी घटना से यह बात काफ़ी अच्छी तरह ज़ाहिर होती है। एक बार इमर्सन और उनका बेटा एक बछड़े को बखार (barn) में घुसाने की कोशिश कर रहे थे। बछड़े को खींच-खींच कर और धक्का दे-देकर बाप-बेटे बुरी तरह थक गए, पर बछड़ा बखार में नहीं घुसा। तभी एक छोटी सी लड़की उधर से गुज़री। उसने अपनी नन्हीं सी अंगुली बछड़े के मुँह में डाल दी। उसके बाद तो बछड़ा अँगुली को चूसते हुए उस लड़की के पीछे-पीछे बखार में बड़े आराम से चला गया।

कार्य योजना
(ACTION PLAN)

शॉवर के नीचे नहाने वाला हर आदमी इस बात को जानता है कि यह आदमी ही है जो (बौछारों से) बाहर आता है, खुद को सुखाता है, और कुछ ऐसे काम करता है, जिससे एक उमदा फ़र्क़ पड़ता है।

— नोलन बुशनेल

1. ट्रेनिंग के जरिए गर्व की भावना विकसित कीजिए।
2. कार्यक्षमता प्रदर्शित करने वालों को पुरस्कृत कीजिए।
3. अच्छी तरह व्याख्यायित और स्पष्ट लक्ष्य तय कीजिए।
4. ऊँची उम्मीदें रखिए।
5. साफ और निश्चित पैमाने तय कीजिए।
6. दूसरों की ज़रूरतों को समझिए।
7. दूसरों को भी अपनी व्यापक योजना का हिस्सा बनाइए।
8. ख़ुद को एक सकारात्मक उदाहरण के रूप में पेश कीजिए।
9. दूसरों में आत्मसम्मान विकसित कीजिए।

अध्याय

6

आत्मसम्मान

सकारात्मक नज़रिया विकसित करना

4. उनमें दृढ़ता नहीं होती। घटिया क़िस्म के आत्मसम्मान वाले लोग अपने विश्वासों पर टिकना नहीं चाहते। दूसरी ओर, अनुचित ढंग से आक्रामक होना भी कमज़ोर आत्मसम्मान की निशानी है। जिन हालात में दया दिखानी चाहिए, उनमें आक्रामकता दिखाना दृढ़ता नहीं है।
5. आत्मविश्वास की कमी की वजह से वे पिछलग्गू (conformist behaviour) बन जाते हैं। वे सोचते हैं, जब हर इंसान ऐसा कर रहा है, तो मुझे भी वही काम करना चाहिए। हम हर रोज़ लोगों को साथियों के दबाव के आगे घुटने टेकते देखते हैं। यह जनाने के बावजूद कि वे जो काम कर रहे हैं, उससे उन्हें या दूसरों को नुकसान पहुँच सकता है, लोग उस काम को केवल इसलिए करते हैं कि उन्हें स्वीकार कर लिया जाए। घटिया क़िस्म के आत्मसम्मान वाले लोग केवल साथ में बने रहने के लिए साथ निभाते हैं। उनमें आत्मविश्वास की कमी होती है, इसलिए वे दूसरों से मान्यता पाना चाहते हैं।
6. वे अमीरों की बराबरी करने के लिए दिखावा करते हैं। लोग जब घर, कार, या ऐसी ही अन्य चीज़ें खरीदते हैं और दूसरों को प्रभावित करने के इरादे से किसी गतिविधि में भाग लेते हैं, तो अकसर वे ऐसा पैसा खर्च करते हैं, जिसे उन्होंने कमाया नहीं होता और ऐसी चीज़ें खरीदते हैं, जिनकी उन्हें ज़रूरत नहीं होती। वे ये सारे काम केवल दूसरों पर रौब जमाने के लिए करते हैं, जबकि कोई ज़रूरी नहीं होता कि वे उन्हें पसंद करते हों, या उन्हें तारीफ़ लायक मानते हों।
7. कई बार वे अड़ियलपन दिखाते हैं या लोगों का ध्यान आकर्षित करने वाला व्यवहार करते हैं। घटिया दर्जे के स्वाभिमान वाले लोग केवल दूसरों का ध्यान अपनी ओर खींचने के लिए बेतुकी हरकतें करते हैं। उन्हें भद्दा व्यवहार करके बड़ा और महत्त्वूपर्ण होने का अहसास होता है। कुछ लोग केवल औरों से अलग दिखने, और लोगों का ध्यान आकर्षित करने के लिए ग़लत काम करते हैं और ग़लत मुकाम पर खड़े हो जाते हैं। अपने बारे में बढ़-चढ़ कर डींगें हाँकने वाले, कक्षा में जोकरनुमा हरक़तें करने वाले और भड़कीले कपड़े पहनने वाले लोग इसके उदाहरण हैं।

- वे अनिश्चय के शिकार होते हैं और ज़िम्मेदारियाँ क़बूल नहीं करते। साहस की कमी और आलोचना के डर की वजह से उनका व्यवहार ढुलमुल हो जाता है।

"कोई आदमी अपने बारे में जो सोचता है, उसी से उसकी तक़दीर तय होती है, या उसके भाग्य के बारे में संकेत मिलता है।"

– हेनरी डेविड थोरो

एक भिखारी एक स्टेशन पर पेंसिलों से भरा कटोरा ले कर बैठा हुआ था। एक युवा अधिकारी उधर से गुज़रा और उसने कटोरे में एक डॉलर डाल दिया, लेकिन उसने कोई पेंसिल नहीं ली। उसके बाद वह ट्रेन में बैठ गया। डिब्बे का दरवाज़ा बंद ही होने वाला था कि अधिकारी एकाएक ट्रेन से उतर कर भिखारी के पास लौटा और कुछ पेंसिलें उठा कर बोला, "मैं कुछ पेंसिलें लूँगा। इनकी क़ीमत है, आख़िरकार तुम एक व्यापारी हो और मैं भी।" उसके बाद वह तेज़ी से ट्रेन में चढ़ गया।

छह महीने बाद, वह अधिकारी एक पार्टी में गया। वह भिखारी भी वहाँ पर सूट और टाई पहने हुए मौजूद था। भिखारी ने उस अधिकारी को पहचान लिया, वह उसके पास जाकर बोला, "आप शायद मुझे नहीं पहचान रहे हैं, लेकिन मैं आपको पहचानता हूँ।" उसके बाद उसने छह महीने पहले घटी घटना का ज़िक्र किया। अधिकारी ने कहा, "तुम्हारे याद दिलाने पर मुझे याद आ रहा है कि तुम भीख माँग रहे थे। तुम यहाँ सूट और टाई में क्या कर रहे हो?" भिखारी ने जवाब दिया, "आपको शायद मालूम नहीं कि आपने मेरे लिए उस दिन क्या किया। मुझे दान देने के बजाए आप मेरे साथ सम्मान के साथ पेश आए। आपने कटोरे से पेंसिलें उठा कर कहा, 'इनकी क़ीमत है, आखिरकार तुम एक व्यापारी हो और मैं भी।' आपके जाने के बाद मैंने सोचा, मैं यहाँ क्या कर रहा हूँ? मैं भीख क्यों माँग रहा हूँ? मैंने अपनी ज़िंदगी को सँवारने के लिए कुछ अच्छा काम करने का फ़ैसला लिया। मैंने अपना झोला उठाया और काम करने लगा। आज मैं यहाँ मौजूद हूँ। मुझे मेरा सम्मान लौटाने के लिए मैं आपको धन्यवाद देता हूँ। उस घटना ने मेरा जीवन बदल दिया।"

भिखारी की ज़िंदगी में क्या बदलाव आया? बदलाव यह आया कि उसका आत्मसम्मान जग गया और उसके साथ ही उसकी कार्यक्षमता भी बढ़ गई। हमारी ज़िंदगी में आत्मसम्मान इसी तरह का जादुई असर डालता है।

आत्मसम्मान और कुछ नहीं, बल्कि ख़ुद अपने बारे में हमारी सोच है। अपने बारे में हमारी जो राय होती है, उसका हमारी काम करने की शक्ति, रिश्तों, माँ-बाप के रूप में हमारी भूमिका, ज़िंदगी में हमारी उपलब्धियों, यानी हर चीज़ पर काफ़ी गहरा असर पड़ता है। ऊँचे दर्जे के आत्मसम्मान से ज़िंदगी ख़ुशहाल, संतुष्ट, और मकसदों से भरी ज़िंदगी बनती है। हम अगर ख़ुद को मूल्यवान नहीं मानते, तो हम में ऊँचे दर्जे का स्वाभिमान भी पैदा नहीं होगा। आत्मसम्मान की वजह से हम आत्मप्रेरित (internally driven) होते हैं। इतिहास में जितने भी महान नेताओं और शिक्षकों का ज़िक्र है, उन सबका मानना था कि सफल होने के लिए इंसान का आत्मप्रेरित होना ज़रूरी है।

हम अपने बारे में जो सोचते हैं, उसका अहसास अनजाने में ही दूसरों को भी करा देते हैं और दूसरे लोग हमारे साथ उसी ढंग से पेश आते हैं। ऊँचे दर्जे के आत्मसम्मान वाले लोग ख़ुद में दृढ़ विश्वास और क्षमता पैदा करते हैं, और वे ज़िम्मेदारियाँ क़बूल करने के लिए तैयार रहते हैं। वे ज़िंदगी का सामना आशावादी नज़रिए के साथ करते हैं, रिश्तों को बेहतर बनाते हैं और उनके जीवन में अधिक परिपूर्णता होती है। वे प्रेरित और महत्वाकांक्षी होते हैं। वे अधिक संवेदनशील भी होते हैं। उनकी काम करने की क्षमता और ख़तरे मोल लेने की योग्यता बढ़ जाती है। नए अवसरों और चुनौतियों को वे खुले मन से स्वीकार करते हैं। वे बड़ी चतुराई और सरलता के साथ दूसरों की आलोचना या तारीफ़ कर सकते हैं और अपनी आलोचना या प्रशंसा स्वीकार कर सकते हैं।

आत्मसम्मान एक ऐसा अहसास है, जो अच्छाई को समझने और उस पर अमल करने से पैदा होता है।

आत्मसम्मान हमारी ख़ुद की सोच है
(Self-Esteem is Our Self-Concept)

एक किसान ने अपने खेतों में लौकी बोई। उसने बिना कुछ सोचे-समझे एक छोटी-सी लौकी को बेल समेत एक शीशे के जार में रख दिया।

फ़सल काटने के समय उसने देखा कि जार में रखी लौकी केवल उतनी ही बड़ी हो सकी, जितना बड़ा जार था। जिस तरह लौकी उसे रोकने वाली हदों से अधिक नहीं बढ़ सकी, उसी तरह हम भी अपनी सोच के दायरे से आगे नहीं बढ़ सकते, उस दायरे की हदें जो भी हों।

ऊँचे दर्जे के आत्मसम्मान के कुछ फ़ायदे
SOME ADVANTAGES OF HIGH SELF-ESTEEM

लोगों की भावनाओं और उनकी उत्पादकता के बीच सीधा रिश्ता होता है। ऊँचे दर्जे के आत्मसम्मान का इज़हार अपने आपको, दूसरों को, तथा ज़ायदाद, कानून, माँ-बाप, और देश को दी जाने वाली इज़्ज़त से होता है। इसका उलटा भी उतना ही सही है।

ऊँचे दर्जे का आत्मसम्मान (High Self-Esteem)

- दृढ़ विश्वास पैदा करता है।
- ज़िम्मेदारियाँ क़बूल करने की इच्छा पैदा करता है।
- आशावादी नज़रिया बनाता है।
- रिश्ते बेहतर बनाता है और ज़िंदगी में परिपूर्णता लाता है।
- दूसरों की ज़रूरतों के प्रति व्यक्ति को संवेदनशील बनाता है और देखभाल का नज़रिया बनाता है।
- व्यक्ति को ख़ुद से प्रेरित और महत्वाकांक्षी बनाता है।
- आदमी की सोच में नए अवसरों और चुनौतियों को क़बूल करने के लिए खुलापन लाता है।
- कार्य करने की क्षमता और खतरे मोल लेने की योग्यता बढ़ता है।
- आदमी को प्रशंसा और निंदा का लेनदेन चतुराई, और सरलता के साथ करने में मदद देता है।
- ऊँचे दर्जे के आत्मसम्मान वाला व्यक्ति अपनी साख़ (credibility) गँवाने के बजाए व्यापार में घाटा उठा लेता है, क्योंकि वह अपनी साख़ को अनमोल मानता है।

घटिया क़िस्म का आत्मसम्मान (Low Self-Esteem)

हम घटिया क़िस्म के आत्मसम्मान वाले लोगों को कैसे पहचानेंगे? ऐसे लोग कैसा व्यवहार करते हैं? आगे दी गई सूची में ऐसे लोगों के कुछ लक्षण दिए गए हैं। इसमें उनके सारे लक्षण तो शामिल नहीं हैं, पर यह उनके बारे में संकेत ज़रूर देती है।

- वे आम तौर पर गपबाज़ होते हैं।
- दूसरों की आलोचना करना उनका स्वभाव होता है। वे आलोचना इस तरह करते हैं, मानो इस बात की प्रतियोगिता चल रही हो कि कौन अधिक आलोचना कर सकता है।
- वे अहंकारी (egotist) और घमंडी होते हैं। ऐसे लोग सब कुछ जानने का दिखावा करते हैं। घटिया क़िस्म के आत्मसम्मान वाले लोगों के साथ, या उनके लिए काम करना बेहद मुश्किल होता है। वे ख़ुद को ऊँचा साबित करने के लिए दूसरों को नीचा साबित करते हैं।
- वे आत्मकेंद्रित (self-centered) और बंद दिमाग़ के होते हैं।
- वे लगातार बहाने बनाते हैं और अपनी नाकामयाबी को स्वाभाविक साबित करने की कोशिश करते हैं।
- वे कभी ज़िम्मेदारियाँ क़बूल नहीं करते और हमेशा दूसरों पर इल्ज़ाम लगाते हैं।
- वे भाग्यवादी नज़रिए वाले होते हैं। वे कभी पहल नहीं करते और घटनाओं के ख़ुद घटित होने का इंतज़ार करते हैं।
- वे स्वभाव से ही ईर्ष्यालु होते हैं।
- वे सकारात्मक आलोचना को भी स्वीकार नहीं करते और अपना बचाव करने लगते हैं।
- अकेले होने पर वे ख़ुद को असहज और तकलीफ़ में महसूस करते हैं।
- घटिया क़िस्म के आत्मसम्मान वाले लोग अदब और सलीके की हदों को पार कर जाते हैं, उन्हें अपनी सीमा का अहसास नहीं होता है। वे यह नहीं समझ पाते कि किस मुकाम पर तहज़ीब की हदें ख़त्म हो जाती हैं और बेहुदगी शुरू हो जाती है। सामाजिक जमावड़ों में मज़ाक आम तौर पर सुने-सुनाए जाते हैं, पर शराब के हर जाम के साथ ये मज़ाक गंदे से गंदे होते जाते हैं।
- उनके सच्चे दोस्त नहीं होते, क्योंकि वे खुद सच्चे नहीं होते।
- वे ऐसे वादे करते हैं, जिनके बारे में उन्हें मालूम होता है कि वे पूरे नहीं कर पाएँगे। घटिया क़िस्म के आत्मसम्मान वाला व्यक्ति चाँद को बेचने का वादा भी कर सकता है। वादे पूरे न करने से आदमी की साख़ गिरती है।
- उनका व्यवहार नासमझी और ग़लतियों से भरा होता है। वे पेंडुलम (pendulum) की तरह एक छोर से दूसरे छोर तक झूलते रहते हैं। आज

वे हमारे साथ बड़ी शराफ़त से पेश आएँगे, लेकिन कल वे हमारा गला काट सकते हैं। उनमें संतुलन की कमी होती है।

- वे लोगों को ख़ुद से दूर कर देते हैं और अकेले रहना पसंद करते हैं।
- वे तुनुकमिज़ाजी (touchy) होते हैं। उनका आत्मसम्मान छूते ही गहरा जाने वाली क़िस्म का (fragile ego) होता है। कोई भी बात कहने पर वे उसे निजी तौर पर ले लेते हैं और अपने मन पर चोट महसूस करते हैं। इससे उनमें मायूसी पैदा होती है।

संवेदनशीलता, और तुनुकमिज़ाजी में क्या फ़र्क़ है? (What is the Difference Between being Touchy and being Sensitive?)

तुनुकमिज़ाजी एक कँटीला नज़रिया है। ऐसे आदमी के करीब जाने का मतलब चोट खाना होता है। दूसरी ओर संवेदनशीलता एक सकारात्मक नज़रिया है। यह दूसरों पर ध्यान देने के लिए प्रेरित करता है। कई बार ये दोनों शब्द एक-दूसरे के बदल के तौर पर इस्तेमाल किए जाते हैं। लोग कहते हैं कि उस आदमी से बात करते वक़्त होशियार रहो वह बेहद संवेदनशील है। दरअसल वे यह कहना चाहते हैं कि वह आदमी तुनकमिज़ाज है, इसलिए होशियार रहो।

- उन्हें खुद से और दूसरों से नकारात्मक उम्मीदें होती हैं और वे निराश भी कम ही होते हैं।
- उनमें आत्मविश्वास की कमी होती है।

1. वे हमेशा दूसरों से मान्यता और स्वीकृति पाने की कोशिश करते हैं। स्वीकृति की चाह और किसी की राय जानने में फ़र्क़ है। वास्तव में राय जानने का मतलब सलाह माँगना होता है।
2. वे अपने बारे में डींगें हाँकते हैं – दरअसल यह आत्मविश्वास की कमी की निशानी है।
3. वे दब्बू और डरपोक स्वभाव के होते हैं। वे अपने वजूद के लिए खुद को शर्मिंदा महसूस करते हैं। ऐसे लोग खुद को हमेशा झुका लेते हैं, लेकिन यह उनकी विनम्रता नहीं होती। विनम्रता आत्मविश्वास से पैदा होती है, जबकि दब्बूपन की वजह से आत्मविश्वास की कमी होती है। जिस आदमी में आत्मविश्वास की कमी हो, वह असरदार नेता (leader) नहीं बन सकता। दूसरे लोग उसके अंदर आत्मविश्वास की कमी को महसूस कर लेते हैं, लिहाज़ा उनकी नज़र में उसकी इज़्ज़त घट जाती है।

4. उनमें दृढ़ता नहीं होती। घटिया क़िस्म के आत्मसम्मान वाले लोग अपने विश्वासों पर टिकना नहीं चाहते। दूसरी ओर, अनुचित ढंग से आक्रामक होना भी कमज़ोर आत्मसम्मान की निशानी है। जिन हालात में दया दिखानी चाहिए, उनमें आक्रामकता दिखाना दृढ़ता नहीं है।
5. आत्मविश्वास की कमी की वजह से वे पिछलग्गू (conformist behaviour) बन जाते हैं। वे सोचते हैं, जब हर इंसान ऐसा कर रहा है, तो मुझे भी वही काम करना चाहिए। हम हर रोज़ लोगों को साथियों के दबाव के आगे घुटने टेकते देखते हैं। यह जनाने के बावजूद कि वे जो काम कर रहे हैं, उससे उन्हें या दूसरों को नुकसान पहुँच सकता है, लोग उस काम को केवल इसलिए करते हैं कि उन्हें स्वीकार कर लिया जाए। घटिया क़िस्म के आत्मसम्मान वाले लोग केवल साथ में बने रहने के लिए साथ निभाते हैं। उनमें आत्मविश्वास की कमी होती है, इसलिए वे दूसरों से मान्यता पाना चाहते हैं।
6. वे अमीरों की बराबरी करने के लिए दिखावा करते हैं। लोग जब घर, कार, या ऐसी ही अन्य चीज़ें खरीदते हैं और दूसरों को प्रभावित करने के इरादे से किसी गतिविधि में भाग लेते हैं, तो अक्सर वे ऐसा पैसा खर्च करते हैं, जिसे उन्होंने कमाया नहीं होता और ऐसी चीज़ें खरीदते हैं, जिनकी उन्हें ज़रूरत नहीं होती। वे ये सारे काम केवल दूसरों पर रौब जमाने के लिए करते हैं, जबकि कोई ज़रूरी नहीं होता कि वे उन्हें पसंद करते हों, या उन्हें तारीफ़ लायक मानते हों।
7. कई बार वे अड़ियलपन दिखाते हैं या लोगों का ध्यान आकर्षित करने वाला व्यवहार करते हैं। घटिया दर्जे के स्वाभिमान वाले लोग केवल दूसरों का ध्यान अपनी ओर खींचने के लिए बेतुकी हरकतें करते हैं। उन्हें भद्दा व्यवहार करके बड़ा और महत्त्वूपर्ण होने का अहसास होता है। कुछ लोग केवल औरों से अलग दिखने, और लोगों का ध्यान आकर्षित करने के लिए ग़लत काम करते हैं और ग़लत मुकाम पर खड़े हो जाते हैं। अपने बारे में बढ़-चढ़ कर डींगें हाँकने वाले, कक्षा में जोकरनुमा हरक़तें करने वाले और भड़कीले कपड़े पहनने वाले लोग इसके उदाहरण हैं।

- वे अनिश्चय के शिकार होते हैं और ज़िम्मेदारियाँ क़बूल नहीं करते। साहस की कमी और आलोचना के डर की वजह से उनका व्यवहार ढुलमुल हो जाता है।

- वे सत्ता (जिसके पास भी अधिकार हो) के ख़िलाफ़ बगावत करते हैं। अपने दृढ़विश्वास के आधार पर साहस के साथ विद्रोह करने और घटिया दर्जे के आत्मसम्मान की वजह से विद्रोह करने में फ़र्क़ है। महात्मा गाँधी (Mahatma Gandhi), मार्टिन लूथर किंग (Martin Luther King) और अब्राहम लिंकन (Abraham Lincon) जैसे विश्व के सभी महान नेता विद्रोही थे। उन्होंने अपने दृढ़विश्वास के कारण सत्ता के ख़िलाफ हिम्मत के साथ बगावत की, लेकिन घटिया दर्जे के स्वाभिमान वाला व्यक्ति अधिकार संपन्न लोगों के विरुद्ध केवल इसलिए विद्रोह करता है कि उनके पास अधिकार है, भले ही वे सही हों।
- वे असामाजिक और अंतर्मुखी (withdrawn) होते हैं।
- वे दिशाहीन होते हैं और उनका नज़रिया कुछ इस क़िस्म का होता है, "मैं किसी की परवाह नहीं करता।" उनका यह रुख उनके व्यवहार में भी दिखाई देता है।
- उन्हें दूसरों की तारीफ़ करने और अपनी तारीफ़ क़बूल करने में परेशानी होती है। तारीफ़ करते समय उन्हें अंदेशा रहता है कि कहीं उन्हें ग़लत न समझ लिया जाए और अपनी तारीफ़ होने पर वे ख़ुद को उस लायक नहीं मानते। अपने को नाक़ाबिल समझना विनम्रता नहीं है।
- उन्हें दुनिया की चीज़ों से काफ़ी लगाव होता है। घटिया दर्जे के आत्मसम्मान वाले लोग हमारा महत्त्व हमारी योगयता से नहीं, बल्कि हमारे पास मौज़ूद चीज़ों से आँकते हैं। उनका ध्यान इस बात पर रहता है कि हम कैसी कार चलाते हैं, कैसे मकान में रहते हैं और कैसे कपड़े-गहनें (यदि हम महिला हैं तो) पहनते हैं। वे ये भूल जाते हैं, कि इन चीज़ों को इंसान बनाता है, ये चीज़ें इंसान को नहीं बनाती। घटिया दर्जे के आत्मसम्मान वाले लोग ख़ुद से ज़्यादा दौलत और ज़ायदाद को महत्त्व देते हैं। उनकी ज़िंदगी पर दिखावा और सनक हावी रहते हैं। डिज़ाइनर के लेबल को वे अपनी हैसियत की निशाली मानते हैं। उनसे उनके पास मौज़ूद चीज़ें ले ली जाएँ, तो वे शर्म से मर जाएँगे। वे एक चूहा-दौड़ में फँसे होते हैं।

  लिलि टॉमलिन (Lily Tomlin) ने सच ही कहा है, "चूहा दौड़ के साथ समस्या यह है कि दौड़ जीत जाने पर भी हम चूहे ही रहते हैं।"
- उन्हें ख़ुद पर गर्व नहीं होता – वे असभ्य होते हैं।
- वे केवल लेते हैं, कुछ देते नहीं।

घटिया दर्जे का आत्मसम्मान अतिवादी (extreme) व्यवहार को जन्म देता है। कई बार ऊँचे दर्जे के आत्मसम्मान वाला व्यक्ति भी घटिया दर्जे के आत्मसम्मान वाले आदमी जैसा ही व्यवहार कर सकता है, लेकिन उसकी वजह अलग होती है। वह अकेला रह सकता है, क्योंकि उसे एकांत पसंद होता है, जबकि घटिया दर्जे के आत्मसम्मान वाला इंसान इसलिए अकेला रहता है कि वह लोगों की सोहबत में परेशानी महसूस करता है।

ऊँचे दर्जे के आत्मसम्मान और घटिया दर्जे के आत्मसम्मान वाले लोगों के लक्षणों की तुलना

(Here are Some Comparision Characteristics of People with High and Low Self-esteem)

ऊँचे दर्जे के आत्मसम्मान वाले लोग	*घटिया दर्जे के आत्मसम्मान वाले लोग*
विचारों के बारे में बात करते हैं (Talk about ideas)	लोगों के बारे में बात करते हैं (Talk about people)
दूसरों की परवाह करते हैं (Caring attitude)	दूसरों की आलोचना करते हैं (Critical attitude)
विनम्र (Humility)	घमंडी (Arrogance)
सत्ता का सम्मान (Respects authority)	सत्ता से विद्रोह (Rebels against authority)
दृढ़ विश्वास भरा साहस होता है (Courage of conviction)	साथ में रहने के लिए साथ निभाते हैं (Goes along to get along)
आत्मविश्वासी (Confidence)	भ्रमित (Confusion)
चरित्र की चिंता करते हैं (Concerned about character)	प्रसिद्धि की चिंता करते हैं (Concerned about reputation)
दृढ़ (Assertive)	आक्रामक (Aggressive)
ज़िम्मेदारी कबूल करते हैं (Accepts responsibility)	पूरी दुनिया पर इल्ज़ाम लगाते हैं (Blames the whole world)
हितों की चिंता (Self-interest)	स्वार्थी (Selfish)
आशावादी	निराशावादी

(Optimistic)	(Fatalistic)
दूसरों की ज़रूरत समझते हैं	लालची होते हैं
(Understanding)	(Greedy)
सीखने की इच्छा रखते हैं	समझते हैं कि वे सब कुछ जानते हैं
(Willing to learn)	(Know it all)
संवेदनशील	तुनकमिज़ाज
(Sensitive)	(Touchy)
एकांतप्रिय होते हैं	अकेलापन चाहते हैं
(Solitude)	(Lonely)
बहस करते हैं	विवाद करते हैं
(Discuss)	(Argue)
अपनी काबि़लीयत में विश्वास रखते हैं	केवल दौलत-जायदाद को महत्त्व देते हैं
(Believes in self-worth)	(Believes in net worth only)
सही दिशा जानते हैं	भटकाव के शिकार होते हैं
(Guided)	(Misguided)
अनुशासित	आज़ादी की ग़लत धारणा
(Discipline)	(Distored sense of freedom)
आत्मप्रेरित	बाहर से प्रेरित
(Internally driven)	(Externally driven)
दूसरों को सम्मान देते हैं	दूसरों को नीचा मानते हैं
(Respects others)	(Looks down on others)
सलीका-पसंद	भद्दगी-पसंद
(Enjoys decency)	(Enjoys vulgarity)
हद जानते हैं	इनके लिए सब जायज होता है
(Knows limit)	(Everything goes)
देते हैं	केवल लेते हैं
(Giver)	(Taker)

इस सूची का मकसद आत्ममूल्यांकन (self-evaluation) के लिए एक आधार देना है, न कि किसी के मन में अपराध-बोध (guilt) पैदा करना। कोई ज़रूरी नहीं कि हममें ऊँचे दर्जे के आत्मसम्मान के सभी लक्षण मौजूद हों। हममें इनमें से कुछ विशेषताएँ ज़्यादा या कम मात्रा में मौजूद हो सकती हैं। अगर हमें अपना लक्ष्य मालूम हैं, तो हम ख़ुद में सुधार लाने की कोशिश कर सकते हैं।

मुखौटा क्यों लगाएँ?
WHY PUT ON A MASK?

घटिया दर्जे के आत्मसम्मान वाले एक अधिकारी को तरक़्क़ी दी गई, लेकिन वह ख़ुद को अपने नए ओहदे के मुताबिक ढाल नहीं पा रहा था। एक दिन वह अपने दफ़्तर में बैठा था, तभी किसी ने दरवाज़ा खटखटाया। अपनी व्यस्तता और महत्त्व दिखाने के लिए उसने फ़ोन उठा लिया और दरवाज़ा खटखटाने वाले से अंदर आने के लिए कहा। वह आदमी अंदर आ कर इंतज़ार करता रहा और उस दौरान वह अधिकारी सिर हिला-हिला कर फ़ोन पर बात करता रहा। बीच-बीच में वह कहता जा रहा था, "चिंता की कोई बात नहीं, मैं संभाल लूँगा।" कुछ मिनट के बाद उसने फोन रख कर इंतज़ार कर रहे आदमी से आने की वजह पूछी। उस आदमी ने जवाब दिया, "सर, मैं आपका फ़ोन कनैक्ट करने आया हूँ।"

संदेश क्या है? (What is the Message?)

दिखावा क्यों करें? हम क्या साबित करना चाहते हैं? हम क्या हासिल करना चाहते हैं? हमें झूठ बोलने की ज़रूरत क्यों महसूस होती है? हम झूठे महत्त्व का अहसास क्यों करना चाहते हैं? इस तरह का व्यवहार असुरक्षा और घटिया दर्जे के आत्मसम्मान से जन्म लेता है।

दिखावा क्यों करें? (Why Pretend?)

हमारा चरित्र उन सारी बातों से आँका जाता है, जिन्हें हम करते या नहीं करते हैं, पसंद करते या नापसंद करते हैं। हमारे चरित्र का पता इन बातों से लगता है –

- हम जैसे लोगों के साथ रहते हैं या जैसे लोगों की सोहबत से बचते हैं।
- हम दूसरे लोगों, खास तौर पर अपने मातहतों, बुजुर्गों, और अपाहिजों के साथ कैसा व्यवहार करते हैं।
- हम कैसी किताबें, फिल्में और संगीत पसंद करते हैं।
- हम कैसे मज़ाक पसंद करते हैं या कैसे मज़ाकों पर हमें हँसी आती है।

हर काम से हमारा चरित्र ज़ाहिर हो जाता है, तो दिखावा क्यों? मेरा मानना है कि यदि किसी आदमी में दृढ़ विश्वास, संवेदनशीलता, और सहयोग की भावना है, तो वह अपनी कोशिशों से दूसरे लोगों को भी प्रेरित कर सकता है। ऐसा इंसान ख़ुद-ब-ख़ुद सम्मान पाने योग्य बन जाता है।

	सकारात्मक आत्मसम्मान	*नकारात्मक आत्मसम्मान*
1.	आत्मसम्मान (self-respect)	आत्मतिरस्कार (self-put-down)
2.	आत्मविश्वास (self-confidence)	आत्मसंशय (self-doubt)
3.	आत्ममहत्त्व (self-worth)	आत्मप्रताड़ना (self-abuse)
4.	आत्मस्वीकृति (self-acceptance)	आत्मनिषेध (self-denial)
5.	आत्मप्रेम (self-love)	आत्मकेंद्रित (self-centeredness)
6.	आत्मज्ञान (self-knowledge)	आत्मप्रवंचना (self-deceit)
7.	आत्मअनुशासन (self-discipline)	आत्मलीनता (self-indulgence)

हम अपने बारे में जिस ढंग से सोचते हैं, वही हमारा आत्मसम्मान है और हमारे मन में ख़ुद को जैसा देखते हैं, वही हमारी आत्मछवि (self-image) है। हम जब ख़ुद के बारे में अच्छा महसूस करते हैं, तो पूरी दुनिया अच्छी लगने लगती है। हमारी उत्पादकता बढ़ जाती है और रिश्ते बेहतर हो जाते हैं। इसका उलटा भी उतना ही सही है।

ऊँचे दर्जे के आत्मसम्मान का मतलब अहंकार बढ़ना नहीं होता। अगर किसी इंसान के अपने ही मन में शांति नहीं है, तो वह दूसरों के साथ भी शांति से नहीं रह सकता। जो चीज़ हमारे पास है ही नहीं, उसे हम दूसरों को कैसे दे सकते हैं। अगर हममें आत्मसम्मान पैदा करने वाली ख़ूबियाँ नहीं हैं, तो हम उन्हें दूसरों के साथ बाँट भी नहीं सकते। हमें सबसे पहले ईमानदारी के साथ अपना मूल्यांकन (evaluate) करके ख़ुद को व्यवस्थित करना होगा। विमान में बैठने वाले

मुसाफ़िरों को सुरक्षा के लिए निर्देश दिया जाता है कि अपने बच्चे को ऑक्सीज़न मास्क (oxygen mask) लगाने से पहले वे ख़ुद ऑक्सीज़न मास्क लगा लें। यह स्वार्थ नहीं है। शारीरिक रूप से दूसरों की मदद करने से पहले हमको ख़ुद शारीरिक रूप से मज़बूत होना होगा। भावनात्मक रूप से दूसरों की मदद करने से पहले हमको ख़ुद भावनात्मक रूप से मदद करनी होगी।

घटिया दर्जे के आत्मसम्मान को जन्म देने वाली वजहें
CAUSES OF LOW SELF-ESTEEM

हम जन्म लेने के साथ ही अपने सकारात्मक या नकारात्मक आत्मसम्मान का विकास करने लगते हैं। हम ख़ुद अपने बारे में एक सोच क़ायम कर लेते हैं, जिसे दूसरे लोग और पुख़्ता बना देते हैं।

नकारात्मक आत्मवार्ता या नकारात्मक आत्मसुझाव
(Negative Self-talk or Negative Auto-suggestions)

नकारात्मक आत्मवार्ता के दौरान हम ख़ुद से जाने-अनजाने कुछ ऐसी बातें कहते हैं –

- मेरी यादाश्त कमज़ोर है।
- मैं हिसाब-किताब में कच्चा हूँ।
- मैं खिलाड़ी नहीं हूँ।
- मैं थक गया हूँ।

इस तरह की बातें केवल नकारात्मकता को मज़बूत बनाती हैं और हमें नीचे गिराती हैं। जल्दी ही हमारा दिमाग़ इन बातों में विश्वास करने लगता है और हमारे व्यवहार में भी उसी मुताबिक बदलाव आने लगता है। ये बातें अपने आप हक़ीक़त बन जाने वाली भविष्यवाणियों का रूप ले लेती हैं।

वातावरण (Environment)

घर (Home)

माँ-बाप अपने बच्चों को जो सबसे बड़ा तोहफ़ा दे सकते हैं, वह है अच्छी बुनियाद। परिवार से हमें जो सबसे अच्दी चीज़ मिल सकती है – वह है बुनियाद। एक लड़की का शिष्ट और विनम्र व्यवहार देख कर उसके अध्यापक ने पूछा, "तुम्हें इतना शिष्ट और विनम्र होना किसने सिखाया?" लड़की ने जवाब दिया, "किसी ने नहीं, हमारे परिवार में लोग ऐसा ही व्यवहार करते हैं।"

परवरिश (Upbringing)

प्रिय नागरिको, तुम अपने बच्चों की देखभाल में इतना कम ध्यान क्यों देते हो, और दौलत पाने के लिए पत्थरों को तराशने में इतना ज़्यादा समय क्यों देते हो, जबकि एक दिन यह सब बच्चों के लिए ही छोड़ जाना है।

— सुकरात

अपने बच्चों की अच्छी परवरिश करने के लिए हमें दुगुना वक़्त और आधा पैसा खर्च करना चाहिए। कम उम्र में कुछ सीखने में उतनी तकलीफ़ नहीं होती, जितनी कि बड़े हो कर अनजान बने रहने में होती है।

ऊँचे दर्जे के स्वाभिमान वाले माँ-बाप अपने बच्चों में आत्मविश्वास, ऊँचे दर्जे का स्वाभिमान और सकारात्मक धारणाएँ (concepts), विश्वास और मूल्यों (values) को विकसित करते हैं। इसका उलटा भी उतना ही सही है।

अच्छे माँ-बाप का मिलना हमारी विरासत की बहुत बड़ी देन होती है। धोखाधड़ी वाले कामों से जुड़े माँ-बाप दुर्भाग्य से भावी पीढ़ियों के लिए बुरे उदाहरण पेश करते हैं।

हमारे आदर्श या सलाहकार, हमारे माँ-बाप, संबंधी, शिक्षक या ऐसा कोई भी व्यक्ति हो सकता है, जिसकी हम काफ़ी इज़्ज़त करते हैं। अपने जीवन के शुरूआती दिनों में बच्चे उन बड़े लोगों से प्रेरणा लेते हैं, जो ओहदेदार और असरदार होते हैं। बड़े होकर भी हम अपने सुपरवाइज़रों और मैनेज़रों को आदर्श के रूप में देखते हैं।

नन्हीं आँखों के घेरे में*

रात और दिन दो नन्हीं आँखें देखे तुझको
तेरे हर इक शब्द पर उसके कान लगे हैं
उसके छोटे हाथ चाहें तुझ-सा ही करना
ख़्वाबों में भी देखे वो तुझ-सा ही बनना
सबसे बुद्धिमान तुम उसके आदर्श बने हो
रत्ती-भर संदेह नहीं है उसको तुझ पर

---

* विलियम जे बेनेट द्वारा संपादित 'द मॉरल कम्पास से', साइमन एंड स्कस्टर, न्यूयार्क, सन् 1995, पृष्ट 523-24।

भक्तीभाव से करता वो विश्वास है तुझी पर
तेरी कथनी-करनी ही सवार है उस पर
तुझ-सा गर वो कहे-करेगा
तभी तो बन पाएगा तुझ-सा
आश्चर्यचकित वो नन्हा-मुन्ना
करे अटूट विश्वास है तुझ पर
उसकी आँखें तुझे दिन-रात तके हैं
बनाएँ राह अपने नित्य-कर्म से
उसके लिए जो इंतज़ार में है
बड़ा होकर तुझ-सा बनने की

बच्चे बिगड़ैल क्यों बनते हैं? (What Makes a Child Delinquent?)

- उसे बताइए कि हर चीज़ की एक क़ीमत होती है। लिहाज़ा एक दिन वह अपनी ईमानदारी को बेच देगा।
- उसे किसी भी बात पर दृढ़ न रहने की शिक्षा दीजिए। लिहाज़ा वह हर चीज़ पर फिसलेगा।
- उसे सिखाइए कि ज़िंदगी में क़ामयाबी ही सब कुछ है; लिहाज़ा वह हर तिकड़म करके क़ामयाब होने की कोशिश करेगा।
- उसे बचपन से ही वह सब कुछ दीजिए, जिसकी उसे चाहत है; लिहाज़ा वह इस सोच के साथ बड़ा होगा कि उसकी ज़िंदगी की ज़रूरतें पूरी करना दुनिया की ज़िम्मेदारी है और उसके सामने हर चीज़ तश्तरी में परोस कर पेश कर दी जाएगी।
- जब वह गंदे लफ़्ज़ों का इस्तेमाल करे, तो उस पर हँसिए। इससे वह ख़ुद को चतुर समझने लगेगा।
- उसे नैतिकता सिखाने के बजाए, उसके 21 साल का होने का इंतज़ार कीजिए, ताकि वह अपने बारे में ख़ुद फ़ैसला कर सके।
- उसे सही दिशा का ज्ञान कराए बिना चुनाव करने की आज़ादी दीजिए। उसे यह कभी न सिखाइए कि हर चुनाव का एक नतीजा भी होता है।
- उसे उसकी ग़लतियों के बारे में यह सोच कर कभी कुछ न बताइए कि इससे उसके मन में कुंठा (complex) पैदा हो जाएगी। लिहाज़ा कोई ग़लत काम करते हुए पकड़े जाने पर वह यह मानेगा कि समाज उसके खिलाफ़ है।

- उसके आसपास बिखरी हुई हर चीज़, जैसे कि किताबें, जूते, कपड़े वगैरह खुद उठाइए। उसका हर काम ख़ुद कीजिए। नतीजा यह होगा कि उसे अपनी सारी ज़िम्मेदारियाँ दूसरों के कंधों पर डालने की आदत हो जाएगी।
- वह जो भी चीजें देखना-सुनना चाहे, उसे देखने और सुनने की आज़ादी दीजिए। उसके शरीर में जाने वाली ख़ुशबू पर तो ध्यान दीजिए, पर उसके मस्तिक में कूड़ा जाने दीजिए।
- दोस्तों के बीच लोकप्रिय होने के लिए उसे कुछ भी करने दीजिए।
- उसकी मौजूदगी में अकसर झगड़िए। लिहाज़ा घर के टूटने पर उसे कोई अचरज नहीं होगा।
- वह जितना पैसा माँगे, उसे दीजिए। उसे पैसे की कीमत कभी न समझाइए। इस बात का पूरा ध्यान रखिए कि उसे वैसी दिक़्क़तों का सामना कभी न करना पड़े, जिनका सामना हमको करना पड़ा था।
- खाने, पीने और ऐशोआराम की सारी शारीरिक ज़रूरतों को यह सोच कर फ़ौरन पूरा कीजिए कि चीज़ें न मिलने पर वह हताश होगा।
- पड़ोसियों और अध्यापकों के सामने यह सोच कर हमेशा उसका पक्ष लीजिए कि हमारे बच्चे के लिए उनके में मैल है।
- जब वह किसी असली मुसीबत में फँसे, तो यह कह कर हाथ झाड़ लीजिए, "मैनें अपनी ओर से पूरी कोशिश की, पर उसके लिए कुछ कर न सका।"
- उसे यह सोच कर किसी बात पर मत टोकिए कि अनुशासन से आज़ादी छिन जाती है।
- उसे आज़ादी का पाठ पढ़ाने के लिए माँ-बाप की तरह सीधा नियंत्रण रखने के बजाए उस पर दूर से नियंत्रण रखिए।

बच्चे वही सीखते हैं जो जीते हैं

अगर बच्चा आलोचना के माहौल में रहता है तो वह निंदा करना सीखता है।
अगर बच्चा प्रशंसा के माहौल में रहता है तो तारीफ़ करना सीखता है।
अगर बच्चा लड़ने के माहौल में रहता है तो झगड़ना सीखता है।
अगर बच्चा सहनशीलता के माहौल में रहता है तो धैर्य सीखता है।

अगर बच्चा बेहूदे और खिल्ली उड़ाने वाले माहौल में रहता है तो वह संकोच करना सीखता है।

अगर बच्चा प्रोत्साहन वाले माहौल में रहता है तो आत्मविश्वास सीखता है।

अगर बच्चा शर्मिंदगी के माहौल में रहता है तो वह ख़ुद को दोषी मानना सीखता है।

अगर बच्चा समर्थन करने वाले माहौल में रहता है तो वह ख़ुद को पसंद करना सीखता है।

अगर बच्चा न्यायसंगत माहौल में रहता है तो इंसाफ़ करना सीखता है।

अगर बच्चा सुरक्षा के माहौल में रहता है तो वह भरोसा करना सीखता है।

अगर बच्चा सहमति और दोस्ती के माहौल में रहता है तो वह दुनिया में प्यार ढूँढ़ लेना सीखता है।

आत्मविश्वास विकसित करना
BUILDING SELF-CONFIDENCE

एक युवा दंपत्ति अपनी बेटी को काम पर जाने से पहले रोज़ बच्चों की देखभाल करने वाले एक सेंटर पर छोड़ जाया करते थे। माँ-बाप और वह बच्ची अलग होते समय एक-दूसरे का हाथ चूमते थे और उसके बाद उस चुंबन को अपनी जेब में रखने का अभिनय करते थे। दिन में जब बच्ची अकेली होती थी, तो जेब से उस चुंबन को निकाल कर अपने गाल पर लगा लिया करती थी। रोज़मर्रा की यह छोटी-सी बात उनमें शारीरिक रूप से अलग होने के बावजूद साथ रहने का अहसास पैदा करती थी। कितना सुंदर विचार है।

शिक्षा (Education)

किसी चीज़ को न जानना शर्मिंदगी की बात नहीं है, पर सीखने की इच्छा न होना ज़रूर शर्मिंदगी की बात है। हम कुछ लोगों को आदर्श मान कर उनसे शिक्षा ले सकते हैं। जिन बच्चों को उनकी ज़िंदगी के शुरूआती सालों में सत्यनिष्ठा (integrity) का पाठ पढ़ाया जाता है, आम तौर पर वे उसे कभी नहीं भूलते। वह उनकी ज़िंदगी का हिस्सा बन जाता है। हम किसी भी पेशे में, चाहे वह ठेकेदारी हो या वकालत, एकाउंटेंसी हो या राजनीति, पुलिस-अफ़सर की नौकरी हो या जज की, यही तो चाहते हैं। सत्यनिष्ठा में ईमानदारी से अधिक शक्ति होती है। दरअसल, यह ईमानदारी की बुनियाद है।

नौजवानों पर किसी चीज़ का असर आसानी से डाला जा सकता है। जब वे माँ-बाप, शिक्षकों या राजनेताओं जैसे अपने मार्गदर्शकों को बड़ी शान के साथ धोखाधड़ी करते या किसी होटल से तौलिया चुराने या किसी रेस्तराँ से बरतन चुराने जैसी घटिया हरकतों के बारे में डींगे मारते सुनते हैं, तो –

- वे निराश होते हैं।
- उनके मन में अपने मार्गदर्शकों के लिए इज़्ज़त नहीं रह जाती।
- ऐसी चीज़ें लगातार देखते रहने पर वे उन्हें स्वीकार करने लगते हैं।

घटिया आदर्श
POOR ROLE MODELS

एक शिक्षक ने एक बच्चे से पूछा, "तुम्हारे पिताजी क्या करते हैं?" बच्चे ने जवाब दिया, "मुझे मालूम नहीं है, पर मेरा ख़्याल है कि वे पेन, पेंसिल, बल्ब और टॉयलेट में इस्तेमाल होने वाले पेपर रोल बनाया करते हैं, क्योंकि वे हर रोज़ अपने लंच बाक्स में यही चीज़ें घर लाया करते हैं।"

ग़लत तुलना करना (Making Unfair Comparison)

सही ढंग से तुलना करना तो ठीक है, ग़लत ढंग से की गई तुलना से इंसान ख़ुद को हीन महसूस करने लगता है। दूसरों से तुलना किए जाने पर आम तौर पर हममें उनसे ज़्यादा काम करने की क्षमता दिखाने की प्रतियोगी भावना उत्पन्न होती है। ऊँचे दर्जे के आत्मसम्मान वाले लोग दूसरों से मुक़ाबला नहीं करते। इसके बजाए वे अपनी काम करने की क्षमता में सुधार लाते हैं। वे ख़ुद से ही मुकाबला करते हैं। वे अपनी उपलब्धियों की तुलना अपनी क्षमताओं से करते हैं।

सफलता या असफलता से जुड़े हुए प्रभाव
(Failure or Success — A Ripple Effect)

इस कहावत में काफ़ी सच्चाई है कि सफलता, सफलता को; और असफलता, असफलता को जन्म देती है। खेल की दुनिया में हम अकसर देखते हैं कि जब किसी चैंपियन का मनोबल गिरता है (और कभी न कभी ऐसा होता ही है), तो कोच उसे कभी किसी अच्छे खिलाड़ी के मुक़ाबले में नहीं खिलाता, क्योंकि अगर वह एक बार और हार जाएगा, तो उसका मनोबल और गिर जाएगा। उसका आत्मविश्वास वापस लाने के लिए कोच उसे किसी कमज़ोर खिलाड़ी के मुक़ाबले

खिलाता है और उस जीत से चैंपियन का मनोबल बढ़ जाता है। उससे बाद उसे थोड़े अच्छे खिलाड़ी के साथ खिलाया जाता है। वह जीत उसके आत्मविश्वास को और बढ़ा देती है, यही सिलसिला तब तक जारी रखा जाता है, जब तक कि चैंपियन असली चुनौती का सामना करने के लिए तैयार नहीं हो जाता।

हर सफलता के साथ व्यक्ति का आत्मविश्वास बढ़ता है और उसके लिए अगली बार सफल होना ज़्यादा आसान हो जाता है। इसलिए कोई भी अच्छा नेता, चाहे वे माँ-बाप, शिक्षक या सुपरवाइज़र हों, बच्चे से पहले आसान काम कराते हैं। हर बार काम को सफलतापूर्वक पूरा करने के साथ ही बच्चे के आत्मविश्वास और मनोबल का स्तर ऊँचा उठता जाता है। इसी मुकाम पर अगर बच्चे को प्रोत्साहन भी दिया जाए, तो उसका सकारात्मक आत्मसम्मान एक ठोस शक्ल लेने लगता है। अपनी और बच्चों की असफलता की ज़ंजीरों को तोड़ कर सफलता की कड़ी से जुड़ना हमारी ज़िम्मेदारी है।

असफल होने को असफलता मानने की ग़लती करना
(Confusing Failing with Failure)

सफलता में 99 प्रतिशत असफलता शामिल होती है।

– सोइचिरा होंडा (होंडा मोटर कार्पोरेशन के संस्थापक)

किसी ख़ास मामले में असफल होने पर ज़्यादातर लोग इतने मायूस हो जाते हैं कि ख़ुद को असफल मानने लगते हैं। वे यह नहीं समझते कि असफलता मिलने का मतलब यह नहीं होता कि वे असफल व्यक्ति हैं। मुझे असफलता मिल सकती है, पर मैं असफल व्यक्ति नहीं हूँ। मुझे मूर्ख बनाया जा सकता है, पर मैं मूर्ख नहीं हूँ। हम असफल व्यक्ति तभी माने जाएँगे, जब मैदान छोड़ दें।

अभिभावकों, शिक्षकों और सुपरवाइज़रों की गैरवाजिब़ उम्मीदें (Unrealistic Expectations of Perfection by Parents, Teachers and Supervisors)

मान लीजिए कि कोई बच्चा स्कूल से अपना रिपोर्ट कार्ड लेकर आता है। उसे पाँच विषयों में 'ए' ग्रेड ('A' grade) और एक विषय में 'बी' ग्रेड ('B' grade) मिला है। आम तौर पर माँ-बाप का पहला सवाल यही होता है, "तुम्हें बी ग्रेड क्यों मिला?" क्या माँ-बाप को बच्चे को 'बी' ग्रेड हासिल करने के लिए बधाई देनी चाहिए और उसके इस निचले स्तर के ग्रेड को क़बूल कर लेना चाहिए? बिलकुल नहीं।

बच्चा दरअसल यह चाहता है कि उसे पाँच विषयों में 'ए' ग्रेड हासिल करने के लिए शाबाशी और बढ़ावा दिया जाए। 'ए' ग्रेड हासिल करने की उसकी क़ामयाबी की मान्यता देने और सराहने के बाद माँ-बाप उसे सभी छह विषयों में 'ए' ग्रेड पाने की अपनी उम्मीद के बारे में बता सकते हैं और ज़रूरत पड़ने पर मदद करने की पेशकश भी कर सकते हैं। अगर हम अपनी उम्मीदों को घटा लेंगे, तो संभव है कि अगली बार उपलब्धियों का ग्राफ़ नीचे गिर कर हमारी उम्मीदों के स्तर तक आ जाए।

इसी तरह काम के दौरान कर्मचारी सौ सही काम करने के साथ एक ग़लत काम भी कर सकता है। ज़रा सोचिए कि उस हालत में बॉस की प्रतिक्रिया क्या होती है? अच्छी चीज़ों को मान्यता दीजिए, पर अपना स्तर मत गिराइए।

अनुशासन की कमी (Lack of Discipline)

अनुशासन क्या है? (What is Discipline?)

क्या अनुशासन का मतलब कोई दिक्क़त पैदा होने या कोई ग़लती हो जाने के बाद उसे दूर करना है? क्या इसका मतलब कोई चीज़ ऊपर से थोपना है? क्या इसका अर्थ दुर्व्यवहार करना है? क्या यह आज़ादी छीन लेता है?

इनमें से किसी का भी जवाब 'हाँ' नहीं है। अनुशासन का मतलब यह नहीं है कि कोई इंसान बेल्ट उठा कर बच्चों को पीटना शुरू कर दे। यह तो पागलपन है। अनुशासन का मतलब है दृढ़ता। यह एक दिशा है। इसका मतलब है समस्या पैदा होने से पहले ही उसकी वजह को मिटा देना। इसका मतलब है ऊर्जा को बड़ी उपलब्धियाँ हासिल करने की दिशा में प्रवाहित और व्यवस्थित करना। अनुशासन कोई ऐसी चीज़ नहीं है, जो हम दूसरों के लिए करते हैं, बल्कि यह एक ऐसी चीज़ है, जिसे हम उन लोगों के लिए करते हैं, जो इसकी परवाह करते हैं।

अनुशासन प्यार के इज़हार का एक तरीका है। कई बार हमको भलाई करने के लिए भी सख़्ती करनी पड़ती है। सभी दवाईयाँ मीठी नहीं होतीं और न ही दर्द दिए बिना सारे ऑपरेशन किए जा सकते हैं, फिर भी हमें उनका सहारा लेना पड़ता है। हमें क़ुदरत से सबक लेना चाहिए। हम सभी जिराफ़ नाम के भारी भरकम जानवर के बारे में जानते हैं। माता जिराफ़ अपने बच्चे को खड़े-खड़े जन्म देती है। बच्चा माँ की नरम कोख से एकाएक कठोर जमीन पर आ गिरता है, और फिर बैठ जाता है। माँ सबसे पहला काम यह करती है कि बच्चे के पीछे जा कर उसे ज़ोरदार ठोकर मारती है। बच्चा खड़ा हो जाता है, लेकिन उसके पाँव

कमज़ोर होने की वजह से लड़खड़ा जाते हैं और वह फिर गिर जाता है। माँ फिर बच्चे के पीछे जाकर उसे एक ठोकर और मारती है। बच्चा खड़ा होने के बाद फिर बैठ जाता है, लेकिन माँ उसे तब तक ठोकर मारती रहती है, जब तक कि बच्चा अपने पाँव पर खड़ा होकर चलने नहीं लगता। क्यों? इसलिए कि बच्चा तभी जिंदा बच सकता है, जब वह अपने पाँव पर खड़ा हो जाए, वरना मांसभक्षी जानवर (predators) उसे खा जाएँगे और माँ इस बात को जानती है।

आपसे मेरा सवाल है, "क्या यह प्यार नहीं है?" बेशक है।

प्रेम और अनुशासन के माहौल में पले बच्चे बड़े होकर माँ-बाप को और अधिक इज़्ज़त देते हैं, एवं कानून का पालन करने वाले बनते हैं। इसका उलटा भी उतना ही सही है।

> *हर घर में अगर अनुशासन का पालन किया जाए, तो युवाओं द्वारा किए जाने वाले अपराधों में 95 प्रतिशत तक की कमी आ जाएगी।*
>
> — जे. एडगर हूवर

अच्छे माँ-बाप अनुशासन लागू करने से नहीं हिचकते, भले ही बच्चे कुछ देर के लिए उन्हें नापसंद करें।

अनुशासन आज़ादी देता है (Discipline Gives Freedom)

हमारा स्वभाव कुछ ऐसा है कि हम नतीजे की परवाह किए बिना अपने मनमुताबिक कामों को करना चाहते हैं, लेकिन अगर किसी बच्चे को बॉक्स में भरे सारे चॉकलेट खाने की इज़ाजत दे दी जाए, तो वह बीमार पड़ जाएगा। अगर उसी बच्चे को अनुशासित ढंग से एक, या दो चॉकलेट रोज़ खाने की इज़ाजत दी जाए, तो उसे लंबे समय तक आनंद मिलेगा।

> *आज़ादी मनचाही चीज़ का भरपूर आनंद उठाने में नहीं, बल्कि मन के वश में रखने से मिलती है।*
>
> — ऐपीटेटस

लोगों के मन में यह ग़लत धारणा बैठी हुई है कि आज़ादी का मतलब मनमुताबिक काम करना है। लेकिन आदमी की इच्छाएँ हमेशा पूरी नहीं हो सकतीं। कई बार अच्छे मूल्यों (values) और अनुशासन के फ़ायदों को समझ पाना मुश्किल होता है, बल्कि उनके खिलाफ़ काम करना ज़्यादा फ़ायदेमंद, आनंददायक

और सुविधाजनक लगता है। लेकिन हमें उन अनगिनत उदाहरणों पर ध्यान देना चाहिए, जो बताते हैं कि लोग अनुशासनहीनता के कारण किस तरह असफल हुए।

अनुशासन की बंदिशें हमें नीचे गिराने के बजाए ऊपर उठाती हैं। अनुशासन का यही लाभ है।

एक लड़का अपने पिता के साथ पतंग उड़ा रहा था। उसने पिता से पूछा, "पतंग किस वजह से ऊपर उड़ रही है?" पिता ने जवाब दिया, "धागे की वजह से।" लड़के ने कहा, "पिताजी, धागा तो पतंग को नीचे खींच रहा है।" पिता ने लड़के से कहा कि वह चुपचाप देखता रहे। उसके बाद पिता ने धागा तोड़ दिया।

सोचिए, पतंग का क्या हुआ होगा? वह नीचे गिर गई। क्या हमारी ज़िंदगी के साथ भी यही बात सही नहीं है? कई बार हम जिन चीज़ों के बारे में सोचते हैं कि वे हमें नीचे धकेल रही हैं, वास्तव में वे हमें ऊपर उड़ने में मदद दे रही होती हैं। हमारी ज़िंदगी में अनुशासन भी यही काम करता है।

मैं आज़ाद होना चाहता हूँ (I Want to Be Free)

हम यह जुमला अकसर सुनते हैं – मैं आज़ाद होना चाहता हूँ। अगर आप ट्रेन को पटरी से उतार दें, तो यह आज़ाद हो जाएगी, लेकिन उसके बाद वह जाएगी कहाँ? अगर हर इंसान अपना ख़ुद का ट्रैफ़िक कानून बनाने लगे और सड़क पर किसी भी तरफ़ गाड़ी चलाने लगे, तो हम इसे आज़ादी कहेंगे, या अव्यवस्था? यह अनुशासन का अभाव है। नियमों का पालन करके दरअसल हम आज़ादी हासिल करते हैं।

अनुशासन प्रेमभरी दृढ़ता है (Discipline is Loving Firmness)

मैंने यह सवाल अपने सेमिनारों में भाग लेने वाले कई लोगों से पूछा है, "अगर हमारे बच्चे को 105° बुखार हो और वह डॉक्टर के पास न जाना चाहता हो, तो हम क्या करेंगे?" सबका यही जवाब था कि बच्चे के विरोध करने के बावजूद वे उसे डॉक्टर के पास ले जाएँगे। क्यों? क्योंकि बच्चे का हित उसी में है।

बच्चे की परवरिश करना लोकप्रिय प्रतियोगिता नहीं है
PARENTING IS NOT A POPULARITY CONTEST

एक डकैती के मुलज़िम को सज़ा देते समय जज ने उससे पूछा कि क्या उसे कुछ कहना है? उस आदमी ने जवाब दिया, "जी हुज़ूर। मेहरबानी करके मेरे माँ-बाप को भी सज़ा दीजिए।" जज ने पूछा,

"क्यों?" कैदी ने जवाब दिया, "जब मैं छोटा बच्चा था, तो मैंने स्कूल से पेंसिल चुराई। मेरे माँ-बाप ने यह जानने के बावजूद मुझे कुछ नहीं कहा। उसके बाद मैंने एक पेन चुराई। उन्होंने उस वाकये को भी जान बूझकर नज़रअंदाज़ किया। उसके बाद मैं स्कूल और पड़ोसियों के घरों से एक के बाद एक चीज़ें चुराता रहा और चोरी मेरी आदत बन गई। मेरे माँ-बाप को ये सारी बातें मालूम थीं, पर उन्होंने मुझे एक शब्द भी नहीं कहा, इसलिए मेरे साथ उन्हें भी जेल जाना चाहिए।"

वह सही कह रहा था। हालाँकि इन बातों से वह अपनी ज़िम्मेदारी से बरी नहीं होता, पर सवाल यह पैदा होता है कि क्या माँ-बाप ने सही काम किया? ज़ाहिर है कि 'नहीं'।

बच्चों को चुनाव करने का मौका देना अच्छी बात है, पर सही दिशा दिखाए बिना चयन करने की छूट देना उनकी तबाही की वजह बन सकता है। शरीर और मन की पूरी तैयारी त्याग और अनुशासन से ही संभव है।

माँ-बाप एक हफ़्ते में बच्चों के साथ काम की बातचीत पर तक़रीबन 15 मिनट का ही वक़्त देते हैं, बाक़ी समय उन्हें अपने साथियों और टी.वी. से जो नैतिक मूल्य मिलते हैं उन्हें मनचाहे ढंग से इकट्ठे करने के लिए छोड़ दिया जाता है।

— जर्नल ऑफ़ द अमरीकी फैमिली एसोसिएशन

ख़ुद से पूछें – क्या अनुशासन के बिना,

- एक कप्तान ज़हाज़ को सही ढंग से चला सकता है?
- एक एथलीट दौड़ में जीत सकता है?
- एक वायलिनवादक संगीत समारोह में अच्छी तरह से वायलिन बजा सकता है?

जवाब है – "बिल्कुल नहीं।" फिर हम निजी व्यवहार के मामले में या कोई स्तर हासिल करने के लिए अनुशासन के ज़रूरी होने पर सवालिया निशान लगाते हैं? अनुशासन बेहद ज़रूरी है।

आज की फ़िलॉसफ़ी है, "अगर यह काम अच्छा लगता है, तो करो।"

मैंने कई बार माँ-बाप को बड़े ही भोलेपन के साथ कहते सुना है कि "मेरे बच्चे चाहे कुछ भी कर रहे हों, अगर इससे उन्हें ख़ुशी मिल रही है तो यह मेरे लिए ज़रूरी

नहीं है कि वे क्या कर रहे हैं।" मैं उनसे पूछता हूँ, "क्या हम जानना नहीं चाहते कि हमारे बच्चों को क्या करने की ख़ुशी मिलती है? अगर सड़क पर किसी को पीटने या उसका सामान छीन लेने से इन्हें खुशी मिलती है, तब ऐसे लोगों के लिए अंग्रेज़ी में एक लफ़्ज है – perversion, हिंदी में इसे कहते हैं – नीचता।"

जीवन में जितना ख़ुशी का महत्त्व है, उतना ही यह भी महत्त्वपूर्ण है कि वह ख़ुशी हम कहाँ से और कैसे हासिल करते हैं। यह हमारे नैतिक मूल्यों, अनुशासन और ज़िम्मेदारी का मिलाजुला नतीजा होती है।

हम अकसर सुनते हैं, "जो तुम्हें अच्छा लगे, वो करो।" इस बात का उलटा भी उतना ही सही है कि – जो करना ज़रूरी है, उसे पसंद करो। कई बार हमें ऐसे कामों को भी करना पड़ता है, जिन्हें करने की ज़रूरत है, वे चाहे हमें पसंद हों या न हों।

एक माँ दिनभर काम करने के बाद घर आती है, फिर घर के कामकाज निपटाती हैं, बच्चे की देखभाल करती है और आख़िर में थकी-हारी सो जाती है। आधी रात को बच्चा रोने लगता है। ऐसे में थक कर सोयी माँ को क्या उठना चाहेगी? नहीं . . . मगर फिर भी वह उठती है। क्यों? इसकी तीन वजहें हैं –

- प्यार
- फ़र्ज़
- ज़िम्मेदारी

हम ज़िंदगी सिर्फ़ भावनाओं के सहारे नहीं गुज़ार सकते। हमें अनुशासन की भी ज़रूरत होती है – चाहे हमारी उम्र कितनी ही हो। ज़िंदगी में क़ामयाबी तभी मिलती है, जब हम अपनी इच्छाओं के आगे घुटने के बजाए वह करें, जो किया जाना चाहिए या जिसे करने की ज़रूरत है। इसके लिए ज़रूरत है अनुशासन की।

माँ-बाप, गुरु या अधिकारियों द्वारा लगाए गए लेबल या नीचा दिखाने वाली टिप्पणियाँ

(Labeling and Put-Downs by Parents, Teachers and Supervisors)

क्या आपने कई माँ-बाप को अपने बच्चों को मज़ाक़ में या प्यार से 'लल्लू' या 'भोंदू' कह कर पुकारते सुना है? ऐसे लेबल आदमी पर ज़िंदगीभर के लिए चिपक जाते हैं। बड़े होने पर वही बच्चे माँ-बाप की टिप्पणियों को सही साबित करते हैं। ये लेबल ज़िंदगीभर के लिए ही नहीं, बल्कि पीढ़ियों तक साथ लग जाते हैं। भारत में जातिप्रथा इस बात का जीताजागता उदाहरण है कि लेबल लग जाना

कितना तकलीफ़देह हो सकता है। ऊँची जाति या नीची जाति – ये बातें सिर्फ़ लेबल नहीं तो और क्या हैं? आम तौर पर माता-पिता अपने बच्चों पर इस तरह के लेबल लगाते हैं –

- तुम भोंदू (dumb) हो।
- तुम कोई भी काम सही ढंग से नहीं करते।
- तुम ज़िंदगी में कुछ नहीं कर पाओगे।

सही मूल्यों की शिक्षा (Teaching the Right Values)

कई बार असावधानी या अनजाने में हम अपने परिवार या दफ़्तर में ग़लत मूल्यों की शिक्षा देते हैं। जैसे हम अपने बच्चों या कर्मचारियों को अपने लिए झूठ बोलने को कहते हैं। उदाहरण के तौर पर –

- उन्हें कहो कि मैं यहाँ पर नहीं हूँ।
- उन्हें कहो कि चेक डाक से भेज दिया गया है।

हम अपने माँ-बाप, गुरु या सुपरवाइज़र से यह उम्मीद करते हैं कि वे हमें सच्चाई सिखाएँगे, लेकिन कई बार हमें निराशा ही मिलती है। लोग इस तरह के छोटे-मोटे झूठ बोलते-बोलते पेशेवर झूठ बोलने वाले बन जाते हैं। जब हम औरों को हमारे लिए झूठ बोलना सिखाते हैं तो एक दिन ऐसा आता है जब वे हमसे भी झूठ बोलने लगते हैं। जैसे – सेक्रेटरी फ़ोन पर अपनी बीमारी का बहाना करती है जबकि वह शॉपिंग करने के लिए जाना चाहती है। हो सकता है कि उसके बॉस ने उससे अपने लिए झूठ बोलने की इतनी प्रैक्टिस करवाई हो कि इसमें एक्सपर्ट होकर वह उसी से झूठ बोल रही है। पहले वह उसके लिए झूठ बोलती थी, अब उसी से झूठ बोलती है।

ऊँचा आत्मसम्मान विकसित करने के तरीके
STEPS TO BUILDING A POSTIVE SELF-ESTEEM

अपनी कमियों को ख़ूबियों में बदलें (Turn Scars into Stars)

ऐसे लोगों की जीवनी पढ़ें, जिन्होंने निराशा को आशा में, नुक़सान को फ़ायदे में, रास्ते के पत्थरों को सफलता की सीढ़ी में बदल दिया हो। ऐसे लोग दुखी और उदास होने से इंकार कर देते हैं। वे मायूसियों और नाक़ामयाबियों को अपने ऊपर हावी नहीं होने देते।

दुनिया को सर्वश्रेष्ठ संगीत देने वालों में एक बीथोवन (Beethoven) भी थे – उनकी अक्षमता (handicap) क्या थी? वे बहरे थे। प्रकृति के ऊपर सर्वश्रेष्ठ कविताएँ लिखने वालों में एक थे मिल्टन (Milton) – उनकी अक्षमता क्या थी? वे अंधे थे। फ्रैंकलिन डी. रुज़वेल्ट (Franklin D. Roosevelt) अमरीका के सर्वश्रेष्ठ राष्ट्रपति और दुनिया के महानतम नेताओं में से थे – उनकी अक्षमता क्या थी? वे चल-फिर नहीं पाते थे, जिससे उन्हें व्हील चेयर पर बैठ कर ही काम करना पड़ता था।

विल्मा रुडोल्फ़ की कहानी *
THE WILMA RUDOLPH STORY

विल्मा रुडोल्फ़ (Wilma Rudolph) का जन्म टेनेसेसी (Tennessee) के एक ग़रीब परिवार में हुआ था। चार साल की उम्र में उसे डबल निमोनिया (double pneumonia) और काला बुखार (scarlet fever) ने गंभीर रूप से बीमार कर दिया। इनकी वजह से उसे पोलियो हो गया। वह पैरों को सहारा देने के लिए ब्रेस (brace) पहना करती थी। डॉक्टरों ने तो यहाँ तक कह डाला था कि वह ज़िंदगीभर चल-फिर नहीं सकेगी। लेकिन विल्मा की माँ ने उसकी हिम्मत बढ़ाई और कहा कि ईश्वर की दी हुई क्षमता, मेहनत और लगन से वह जो चाहे कर सकती है। यह सुन कर विल्मा ने कहा कि वह इस दुनिया की सबसे तेज़ धाविका (runner) बनना चाहती है। नौ साल की उम्र में डॉक्टरों के मना करने के बावजूद विल्मा ने ब्रेस को उतार कर पहला क़दम उठाया, जबकि डॉक्टरों ने कहा था कि वह कभी चल नहीं पाएगी। 13 साल की होने पर उसने अपनी पहली दौड़ प्रतियोगिता में हिस्सा लिया और सबसे पीछे रही। उसके बाद वह दूसरी, तीसरी, चौथी दौड़ प्रतियोगिताओं में हिस्सा लेती रही और हमेशा आख़िरी स्थान पर आती रही। वह तब तक कोशिश करती रही, जब तक वह दिन नहीं आ गया, जब वह फ़र्स्ट आई।

* स्टार लेजर से उद्धृत, 13 नवम्बर, 1994।

15 साल की उम्र में विल्मा टेनेसी स्टेट यूनिवर्सिटी (Tennessee State University) गई, जहाँ वह एड टेम्पल (Ed Temple) नाम के कोच से मिली। विल्मा ने उन्हें अपनी यह ख़्वाहिश बताई कि "मैं दुनिया की सबसे तेज़ धाविका बनना चाहती हूँ।" तब टेम्पल ने कहा, "तुम्हारी इसी इच्छाशक्ति की वजह से तुम्हें कोई भी नहीं रोक सकता और साथ में मैं भी तुम्हारी मदद करूँगा।"

आख़िर वह दिन आया जब विल्मा ने ओलंपिक में हिस्सा लिया। ओलंपिक में दुनिया के सर्वश्रेष्ठ खिलाड़ियों में मुक़ाबला होता है। विल्मा का मुक़ाबला जुत्ता हैन (Jutta Heine) से था, जिसे कोई भी हरा नहीं पाया था। पहली दौड़ 100 मीटर की थी। इसमें विल्मा ने जुत्ता को हराकर अपना पहला गोल्ड मेडल जीता। दूसरी दौड़ 200 मीटर की थी। इसमें विल्मा ने जुत्ता को दूसरी बार हराया और उसे दूसरा गोल्ड मेडल मिला। तीसरी दौड़ 400 मीटर की रिले रेस थी और विल्मा का मुक़ाबला एक बार फिर से जुत्ता से ही था। रिले में रेस का आख़िरी हिस्सा टीम का सबसे तेज़ एथलीट ही दौड़ता है। इसलिए विल्मा और जुत्ता, दोनों को अपनी-अपनी टीमों के लिए दौड़ के आख़िरी हिस्से में दौड़ना था। विल्मा की टीम के तीन लोग रिले रेस के शुरूआती तीन हिस्से में दौड़े और आसानी से बेटन बदली। जब विल्मा के दौड़ने की बारी आई, उसके हाथ से बेटन ही छूट गई। लेकिन विल्मा ने देख लिया कि दूसरे छोर पर जुत्ता हैन तेज़ी से दौड़ चली है। विल्मा ने गिरी हुई बेटन उठाई और मशीन की तरह ऐसी तेज़ी से दौड़ी कि जुत्ता को तीसरी बार भी हराया और अपना तीसरा गोल्ड मेडल जीता। यह बात इतिहास के पन्नों में दर्ज हो गई कि एक लकवाग्रस्त महिला 1960 के ओलंपिक में दुनिया की सबसे तेज़ धाविका बन गई।

विल्मा से हमें क्या सीखना चाहिए? इससे हमें शिक्षा मिलती है कि क़ामयाब लोग कठिनाईयों के बावजूद सफलता हासिल करते हैं, न कि तब, जब कठिनाईयाँ नहीं होती।

जब हम किसी ऐसे व्यक्ति की कहानी सुनते या पढ़ते हैं, जिसने अपनी कमियों को ख़ूबियों में बदल दिया हो, तब क्या हम उत्साहित नहीं होते? यदि हम ऐसे ही क़ामयाब लोगों की जीवनी पढ़ें, तो क्या हमारा भी हौसला नहीं बढ़ेगा?

समझ भरी नासमझी सीखें (Learn Intelligent Ignorance)

शिक्षा हमें सिखाती है कि हम क्या कर सकते हैं, और क्या नहीं कर सकते।

मैं बहुत से ऐसे असीम क्षमता वाले लोगों की तलाश में हूँ, जो यह नहीं जानते कि क्या नहीं किया जा सकता।

— हेनरी फोर्ड

हेनरी फोर्ड (Henry Ford) ने दुनिया को वी-8 इंजन दिया। उन्होंने स्कूली शिक्षा ज़्यादा नहीं पाई थी। वास्तव में 14 साल की उम्र के बाद वे स्कूल ही नहीं गए थे। उनमें इतनी समझ तो थी कि वी-8 इंजन उनकी कंपनी के लिए काफ़ी मूल्यवान होगा, पर वह यह नहीं जानते थे कि उसे कैसे बनाया जाए। इसलिए उन्होंने अपनी कंपनी के सारे ऊँची तालीम वाले लोगों से वी-8 इंजन बनाने को कहा। उन लोगों ने हेनरी फोर्ड को बताया कि वी-8 इंजन बनाना नामुमकिन है, लेकिन हेनरी फोर्ड वी-8 इंजन बनाने की अपनी माँग पर अड़े रहे। कुछ महीने बाद उन्होंने अपने लोगों से फिर पूछा कि क्या उन्होंने वी-8 इंजन बना लिया है। लोगों ने जवाब दिया कि हमें मालूम है कि क्या हो सकता है और क्या नहीं हो सकता है; वी-8 इंजन बनाना असंभव है। कुछ महीनों के बाद, फोर्ड ने अपने लोगों से फिर कहा कि मुझे मेरा वी-8 इंजन चाहिए। कुछ ही दिनों बाद वही लोग हेनरी फोर्ड का वी-8 इंजन बना कर ले आए।

यह कैसे संभव हुआ? लोगों ने अपनी शिक्षा की हदों से आगे बढ़ कर सोचा। शिक्षा हमें जहाँ एक ओर यह बताती है कि क्या किया जा सकता है, वहीं दूसरी ओर कई बार झूठी सीमाएँ भी बाँधती हैं।

भौंरा

THE BUMBLEBEE

हमें कुदरत से सीखने की ज़रूरत है। वैज्ञानिकों के मुताबिक भौंरे का शरीर काफी भारी है और उड़ने के लिहाज़ से पंखों का फैलाव काफ़ी कम होता है। उड़ान

के नियमों (aerodynamics) के अनुसार, भौंरा उड़ नहीं सकता, लेकिन भौंरे को इस बात की ख़बर नहीं है, और वह उड़ता रहता है।

जब हम अपनी हदों और सीमाओं को नहीं जानते, तो हम बड़े और ऊँचे काम करके ख़ुद को ही आश्चर्यचकित कर देते हैं। पीछे मुड़ कर देखने पर हैरानी होती है कि क्या मेरी कोई सीमा भी थी। हम सिर्फ़ उन्हीं सीमाओं से बँधे हैं, जो हमने अपने लिए ख़ुद बनाई है। शिक्षा को अपने ऊपर बंधन मत लगाने दें।

उन लोगों के लिए कुछ करें जो बदले में हमको कुछ भी नहीं दे सकते (Do Something for Others Who Cannot Repay We in Cash or Kind)

विश्वप्रसिद्ध मनोचिकित्सक (psychiatrist) डॉ. कार्ल मेनिंजर (Dr Karl Menninger) से एक बार पूछा गया कि आप उस इंसान को क्या सलाह देंगे, जिसके बारे में आप जानते हैं कि उसका नर्वस ब्रेकडाउन (nervous breakdown) होने वाला है। दर्शक उम्मीद कर रहे थे कि डॉ. मेनिंजर ऐसे इंसान को किसी पेशेवर डॉक्टर से सलाह लेने को कहेंगे, लेकिन उन्होंने यह जवाब नहीं दिया। डॉ. मेनिंजर ने कहा, "मैं ऐसे इंसान को यह सलाह दूँगा कि वह शहर के दूसरे हिस्से में जाकर किसी ज़रूरतमंद की मदद करें। ऐसा करने से हम अपने दायरे से बाहर निकल आते हैं।" कई बार हम अपने रास्ते की रुकावट ख़ुद बन जाते हैं। क्या यह बात सही नहीं है?

सोशल वर्कर (social worker) बनिए। इससे हमारा महत्त्व ख़ुद की नज़रों में बढ़ जाता है। जैसी मदद आप दूसरों से ख़ुद के लिए चाहते हैं, दूसरों की वैसी ही मदद करें; यह हमको संतोष की भावना देगा। बदले में बिना कुछ पाने की भावना के साथ दूसरों की मदद करने से किसी भी व्यक्ति में स्वाभिमान बढ़ता है। एक अच्छी शख़्सियत वाले व्यक्ति को सिर्फ़ लेने की नहीं, देने की भी ज़रूरत होती है।

तारीफ़ लेना और देना सीखें (Learn Give and Receive Compliments)

दूसरों की सच्ची तारीफ़ करने का कोई मौक़ा हाथ से न जाने दें। याद रखें कि इसमें सबसे महत्त्वपूर्ण शब्द हैं – सद्भाव, सच्चाई और ईमानदारी। जब दूसरे आपकी तारीफ़ करते हों, तो उसे शिष्टता और नम्रता से दो शब्द – 'आपका धन्यवाद' कहते हुए स्वीकार करें। यह विनम्रता की निशानी है।

ज़िम्मेदारी क़बूल करें (Accept Responsibility)

हमें अपने व्यवहार और काम की ज़िम्मेदारी को क़बूल करना चाहिए और बहानेबाज़ियों से बचना चाहिए। उस स्टुडेंट की तरह न बनें, जो सिर्फ़ इसलिए फेल हो गया था, क्योंकि उसे टीचर या विषय पसंद नहीं आया। सबसे ज़्यादा नुक़सान वह किसे पहुँचाता है? हमें अपनी ज़िम्मेदारी को क़बूल करके दूसरों को दोष देना बंद करना चाहिए। इससे हमारी उत्पादकता (productivity) और जीवन की गुणवत्ता (quality) में सुधार आएगा।

अधिकार हमारी ज़िम्मेदारियों से बड़े नहीं हो सकते। हमारे अधिकारों की सुरक्षा हमारी ज़िम्मेदारियों के पालन से ज़्यादा नहीं बढ़ सकती।

– जॉन एफ़. कैनेडी

बहानेबाज़ियाँ समस्याओं को और भी मुश्किल बना देती हैं। हम

- खुद के
- परिवार के
- दफ़्तर के
- समाज के
- और वातावरण के प्रति ज़िम्मेदार होते हैं।

पेड़-पौधों को लगाकर, मिट्टी के कटाव को रोक कर और क़ुदरत की ख़ूबसूरती की हिफ़ाज़त करके हम हरियाली बढ़ा सकते हैं।

हमें इसी धरती पर रहना है, हमारे पास दूसरी धरती नहीं है, जहाँ हम जा सकें। हमें हर दिन कुछ ऐसे काम करने चाहिए, जिनसे यह दुनिया रहने की एक बेहतर जगह बन सके। हम पर आने वाली पीढ़ियों के लिए इस पृथ्वी की हिफ़ाज़त करने की ज़िम्मेदारी है। अगर हम ज़िम्मेदारी भरा व्यवहार नहीं करेंगे तो आने वाली पीढ़ियाँ हमें कैसे माफ़ कर सकेंगी?

अगर आदमी की औसत उम्र 75 साल हो और हम अभी 40 साल के हैं, तो हमको अब भी 365 × 35 दिन जीना है। अपने आपसे से यह सवाल पूछें कि हम इस समय के साथ क्या करने जा रहे हैं? जब हम अपनी ज़िम्मेदारियाँ स्वीकार करते हैं, या बढ़ाते हैं तो ख़ुद को और भी महत्त्वपूर्ण बना लेते हैं। क्या यह सच नहीं है?

अनुशासन का पालन करें (Practice Discipline)

आत्मअनुशासन हमारे आनंद को ख़त्म नहीं करता, बल्कि और भी बढ़ाता है। आपने देखा होगा कि अनेक लोग प्रतिभा और क्षमता के बावजूद नाक़ामयाब हैं। वे मायूस होते हैं और यह बात उनके व्यापार, सेहत और रिश्तों पर असर डालती है। वे संतुष्ट नहीं होते और अपनी समस्याओं के लिए भाग्य को दोष देते रहते हैं। वे यह महसूस नहीं कर पाते कि उनकी कई समस्याएँ अनुशासन की कमी से पैदा हुई हैं।

अपने लक्ष्य तय करें (Set Goals)

सही और साफ़ सोच के साथ बनाए गए लक्ष्य आदमी को एक दिशा दिखाते हैं। लक्ष्य पाने में क़ामयाब होने से उसे संतोष मिलता है। मक़सद से भी ज़्यादा महत्त्वपूर्ण है – मक़सद का अहसास और हमारी दृष्टि। इससे ज़िंदगी को एक अर्थ और पूर्णता मिलती है।

अपने लक्ष्य को पाने की कोशिश में हम जो बनते हैं, वह लक्ष्य हासिल होने के बाद मिलने वाली उपलब्धियों से अधिक महत्त्वपूर्ण होता है। कुछ बनने की यह प्रक्रिया ही हमें सच्ची ख़ुशी देती है और यही सच्चे अर्थों में स्वाभिमान है।

हमारे लक्ष्य असलियत से दूर नहीं होने चाहिए, क्योंकि जो लक्ष्य असलियत से परे या बेबुनियाद होते हैं, वे क़ामयाबी में नहीं बदले जा सकते, जिससे हमारे स्वाभिमान में कमी आती है; जबकि वास्तविकता पर आधारित लक्ष्य हमें उत्साहित करने के साथ-साथ हमारे स्वाभिमान को भी बढ़ाते हैं।

ऊँचे चरित्र वाले लोगों से नाता जोड़ें (Associate with People of High Moral Character)

अगर आप ख़ुद के मान-सम्मान को महत्त्व देते हैं, तो गुणवान लोगों की संगति में रहें। ख़राब संगत में रहने से तो अच्छा है कि आप अकेले ही रहें।

– जॉर्ज वाशिंगटन

दोस्ती की परख (Test of Friendship)

हमलोग साथियों के दबाव में आ कर बुरा असर अपना लेते हैं। लोग कहते हैं, "क्या तुम मेरे दोस्त नहीं हो?" याद रखें कि अच्छे दोस्त अपने दोस्तों को दुख और तकलीफ़ में कभी नहीं देखना चाहते।

अगर मैं अपने किसी दोस्त को कभी बेहद शराब पिए हुए देखूँ तो मैं उसे गाड़ी चलाने से रोकूँगा। मैं दोस्त खोने के बजाए, दोस्ती खोना पसंद करूँगा। अकसर ऐसा देखा गया है कि लोग दूसरों की नज़र में अच्छा बनने के लिए ग़लत काम भी बड़ी आसानी से कर जाते हैं और कहते हैं, "बड़ा मज़ा आया।" मगर वे यह नहीं समझ पाते कि उनका यही मज़ा उनकी ज़िंदगी को मज़ाक बना देता है।

साथियों के दबाव में जो चीज़ें शुरू होती हैं, वास्तव में उनसे दोस्ती की परख होती है। जब हम मुश्किल में होंगे, तब वे कहाँ होंगे? वे हमारी मदद कहाँ तक करेंगे? और सबसे बड़ा सवाल तो यह है कि जब उनके पास आज चरित्र नहीं है, तो कल वे हमारी मदद के लिए चरित्र कहाँ से लाएँगे? ऊँचे नैतिक चरित्र के लोगों के साथ जुड़ने से हमारा स्वाभिमान बढ़ता है।

साथियों का दबाव (Peer Pressure)

जब किसी इंसान में झुंड में शामिल होने की इच्छा सच्चाई पर डटे रहने की इच्छा से ज़्यादा ताक़तवर होती है, तो यह साफ़ है कि उसमें साहस और चरित्र की कमी है। लोगों के साथ में बने रहने के लिए उनका साथ देते रहना सुविधाजनक होता है, इससे हमारे साथी खुश रहते हैं और हमारा मज़ाक बनाए जाने का डर नहीं रहता। मगर यहीं पर ऊँचे दर्जे के आत्मसम्मान वाले लोग एक सीमा रेखा खींच लेते हैं। यहीं पर बड़े और छोटे का फ़र्क़ पता चल जाता है –

उदाहरण के तौर पर –

- स्कूली बच्चे अपने ग्रुप का हिस्सा इसलिए बने रहना पसंद करते हैं, ताकि उन पर कोई हँसे नहीं।
- वे जवाब देने की पहल नहीं करते हैं, क्योंकि उन्हें डर होता है कि दूसरे उनका मज़ाक उड़ाएँगे।
- कारखाने के कर्मचारी अपने साथियों को ख़ुश रखने के लिए जानबूझ कर अपना उत्पादन कम रखते हैं और ज़्यादा मेहनत नहीं करते।

थोड़ी-सी ढील चलती है (Moderation)

बहुत से लोग कहते हैं कि थोड़ी-सी ढील चलती है। मैं* थोड़ा बहुत कोशिश करके छोड़ दूँगा। सवाल यह है कि –

---

* "मैं कोशिश करूँगा। अगर नहीं बन पाएगा, तो उस काम को छोड़ दूँगा।"

- क्या थोड़ा बहुत धोखा देना ठीक है?
- क्या थोड़ा बहुत झूठ बोलना ठीक है?
- क्या नशीली दवाओं का थोड़ा बहुत सेवन ठीक है?
- क्या थोड़ी बहुत चोरी करना ठीक है?
- क्या थोड़ा बहुत नाजायज़ संबंध रखना ठीक है?

कुछ लोग बार-बार दलील देते हैं कि "मैं जब चाहूँ, तब इन बुराईयों को छोड़ सकता हूँ।" वे यह महसूस नहीं करते कि इच्छाशक्ति के मुक़ाबले बुरे असर ज़्यादा ताक़तवर होते हैं।

बाहरी असर से नहीं, बल्कि अंदरूनी प्रेरणा से काम करें (Become Internally Driven, Not Externally Driven)

किसी दिन अगर कोई इंसान बहुत ख़ुशमिज़ाजी के साथ सोकर उठे और मुझे फ़ोन करके कहे कि "तुम दुनिया में सबसे बेहतरीन आदमी हो। तुम काफ़ी अच्छा काम कर रहे हो। मैं तुम्हें यह बताना चाहता हूँ कि तुम्हें अपना दोस्त कहने में मुझे गर्व महसूस होता है।" मैं जानता हूँ कि वह ये बातें ईमानदारी से कह रहा है। यह सुन कर मुझे कैसा लगेगा – ज़ाहिर है, बहुत अच्छा। मगर अगले दिन जब वह झुंझलाहट के साथ सो कर उठता है और मुझे फ़ोन करके कहता है कि "तुम दुष्ट, जालसाज़ और मक्कार हो। तुम शहर में सबसे बड़े धोखेबाज़ हो!" यह सुन कर मुझे कैसा महसूस होगा? ज़ाहिर है, बहुत ही बुरा।

जब उसने पहले दिन कहा – "तुम सबसे अच्छे आदमी हो।" मैंने अच्छा महसूस किया। अगले दिन जब उसने मुझे दुष्ट कहा तो मैंने बहुत बुरा महसूस किया। मेरी ज़िंदगी को कौन कंट्रोल (control) कर रहा है? यक़ीनन, वह इंसान। क्या मैं अपना जीवन ऐसे गुज़ारना चाहता हूँ? हर्गिज़ नहीं। यह हुई बाहरी दबावों से चलने की बात।

मैं अंदरूनी प्रेरणा से चलने वाला बनना चाहता हूँ। जब उसने मुझे फ़ोन किया और मुझे सबसे अच्छा व्यक्ति कहा तो सुनने में तो यह बात बड़ी अच्छी लगी, लेकिन अगर वह मेरी तारीफ़ में ये बातें न भी कहता, तो भी मैं अपनी नज़रों में एक अच्छा इंसान ही हूँ और अगले दिन जब उसने मेरी बुराई की, तो उसके शब्द मुझे भले ही बुरे लगे, पर वे मुझमें छोटेपन का अहसास नहीं पैदा कर सकते, क्योंकि अपनी नज़रों में मैं अब भी एक अच्छा इंसान हूँ। जब लोग ऐसी बातें

कहते हैं, "तुम मुझे नाराज़ करते हो", तो यहाँ पर कंट्रोल बाहरी है, लेकिन जब मैं कहता हूँ कि "मैं तुमसे नाराज़ हूँ", तो यहाँ पर कंट्रोल अंदरूनी है।

कोई भी आपकी इजाज़त के बग़ैर आपको हीन (छोटा) महसूस नहीं करा सकता।

— एलीनोर रूज़वेल्ट

एक कहानी है कि प्राचीन भारत के किसी साधु महात्मा को राह चलते एक आदमी ने गालियाँ दीं। उस महात्मा ने बिना परेशान हुए उन बातों को तब तक सुना, जब तक वह आदमी बोलते-बोलते थक न गया। तब उन्होंने उस आदमी से पूछा, "अगर किसी की दी हुई चीज़ न ली जाए, तो वह चीज़ किसके पास रहेगी?" आदमी ने जवाब दिया कि चीज़ देने वाले के पास ही रह जाएगी। महात्मा ने कहा, "मैं तुम्हारी इस देन को लेने से इंकार करता हूँ।" और वह उस आदमी को हक्का-बक्का और हैरान छोड़ कर चल दिए। उस महात्मा का ख़ुद पर अंदरूनी कंट्रोल था।

जब तक हम बाहरी बातों को दोष देते रहेंगे, तब तक हमारे दुख बने रहेंगे और हम ख़ुद को लाचार महसूस करते रहेंगे। जब तक हम अपने अहसास और व्यवहार की ज़िम्मेदारी ख़ुद नहीं लेंगे, तब तक हममें कोई बदलाव नहीं आएगा। हमें सबसे पहले ख़ुद से ये सवाल पूछने चाहिए –

- मैं परेशान क्यों हुआ?
- मैं गुस्सा क्यों हुआ?
- मैं निराश क्यों हुआ?

तब हमें इन पर क़ाबू पाने के उपाय सूझने लगते हैं।

ख़ुशी सकारात्मक स्वाभिमान का नतीजा है। अगर हम लोगों से पूछें कि उन्हें किन बातों से ख़ुशी मिलती है, तो हमको बहुत क़िस्म के जवाब मिलेंगे। इनमें से ज़्यादातर लोग धन-दौलत, ऐशोआराम की चीज़ों के नाम बताएँगे, लेकिन असली ख़ुशी उन चीज़ों को पाने में नहीं है। ख़ुशी बनने में है, न कि पाने में। जीवन में किसी के पास सब कुछ होने पर भी यह ज़रूरी नहीं है कि वह ख़ुश हो। इसकी उलटी बात भी इतनी ही सच है।

ख़ुशी अंदरूनी होती है। ख़ुशी तो एक तितली की तरह है, जिसके पीछे हम जितना दौड़ते हैं, यह उतना ही आगे उड़ती जाती है और हाथ नहीं आती। अगर हम चुपचाप खड़े हो जाएँ तो यह हमारे कंधे पर ख़ुद-ब-ख़ुद बैठ जाएगी।

ख़ुशी लाने वाली दिमाग़ी सोच बनाएँ
(Develop a Mindset That Brings Happiness)

कड़ुवाहट भावनात्मक नाक़ामयाबी की पहचान है। यह अच्छे काम करने की हमारी क्षमता को अपाहिज कर देती है। अपने पैमाने ख़ुद बनाएँ। ख़ुद के प्रति ईमानदार रहें। ख़ुद से ही मुक़ाबला करें। नीचे लिखी बातों को अपनाएँ –

- हर आदमी और हर हालात में अच्छाई ढूँढ़ें।
- ख़ुश रहने का फ़ैसला करें।
- अपने पैमाने समझदारी से तय करें।
- ग़लत आलोचना से परेशान न होने की क्षमता बढ़ाएँ।
- छोटी-से-छोटी चीज़ में भी ख़ुशी तलाशना सीखें।
- याद रखें कि समय कभी एक जैसा नहीं रहता। उतार-चढ़ाव तो जीवन का हिस्सा है।
- हर परिस्थिति का भरपूर आनंद लें।
- ख़ुद को रचनात्मक कामों में लगाए रखें।
- ख़ुद से कम भाग्यशाली लोगों की मदद करें।
- चीज़ों पर क़ाबू पाना सीखें। चिंतित न रहें।
- ख़ुद को और दूसरों को माफ़ करना सीखें। न तो अपराध-बोध के शिकार हों और न ही किसी के लिए मन में मैल रखें।

ख़ुद को सही आत्मसुझाव दें
(Give Yourself Positive Auto-suggestions)

ख़ुद को सही आत्मसुझाव देने की आदत बनाएँ। आत्मसुझाव हमारे अवचेतन मन को प्रभावित करके हमारी सोच के तरीके को बदलता है और हमारे व्यवहार में हमारी सोच ही झलकती है। इस तरह आत्मसुझाव हमारे सोच के तरीके को प्रभावित करके हमारे व्यवहार पर असर डालता है। एक तरह से यह आत्मविश्वास जगाने वाली भविष्यवाणियों का रूप ले लेता है। इस तरह के आत्मसुझावों के कुछ उदाहरण ये हैं –

- मैं इसे सँभाल सकता हूँ।
- मैं इसे कर सकता हूँ।
- मैं हिसाब में अच्छा हूँ।
- मेरी यादाश्त अच्छी है।

हमारी सबसे बड़ी ताक़त, हमारी सबसे बड़ी कमज़ोरी भी बन सकती है (Our Greatest Strength Can Become Our Greatest Weakness)

हमारा कोई गुण हद से ज़्यादा बढ़ने पर कमज़ोरी में बदल जाता है। उदाहरण के तौर पर, सेल्स के पेशे में अच्छी तरह से बात करना एक हुनर है। अकसर ऐसा देखा गया है कि अच्छी बोलचाल वाले सेल्समैन ज़्यादा सफल होने लगते हैं और फिर इसी हुनर को हद से ज़्यादा इस्तेमाल करने पर असफल भी होने लगते हैं। उनकी ख़ूबी उन्हें क़ामयाबी के पास ले जाती है, लेकिन ज़रूरत से ज़्यादा इस्तेमाल किए जाने पर कमज़ोरी बन जाती है और वे नाक़ामयाब होने लगते हैं।

सुनना भी एक ताक़त है लेकिन किसी इंसान में यह ख़ूबी ज़रूरत से ज़्यादा बढ़ने पर ज़्यादा सुनना और न बोलना उसकी कमज़ोरी बन जाती है।

हमारी सबसे बड़ी कमज़ोरी हमारी सबसे बड़ी ताक़त बन सकती है (Our Greatest Weakness Can Become Our Greatest Strength)

गुस्सा एक कमज़ोरी है। इसे एक ताक़त के रूप में कैसे बदला जा सकता है? इसका नमूना एक महिला ने मैड बना कर पेश किया। मैड का मतलब है – मदर्स अगेंस्ट ड्रंक ड्राइविंग (MADD – Mothers Against Drunk Driving) नाम की संस्था। एक शराबी ड्राइवर की लापरवाही से उस महिला का बच्चा मारा गया था। वह इतनी गुस्सा हुई कि उसने यह समाज में ऐसी बातें बरदाश्त न करने का फ़ैसला किया। उसने समूचे अमरीका में शराब पीकर ड्राइविंग करने के ख़िलाफ़ लोगों को एकजुट किया। आज वह महिला और उसका संगठन, लाखों सदस्यों के साथ एक बड़ी ताक़त बन चुके हैं और वे ज़रूरी क़ानूनी बदलाव लाने में भी सफल हो रहे हैं। यह गुस्से जैसे नकारात्मक भाव को एक सकारात्मक सोच के ज़रिए ताक़त में बदलने का उदाहरण है। उस महिला ने अपने गुस्से को मज़बूत इरादे में बदल डाला।

धीरज रखें (Have Patience)

धीरज से आत्मविश्वास, दृढ़ता और समझदारी भरा नज़रिया पैदा होता है, जिससे आख़िरकार क़ामयाबी हासिल होती है।

– ब्रिआन ऐडम्स

अकसर हम लोगों को कहते हुए सुनते हैं कि अच्छी या बुरी चीज़ को एक बार देखने, सुनने या करने से कोई असर नहीं होता, लेकिन मैं इसे सच नहीं मानता। असर भले ही नज़र न आए, लेकिन कुछ-न-कुछ असर ज़रूर होता है।

चीन में बाँस (Bamboo tree) का एक ऐसा पेड़ होता है, जिसे रोपने के बाद चार साल तक पानी और खाद देने के बावजूद उसमें अंकुर फूटने का भी कोई निशान नहीं दिखता। लेकिन पाँचवें साल के दौरान बाँस का पौधा सिर्फ़ छह सप्ताह में 90 फीट तक बढ़ जाता है। सवाल यह उठता है कि बाँस का यह पौधा सिर्फ़ छह हफ़्ते में बढ़ा या इस काम में पाँच साल लगे? जब उसमें बढ़ने वाले कोई लक्षण नज़र नहीं आ रहे थे, यदि उस समय इस पौधे को पानी और खाद नहीं दी जाती, तो क्या वह बढ़ पाता? बिल्कुल नहीं।

अगर चार साल तक देखरेख न की जाती, तो बाँस का वह पौधा मर जाता। हमें क़ुदरत से सीखने की ज़रूरत है और यह सीख बिल्कुल साफ़ है। धैर्य और विश्वास के साथ काम करते रहें। अगर नतीजा नज़र न भी आए, तब भी उसका असर ज़रूर होता है।

चेतावनी – धीरज और आलस में फ़र्क़ होता है। कभी-कभी एक बेहद आलसी इंसान ख़ुद को धैर्यवान समझ सकता है।

अच्छी शुरूआत का अंत भी अच्छा होता है।

– एक अंग्रेजी कहावत

अपनी सारी मज़बूरियों और कमज़ोरियों की लिस्ट बनाएँ (Take Inventory – Make a List of All Your Strengths and Weaknesses)

क़ामयाब लोग अपनी कमियों को पहचानते हैं, मगर अपनी शक्तियों को बढ़ाते हैं। जब हम अपनी शक्तियाँ पहचानेंगे ही नहीं, तो इन्हें बढ़ाएँगे कैसे? हम क्या नहीं करना चाहते, इससे ज़्यादा ध्यान इस बात पर दें कि हम क्या करना और बनना चाहते हैं।

ताक़त *(Strengths)*	*कमज़ोरी* *(Weaknesses)*
______________	______________
______________	______________
______________	______________
______________	______________

स्वाभिमान के भाव का असली निचोड़ नीचे लिखे अब्राहम लिंकन (Abraham Lincoln) के लफ़्ज़ों से ज़्यादा बेहतर तरीक़े से नहीं समझाया जा सकता।

ऐ दुनिया, आज मेरे बेटे का स्कूल में पहला दिन है !*

WORLD MY SON STARTS SCHOOL TODAY !*

ऐ दुनिया, मेरे बच्चे का हाथ थाम लो, आज इसका स्कूल में पहला दिन है। कुछ देर को इसके लिए हर चीज़ नई और अजनबी होगी, इसलिए मैं उम्मीद करता हूँ कि आप इसके साथ नरमी से पेश आएँ। आप तो जानते ही हैं कि इसका संसार अब तक घर तक ही सीमित था। इसने अपनी चहारदीवारी के बाहर कभी झाँका नहीं था। यह अब तक घर का राजा रहा है। अब तक इसकी चोट पर मरहम लगाने और इसकी ठेस लगी भावनाओं को प्यार का लेप लगाने के लिए मैं हमेशा मौजूद था।

लेकिन अब बात दूसरी होगी। आज सुबह यह सीढ़ियों से उतरकर अपना नन्हा हाथ उत्साह के साथ हिलाएगा और अपनी बड़ी साहसिक यात्रा शुरू करेगा। जिसमें शायद संघर्ष भी होगा, दुख भी होगा और निराशा भी होगी।

इस संसार में जीने के लिए इसे विश्वास, प्यार और साहस की ज़रूरत होगी। इसलिए ऐ दुनिया, मैं उम्मीद करता हूँ कि आप इसके नन्हें हाथों को पकड़कर वे सब सिखाएँगे जो इसे जानना चाहिए। सिखाएँ ज़रूर, मगर हो सके हो प्यार से।

मैं जानता हूँ कि इसे एक दिन यह समझना पड़ेगा कि सभी लोग अच्छे नहीं होते – सभी स्त्री-पुरुष सच्चे नहीं होते। इसे यह भी सिखाएँ कि संसार में हर धूर्त के लिए एक अच्छा इंसान भी है। जहाँ एक दुश्मन है तो वहाँ एक दोस्त भी है। इसे शुरू में ही यह सीखने में मदद करें कि बुरे और धौंस जमाने वाले लोगों को ठिकाने लगाना सबसे आसान है।

इसे किताबों की ख़ूबियों के बारे में बताएँ और पढ़ने के लिए प्रेरित करें। क़ुदरत के छिपे सौंदर्य जैसे – आसमान में उड़ते पंछी, गुनगुन करते भौंरे और हरीभरी वादियों में खिले फूलों को क़रीब से देखने और जानने के लिए इसे पूरा समय दें। इसे यह भी सिखाएँ कि बेईमानी की जीत से हार जाना कहीं अच्छा है। इसे तब भी अपने विचारों पर विश्वास रखना सिखाएँ जब सब कह रहे हों कि वह ग़लत है।

---

* 'पलपिट हेल्पस्' से उद्धृत, फरवरी 1991, एपल सीड्स में कोटेड, ग्रंथ 10, नं 1, 1994।

मेरे बच्चे को वह शक्ति दें जिससे वह भीड़ का हिस्सा न बनकर भेड़चाल न चले, जबकि सारा संसार चल रहा हो। इसे यह तो सिखाएँ कि वह दूसरों की बात सुने, लेकिन हर बात सच्चाई के तराज़ू पर परखे और उनमें से सिर्फ़ अच्छाई को ही अपनाए।

अपनी अंतरात्मा का आवाज़ को सोने-चाँदी के सिक्कों से न तौले। इसे यह सिखाएँ कि वह लोगों के कहने में न आए और अगर वह अपनी सोच में ख़ुद को सही पाता है तो अपने सही इरादों पर डटा रहे और संघर्ष करे। इसे नरमी से सिखाएँ लेकिन ऐ दुनिया, इसे बिगाड़ें मत और कमज़ोर न बनाएँ क्योंकि लोहा आग में तपकर ही फौलाद बनता है।

वैसे तो ऐसा कर पाना एक बहुत बड़ी बात है, मगर ऐ दुनिया, फिर भी आप ऐसा करने की कोशिश ज़रूर करें। आख़िरकार वह एक बहुत प्यारा बेटा है।

हस्ताक्षर

– अब्राहम लिंकन

कार्य योजना (ACTION PLAN)

1. ऐसे लोगों की जीवनियाँ पढ़ें, जिन्होंने हर निराशा को आशा में बदल दिया हो। अच्छी किताबों को पढ़ने या हौसला बुलंद करने वाले कैसेटों को रोज़ाना सुनने की आदत डालें।
2. बदले में कुछ पाने की इच्छा किए बग़ैर अपने समय और धन का कुछ हिस्सा भलाई के कामों में लगाएँ। यह काम लगातार और करीने से करें।
3. बुरे असर से दूर रहें; साथियों के दबाव में न आएँ।
4. ईमानदारी और नम्रता से प्रशंसा करें और पाएँ।
5. अपने व्यवहार और कामों की ज़िम्मेदारी ख़ुद लेना सीखें।
6. ख़ुद अनुशासित होना सीखें, भले ही उससे परेशानी महसूस हो।
7. ऊँचे चरित्र वाले लोगों के साथ रहें।
8. रचानात्मक बनें। अपनी कमज़ोरियों को अपनी ख़ूबियों में बदलने के रास्ते ढूँढ़ें।
9. धीरज रखना सीखें, अगर नतीजे साफ़ न दिख रहे हों, तो भी हिम्मत न हारें।

अध्याय

7

आपसी मेलजोल का महत्त्व

ख़ुशनुमा शख़्सियत का निर्माण

मैं व्यावहारिक क़ाबिलीयत को किसी भी दूसरी क़ाबिलीयत की तुलना में ज़्यादा पैसे दूँगा।

– जॉन डी. रॉकफेलर

हमारी ज़्यादातर समस्याएँ व्यवसाय (profession) से नहीं, बल्कि व्यक्ति से जुड़ी होती हैं। जब हम लोगों से जुड़ी समस्याएँ सुलझा लेते हैं, तब हमारे व्यवसाय से जुड़ी समस्याएँ ख़ुद-ब-ख़ुद सुलझ जाती हैं। वस्तु-ज्ञान (product knowledge) से ज़्यादा ज़रूरी है व्यक्ति-ज्ञान (people knowledge)। सफल लोग अपनी शख़्सियत खुशनुमा और आकर्षक बना लेते हैं, और यही बात उन्हें करिश्माई बनाती है। इससे दूसरों से दोस्ताना मदद पाने में सहूलियत होती है।

एक अच्छी या खुशनुमा शख़्सियत को पहचानना तो आसान है, लेकिन उसकी व्याख्या करना मुश्किल है। यह एक इंसान के चलने और बात करने के ढंग, उसकी आवाज़ के उतार-चढ़ाव, उसकी गर्मजोशी और उसके ठोस आत्मविश्वास में झलकती है। एक खुशनुमा शख़्सियत इंसान के नज़रिए, उसके व्यवहार और हावभाव के मेल से बनती है। अगर हमारी शख़्सियत हमारे चेहरे और दिल, दोनों से झलक रही है, तो हम अपना आकर्षण उम्र के किसी भी दौर में नहीं खोएँगे। खुशमिज़ाज दिखना हमारी शख़्सियत की सबसे बड़ी ख़ूबी है। जो हमारे चेहरे से झलकता है, वह हमारे शरीर के कपड़ों से ज़्यादा महत्त्वपूर्ण है, क्योंकि वह हमारी अभिव्यक्ति (expression) है। खुशमिज़ाजी जूतों की चमक या सैलूनों में शरीर की पॉलिश कराने से नहीं पैदा होती। ख़राब चरित्र को छिपाने के लिए आकर्षक हावभाव का इस्तेमाल थोड़ी देर तक तो किया जा सकता है, लेकिन असलियत खुलते देर नहीं लगती। जिन रिश्तों की बुनियाद चरित्र पर नहीं, बल्कि सिर्फ़ प्रतिभा (talent) और शख़्सियत पर टिकी होती है, वे ज़िंदगी में परेशानियाँ और दुख के सिवा कुछ नहीं लाते। अच्छे चरित्र के बग़ैर करिश्मा उसी तरह है, जैसे अच्छाई के बिना अच्छी शक्ल। इसका सार यह है कि ज़िंदगी में सफलता हासिल करने के लिए चरित्र और करिश्मा, दोनों का मेल होना बेहद ज़रूरी है। व्यक्तित्व में टिकाऊपन इसी से आता है।

नम्रता सबके साथ रखें, मगर नज़दीकी बहुत कम के साथ,
और उन्हें भी भरोसा करने से पहले अच्छी तरह परख लें।

सच्ची दोस्ती धीरे बढ़ने वाले पौधे की तरह है, और उसे यह दोस्ती का दर्जा पाने से पहले मुश्किलें सहने के बावजूद खड़ा रहना पड़ेगा।

– जॉर्ज़ वाशिंगटन, 15 जनवरी, 1783

जीवन एक गूँज है
LIFE IS AN ECHO

एक छोटा बच्चा अपनी माँ से नाराज़ होकर चिल्लाने लगा, "मैं तुमसे नफ़रत करता हूँ।" उसके बाद वह फटकारे जाने के डर से घर से भाग गया। वह पहाड़ियों के पास जाकर चीख़ने लगा, "मैं तुमसे नफ़रत करता हूँ, मैं तुमसे नफ़रत करता हूँ।" और वही आवाज़ गूँजी, "मैं तुमसे नफ़रत करता हूँ, मैं तुमसे नफ़रत करता हूँ।" उसने ज़िंदगी में पहली बार कोई गूँज सुनी थी। वह डर कर बचाव के लिए अपनी माँ के पास भागा, और बोला, घाटी में एक बुरा बच्चा है जो चिल्लाता है, "मैं तुमसे नफ़रत करता हूँ, मैं तुमसे नफ़रत करता हूँ।" उसकी माँ सारी बात समझ गई, और उसने अपने बेटे से कहा कि वह पहाड़ी पर जा कर फिर से चिल्ला कर कहे, "मैं तुम्हें प्यार करता हूँ, मैं तुम्हें प्यार करता हूँ।" छोटा बच्चा वहाँ गया और चिल्लाया, "मैं तुम्हें प्यार करता हूँ, मैं तुम्हें प्यार करता हूँ" और वही आवाज़ गूँजी। इस घटना से बच्चे को एक सीख़ मिली – हमारा जीवन एक गूँज की तरह है। हमें वही वापस मिलता है, जो हम देते हैं।

जीवन एक बूमरैंग* है
LIFE IS A BOOMERANG*

बेंजामिन फ्रैंकलिन (Benjamin Franklin) ने कहा है, "जब आप दूसरों के लिए अच्छे बन जाते हैं, तो ख़ुद के लिए और भी बेहतर बन जाते हैं।"

हमारे विचार हों, काम हों, या व्यवहार हों, आज नहीं तो कल वे उसी रूप में तेज़ी से वापस लौटते हैं।

जीवन में ऊपर उठते समय लोगों से अदब से पेश आएँ, क्योंकि नीचे गिरते समय आप इन लोगों से दोबारा मिलेंगे।

नीचे लिखी कहानी 'द बेस्ट ऑफ़ . . . बिट्स एंड पीसेज' (The Best of . . . Bits & Pieces) से ली गई है। **

---

* ऑस्ट्रेलिया में इस्तेमाल किया जाने वाला एक तरह का औज़ार, जो फेंके जाने पर फेंकने वाले के पास वापस चला आता है।

** इकनॉमिक प्रेस, फ़ेयरफ़ील्ड एन जे, सन् 1994, पृष्ठ 84-85।

बहुत साल पहले दो लड़के स्टैनफोर्ड यूनिवर्सिटी (Stanford University) में पढ़ रहे थे। एक बार उन्हें पैसों की कमी पड़ी तो उनके मन में विचार आया कि इगनैसी पैडेरेस्की (Ignacy Paderewski) को पियानों बजाने (piano) के लिए बुलाया जाए। इससे जो पैसे इकट्ठे होंगे, उन्हें वे अपने पढ़ाई और रहने के ख़र्चे में लगाएँगे।

उस महान पियानोवादक के मैनेजर ने 2000 डॉलर की गारंटी माँगी। उन दिनों यह एक बहुत बड़ी रकम मानी जाती थी, मगर उन दोनों लड़कों ने इसे स्वीकार कर लिया, और संगीत समारोह का प्रचार करना शुरू कर दिया। उन्होंने मेहनत तो बहुत की, लेकिन 1600 डॉलर ही जमा कर पाए।

समारोह के बाद इन दो लड़कों ने उस कलाकार को यह मुश्किल बताई। उन्होंने उसे 1600 डॉलर की सारी रकम दे दी और 400 डॉलर का एक करारनामा (Promissory Note) भी दिया और कहा कि वे यह बाक़ी रकम कमा कर जल्दी से जल्दी उनके पास भेज देंगे। अब तो उन्हें अपने कॉलेज की पढ़ाई का भी अंत दिखने लगा।

लेकिन पैडेरेस्की ने कहा, “नहीं बच्चों, ऐसा नहीं हो सकता।” उन्होंने वह करारनामा फाड़ दिया और सारा पैसा लौटाते हुए कहा, “इस 1600 डॉलर में से अपने सारे ख़र्चे के पैसे निकाल लो और बची रकम में से 10 प्रतिशत अपने मेहनताने के तौर पर ले लो, बाक़ी बची रकम मैं ले लूँगा।”

साल गुज़रते गए। पहला विश्वयुद्ध हुआ और समाप्त हो गया। पैडेरेस्की अब पोलैंड के प्रधानमंत्री थे और अपने देश के हज़ारों भूखे लोगों के लिए खाना जुटाने के लिए संघर्ष कर रहे थे। उनकी मदद केवल एक आदमी कर सकता था, और वह था – यू॰एस॰ फूड एंड रिलीफ ब्यूरो (US Food and Relief Bureau) का अधिकारी हर्बर्ट हूवर (Herbert Hoover)। हूवर ने बिना देर किए क़दम उठाया और हज़ारों टन अनाज पोलैंड भिजवा दिया।

पैडेरेस्की भूखे लोगों की समस्या समाप्त होने पर हर्बर्ट हूवर को इस सहायता के लिए धन्यवाद देने के लिए पेरिस पहुँचे।

हूवर का जवाब था, "धन्यवाद की कोई ज़रूरत नहीं मि॰ पैडेरेस्की। आपको शायद याद नहीं, जब मैं कॉलेज में विद्यार्थी था, और मुश्किल में था, तब एक बार आपने मेरी मदद की थी।"

ज़िंदगी की सबसे ख़ूबसूरत नैमत यह है कि जब भी किसी का भला किया जाए तो अपना भला क़ुदरती रूप से अपने आप हो जाता है।

– रॉल्फ वाल्डो इमर्सन

अच्छाई वापसी का रास्ता ढूँढ़ लेती है; यह प्रकृति का बुनियादी नियम है। अच्छा काम करते समय फल पाने की इच्छा रखने की ज़रूरत नहीं है। फल तो क़ुदरती तौर पर अपने आप मिलता है।

वे कौन-सी वजहें हैं जो अच्छे रिश्ते बनाने और क़ायम रखने में रुकावट बनती हैं?

(What are Some Factors That Prevent Building and Maintaining Positive Relationships?)

इनमें से ज़्यादातर वजहों के मायने साफ़ हैं, या इस अध्याय के आख़िर में उनके बारे में विस्तार से बताया गया है।

- ख़ुदगर्ज़ी (Selfishness)
- तहज़ीब की कमी (Lack of courtesy)
- लापरवाह व्यवहार (Inconsiderate behaviour)
- वादों को पूरा न करना (Not meeting commitments)
- रूखा व्यवहार (Rude behaviour)
- सच्चाई और ईमानदारी की कमी (Lack of integrity and honesty)
- स्वार्थी रवैया (Self-centeredness) – जो इंसान सिर्फ़ अपने बारे में ही सोचता है, वह ख़ुद को बहुत छोटा बना लेता है।
- अक्खड़पना (Arrogance) – अक्खड़ आदमी अपने विचारों और ज्ञान से संतुष्ट रहता है। उसका हमेशा अज्ञानी बना रहना तय है।
- अहंकार (Conceit) – चूँकि क़ुदरत ख़ाली जगह को पसंद नहीं करती, इसलिए वह ख़ाली दिमाग़ को अहंकार से भर देती है।

जॉन (John) ने डींग हाँकी, "मेरे बेटे ने मुझसे समझदारी ली है।" उसकी पत्नी ने जवाब दिया, "ज़रूर ऐसा ही हुआ होगा क्योंकि मेरी समझदारी तो मेरे पास ही है।"

- नकारात्मक नज़रिया (Negative attitude)
- बंद दिमाग़ (Closed mind)
- ध्यान से सुनने की कमी (Lack of listening)
- संशयवादी मिज़ाज (Suspicious nature)
- नैतिक मूल्यों के सम्मान की कमी (Lack of respect for values/Low values)
- अनुशासन की कमी (Lack of discipline)
- दया की कमी (Lack of compassion) – क्रूरता कमज़ोरी की निशानी है
- उतावलापन (Impatience)
- क्रोध (Anger) – गुस्सा इंसान को मुश्किल में डालता है, और अहंकार उसे आगे बढ़ने से रोकता है।
- तिकड़मी व्यवहार (Manipulative behaviour)
- सामना करने की हिम्मत न होना (Escapist behaviour)
- तुनकमिज़ाजी (Touchy nature)
- अस्थिरता (Inconsistency)
- सच्चाई को अस्वीकार करना (Unwillingness to accept the truth)
- पिछले बुरे अनुभव (Past bad experience)
- उपेक्षा का नज़रिया (An uncarying attitude) – उपेक्षित होने की भावना अच्छा अहसास नहीं है। यह दिलचस्पी की कमी ज़ाहिर करता है।
- **लालच (Greed) – समुद्र के पानी की तरह है – जितना पीते हैं, प्यास उतनी ही बढ़ती है।**

इस सूची में शायद सारी बातें नहीं हैं। हममें से ज़्यादातर लोगों में ऊपर लिखे कुछ लक्षण हो सकते हैं। किसी में एक बात ज़्यादा हो सकती है, और किसी में एक कम। हमारा मक़सद इन क्षेत्रों को परखना और सही राह पर आना है।

अहंकार और गर्व में अंतर

THE DIFFERENCE BETWEEN EGO AND PRIDE

अहंकार सही रिश्ते बनाने में सबसे बड़ी रुकावट होता है। अहंकार अपने आप में नशा है। यह नुक़सानदेह क़िस्म का गर्व है जो अड़ियलपने को जन्म देता है। स्वस्थ गर्व तो किसी काम के पूरा होने से मिलने वाली विनम्र संतुष्टि की भावना है। अहंकार से दिमाग़ चढ़ जाता है, जबकि गर्व की भावना से आदमी का हृदय विशाल होता है। दिमाग़ जितना चढ़ा होगा, सिरदर्दी उतनी बड़ी होगी, और दिल जितना बड़ा होगा, विनम्रता उतनी ज़्यादा होगी।

किसी की उपलब्धियाँ चाहे कितनी ही बड़ी क्यों न हों, बददिमाग़ी का हक़ किसी को नहीं है। गर्व ज़रूर होना चाहिए, लेकिन बददिमाग़ी नहीं।

अहंकार – 'मैं सब कुछ जानता हूँ' वाला नज़रिया

(Ego – The 'I Know It All' Attitude)

एक अहंकारी व्यक्ति की दुनिया उसी से शुरू होती है, और उसी पर ख़त्म होती है, और वह समझता है कि दुनिया उसी के इर्दगिर्द घूमती है। अहंकारी व्यक्ति स्वाभाविक रूप से खुशमिज़ाज नहीं होता; बल्कि ग़लती से कभी-कभी खुशमिज़ाज हो जाता है।

एक बॉस (Boss) ने अपने एक कर्मचारी से पूछा, "तुम्हें तनख़ाह में कितनी बढ़ोतरी चाहिए?" उस कर्मचारी ने कहा, "बहुत ज़्यादा, मैं भगवान से इसकी प्रार्थना करता आया हूँ।" बॉस ने जवाब दिया, "अब तुम्हें यह नहीं मिल सकती, क्योंकि तुमने मुझसे ऊँचे अधिकारी से बात की है।" एक अहंकारी दूसरों को सदा नीचा दिखाता है।

अहंकार का भाव ऐसा बाम है जो मूर्खता के दर्द को कम कर देता है।

— न्यूट रॉकने

अपनी भलाई के बारे में सोचने और स्वार्थी होने में क्या अंतर है?

WHAT IS THE DIFFERENCE BETWEEN SELFISHNESS AND SELF-INTEREST?

इन दोनों शब्दों के बीच का फ़र्क़ समझना ज़रूरी है।

स्वार्थी होना नक़ारात्मक और बरबादी लाने वाला भाव होता है। यह रिश्तों को तोड़ता है, क्योंकि यह ग़लत मूल्यों पर आधारित होता है। स्वार्थी व्यक्ति पाने और खोने के सिद्धांत पर विश्वास करता है। दूसरी ओर अपनी भलाई की चिंता करना उचित है। इससे समृद्धि, मानसिक शांति, अच्छी सेहत और खुशियाँ बढ़ती हैं। अपनी भलाई चाहने की भावना सबकी जीत में विश्वास करती है।

ईर्ष्या/द्वेष – केकड़ा स्वभाव
(Envy/Jealousy – Crab Mentality)

ईर्ष्या उस बाघ की तरह है, जो न केवल अपने शिकार को, बल्कि उस हृदय को भी चीर डालती है, जिसमें यह बसती है।

– माइकेल बीयर

केकड़ा-स्वभाव क्या है? क्या आप जानते हैं कि यदि आप केकड़ों को किसी खुले हुए बक्से में डाल दें, तो भी वे बक्से में ही रहेंगे। केकड़े रेंगते हुए आसानी से बाहर निकल कर आज़ाद हो सकते हैं, मगर ऐसा हो नहीं पाता, क्योंकि केकड़ों का स्वभाव ऐसा होने से रोकता है। जैसे ही कोई केकड़ा रेंग कर बाहर निकलने की कोशिश करता है, दूसरे उसे नीचे खींच लेते हैं, इस तरह से कोई भी केकड़ा बाहर नहीं निकल पाता। वे सभी आज़ाद हो सकते हैं, लेकिन सोचिए, उनका क्या हश्र होता है? . . . मृत्यु।

ईर्ष्या करने वाले लोगों पर भी यही बात लागू होती है। वे जीवन में कभी आगे नहीं बढ़ते और दूसरों को भी नहीं बढ़ने देते। जलन की भावना कमज़ोर स्वाभिमान का लक्षण है। यह सर्वव्यापी दुर्गुण है। सबसे बड़ी चुनौती उस समय आती है, जब जलन की भावना किसी देश के राष्ट्रीय-चरित्र का हिस्सा बन जाती है। तब देश पिछड़ने लगता है, आने वाली पीढ़ियों को इसके भयंकर नतीजे भुगतने पड़ते हैं। जलन की भावना लोगों को भ्रष्ट बना देती है।

हमें खुले दिमाग़ का होना चाहिए न कि ख़ाली दिमाग़ का
(One Should Have an Open Mind Rather Than an Empty Mind)

खुले दिमाग़ और ख़ाली दिमाग़ में क्या अंतर है? खुला दिमाग़ लचीला होता है; यह गुणों के आधार पर किसी विचार को स्वीकार या अस्वीकार कर सकता है।

ख़ाली दिमाग़ में अच्छी या बुरी कोई भी बात भरी जा सकती है। यह बिना जाँचे-परखे कुछ भी स्वीकार कर लेता है।

चीज़ें हमें वैसी नहीं दिखतीं *जैसी वे हैं*, बल्कि वैसी दिखती हैं *जैसे हम हैं*

WE SEE THINGS NOT THE WAY *THEY ARE* BUT THE WAY *WE ARE*

यह एक ऐसे बुद्धिमान व्यक्ति की कहानी है, जो अपने गाँव के बाहर बैठा हुआ था। एक यात्री उधर से गुज़रा और उसने उस व्यक्ति से पूछा, "इस गाँव में किस तरह के लोग रहते हैं, क्योंकि मैं अपना गाँव छोड़ कर किसी और गाँव में बसने की सोच रहा हूँ?" तब उस बुद्धिमान व्यक्ति ने पूछा, "तुम जिस गाँव को छोड़ना चाहते हो, उस गाँव में कैसे लोग रहते हैं?" उस आदमी ने कहा, "वे स्वार्थी, निर्दयी और रूखे हैं।" बुद्धिमान व्यक्ति ने जवाब दिया, "इस गाँव में भी ऐसे ही लोग रहते हैं।" कुछ समय बाद एक दूसरा यात्री वहाँ आया, और उसने उस बुद्धिमान व्यक्ति से वही सवाल पूछा। बुद्धिमान व्यक्ति ने उससे भी पूछा, "तुम जिस गाँव को छोड़ना चाहते हो, उसमें कैसे लोग रहते हैं?" उस यात्री ने जवाब दिया, "वहाँ के लोग विनम्र, दयालु और एक-दूसरे की मदद करने वाले हैं।" तब बुद्धिमान व्यक्ति ने कहा, "इस गाँव में भी तुम्हें ऐसे ही लोग मिलेंगे।"

आम तौर पर हम दुनिया को उस तरह नहीं देखते, जैसी वह है, बल्कि जैसे हम ख़ुद हैं, वैसी देखते हैं। ज़्यादातर मामलों में, दूसरे लोगों का व्यवहार हमारे ही व्यवहार का आईना होता है। अगर हमारी नीयत अच्छी होती है, तो हम दूसरों की नीयत भी अच्छी मान लेते हैं। हमारा इरादा बुरा होता है, तो हम दूसरों के इरादों को भी बुरा मान लेते हैं।

भरोसा

TRUST

सभी रिश्ते भरोसे पर आधारित होते हैं – जैसे कि मालिक/नौकर, माँ-बाप/बच्चों, पति/पत्नी, गुरु/विद्यार्थी, ख़रीदने वाले/बेचने वाले, और ग्राहक/सेल्समैन का रिश्ता। बिना निष्ठा और ईमानदारी के भरोसा कैसे हो सकता है? भरोसे के संकट में पड़ने का मतलब है – सच्चाई का संकट में पड़ना। भरोसा भरोसेमंद पर ही किया जाता है।

- भरोसा इन बातों से पैदा होता है –
  विश्वसनीयता (reliability) – वचनबद्धता से जन्म लेती है। विश्वसनीय आदमी के बारे में पहले से अंदाज़ लगाया जा सकता है।

- स्थिरता (consistency) – विश्वास बढ़ाती है।
- सम्मान (respect) – ख़ुद और दूसरों का सम्मान करने से इंसान का गौरव बढ़ता है, और उसमें दूसरों की परवाह करने का नज़रिया पैदा होता है।
- निष्पक्षता (fairness) – न्याय और निष्ठा के भाव को जगाती है।
- खुलापन (openness) – दूसरों की बात ध्यान से सुनने और उनके विचारों के साथ साझेदारी की इच्छा दर्शाता है।
- समता (congruence) – कथनी और करनी में समानता होनी चाहिए। अगर कोई कहता कुछ है, और करता कुछ है, तो आप उसका कैसे यक़ीन करेंगे?
- क्षमता (competence) – क़ाबिलीयत और सेवा की भावना से जन्म लेती है।
- ईमानदारी (integrity) – विश्वसनीयता का महत्त्वपूर्ण अंग है।
- स्वीकृति (acceptance) – सुधार के प्रयास के बावजूद हमें एक-दूसरे की कमियों और ख़ूबियों को एक हद तक क़बूल करने की ज़रूरत होती है।
- चरित्र (character) – किसी इंसान में कितनी ही योग्यता क्यों न हो, लेकिन वह चरित्रहीन है, तो उस पर विश्वास नहीं किया जा सकता।
- साहस (courage) – जिस इंसान में साहस की कमी होती है, वह तकलीफ़ में आपका साथ ज़रूर छोड़ देगा।

भरोसे का महत्त्व प्यार से भी ज़्यादा है। हम कुछ लोगों को प्यार तो कर सकते हैं, लेकिन उन पर भरोसा नहीं कर सकते। रिश्ते बैंक एकाउंट की तरह हैं; हम उनमें जितना जमा करते हैं, वे उतने ही बढ़ते हैं इसलिए हम उतना ही निकाल भी सकते हैं; लेकिन अगर आप बिना जमा किए निकालने की कोशिश करेंगे तो निराशा ही हाथ लगेगी।

कई बार हम महसूस करते हैं कि हमने ज़्यादा निकाल लिया है, मगर सच्चाई यह होती है कि हमने बहुत ही कम जमा किया होता है।

ख़राब रिश्तों और भरोसे की कमी के कुछ नतीजे नीचे बताए गए हैं :

- तनाव (Stress)
- ख़राब सेहत (Poor health)
- आपसी संवाद की कमी (Lack of communication)
- अविश्वास (Distrust)

- चिड़चिड़ापन (Irritation)
- क्रोध (Anger)
- बंद दिमाग या संकुचित सोच (Close-mindedness)
- पूर्वाग्रह (Prejudice)
- टीम भावना का अभाव (No team spirit)
- आत्मबल का टूटना (Breakdown of morale)
- अविश्वसनीयता (Lack of credibility)
- असहयोग का व्यवहार (Uncooperative behaviour)
- आत्मसम्मान की कमी (Poor self-esteem)
- टकराव (Conflict)
- संदेह (Suspicion)
- मायूसी (Frustration)
- उत्पादकता में कमी (Loss of productivity)
- उदासीनता (Unhappiness)
- अकेलापन (Isolation)

कार्य योजना (ACTION PLAN)

1. कुछ सेकंड तक ग़ौर करें कि आप लोगों तक क्या संदेश पहुँचा रहे हैं? इस पर आप अच्छा संदेश पहुँचा रहे हैं या बुरा? यदि आपकी शख़्सियत लोगों तक ग़लत संदेश पहुँचा रही हो, तो उस संदेश को बदलने के लिए ठोस प्रयास करें। अच्छाई की तलाश करें, तो आप उसे ज़रूर पा लेंगे।
2. अच्छे रिश्ते बनाने और क़ायम रखने की राह में रुकावट बनने वाले कारणों की नीचे दी हुई लिस्ट पर ग़ौर करें। अगर आपको ख़ुद में इनमें से कोई लक्षण मौजूद मिलता है, तो उसे दूर करने के लिए एक सप्ताह का समय दें।
    - स्वार्थी रवैया (Selfishness)
    - तहज़ीब की कमी (Lack of courtesy)
    - लापरवाही भरा व्यवहार (Inconsiderate behaviour)
    - वचन न निभाना (Not meeting commitments)
    - रूखा व्यवहार (Rude behaviour)
    - निष्ठा और ईमानदारी की कमी (Lack of integrity and honesty)
    - आत्मकेंद्रित होना (Self-centeredness)
    - अक्खड़पना (Arrogance)
    - अहंकार (Conceit)

अध्याय

8

अच्छी शख़्सियत बनाने के 25 तरीक़े

जिसे उड़ना सीखना हो, उसे पहले खड़ा होना, चलना, और दौड़ना आना चाहिए।

– फ्रेडेरिक नित्ज़े

अच्छी शख़्सियत बनाने के तरीके
STEPS TO BUILDING A POSITIVE PERSONALITY

पहला क़दम – ज़िम्मेदारी स्वीकार करें
(Step 1 – Accept responsibility)

"ज़िम्मेदारियाँ उस व्यक्ति की तरफ खिंची चली आती हैं, जो उन्हें कंधे पर उठा सकता है।"

– एल्बर्ट हब्बर्ड

जब लोग अतिरिक्त ज़िम्मेदारियों को स्वीकार करते हैं, तो दरअसल वे अपनी उन्नति का दरवाज़ा खोल रहे होते हैं।

जवाबदेही को स्वीकार करना ही ज़िम्मेदार व्यवहार है और यह उसकी समझदारी और परिपक्वता (maturity) को दिखाता है। ज़िम्मेदारी क़बूल करने की भावना हमारे नज़रिए और उस माहौल की छवि होती है, जिसमें हम काम करते हैं। ज़्यादातर लोग कुछ अच्छा होने पर तुरंत श्रेय (credit) ले लेते हैं, मगर बहुत कम लोग ऐसे हैं जो ग़लती होने पर अपनी ज़िम्मेदारी स्वीकार करते हैं। अगर एक व्यक्ति ज़िम्मेदारियों को स्वीकार नहीं करता, तो उनसे उसे छुटकारा नहीं मिलता है, इसलिए आपका मक़सद ज़िम्मेदार व्यवहार का विकास होना चाहिए।

इल्ज़ाम लगाने का खेल बंद करें (Stop the Blame Game)

यह कहना छोड़ दें कि –

- हर कोई ऐसा करता है,
- ऐसा तो कोई नहीं करता,
- सारा दोष तुम्हारा है।

जो लोग ख़ुद ज़िम्मेदारी नहीं उठाते, वे लोग माँ-बाप, गुरु, वंश (genes), ऊपरवाले, भाग्य या ग्रह-नक्षत्रों को दोष देते हैं। ज़िम्मेदार व्यवहार का विकास बचपन से ही किया जाना चाहिए, लेकिन अगर किसी में एक हद तक आज्ञापालन की भावना न हो, तो उसे इस तरह का व्यवहार करना नहीं सिखाया जा सकता।

जॉनी बोला, "मम्मी, जिम्मी ने ख़िड़की का शीशा तोड़ दिया।" माँ ने पूछा, "उसने ऐसा कैसे किया?" जॉनी ने उत्तर दिया, "जब मैंने उस पर पत्थर फेंका, तो वह झुक गया।"

जो लोग बिना ज़िम्मेदारी स्वीकार किए अपने अधिकारों का प्रयोग करते हैं, वे अकसर अपने अधिकारों को भी खो बैठते हैं।

ज़िम्मेदारी के दायरे में सोच-विचार कर काम करना भी शामिल है।

ज़िम्मेदारियों से मुँह मोड़ना छोटेपन का नतीजा है
(Pettiness Causes Us to Ignore Our Responsibilities)

ज़रा सोच कर देखिए। तंग दिमाग़ वाले लोग ज़रूरी कामों को करने के बजाए ज़िम्मेदारियाँ औरों के कंधे पर डालने की कोशिश में लगे रहते हैं।

सामाजिक ज़िम्मेदारी (Social Responsibility)

पुरानी भारतीय मान्यता हमें यह सिखाती है कि हमारी पहली ज़िम्मेदारी समाज के प्रति है, दूसरी परिवार के प्रति और तीसरी ख़ुद के प्रति। उस समाज का पतन होने लगता है, जिसमें इसका क्रम उलटा होता है। सामाजिक ज़िम्मेदारी हर नागरिक की नैतिक ज़िम्मेदारी भी होनी चाहिए। ज़िम्मेदारी और आज़ादी हाथ में हाथ डाले चलती हैं। एक अच्छे नागरिक की यह पहचान है कि वह अपना बोझ ख़ुद उठाने को तैयार रहे।

महानता की क़ीमत ज़िम्मेदारी है।

— विंस्टन चर्चिल

समाजों की बरबादी चोर-उचक्कों की करतूतों से उतनी नहीं होती, जितनी कि अच्छे लोगों के निकम्मेपन (inactivity) से होती है। कैसा विरोधाभास (paradox) है ! अगर अच्छे लोग निकम्मे बन कर बरबादी सहते हैं, तो वे अच्छे कैसे हो सकते हैं? सवाल यह है कि क्या वे अपनी सामाजिक ज़िम्मेदारियाँ निभा रहे हैं?

बुराई के जड़ जमाने के लिए इतना काफ़ी है कि अच्छे लोग कुछ न करें, और बुराई जड़ पकड़ लेगी।

— एडमंड बर्क

दूसरा क़दम – औरों की परवाह
(Step 2 – Show Consideration)

एक दिन एक दस साल का बच्चा एक आइसक्रीम की दुकान पर गया और टेबल पर बैठ कर एक महिला वेटर से पूछा, "एक कोन (cone) आइसक्रीम कितने की है?" उसने कहा, "पचहत्तर सेंट की।" बच्चा हाथ में पकड़े सिक्कों को गिनने लगा, फिर उसने पूछा कि छोटी कप वाली आइसक्रीम कितने की है? वेटर ने बेसब्री से कहा, "पैंसठ सेंट्स की।" लड़का बोला, "मुझे छोटा कप ही दे दो।" लड़का अपना आइसक्रीम खाया, पैसे दिए और चला गया। जब वेटर ख़ाली प्लेट उठाने के लिए आई तो उसने जो कुछ देखा, वह बात उसके मन को छू गई। वहाँ दस सेंट्स 'टिप' के रखे हुए थे। उस छोटे बच्चे ने उस वेटर का ख़याल किया। उसने संवेदनशीलता दिखाई थी। उसने ख़ुद से पहले दूसरे के बारे में सोचा।

अगर हम सब एक-दूसरे के लिए उस छोटे बच्चे की तरह सोचें, तो यह दुनिया कितनी हसीन हो जाएगी। दूसरों को ख़याल करें और नम्रता व शिष्टता दिखाएँ। दूसरों का ख़याल रखना यह दिखाता है कि हम उनकी परवाह करते हैं।

तीसरा क़दम – सबकी जीत के बारे में सोचें
(Step 3 – Think Win-Win)

एक आदमी के मरने के बाद सेंट पीटर (St. Peter) ने उससे पूछा कि तुम स्वर्ग में जाना चाहोगे या नर्क में। उस आदमी ने पूछा कि फ़ैसला करने से पहले क्या मैं दोनों जगहें देख सकता हूँ। सेंट पीटर पहले उसे नर्क में ले गए, वहाँ उसने एक बहुत बड़ा हॉल देखा जिसमें एक बड़ी मेज पर तरह-तरह की खाने की चीज़ें रखी थीं। उसने पीले और उदास चेहरे वाले लोगों की कतारें भी देखीं। वे बहुत भूखे जान पड़ रहे थे, और वहाँ कोई हँसी-ख़ुशी न थी। उसने एक और बात पर ग़ौर किया कि उनके हाथों में चार फुट लंबे काँटे और छुरियाँ बँधी थीं जिनसे वे मेज़ के नीचे पर पड़े खाने को खाने की कोशिश कर रहे थे। मगर वे खा नहीं पा रहे थे।

फिर वह आदमी स्वर्ग देखने गया। वहाँ भी एक बड़े हॉल में एक बड़ी मेज़ पर ढेर सारा खाना लगा था। उसने मेज़ के दोनों तरफ़ लोगों की लंबी कतारें देखीं, जिनके हाथों में चार फुट लंबी छुरी और काँटे बँधे हुए थे, ये लोग खाना लेकर मेज़ की दूसरे तरफ से एक-दूसरे को खाना खिला रहे थे, जिसका नतीजा था – खुशहाली, समृद्धि, आनंद और संतुष्टि। वे लोग सिर्फ़ अपने बारे में ही नहीं सोच रहे थे, बल्कि सबकी जीत के बारे में सोच रहे थे। यही बात हमारे जीवन पर भी लागू होती है। जब हम अपने ग्राहकों, अपने परिवार, अपने मालिक, अपने कर्मचारियों की सेवा करते हैं, तो हमें जीत ख़ुद-ब-ख़ुद मिल जाती है।

चौथा क़दम – अपने शब्दों को सावधानी से चुनें
(Step 4 – Choose Your Words Carefully)

जो मन में आए, वही बोलने से आदमी को बाद में वह सुनना पड़ता है, जो उसे पसंद नहीं होता। व्यवहार में चतुर बनें। व्यवहार में चतुर होने का मतलब है कि हम अपने शब्दों का चुनाव समझदारी और होशियारी से करें, और जानें कि हम कितनी दूर तक जा सकते हैं। इसका मतलब यह जानना भी है कि क्या कहना है, और क्या नहीं कहना है? व्यवहार कुशलता के बिना प्रतिभा हमेशा काम नहीं आ सकती। शब्दों से हमारा नज़रिया झलकता है। शब्द हमारी भावनाओं को चोट पहुँचा सकते हैं और हमारे रिश्तों को तोड़ सकते हैं। लोगों को इतनी चोट तो क़ुदरत की मचाई तबाही से भी नहीं पहुँचती, जितनी कि गाली गलौज या कठोर शब्दों से पहुँचती है। सोच के बोलें, न कि बोल के सोचें। समझदारी और बेवकूफ़ी में यही फ़र्क़ है। ज़रूरत से ज़्यादा बोलने का मतलब यह नहीं होता कि आप बातचीत करने में कुशल हैं। बोलिए कम; कहिए ज़्यादा (talk less; say more)।

एक बेवकूफ़ बिन सोचे-समझे बोलता है; एक बुद्धिमान सोच-समझ कर कहता है।

कड़वाहट भरे शब्द भरपाई न किया जा सकने वाला नुक़सान पहुँचा सकते हैं। कई बार देखा गया है कि माँ-बाप द्वारा बच्चों से की जाने वाली बातचीत का ढंग उनके भविष्य को शक्ल देता है।

मुँह से निकले शब्द वापस नहीं लिए जा सकते
SPOKEN WORDS CANNOT BE RETRIVED

एक किसान ने अपने पड़ोसी की निंदा की। अपनी ग़लती का अहसास होने पर वह पादरी के पास क्षमा माँगने गया। पादरी ने उससे कहा कि वह पंखों से भरा एक थैला शहर के बीचोंबीच बिखेर दे। किसान ने वही किया, फिर पादरी ने कहा कि जाओ और सभी पंख थैले में भर लाओ। किसान ने ऐसा करने की बहुत कोशिश की, मगर सारे पंख हवा से इधर-उधर उड़ गए थे। जब वह ख़ाली थैला लेकर लौटा, तो पादरी ने कहा कि यही बात हमारे जीवन पर भी लागू होती है। तुमने बात तो आसानी से कह दी, लेकिन उसे वापस नहीं ले सकते, इसलिए शब्दों के चुनाव में ज़्यादा सावधानी बरतनी चाहिए।

पाँचवाँ क़दम – आलोचना और शिकायत न करें
(Step 5 – Don't Criticise and Complain)

जब मैं आलोचना की बात करता हूँ तो मेरा मतलब नकारात्मक आलोचना से है। हम आलोचना क्यों न करें? जब किसी की बुराई की जाती है तो उसका रवैया ख़ुद को बचाने का हो जाता है। एक आलोचक एक ड्राइवर को पागल बना देने वाले बैकसीट (back seat) ड्राइवर की तरह होता है। क्या इसका मतलब है कि हमें कभी आलोचना नहीं करनी चाहिए, या हम सही आलोचना कर सकते हैं?

सही आलोचना (Positive Criticism)

रचनात्मक (constructive) आलोचना कैसे दी जा सकती है? नीचा दिखाने के लिए नहीं, बल्कि मदद करने के इरादे से आलोचना कीजिए। आलोचना करते समय हल पेश करना भी ज़रूरी है। व्यवहार की आलोचना करें, न कि व्यक्ति की, क्योंकि जब हम व्यक्ति की आलोचना करते हैं, तो उसके स्वाभिमान को ठेस पहुँचाते हैं। सहायता करने की इच्छा होने पर ही आलोचना करने का हक़ मिलता है। अगर आलोचना करने में आलोचक को आनंद नहीं मिल रहा है, तो उसे आलोचना करने का हक़ है, लेकिन उसे आलोचना करने में मज़ा आने लगे, तो आलोचना रोक देनी चाहिए।

दूसरों को प्रेरित करने वाली आलोचना के बारे में सुझाव –

- कोच बनें – सहायता करने की भावना से आलोचना करें। कोच अपने खिलाड़ियों की आलोचना उनके खेल को सुधारने के लिए करता है।
- अगर हम किसी को समझते हैं, और उसकी परवाह करते हैं तो, उससे संबंधित व्यक्ति को प्रेरणा मिलती है।
- हमारा नज़रिया सुधारने वाला होना चाहिए, न कि सज़ा देने वाला।
- 'तुम हमेशा' या 'तुम कभी नहीं' जैसे शब्दों का इस्तेमान करने के बजाए आलोचना सीधे शब्दों में करें। घुमा-फिरा कर बात करना तकलीफ़ देता है।
- पहले असलियत को जानें। बिना सोचे-समझे हमें अपनी राय रखने का हक़ तो है लेकिन ग़लत तथ्यों के आधार पर राय बनाने का हक़ नहीं है। आलोचना करने में जल्दबाज़ी न दिखाएँ।
- शांत और दृढ़ रहें।
- आलोचना समझाने के लिए करें, न कि डराने-धमकाने के लिए।
- तीखा स्वभाव न अपनाएँ क्योंकि यह नाराज़गी का निर्माण करता है।
- आलोचना सही तरीके से की जाए, तो इसे बार-बार दुहराने की ज़रूरत कम ही पड़ती है।
- आलोचना हमेशा अकेले में करें, सबके सामने नहीं। ऐसा क्यों? क्योंकि ऐसा करने से मित्रता की भावना बनी रहती है, जबकि दूसरों के सामने आलोचना करना अपमानजनक लग सकता है।
- दूसरे इंसान को अपनी सफ़ाई पेश करने का मौक़ा दें।
- उसे ग़लतियाँ सुधारने के फ़ायदे बताएँ।
- और ग़लतियाँ न सुधारने के नुक़सान भी बताएँ।
- किसी को उसके दोष बताने के बजाए उसे खुद अपने को सुधारने वाले सुझाव देने के लिए कहें।
- काम पर ऊँगली उठाएँ, इरादों पर नहीं। अगर इरादों पर ही संदेह हो, तो संबंध तोड़ देना ही बेहतर होगा।
- काम की आलोचना करें न कि काम करने वाले की।
- आलोचना करते समय निजी नाराजग़ी ज़ाहिर न करें।

- आलोचना दायरे में ही सीमित रखें, इसे ज़रूरत से ज़्यादा न करें। आलोचना दवा देने की तरह है। दवा सही मात्रा में देना या लेना ही ठीक है। ज़्यादा देने से नुक़सान होगा और कम का असर नहीं होगा। उसी तरह आलोचना भी दायरे में होनी चाहिए, सही ढंग किए जाने पर यह बहुत फ़ायदेमंद हो सकती है।
- आलोचना करने पर अगर कोई अपनी ग़लती सुधार लेता है, और सही क़दम उठाता है, तो उसे शाबाशी दें।
- अपनी बात सकारात्मक रुख और प्रशंसा के साथ ख़तम करें।

आलोचना स्वीकार करना (Receiving Criticism)

हो सकता है कि हमारी आलोचना कभी सही, और कभी ग़लत ढंग से की जाती हो। दुनिया में महान लोगों की भी आलोचना हुई है। सही आलोचना फ़ायदेमंद हो सकती है, और इसे एक अच्छी सलाह के रूप में क़बूल करना चाहिए। नाजायज़ आलोचना असल में छिपी हुई तारीफ़ है। आम लोग जीतने वालों को पसंद नहीं करते। लोग जब सफल नहीं होते, और उनके पास बातचीत करने के लिए कोई मुद्दा नहीं होता, तो वे सफल लोगों को निशाना बनाते हैं।

आलोचना से हमेशा बचे रहने का केवल एक ही तरीक़ा है कि हम न तो कुछ करें, न कहें और न ही अपने पास कुछ रखें, लेकिन इस तरह हम आख़िर में एक नकारा इंसान बन जाएँगे।

ग़लत आलोचना इन दो वजहों से की जाती है –

1. **अज्ञानता** – जब आलोचना अज्ञानता की वजह से की जाती है, तो सही जानकारी देकर उसे आसानी से सुधारा या बंद कराया जा सकता है।
2. **जलन** – जब आलोचना जलन की वजह से होती है तो इसे छिपी हुई तारीफ़ के रूप में स्वीकार करें। हमारी गलत आलोचना इसलिए हो रही है कि आलोचक हमारी जगह ख़ुद को देखना चाहता है, लेकिन वहाँ न हो सकने की वजह से वह तारीफ़ की जगह आपकी आलोचना करता है। जिस पेड़ पर सबसे ज़्यादा फल लगते हैं, उसी पर सबसे ज़्यादा पत्थर मारे जाते हैं।

एक और तरह के लोग भी होते हैं। इस वर्ग के लोग दूसरों की मदद करने के लिए तब तक तैयार रहते हैं, जब तक कि वे ख़ुद अपनी मदद करने लायक

नहीं बन जाते। पर जैसे ही दूसरे लोग अपनी मदद ख़ुद करने लायक बन जाते हैं उनके पहले के मददगार ही उनकी ज़िंदगी को तकलीफ़देह और मुश्किल बनाने की हर मुमकिन कोशिश करते हैं। ज़िंदगी में ऐसा होता ही है, पर क़ामयाबी हासिल करने के लिए हमें इन हालातों के बावजूद आगे बढ़ना होगा। मददगार से दुश्मन बन जाने वाले लोगों के व्यवहार में बदलाव की वजह जलन होती है।

रचनात्मक आलोचना को स्वीकार करने की क़ाबिलीयत न होना कमज़ोर स्वाभिमान की निशानी है। आलोचना को स्वीकार करने के लिए कुछ सुझाव –

- इसको सही ढंग से लें। इसे दरियादिली के साथ स्वीकार करें, न कि मनमुटाव के साथ।
- इसको खुले दिमाग से आँकें। अगर वह सही लगती हो, तो उसे क़बूल करें, उससे सीखें, और उस पर अमल करें।
- बचाव की कोशिश मत करें। रचनात्मक आलोचना को तत्काल, खुले मन से स्वीकार करें। क्यों? इसलिए कि ऐसा करके हम अपने आलोचक का मुँह बंद कर देंगे। यदि हम ऐसा नहीं करेंगे, तो वह झुंझला जाएगा, और आइंदा हमारी रचनात्मक आलोचना नहीं करेगा। अगर हम इस तरीके को एक चाल (tactics) के रूप में अपनाते हैं, तो हमें उसका फ़ायदा केवल एक बार मिलेगा, पर ईमानदारी से अपनाने पर उसका लाभ बार-बार मिलेगा।
- उस इंसान के शुक्रगुज़ार हों जो हमारी रचनात्मक आलोचना करता है, क्योंकि वह हमारी भलाई, और हमारी सहायता करना चाहता है।
- ऊँचे स्वाभिमान वाला व्यक्ति सकारात्मक आलोचना को स्वीकार करके बेहतर बनता है, न कि ख़राब।

ज़्यादातर लोगों के साथ समस्या यह है कि वे सही आलोचना स्वीकार करने के बजाए झूठी तारीफ़ सुनकर बरबाद होना पसंद करते हैं।

शिकायतें (Complaints)

कुछ लोगों को शिकायतें करने की बीमारी होती है। अगर गरमी है, तो बहुत गरमी है; अगर ठंड है, तो बहुत ठंड है। उनके लिए हर दिन ख़राब है। जब सब कुछ ठीक-ठाक हो तो भी वे शिकायत करते हैं। शिकायतें करना अच्छा क्यों नहीं है? 50 प्रतिशत लोगों को इससे कोई मतलब नहीं होता कि हमको कोई समस्या

है, और 50 प्रतिशत लोग इसलिए ख़ुश होते हैं कि हमको कोई समस्या है। फिर शिकायत करने से फ़ायदा क्या है? इससे कोई नतीज़ा नहीं निकलता। यह शख़्सियत का हिस्सा बन जाती है। क्या इसका यह मतलब हुआ कि हमें कभी शिकायत नहीं करनी चाहिए, या दूसरों को शिकायत करने का मौक़ा नहीं देना चाहिए? हरगिज़ नहीं। सकारात्मक आलोचना की तरह ही अगर इसे भी सही ढंग से किया जाए, तो शिकायत काफ़ी उपयोगी भी हो सकती है। रचनात्मक ढंग से की गई शिकायत –

- यह दिखाती है कि शिकायत करने वाला परवाह करता है।
- जिससे शिकायत होती है, उसे सुधार का दूसरा मौक़ा मिलता है।

छठा क़दम – मुस्कराएँ और दयालु बनें
(Step 6 – Smile and Be Kind)

मुस्कान *

मुस्कान की कोई क़ीमत नहीं होती, मगर यह बहुत कुछ रचती है
यह पाने वाले को ख़ुशहाल करती है, देने वाले का कुछ घटता नहीं
यह क्षणिक होती है लेकिन यह यादों में सदा के लिए रह सकती है
कोई इतना अमीर नहीं कि इसके बग़ैर काम चला ले,
और कोई इतना ग़रीब नहीं कि इसके फ़ायदों को न पा सके
यह घर में ख़ुशहाली लाती है, व्यापार में ख्याति बढ़ाती है,
और यह दोस्तों की पहचान है।
यह थके हुओं के लिए आराम है, निराश लोगों के लिए रोशनी,
उदास के लिए सुनहरी धूप, और हर मुश्किल के लिए
क़ुदरत की सबसे अच्छी दवा।
तब भी न तो यह भीख में, न ख़रीदने से,
न उधार माँगने से, और न चुराने से मिलती है,
क्योंकि यह एक ऐसी चीज़ है जो तब तक किसी काम की नहीं,
जब तक आप इसे किसी को दे न दें।

* 'द बेस्ट आफ . . . बीट्स एंड पीसेज' से, इकोनॉमिक प्रेस, फ़ेयरफ़ील्ड, एन जे, सन् 1994, पृष्ठ 170।

दिनभर की भागदौड़ में कुछ परिचित हो सकते हैं
कि इतने थके हो कि मुस्करा न सकें।
तो उन्हें अपनी ही मुस्कान दीजिए।
किसी को मुस्कान की उतनी ज़रूरत नहीं होती, जितनी कि उसे,
जो ख़ुद किसी को अपनी मुस्कान न दे सके।

ख़ुशमिज़ाजी अच्छाई से पैदा होती है। मुस्कान बनावटी भी हो सकती है, और सच्ची भी। मुद्दे की बात यह है कि मुस्कान असली हो। त्योरियाँ चढ़ाने में मुस्कराने से ज्यादा माँसपेशियाँ खिंचती हैं; इसलिए त्योरियाँ चढ़ाने से मुस्कराना अधिक आसान है। इससे सूरत निखरती है। एक चिड़चिड़े इंसान के साथ कौन रहना चाहेगा? कोई नहीं, सिवाए उससे भी बड़े चिड़चिड़े के। हम मुस्कराते हैं; तो दूसरे लोग भी मुस्कराते हैं। इससे हमारा चेहरा बिना कुछ खर्च किए ही खिल जाता है। हँसते हुए नूरानी चेहरे को हमेशा पसंद किया जाता है।

सातवाँ क़दम – दूसरों के व्यवहार का सही अर्थ निकालें (Step 7 – Put Positive Interpretation on Other People's Behaviour)

पूरी जानकारी नहीं होने की वजह से लोग आदतन दूसरों द्वारा किए गए या नहीं किए गए काम का ग़लत अर्थ लगाते हैं। कुछ लोग एक भ्रम के शिकार हैं। वे समझते हैं कि दुनिया उनके ख़िलाफ़ है, और पीछे पड़ी हुई है। मगर ऐसा नहीं है। सोच सकारात्मक होने से हमें शख़्सियत को आकर्षक बनाने का अच्छा मौका मिलता है, जिससे हमारे रिश्ते बेहतर बनते हैं।

मिसाल के तौर पर, ऐसा कितनी ही बार होता है कि हम फ़ोन करते हैं, लेकिन दूसरी तरफ़ से दो दिन तक कोई जवाब नहीं आता। तब पहली बात हमारे मन में यह आती है कि उन्होंने जवाब देने की ज़हमत नहीं उठाई या उन्होंने मेरी परवाह न की। यह नकारात्मक सोच है। हो सकता है –

- उन्होंने कोशिश की हो, मगर हमारा नंबर न मिला हो
- उन्होंने कोई संदेश छोड़ा हो, जो हमें न मिला हो
- उन्हें कोई मुश्किल आ गई हो
- उन्हें हमारा संदेश मिला ही न हो

और भी बहुत से कारण हो सकते हैं। बेहतर है कि हम दूसरे व्यक्ति को संदेह का लाभ (benefit of doubt) दे दें और यही सोचें कि उसकी ग़लती नहीं थी, और अपना काम सही तरीके से जारी रखें।

आठवाँ क़दम – अच्छे श्रोता बनें (Step 8 – Be a Good Listener)

हम लोगों को अकसर कहते सुनेंगे कि बातचीत की कला मर रही है, लेकिन क्या हमको नहीं लगता कि अच्छा श्रोता मिलना काफ़ी मुश्किल है। वास्तव में एक अच्छा श्रोता काफ़ी मूल्यवान होता है।

ख़ुद से ये सवाल करें, हमको कैसा लगता है जब हम चाहते हैं कि कोई व्यक्ति हमारी बात सुने लेकिन –

- वे सुनने से ज़्यादा बोलें
- हमारी पहली बात पर ही वे असहमति प्रकट करें
- वे हमको हर क़दम पर टोकें
- वे बेसब्री दिखाएँ और हमारे हर वाक्य को ख़ुद पूरा करें
- वे शरीर से तो मौजूद हों, लेकिन उनका दिमाग़ कहीं और हो
- वे सुनें लेकिन समझें नहीं, हमको हर बात तीन बार दोहरानी पड़े क्योंकि वे हमारी बात ध्यान से नहीं सुन रहे
- वे ऐसे नतीजों पर पहुँचे, जिनका तथ्यों से कोई मतलब ही नहीं है
- वे ऐसे सवाल पूछें जिनका बातचीत के मुद्दों से कोई रिश्ता नहीं है
- वे बेचैन लग रहे हों और उनका ध्यान इधर-उधर भटक रहा हो
- वे हमारी बातों पर न तो ध्यान दे रहे हों, और न उन्हें सुन रहे हों

ये सभी बातें इस बात को दिखाती हैं कि उस इंसान को हममें, या बातचीत के मुद्दों में कोई दिलचस्पी नहीं है, और उसमें शिष्टाचार का अभाव है।

क्या ख़ुद को अनसुना महसूस करने पर हमारे मन में पैदा होने वाले भाव को नीचे लिखी ये बातें दर्शाती हैं –

- तिरस्कृत (Neglected)
- अस्वीकृत (Rejected)
- निराश (Dejected)
- मायूस (Let down)
- नीचा महसूस करना (Belittled)
- परेशान (Annoyed)
- बेवकूफ़ (Stupid)
- अनुपयोगी (Worthless)

- महत्त्वहीन (Uniportant)
- छोटा (Small)
- उपेक्षित (Ignored)
- व्याकुल (Embarrassed)
- प्रेरणाहीन (Demotivated)
- हताश (Disheartened)

अब इसका दूसरा पहलू देखें। हमको कैसा महसूस होता है जब हम चाहते हैं कि कोई हमारी बात सुने और वह –

- बातचीत का माहौल आरामदेह बनाता है
- सारा ध्यान हमारी तरफ़ लगाता है
- ज़रूरी और विषय से जुड़े सवाल पूछता है
- हमारी बात के मुद्दों में दिलचस्पी लेता है

अपनी बात ध्यानपूर्वक सुने जाने पर क्या हम वैसा ही महसूस करते हैं, जैसा आगे लिखा है –

- महत्त्वपूर्ण (Important)
- ख़ुश (Pleased)
- संतुष्ट (Satisfied)
- उपयोगी (Worthwhile)
- उत्साहित (Encouraged)
- अच्छा (Good)
- प्रसन्न (Happy)
- प्रशंसित (Appreciated)
- प्रेरित (Inspired)
- ख़्याल रखा गया (Cared for)

किसी बात को ध्यानपूर्वक सुनने में ये रुकावटें आती हैं –

बाहरी रुकावटें	*अंदरूनी रुकावटें*
भौतिक बाधाएँ (Physical distractions)	किसी और बात के ध्यान में लीन होना या सोच का भटकना
शोर (Noise)	मन में पहले से बैठी धारणा और राय
थकान (Fatigue)	बोलने वाले और उसकी बात में दिलचस्पी न होना

कुछ बौद्धिक रुकावटें (intellectual barriers) भी हो सकती हैं जैसे कि भाषा की, समझने की, आदि। दूसरों को बोलने के लिए प्रेरित करने के लिए ख़ुद एक अच्छा श्रोता बनें।

हमारे सुनने के ढंग से पता चलता है कि हम कितनी परवाह करते हैं। हम जब दूसरे व्यक्ति के प्रति ख़्याल रखने वाला नज़रिया दिखलाते हैं, तो वह व्यक्ति ख़ुद को महत्त्वपूर्ण महसूस करता है। जब वह महत्त्वपूर्ण महसूस करता है, तो क्या होता है? उसका हौसला बढ़ जाता है, और वह हमारी बातें सुनने के लिए और भी अच्छी तरह तैयार होता है।

खुले दिल वाला होने की एकमात्र विश्वसनीय पहचान है, खुले कान वाला भी होना।

— डेविड ऑसबर्गर

एक अच्छा श्रोता बनने के लिए –

- दूसरे को बोलने के लिए उत्साहित करें।
- सवाल पूछें। यह हमारी दिलचस्पी को दिखाता है।
- वक्ता के बोलते समय रुकावट न डालें।
- विषय न बदलें।
- सम्मान और समझ का भाव दिखाएँ।
- ध्यान से सुनें।
- इधर-उधर ध्यान भटकाने वाली चीज़ों से बचें।
- अपने आपको दूसरे के स्थान पर रख कर देखें।
- खुले विचारों वाला बनें। अपनी पहले से बनी धारणाओं और राय को अपने सुनने में बाधा न बनने दें।
- संदेश पर ध्यान दें न कि कहने के सलीके पर।
- शारीरिक हरकतों की भाषा को पहचानें। जैसे कि चेहरे पर आने वाले भाव, नज़रों की भाषा। हो सकता है कि ये अभिव्यक्तियाँ कोई अलग ही संदेश दे रही हों।
- भावों को समझें, न कि सिर्फ़ शब्दों को सुनें।

नवाँ क़दम – उत्साही बनें (Step 9 – Be Enthusiastic)

बिना उत्साह के कभी कोई बड़ा काम नहीं हुआ।

— रॉल्फ वाल्डो इमर्सन

उत्साह और सफलता साथ-साथ चलते हैं, मगर उत्साह का नंबर पहला है। उत्साह – आत्मविश्वास, आत्मबल और वफ़ादारी को बढ़ाता है। यह अमूल्य है। उत्साह एक से दूसरे में फैलता है। हम किसी व्यक्ति के बात करने, चलने और हाथ मिलाने के ढंग से उसके उत्साह को महसूस कर सकते हैं। उत्साह एक तरह की आदत है। इसे अपनाया जा सकता है, और इसका अभ्यास किया जा सकता है।

कई दशक (decades) पहले, चार्ल्स शॉब, जिसकी सालाना तनख़ाह दस लाख डॉलर थी, से एक बार पूछा गया कि क्या वह स्टील बनाने की अपनी विशेष योग्यता की वजह से इतनी तनख़ाह पाते हैं। उन्होंने जवाब दिया, "लोगों का उत्साह बढ़ाने की योग्यता ही मेरी सबसे बड़ी पूँजी है; और किसी व्यक्ति की क्षमता को पूरी तरह से विकसित करने का तरीका प्रोत्साहन और प्रशंसा है।"

जब तक ज़िंदगी है, ज़िंदादिली से जीएँ। मौत आने से पहले ही मुर्दा न बनें। उत्साह और इच्छा साधारण व्यक्ति को असाधारण बनाती है। सिर्फ़ एक डिग्री के फ़र्क़ से पानी भाप बन जाता है, और भाप बड़े-से-बड़े इंजन को खींच सकती है। उत्साह हमारी ज़िंदगी के लिए वही काम करता है।

दसवाँ क़दम – ईमानदारी और सच्चाई से प्रशंसा करें
(Step 10 – Give Honest and Sincere Appreciation)

मनोवैज्ञानिक (Psychologist) विलियम जेम्स (William James) का कहना है, "इंसान की सबसे गहरी इच्छाओं में से एक है – प्रशंसा पाने की इच्छा। अनचाहा महसूस होने का भाव तकलीफ़देह हो सकता है।"

क़ीमती ज़ेवरात सच्चे उपहार नहीं हैं; हो सकता है कि कई बार ये सिर्फ़ कमियों को ढूँकने के लिए माफ़ी माँगने का एक ज़रिया हों। कई बार लोगों को पूरा समय न दे पाने की कमी को हम उपहारों से पूरा करने की कोशिश करते हैं। असली उपहार तो हम ख़ुद को किसी के साथ बाँट के देते हैं।

सच्ची तारीफ़ करना उन सबसे बड़े उपहारों में से है, जो हम किसी को दे सकते हैं। इससे दूसरा व्यक्ति ख़ुद को महत्त्वपूर्ण समझता है। ज़्यादातर लोगों में ख़ुद को महत्त्वपूर्ण माने जाने की इच्छा काफ़ी गहरी होती है। यह इंसान के लिए एक बड़ी प्रेरणा हो सकती है।

आज के दौर की सबसे बड़ी बीमारी कोढ़ या तपेदिक नहीं है, बल्कि अपने को ग़ैरज़रूरी महसूस करने का भाव है।

– मदर टेरेसा

तारीफ़ का असर तभी होता है, जब उसमें इस तरह की कुछ बातें हों –

1. *यह साफ़ और स्पष्ट होनी चाहिए।* अगर मैं किसी को यह कह कर चल देता हूँ कि उसने अच्छा काम किया है, तो वह मन में क्या सोचेगा? वह सोचेगा, "मैंने क्या अच्छा किया है?" वह कुछ समझ नहीं पाएगा। मगर जब मैं यह कहता हूँ, "तुमने जिस तरह उस अड़ियल ग्राहक को समझाया, वह बहुत अच्छा काम था।" तब वह समझ जाता है कि उसके किस काम की तारीफ़ हो रही है।
2. *यह तुरंत होनी चाहिए।* किसी के अच्छा काम करने पर यदि हम उसकी तारीफ़ छह महीने बाद करें, तो उस तारीफ़ का असर कम हो जाता है।
3. *यह सच्ची होनी चाहिए।* यह दिल से निकलनी चाहिए। हमारे हर शब्द से ईमानदारी झलकनी चाहिए। अगर हम सच्चे मन से तारीफ़ न कर रहे हों, तो बेहतर है कि तारीफ़ न करें, क्योंकि उससे गैरईमानदारी झलकने लगती है।
4. *प्रशंसा में 'परंतु' शब्द लगा कर उसे हलका न करें।* परंतु लगा कर हम उस प्रशंसा का महत्त्व मिटा देते हैं। 'और', 'इसके अलावा' या ऐसे दूसरे शब्दों का इस्तेमाल करना बेहतर है। "मुझे आपका काम पसंद आया, लेकिन . . .", यह कहने के बजाए कुछ इस तरह कहिए, "मुझे आपका काम पसंद आया और इसके अलावा क्या आप कृपया . . .।"
5. *प्रशंसा करने के बाद हमें उसकी रसीद या स्वीकृति प्राप्त करने की ज़रूरत नहीं है।* कुछ लोग बदले में प्रशंसा पाने की उम्मीद रखते हुए वहीं खड़े रहते हैं। प्रशंसा करने का उद्देश्य यह नहीं होना चाहिए।

अगर हमारी कोई तारीफ़ करे तो उसे 'धन्यवाद' कहते हुए विनम्रतापूर्वक स्वीकार कीजिए।

झूठी प्रशंसा स्वीकार करने से सच्ची आलोचना स्वीकार करना ज़्यादा आसान है। कम-से-कम व्यक्ति अपनी सही स्थिति तो जान जाता है। ईमानदारी से प्रशंसा करने का कोई अवसर हाथ से न जाने दें। इससे प्रशंसित व्यक्ति का स्वाभिमान बढ़ता है।

साथ ही हमारा स्वाभिमान भी बढ़ता है। लोगों के सामने किसी की तारीफ़ करने का अर्थ उसे मान्यता देना है।

चेतावनी – किसी मानदंड (benchmarch) के बिना की गई तारीफ़ संबंधित आदमी को नाराज़ कर सकती है।

प्रशंसा और चापलूसी में क्या फ़र्क़ है?
(What is the Difference Between Appreciation and Flattery?)

इन दोनों के बीच सच्चाई का फ़र्क़ होता है। एक दिल से होती है, जबकि दूसरी जुबान से। एक में असलियत होती है, दूसरी में स्वार्थ छिपा होता है। कुछ लोगों को ईमानदारी से तारीफ़ करने की तुलना में चापलूसी करना आसान लगता है। हम न तो चापलूसी करें, न ही चापलूसों की बातों में आएँ।

> *स्कूलों में एक पुरानी कहावत है कि चापलूसी मूर्खों की ख़ुराक होती है; फिर भी कभी-कभी तुम बुद्धिमान लोग इसे थोड़ा-सा खाने के लिए भूखे हो जाते हो।*
>
> – जोनाथन स्विफ्ट

झूठी तारीफ़ रेगिस्तान में मृगमारीचिका (mirage) के समान है। जैसे-जैसे हम उसके नज़दीक जाते हैं और ज़्यादा निराशा मिलती है, क्योंकि यह भ्रम से ज़्यादा कुछ भी नहीं है। लोग अपने घटियापन को छिपाने के लिए चेहरे पर ईमानदारी का नक़ाब लगा लेते हैं।

ग्यारहवाँ क़दम – जब हम कोई ग़लती करते हैं, तो उसे क़बूल करते हुए बढ़ें
(Step 11 – When You Make Mistake, Accept It And Move On)

"जब मैं ग़लती करूँ, तो मुझमें इतनी शक्ति हो कि ख़ुद को बदल सकूँ ; और जब मैं सही काम करूँ, तो मुझे इतनी शक्ति हो कि मुझमें अहंकार न आए।" यह जीने की अच्छी फ़िलॉसफी है।

कुछ लोग सीखते हुए जीते हैं, और कुछ लोग जीते हैं लेकिन कभी सीखते ही नहीं। ग़लतियों से सीखना चाहिए। ग़लती को दोहराना सबसे बड़ी ग़लती है। अपनी ग़लती के लिए न तो किसी पर दोष लगाएँ, और न ही बहाने बनाएँ। इस पर अड़े न रहें। जब हम अपनी ग़लती महसूस करें, तो बहुत अच्छा होगा कि उसे

स्वीकार करके माफ़ी माँगे। अपनी सफ़ाई न पेश करें। क्यों? ग़लती स्वीकार करने से दूसरा व्यक्ति निरुत्तर हो जाता है।

बारहवाँ क़दम – तर्क करें, पर तकरार न करें
(Step 12 – Discuss But Don't Argue)

तकरार और बहस से बचा जा सकता है, और थोड़ी सावधानी बरतकर इंसान मन की बहुत सी तकलीफ़ों से बच सकता है। किसी बहस को जीतने का सबसे अच्छा तरीक़ा है कि उसमें पड़ा ही न जाए। बहस एक ऐसी चीज़ है जिसे जीता नहीं जा सकता, क्योंकि अगर हम जीतते हैं तो भी हारेंगे और अगर हारते हैं तो भी हारेंगे। अगर हम एक बहस में जीतते हैं मगर एक अच्छी नौकरी, ग्राहक, दोस्त, या जीवनसाथी खो देते हैं, तो यह कैसी जीत है? बिल्कुल खोखली। बहसबाज़ी झूठे अहंकार से पैदा होती है।

बहस करना हारी हुई लड़ाई को लड़ने के समान है। अगर कोई जीतता भी है तो उसे हासिल होने वाली चीज़ से ज़्यादा क़ीमत चुकानी पड़ती है। जज़्बाती लड़ाईयाँ हमारे जीत जाने के बाद भी दिलों में दर्द छोड़ जाती हैं।

बहस में दोनों व्यक्ति अपनी-अपनी बात मनवाने पर तुले होते हैं। बहसबाज़ी केवल अहंकार की ऐसी लड़ाई है, जिसमें एक-दूसरे पर चिल्लाने की होड़-सी लगी होती है। जो यह समझता है कि वह सब-कुछ जानता है वह तो बेवकूफ़ है ही; लेकिन उससे बड़ा बेवकूफ़ वह है जो उससे बहस करता है!

क्या यह किसी क़ाबिल है? (Is It Worth It?)

हम जितनी बहसें जीतते हैं, हमारे दोस्त उतने ही कम होते चले जाते हैं। सवाल यह है कि हम ठीक भी हों, तो क्या बहस करना उचित है? जवाब साफ़ है, बिल्कुल नहीं। क्या इसका मतलब यह हुआ कि हमें किसी की बात के विरोध में कभी कोई मुद्दा उठाना ही नहीं चाहिए? ज़रूर उठाना चाहिए, लेकिन नरमी और समझदारी से कुछ इस तरह की निष्पक्ष बात कहते हुए जैसे कि "जहाँ तक मुझे ख़बर है . . ."। अगर दूसरा व्यक्ति बहस कर रहा हो और हम उसे गलत साबित भी कर सकते हों, तब भी क्या यह उचित होगा? मैं ऐसा नहीं सोचता। एक बार अस्वीकार किए जाने के बावजूद क्या हमारा दुबारा अपना विचार प्रकट करेंगे? मैं तो नहीं करूँगा। क्यों? क्योंकि बहस उस तंग दिमाग़ से आ रही है जो क्या ठीक है के बजाए कौन ठीक है, साबित करने की कोशिश कर रहा है।

मिसाल के तौर पर, किसी पार्टी में, ख़ास कर कुछ पैग लेने के बाद, कोई बड़े अधिकार के साथ कहता है, "इस साल का निर्यात (export) 50 अरब डॉलर का है।" हम जानते हैं कि उसकी जानकारी ग़लत है और वास्तव में निर्यात 45 अरब डॉलर का हुआ है। हम कैसे जानते हैं? हमने यह उसी दिन के अख़बार में पढ़ा था, या हमने पार्टी के लिए आते समय रास्ते में रेडियो पर सुना था और हमारी कार में एक बुलेटिन पड़ा है जो हमारी बात को सही सिद्ध कर सकता है। क्या हम अपनी बात साबित करेंगे? हाँ, ऐसा कह कर, "मेरी जानकारी के अनुसार निर्यात की रकम 45 अरब डॉलर है।" यदि दूसरा आदमी ऐसी प्रतिक्रिया (reaction) व्यक्त करता है, "तुमको नहीं पता कि तुम क्या कह रहे हो? मुझे एकदम सही पता है कि कितना है। यह 50 अरब डॉलर ही है।"

ऐसे में हमारे पास कई रास्ते हैं –

1. अपनी बात दोहराएँ और बहस शुरू कर दें।
2. भाग कर अपनी गाड़ी से बुलेटिन ले आएँ और उस आदमी को ग़लत साबित कर दें।
3. तर्क करें लेकिन बहस नहीं।
4. नज़रअंदाज़ कर दें।

तीसरा और चौथा रास्ता सही है।

अगर कोई ज़िंदगी में बड़ी चीज़ें हासिल करना चाहता है तो उसे पूर्णतया कुशल और समझदार बनना ही पड़ेगा। पूर्णतया कुशलता और समझदारी का मतलब है – छोटी-छोटी बातों और बहस में न उलझना।

तर्क और बहस में क्या अंतर है?
(What is the Difference Between an Argument and a Discussion?)

- बहस से आग निकलती है और तर्क़ से रोशनी।
- बहस अहंकार और बंद दिमाग़ी से उपजती है, जबकि तर्क़ खुले दिमाग़ या सीखने की भावना से उपजता है।
- बहस में अज्ञानता की अदलाबदली होती है, जबकि तर्क में ज्ञान की।
- बहस से लोगों के मिज़ाज का पता चलता है, जबकि तर्क से उनकी समझदारी का।
- बहस में यह साबित करने की कोशिश की जाती है कि कौन सही है, जबकि तर्क में यह साबित किया जाता है कि क्या सही है।

मन में पहले से राय बनाए बैठे व्यक्ति के साथ बहस करना समझदारी नहीं है। ऐसा आदमी बंद दिमाग़ का होता है, इसलिए हम उसे तर्क़ से नहीं समझा सकते। एक छोटा दिमाग़ और बड़ा मुँह आम तौर पर बेबुनियाद बहस को जन्म देता है।

तर्क़ (discuss) करने के लिए, बिना किसी रुकावट के दूसरे इंसान को भी अपने मन की बात कहने का अवसर दें। उसे मन का मैल निकालने दें। उसे हर क़दम पर गलत साबित करने की कोशिश न करें। उसे यह मौका कभी न दें कि वह हमको अपने स्तर तक गिरा दे। उसे इज़्ज़त दें, और तहज़ीब से पेश आएँ। इससे वह दुविधा में पड़ जाएगा।

कारण चाहे कोई भी हो, स्थिति को संभालने का सही तरीक़ा यही है कि –

1. धैर्य से सुनें
2. झगड़ा या जवाबी आक्रमण न करें – इससे दूसरा दुविधा में पड़ेगा क्योंकि उसे झगड़े की उम्मीद रहती है
3. माफ़ी माँगे जाने की उम्मीद न करें। कुछ लोगों को माफ़ी माँगना बहुत मुश्किल लगता है, चाहे उन्होंने गलती की हो
4. छोटी-छोटी बातों में राई का पहाड़ न बनाएँ

तर्क़ करने का मतलब सिर्फ़ सही समय पर सही बात कहना ही नहीं है, बल्कि यह भी है कि जो नहीं कहना चाहिए, उसे न कहा जाए।

बच्चों को अपनी बात कहने की कला तो सिखाई जाए, लेकिन पलटकर जवाब देने की नहीं। बड़े होने के नाते हमें भी झगड़ालू बने बिना असहमति व्यक्त करने की कला सीखनी चाहिए।

बहस के दौरान एक व्यक्ति जैसा व्यवहार करता है, उससे उसकी परवरिश का पता चलता है।

बहुत पहले मैंने सीख लिया था कि सूअर से कुश्ती कभी नहीं लड़ें। आप तो मैले हो जाएँगे साथ ही यह सूअर को अच्छा लगता है।

— सायरस चिंग

तर्क शुरू करने के तरीके –

1. खुले विचारों वाले बनें।
2. बहस में घसीटे न जाएँ।
3. बीच में न टोकें।

4. अपने विचार कहने से पहले दूसरे के विचार सुनें।
5. बात स्पष्ट करने के लिए सवाल पूछें। इससे दूसरे व्यक्ति को भी सोचना पड़ेगा।
6. बात को बढ़ा-चढ़ाकर न कहें।
7. बात मनवाने के लिए उत्साह दिखाएँ, पर दबाव न डालें।
8. बात स्वीकार करने के लिए तैयार रहें।
9. छोटी बातों पर लचीला रवैया अपनाएँ, लेकिन अपने सिद्धांतों पर नहीं।
10. इसे प्रतिष्ठा का मुद्दा न बनाएँ।
11. अपने प्रतिद्वंद्वी के गर्व को ठेस पहुँचाए बिना उसे आराम से पीछे हटने का मौक़ा दें। बात ठुकराए जाने से उसे ठेस लग सकती है।
12. नरम लफ़्ज़ों में ठोस तर्क पेश करें, न कि कड़े लफ़्ज़ों में हल्के तर्क।

किसी अज्ञानी को बहस में हराना नामुमकिन है। उसके तर्क कमज़ोर होते हैं, पर लफ़्ज तीखे और कठोर।

विचारविमर्श के दौरान, ऐसे शब्दों का इस्तेमाल अच्छा साबित हो सकता है –

- मुझे ऐसा लगता है . . .
- हो सकता है, मैं गलत होऊँ . . .

बहस को ख़त्म करने का एक तरीक़ा यह भी हो सकता है कि हम अपनी अज्ञानता दिखाते हुए इस तरह के सवाल पूछें –

- हम ऐसा क्यों महसूस करते हैं?
- क्या हम थोड़ा और विस्तार से बता सकते हैं?
- क्या हम अपनी बात थोड़ी और स्पष्ट कर सकते हैं?

अगर इनमें से किसी से भी बात न बने, तो ज़्यादा बेहतर होगा कि अदब और तहज़ीब से अपनी असहमति ज़ाहिर कर दें।

तेरहवाँ क़दम – पीठ पीछे बातें न करें
(Step 13 – Don't Gossip)

याद रखें, जो लोग हमारे सामने दूसरों की बातें करते हैं, वे हमारी पीठ पीछे हमारे बारे में भी बातें करते हैं।

गप हाँकने और झूठ बोलने के बीच क़रीबी रिश्ता है। एक गप्पी बातें सुनता तो जल्दबाज़ी में है, मगर उन्हें मज़े ले-लेकर सुनाता है। वह अपने काम पर ध्यान नहीं देता, क्योंकि न तो उसके पास काम होता है, और न ही दिमाग़। गप्पी की दिलचस्पी काम की बातों से ज़्यादा उड़ती ख़बरों को सुनने में होती है। गप्प मारना एक ऐसी कला है, जिसमें कुछ ख़ास कहा भी नहीं जाता, और न ही कुछ अनकहा छूटता है।

किसी ने ठीक ही कहा है, "छोटे लोग दूसरों के बारे में बातें करते हैं, मध्यम स्तर के लोग चीज़ों के बारे में बातें करते हैं, और महान लोग विचारों के बारे में बातें करते हैं।"

गप्प मारने से किसी के चरित्र की निंदा और बदनामी भी हो सकती है। गप्प. सुनने वाले उतने ही दोषी हैं, जितने कि गप्प मारने वाले।

गप्प हाँकने वाला अकसर अपनी ही बातों के जाल में फँस जाता है। गप्पी इंसाफ़ का आदर नहीं करता। वह दिलों को तोड़ता है, ज़िंदगियों को तबाह करता है। वह धूर्त और दुर्भावना से भरा होता है। वह असहाय और कमज़ोर इंसान को अपना शिकार बनाता है। गप्प की रोकथाम मुश्किल होती है, क्योंकि उसकी न तो कोई शक्ल होती है, न ही नाम। गप्प लोगों की प्रतिष्ठा को आँच पहुँचाती है, सरकारों का तख़्ता पलट देती है, वैवाहिक जीवन में दरार डाल देती है, कैरियर (career) बरबाद कर देती है, निर्दोषों को रुलाती है, दिलों को चोट पहुँचाती है और नींद उड़ा देती है। अगली बार जब हम गप्प का मज़ा ले रहे हों तो ख़ुद से पूछें –

- क्या इसमें सच्चाई है?
- क्या इसमें सभ्यता और उदारता है?
- क्या यह ज़रूरी है?
- क्या मैं अफवाहें फैला रहा हूँ?
- क्या मैं दूसरों के बारे में अच्छी कहता हूँ?
- क्या मैं अफवाहें फैलाने में मज़ा लेता हूँ, और इसके लिए दूसरों को उकसाता हूँ?
- क्या मेरी बातचीत इन शब्दों से शुरू होती है – "किसी से न कहना"?
- क्या मैं गोपनीयता (confidentiality) बनाए रख सकता हूँ?

गप्प मारने से बचें। याद रखें, छोटे मुँह वाले बड़ी बातें करते हैं।

चौदहवाँ क़दम – अपने वादा. को वचनबद्धता में बदलिए
(Step 14 – Turn Your Promises into Commitments)

वादा और वचनबद्धता (commitment) में क्या अंतर है? वादा इरादे को ज़ाहिर करता है। वचनबद्धता का मतलब यह होता है कि वादा हर हाल में निभाया जाएगा, चाहे कुछ भी हो। चाहे कुछ भी हो में मैं ग़ैरक़ानूनी और अनैतिक बातों को शामिल नहीं कर रहा हूँ। वचनबद्धता चरित्र की देन होती है, और विश्वास को बढ़ाती है।

क्या हम कल्पना कर सकते हैं कि अगर लोग एक-दूसरे को दिए गए वचन को न निभाएँ, तो यह संसार कैसा होगा? फिर इनके बीच कैसा रिश्ता होगा –

- पति-पत्नी के बीच?
- मालिक और कर्मचारी के बीच?
- माँ-बाप और बच्चों के बीच?
- ख़रीदार और बेचने वाले के बीच?
- छात्र और शिक्षक के बीच?

वचनबद्धता के बग़ैर रिश्ते छिछले और खोखले होते हैं। ये सुविधा पर निर्भर होते हैं, और इसलिए थोड़े समय तक ही टिकते हैं। वचनबद्धता के बिना आज तक कोई स्थायी चीज़ नहीं रची जा सकी।

वचनबद्धता कहती है, "अनजाने भविष्य में मैं स्थिर हूँ।"

बहुत से लोग वचनबद्धता को बंध जाना समझने की भूल करते हैं। वास्तव में यह सच नहीं है। वचनबद्धता हमारी आज़ादी नहीं छीनती; वास्तव में यह हमको और आज़ादी देती है, क्योंकि इससे हम सुरक्षित महसूस करते हैं।

हमारी सबसे महत्त्वपूर्ण वचनबद्धता अपने मूल्यों के साथ होती हैं। इसीलिए यह ज़रूरी है कि हमारे मूल्य अच्छे हों। मिसाल के तौर पर, अगर मैं एक ऐसे नेता को समर्थन देने का वचन देता हूँ, जो बाद में एक चरस-गाँजे का व्यापारी बन जाता है, तो क्या मुझे अपना वचन निभाना चाहिए? नहीं, बिल्कुल नहीं।

वचनबद्धता सुख और दुख में रिश्तों की मज़बूती बनाए रखती है। यह इंसान की शख़्सियत और रिश्तों में झलकती है।

पंद्रहवाँ क़दम – अहसान तो मानें, लेकिन दूसरे से अहसानमंद होने की उम्मीद न करें
(Step 15 – Be Grateful But Do Not Expect Gratitude)

अहसान एक ख़ूबसूरत शब्द है। अहसान एक अहसास है। यह हमारी शख़्सियत को सुधारता है और चरित्र बनाता है। अहसानमंद होने का अहसास विनम्रता से पैदा होता है। यह दूसरों के प्रति शुक्रगुज़ार होने का एक भाव भी है। यह भाव दूसरों के प्रति अपनाए गए हमारे नज़रिए से पता चलता है, और हमारे व्यवहार में झलकता है। अहसान का मतलब किसी अच्छाई का बदला चुकाना नहीं है, क्योंकि अहसान सिर्फ़ एक लेनदेन नहीं है। दया, आपसी समझदारी और धैर्य की क़ीमत नहीं चुकाई जा सकती। अहसानमंद होने का अहसास हमें क्या सिखाता है? यह हमें आपसी सहयोग और एक-दूसरे के प्रति समझ की कला सिखाता है। अहसानमंद होने के अहसास में ईमानदारी होनी चाहिए। सीधे-साधे शब्दों में धन्यवाद कह कर भी इस भावना को दर्शाया जा सकता है। अकसर हम लोग अपने बहुत नज़दीकी लोगों, जैसे जीवनसाथी, संबंधी, दोस्त का शुक्रगुज़ार होना भूल जाते हैं। एक सच्चे और ईमानदार इंसान का चरित्र और शख़्सियत बनाने वाले गुणों में अहसानमंद होने के अहसास का दर्जा सबसे ऊँचा है। अहसान मानने की राह में अकसर अहंकार रुकावट बनता है। अहसानमंद होने का नज़रिया जीवन के प्रति हमारा भाव बदल देता है। अहसानमंद होने के अहसास और विनम्रता के गुणों को हम अपना लेते हैं तो हमारा व्यवहार अपने आप ही सही होने लगता है।

अहसानमंद होने की भावना हमारे जीने के तरीके से ज़ाहिर होनी चाहिए। इसका जितना भी इज़हार किया जाए, वह कम है। हम इसे एक साधारण-सी मुस्कान, धन्यवाद या प्रशंसा के भाव से ज़ाहिर कर सकते हैं।

सोचिए, ज़िंदगी में हमारे लिए सबसे क़ीमती चीज़ क्या है? वे क्यों क़ीमती हैं? अकसर उपहार देने वाले की क़ीमत उपहार से कहीं ज़्यादा होती है लेकिन जो चीज़ें हमारे पास पहले से मौजूद होती हैं, यदि कोई उन्हीं चीज़ों को उपहार के तौर पर देता है तो हम अकसर अहसान की भावना व्यक्त नहीं करते हैं।

मुड़कर देखिए, और उन लोगों को याद करने की कोशिश कीजिए, जिनका हमारे जीवन पर अच्छा असर पड़ा हो। ऐसे लोगों में हमारे माँ-बाप, शिक्षक या कोई भी दूसरा व्यक्ति हो सकता है, जिसने हमारी सहायता करने के लिए भरपूर समय दिया हो। शायद देखने में ऐसा लगे कि उन्होंने केवल अपना कर्त्तव्य

निभाया है, लेकिन वास्तव में ऐसा है नहीं। उन्होंने हमारे लिए अपनी इच्छा से अपने समय, मेहनत, पैसे और कई चीज़ों का त्याग किया है। उन्होंने हमारे प्रति प्रेम के कारण ऐसा किया, न कि हमसे धन्यवाद पाने के लिए। किसी मोड़ पर, व्यक्ति इस बात को महसूस करता है कि उसकी ज़िंदगी को सँवारने में कितनी मेहनत की गई है। शायद उन्हें धन्यवाद देने के लिए अब भी देर नहीं हुई है।

जीसस की कहानी (The Story of Christ)

जीसस के बारे में एक कहानी है कि उन्होंने एक बार दस कोढ़ियों का कोढ़ ठीक कर दिया और जब वे मुड़े तो सिर्फ़ एक को छोड़ कर सब जा चुके थे। उसमें जीसस को धन्यवाद देने की विनम्रता थी। तब जीसस बोले, "मैंने कुछ भी नहीं किया।" इस कहानी से क्या सबक मिलता है?

- ज़्यादातर लोग अहसान-फ़रामोश होते हैं?
- अहसान मानने वाला इंसान मुश्किल से मिलता है।
- जीसस ने सचमुच उन्हें नया जीवन दिया और कहा, "मैंने कुछ भी नहीं किया।"
- जीसस की तरह हमें भी किसी से अहसान मानने की उम्मीद नहीं करनी चाहिए।

ऊपर का उदाहरण हमारे व्यवहार और शख़्सियत में कैसे लागू होता है? हम किसी को थोड़े दिनों के लिए रोटी-कपड़ा दे देते हैं तो कहते हैं, "देखो ! मैंने इसके लिए कितना किया?" हम अपने इस परोपकार को अपने दिमाग़ में कितना बढ़ा-चढ़ा देते हैं। हम लोगों को अकसर ऐसी बातें कहते सुनते हैं, "अगर मैं नहीं होता, तो यह आदमी आज सड़क पर होता।" उनमें कितना अहंकार है !

संयोग से (By the Way)

जब लोग दूसरों से काम निकालने के लिए ऐसी बातें करते हैं, "संयोग से, क्या आप मेरे लिए यह कर सकते हैं?" ऐसा कह कर वे काम करने या न करने के महत्त्व को कम कर देते हैं। मैंने यह पाया कि अगर हम ज़िंदगी में किसी के लिए कोई भी काम करते हैं, तो यह संयोग से नहीं होता, बल्कि हमेशा ख़ास तौर पर होता है।

एक अच्छे इंसान के नज़रिए से देखा जाए, तो वह कोई काम अहसान करने के लिए नहीं करता है। अगर दूसरे की मदद करना संभव हो और वह फिर भी न की जाए तो यह बहुत दुख की बात है, लेकिन मुझे इस बात का पक्का यक़ीन है कि संयोग से कुछ भी घटित नहीं होता, यह हमेशा 'ख़ास तौर' से घटित होता है, और ऐसा मनना ही उचित है।

सोलहवाँ क़दम – भरोसेमंद और वफ़ादार बनें
(Step 16 – Be Dependable and Practice Loyalty)

पुरानी कहावत है, "एक छटाक वफ़ादारी एक सेर चालाकी से ज़्यादा अच्छी है।" यह सर्वव्यापी और अटल नियम है।

क़ाबिलीयत (ability) बहुत ज़रूरी है, लेकिन भरोसेमंद (dependability) होना अनिवार्य (crucial) है। अगर हमारे साथ कोई ऐसा व्यक्ति है जिसमें सारी ख़ूबियाँ हैं, लेकिन वह भरोसेमंद नहीं है, तो क्या हम ऐसे व्यक्ति को अपनी टीम में रखना पसंद करेंगे? नहीं, बिल्कुल नहीं।

मुझे यक़ीन था कि तुम ज़रूर आओगे
I KNEW YOU WOULD COME

बचपन के दो ऐसे दोस्त थे जो स्कूल, कॉलेज और यहाँ तक कि फौज में भी साथ ही भर्ती हुए। युद्ध छिड़ गया और दोनों एक ही यूनिट में थे, एक रात उन पर हमला हुआ, चारों तरफ़ गोलियाँ बरस रही थीं। ऐसे में अंधेरे से एक आवाज़ आई, "हैरी (Harry), इधर आओ, मेरी मदद करो।" हैरी ने अपने बचपन के दोस्त बिल (Bill) की आवाज़ फ़ौरन पहचान ली। उसने अपने कैप्टन से पूछा, "क्या मैं जा सकता हूँ?" कैप्टन ने जवाब दिया, "नहीं, मैं तुम्हें जाने की इजाज़त नहीं दे सकता, मेरे पास पहले से ही आदमी कम हैं, मैं अपने एक और आदमी को नहीं खोना चाहता। साथ ही बिल की आवाज़ से भी ऐसा लगता है कि वह बचेगा नहीं।" हैरी चुप रहा। फिर वही आवाज़ आई, "हैरी, आओ, मेरी मदद करो।" हैरी चुप बैठा रहा क्योंकि कैप्टन ने उसे जाने की इजाज़त नहीं दी थी। वही आवाज़ बार-बार आई। हैरी अपने

को और ज़्यादा रोक नहीं सका और उसने कैप्टन से कहा, "कैप्टन, वह मेरे बचपन का दोस्त है, मुझे उसकी मदद के लिए जाना ही होगा।" कैप्टन ने बेमन से उसे जाने की इजाज़त दे दी। हैरी अंधेरे में रेंगता हुआ आगे बढ़ा और बिल को खींचकर अपने खड्डे में ले आया। उन लोगों ने पाया कि बिल तो मर चुका था। अब कैप्टन नाराज़ हो गया और हैरी पर चिल्लाया, "मैंने कहा था न कि वह नहीं बचेगा, वह मर गया है और तुम भी मारे जाते, मैं अपना एक और आदमी खो बैठता, तुमने वहाँ जाकर ग़लती की थी।" हैरी ने जवाब दिया, कैप्टन, मैंने जो किया, वह ठीक था। जब मैं बिल के पास पहुँचा तो वह ज़िंदा था, और उसके आख़िरी शब्द थे "हैरी, मुझे यक़ीन था कि तुम ज़रूर आओगे।"

अच्छे रिश्ते बड़ी मुश्किल से बनते हैं और एक बार बन जाएँ, तो उन्हें निभाना चाहिए।

हमसे अकसर कहा जाता है, अपने सपनों को साकार करो। मगर हम अपने सपनों को दूसरों की क़ीमत पर असलियत का रूप नहीं दे सकते। ऐसा करने वालों के पास चरित्र नहीं होता। हमें अपने परिवार, दोस्तों और उन लोगों के लिए, जिनकी हम परवाह करते हैं और जो हम पर निर्भर हैं, अपने निजी हितों का त्याग करना चाहिए।

सत्रहवाँ क़दम – मन में मैल न रखें
(Step 17 – Avoid Bearing Grudges)

कूड़ा इकट्ठा करने वाले न बनें। क्या हमने वह कहावत सुनी है "माफ़ तो कर सकता हूँ, लेकिन भूल नहीं सकता?"

जब एक व्यक्ति माफ़ करने से इंकार कर देता है, तो वह उन सभी दरवाज़ों को बंद कर देता है, जिन्हें खोलने की किसी दिन उसे ज़रूरत पड़ सकती है। जब हम मन में वैर और द्वेष का भाव रखते हैं, तो सबसे ज़्यादा नुक़सान किसको पहुँचाते हैं? ख़ुद अपने को।

जिम और जेरी बचपन के दोस्त थे, मगर किसी कारण से उनकी दोस्ती में दरार पड़ गई। वे 25 साल तक एक-दूसरे से नहीं बोले। जेरी

मृत्युशय्या पर पड़ा था और दिल पर बोझ लेकर मरना नहीं चाहता था। इसलिए उसने जिम को बुलवाया और माफ़ी माँगते हुए कहा, "हम एक-दूसरे को क्षमा कर दें और पिछली बातों को भूल जाएँ।" जिम को भी यह बात अच्छी लगी। एक दिन उसने जेरी से अस्पताल जाकर भेंट करने का फ़ैसला किया।

उन्होंने बीते पिछले 25 सालों को याद किया, अपने मतभेदों को भुलाया और कुछ घंटे साथ गुज़ारे। जब जिम जाने वाला था, जेरी पीछे से चिल्ला कर बोला, "जिम, अगर मैं नहीं मरा तो याद रखना, यह माफ़ी मानी नहीं जाएगी।" द्वेष भाव रखने के लिए जीवन बहुत छोटा है। द्वेष रखना व्यर्थ है।

लानत है मुझ पर (Shame on Me)

जहाँ एक तरफ़ द्वेष रखना अच्छी बात नहीं; वहीं बार-बार चोट खाना भी अच्छी बात नहीं है। किसी ने ठीक ही कहा है, "तुम मुझे एक बार धोखा देते हो, तो तुम पर लानत है, तुम मुझे दोबारा धोखा देते हो, तो मुझ पर लानत है।"

जॉन केनेडी (John Kennedy) ने एक बार कहा था, ***किसी को माफ़ तो कर दो, लेकिन उसका नाम मत भूलो।*** मैं निश्चय ही कह सकता हूँ कि उनका मतलब यह था कि दोबारा ठगा जाना या धोखा खाना अक़्लमंदी नहीं है।

अठारहवाँ क़दम – सच्चे, ईमानदार और निष्कपट बनें
(Step 18 – Practice Honesty, Integrity and Sincerity)

ईमानदारी का मतलब नकली और झूठा बनने से बचना, और सच्चा एवं असली बनना है।

भरोसेमंद आदमी के रूप में बनाइए। अगर घर दफ़्तर, और समाज में रिश्तों को बनाने वाली कोई चीज़ है तो वह है – सच्चाई।

अपना वचन न निभाना बेईमानी है।

ईमानदारी से खुलापन, विश्वसनीयता और साफ़ बोलने की प्रेरणा आती है। यह अपने और दूसरों के प्रति सम्मान दर्शाती है। ईमानदारी का मतलब ईमानदार होना है, न कि ईमानदार दिखना। झूठ की रफ़्तार भले ही तेज़ हो, मगर सच

टिकाऊ होता है। ईमानदारी कंपनी के टाइटल (title) या ब्रोशर (brochure) में नहीं, बल्कि लोगों के चरित्र में पाई जाती है।

क्या अपनी ईमानदारी से समझौता करना और जीतने या आगे बढ़ने के लिए जल्दी क़ामयाबी दिलाने वाले ग़लत रास्ते चुनना उचित है? बेईमानी से जीती हुई ट्रॉफी (Trophy) हासिल करके, क्या कोई इंसान वास्तव में ख़ुश रह सकता है। ट्रॉफी जीतने से कहीं ज़्यादा महत्त्वपूर्ण है – एक अच्छा इंसान बनना।

एक सेर मक्खन
A POUND OF BUTTER

एक किसान एक बेकर (Baker) को रोज़ एक सेर मक्खन बेचा करता था। एक दिन बेकर ने यह परखने के लिए मक्खन एक सेर है या नहीं, उसे तौला और पाया कि मक्खन कम था। इस बात से वह गुस्सा हो गया और किसान को अदालत में ले गया। जज ने किसान से पूछा कि उसने तौलने के लिए किस बाट का इस्तेमाल किया था? किसान ने जवाब दिया, "हुज़ूर, मैं अज्ञानी हूँ। मेरे पास तौलने के लिए कोई सही बाट नहीं है, लेकिन मेरे पास एक तराज़ू है।" जज ने पूछा, तो तुम मक्खन को कैसे तौलते हो? किसान ने जवाब दिया, "इसने मक्खन तो मुझसे अब ख़रीदना शुरू किया, मैं तो बहुत पहले से इससे एक सेर ब्रेड ख़रीद रहा हूँ। रोज़ सुबह जब बेकर ब्रेड लाता है तो मैं ब्रेड को बाट बना कर बराबर का मक्खन तौल कर दे देता हूँ। अगर इसमें किसी का दोष है तो वह है बेकर का! जिंदगी में हमें वही वापस मिलता है, जो हम दूसरों को देते हैं।

हम जब भी कोई काम करें तो खुद से यह सवाल पूछें – क्या मुझे जो पैसा मिलता है, मैं उसके बराबर की मेहनत भी कर रहा हूँ।

ईमानदारी और बेईमानी एक आदत बन जाती है। कुछ लोग बेईमानी की प्रैक्टिस करते हैं और चेहरे पर जरा-सी भी शिकन लाए बिना बड़ी आसानी से झूठ बोल सकते हैं। ऐसे लोग भी हैं, जो इतना झूठ बोलते हैं कि सच क्या है, यह भी भूल जाते हैं। मगर वे किसे धोखा दे रहे हैं? किसी और को नहीं, बल्कि ख़ुद को।

ईमानदारी तहज़ीब से पेश की जा सकती है। कुछ लोग निर्दयी ढंग से ईमानदार होने पर गर्व महसूस करते हैं। ऐसा लगता है कि उन्हें ईमानदारी के बजाए उस निर्दयता में ज़्यादा आनंद आता है। ईमानदारी बरतने में शब्दों के चुनाव और व्यवहार की महत्त्वपूर्ण भूमिका होती है।

सच्चाई हमेशा आपके पसंद की नहीं होती
(Truth May Not Always Be What You Want to Hear)

सच कठोर हुए बिना भी बोला जा सकता है, लेकिन ऐसा कर पाना हमेशा संभव नहीं होता। एक ईमानदार दोस्त की सबसे बड़ी ज़िम्मेदारी होती है कि वह सच्चा हो। कुछ लोग कड़वे सच से बचने के लिए ऐसे चापलूस दोस्तों का चुनाव करते हैं, जो उनकी पसंद की बातें ही बोलते हैं। वे इस बात को अच्छी तरह जानते हैं कि उसके दोस्त सच्चे नहीं हैं, फिर भी ख़ुद को धोखा देते हैं। सच्ची आलोचना तकलीफ़देह हो सकती है। अगर हमारा परिचय बहुत सारे लोगों से हो, मगर दोस्त बहुत ही कम हों, तो रुक कर अपने रिश्तों को गहराई से परखें।

ईमानदारी की कमी को चतुराई, जनसंपर्क (public relation) और राजनीति का नाम दे दिया जाता है। क्या असलियत ऐसी ही है?

झूठ बोलने के साथ सबसे बड़ी समस्या यह है कि आदमी को अपने झूठ याद रखने पड़ते हैं।

ईमानदारी के लिए दृढ़ता और वचनबद्धता की ज़रूरत होती है। ज़रा सोचिए कि हमलोग इन बातों के दोषी कितनी बार रहे हैं –

- छोटे-छोटे सफ़ेद झूठ?
- चापलूसी?
- सच्चाई छिपाना या आधा सच बोलना?
- चुप रहकर सबसे बड़ा झूठ बोलना?

ख़ुद को एक ईमानदार इंसान बनाएँ तो आप निश्चित हो सकते हैं कि दुनिया में धूर्त आदमी कम हो गया।

– थॉमस कारलायल

विश्वसनीयता
CREDIBILITY

उस चरवाहे लड़के की कहानी हम सभी जानते हैं जो 'भेड़िया आया, भेड़िया आया' चिल्लाता था। उस लड़के ने गाँव वालों को परेशान करके मज़ा लेने की सोची और वह चिल्लाया, "बचाओ, बचाओ, भेड़िया आया।" गाँव वालों ने उसकी आवाज़ सुनी और उसे बचाने दौड़े। जब वे वहाँ पहुँचे तो उन्होंने देखा कि वहाँ कोई भेड़िया नहीं था और वह बच्चा उन पर हँसने लगा। वे सब चले गए। अगले दिन उस लड़के ने फिर वही चाल खेली। गाँव वाले फिर मदद के लिए दौड़े।

एक दिन, वह लड़का जब भेड़ों को चरा रहा था, तो उसने सचमुच एक भेड़िया देखा, और मदद के लिए चिल्लाया। गाँव वालों ने उस लड़के की आवाज़ तो सुनी, मगर उसकी मदद के लिए कोई नहीं आया। उन्होंने सोचा कि लड़का फिर वही चाल खेल रहा है। उन लोगों ने उस पर यक़ीन नहीं किया। नतीजे के तौर पर उसकी भेड़े खाई गईं, और उसका नुक़सान हो गया।

इस कहानी से शिक्षा मिलती है कि –

- जब लोग झूठ बोलते हैं, तो अपनी विश्वसनीयता खो देते हैं।
- एक बार जब वे अपनी विश्वसनीयता खो देते हैं, तो सच बोलने पर भी कोई उनका विश्वास नहीं करता।

एक अच्छे चरित्र का गुण है ईमानदारी
(The Quality of a Good Character is Honesty)

इन दो तरीकों से सच ग़लत ढंग से पेश किया जा सकता है –

- अधूरा सच बोल कर या अधूरी जानकारी देकर
- सच को बढ़ाचढ़ा कर बोल कर

आधेअधूरे और ग़लत ढंग से पेश किए गए सच से बचें
BEWARE OF HALF-TRUTHS OR MISREPRESENTATION OF TRUTHS

एक नाविक तीन साल से एक ही जहाज़ पर काम कर रहा था। एक रात वह नशे में धुत हो गया। ऐसा पहली बार हुआ था। कैप्टन ने इस घटना को रजिस्टर में इस तरह दर्ज़ किया, "नाविक आज रात नशे में धुत था।" नाविक ने यह बात पढ़ ली। वह जानता था कि इस एक वाक्य से उसकी नौकरी पर असर पड़ेगा, इसलिए वह कैप्टन के पास गया, माफ़ी माँगी और कैप्टन से कहा कि उसने जो कुछ भी लिखा है, उसमें यह भी जोड़ दे कि ऐसा तीन साल में पहली बार हुआ है, क्योंकि पूरी सच्चाई यही है। कैप्टन ने मना कर दिया और कहा, "मैंने जो कुछ भी रजिस्टर में दर्ज़ किया, वही असली सच है।"

अगले दिन रजिस्टर भरने की बारी नाविक की थी। उसने लिखा, "आज की रात कैप्टन ने शराब नहीं पी।" कैप्टन ने इसे पढ़ा, और नाविक से कहा कि इस वाक्य को वह या तो बदल दे अथवा पूरी बात लिखने के लिए आगे कुछ और लिखे, क्योंकि जो लिखा गया था, उससे ज़ाहिर होता था कि कैप्टन हर रात शराब पीता था। नाविक ने कैप्टन से कहा कि उसने जो कुछ भी रजिस्टर में लिखा, वही सच है।

दोनों बातें सही थीं, लेकिन दोनों से जो संदेश मिलता है, वह एकदम भटकाने वाला है, और उसमें सच्चाई की झलक नहीं है।

बढ़ा-चढ़ाकर कहना (Exaggeration)

सच को बढ़ा-चढ़ाकर कहने से दो बातें होती हैं –

- इससे हमारी बात का असर कम होता है, और हमारी विश्वसनीयता घटती है।
- यह एक लत की तरह है। यह एक आदत बन जाती है। कुछ लोग बात को बढ़ाए-चढ़ाए बिना सच कह ही नहीं पाते।

निष्कपट बनें (Be Sincere)

निष्कपट होना मन की एक भावना है। इसका सबूत देना मुश्किल है। मन में कोई कपट रखे बिना दूसरों की मदद करने की भावना हमें अपना लक्ष्य हासिल करने में मदद देती है।

दिखावे से दूर रहें (Stay Away from Pretense)

मुसीबत में पड़े किसी दोस्त से यह पूछना काफ़ी अखरता है कि, "मेरे लायक कोई काम हो तो बताओ", क्योंकि ऐसा मदद करने के मक़सद से नहीं, बल्कि दिखावे के लिए कहा जाता है। अगर हम सचमुच मदद करना चाहते हैं, तो करने लायक कोई उचित काम सोचिए और कीजिए।

बहुत से लोग अपने स्वार्थ को छिपाने के लिए इंसानियत का नकाब लगा लेते हैं, ताकि जब कभी उन्हें तकलीफ़ हो, तो वे बदले म. हक़ जताते हुए सहायता माँग सकें।

झूठी और बेकार की नाटकबाज़ी से दूर रहें।

चेतावनी – निष्कपटता सही फ़ैसले का मापदंड नहीं है। कोई ईमानदार होते हुए भी, ग़लत हो सकता है।

शब्दों से अधिक काम बोलते हैं
ACTIONS SPEAK LOUDER THAN WORDS

किसको है प्यार सबसे ज़्यादा?

जब नन्हा जॉन कहता है – मैं तुमसे प्यार करता हूँ माँ
फिर अपने भी काम को छोड़ कर
वो टोपी उछालता हुआ बग़ीचे में झूलने चला जाता है
और छोड़ जाता है माँ को पानी भरने और लकड़ियाँ लाने के लिए।
जब रोज़ी नेल कहती है – मैं तुमसे प्यार करती हूँ माँ
इतना कि शब्दों में बयान करना मुश्किल है
तो वह आधे दिन तक माँ तो परेशान करती रही,
और जब वह खेलने चली गई तो माँ ने राहत की साँस ली।
मैं भी तुमसे प्यार करती हूँ माँ – इस बार फैन ने कहा
मैं कितनी ख़ुश हूँ कि आज स्कूल बंद है,
इसलिए मैं आज जी भरकर तुम्हारी मदद करूँगी।

और वह छोटे भाई को गोद में लेकर झुलाती रही
जब तक कि वह सो न गया
फिर उसने झाड़ू उठाई और फ़र्श साफ़ किया
वह पूरे दिन काम करती रही और ख़ुश रही
उतनी ही ख़ुश और मददगार जितना कि एक बच्चा हो सकता है
हम तुम्हें प्यार करते हैं माँ – तीनों ने फ़िर कहा
और सोने के लिए चले गए
आपकी समझ में उस माँ की क्या राय थी
किसको है प्यार सबसे ज़्यादा उससे?

– जॉय एलिसन*

ईमानदारी बनाए रखें (Maintain Integrity)

प्राचीन ज्ञान कहता है, "ऐसी कोई भी चीज़ जो बेची और ख़रीदी जाए, वह तब तक मूल्यवान नहीं होती, जब तक उसमें एक न बिक सकने वाला अनमोल राज़ नहीं छिपा होता।" वह ख़ूबी क्या है? वह अनमोल ख़ूबी जो हर उत्पाद में होती है – वह है, उसके बनाने वाले की विश्वसनीयता, ईमानदारी और उसकी प्रतिष्ठा। वैसे यह कोई राज़ नहीं है, लेकिन अनमोल ज़रूर है।

ईमानदारी का एक और पहलू है – जिस पर सवाल लग सकता है (Here is Another Side to Integrity – Questionable)

तीन अधिकारी इस बात पर झगड़ रहे थे कि खाने का बिल कौन देगा। एक ने कहा, "मैं दूँगा, क्योंकि मुझे टैक्स में छूट मिल सकती है।" दूसरे ने कहा, "मुझे देने दो, क्योंकि मुझे कंपनी से मिल जाता है।" तीसरे ने कहा "पैसा मैं दूँगा, क्योंकि अगले हफ़्ते मैं दिवालिया होने का घोषणा करने जा रहा हूँ।"

उन्नीसवाँ क़दम – विनम्र बनें (Step 19 – Practice Humility)

विनम्रता के बिना आत्मविश्वास अहंकार बन जाता है। विनम्रता सारी ख़ूबियों की बुनियाद है। यह आदमी की महानता को दर्शाती है। विनम्रता का अर्थ अपनी प्रतिष्ठा घटा कर कद को छोटा करना नहीं है। सच्ची विनम्रता लोगों को आकर्षित करती है, लेकिन बनावटी विनम्रता दूसरों को हमसे परे धकेलती है।

---

* विलियम जे. बेनेट द्वारा संपादित पुस्तक "द बुक आफ वर्च्यूज़" से। (साइमन एंड स्कस्टर, न्यूयार्क, सन् 1993, पृष्ठ 204)

बहुत साल पहले एक घुड़सवार ने कुछ सैनिकों को देखा, जो एक लकड़ी का गट्ठा उठाने की असफल कोशिश कर रहे थे। उस समय उनका नायक भी वहीं खड़ा था। घुड़सवार ने नायक से पूछा कि वह उनकी मदद क्यों नहीं करता। नायक ने जवाब दिया, "मैं इनका नायक हूँ, और मेरा काम इनको आदेश देना है।" घुड़सवार अपने घोड़े से उतर कर उन सैनिकों के पास गया और उसने उस गट्ठे को उठाने में मदद की। उसकी मदद से वह गट्ठा उठा दिया गया। घुड़सवार चुपचाप अपने घोड़े पर सवार हो गया, और उस नायक से बोला, "अगली बार जब तुम्हारे आदमियों को सहायता की ज़रूरत पड़े, तो तुम अपने कमांडर-इन-चीफ को बुलवा लेना।" जब वह घुड़सवार चला गया तो नायक और सिपाहियों को पता चला कि वह घुड़सवार और कोई नहीं, बल्कि जॉर्ज वाशिंगटन (George Washington) थे।

संदेश बिल्कुल साफ़ है। सफलता और विनम्रता हाथ में हाथ डाले चलती हैं। जब दूसरे हमारी प्रशंसा करते हैं, तो आवाज़ बहुत दूर तक जाती है। ज़रा इसके बारे में सोचिए? सादगी और विनम्रता महानता की दो निशानियाँ हैं।

बीसवाँ क़दम – दूसरों को समझने और ख़याल रखने वाला बनें (Step 20 – Be Understanding and Caring)

रिश्ते निभाने में हम सभी से ग़लतियाँ होती हैं, कभी-कभी हम दूसरों की ज़रूरतों के प्रति असंवेदनशील (insensitive) हो जाते हैं, ख़ासकर उनके प्रति जो हमारे बहुत करीबी हैं। फिर इससे मायूसी और नाराज़गी पैदा होती है। मायूसी से बचने के लिए आपसी समझदारी ज़रूरी है।

आपसी रिश्ते लोगों में पूर्णता (perfection) होने के वजह से नहीं बनते, बल्कि वे आपसी समझदारी से बनते हैं।

एक अच्छा इंसान बनने से ज़्यादा संतोष दूसरों का ख़याल रखने में मिलता है। इससे हमारी ख्याति अपने आप ही बढ़ जाती है जो हमारे जीवन का सबसे बेहतर बीमा है, और जिसके लिए कुछ ख़ास ख़र्च नहीं करना पड़ता है।

कुछ लोग समझदारी दिखाने और ख़याल रखने की कमी को पैसों से पूरा करने की कोशिश करते हैं। दूसरों को समझना उन पर पैसे खर्च करने से ज़्यादा

महत्त्वपूर्ण है और अगर हम चाहते हैं कि दूसरे हमको समझें तो इसका सबसे अच्छा तरीका यही है कि हम भी दूसरों को समझें। किसी के साथ संवाद कायम करने के लिए उसे समझना ज़रूरी है।

उदार बनें (Practice Generosity)

उदारता भावनात्मक परिपक्वता की पहचान है। उदार होने का मतलब है कि हम बिना किसी के कहे औरों का ख़याल रखें और उनके लिए सोचे-विचारें। उदार लोगों को ज़िंदगी; जैसे – नेअमतें (blessings) देती है स्वार्थी लोग उसकी उम्मीद सपने में भी नहीं कर सकते।

दूसरों का ख़याल रखें क्योंकि स्वार्थी होने की क़ीमत चुकानी ही पड़ती है। दूसरों की भावनाओं के प्रति संवेदनशील बनें।

व्यवहारकुशल बनें (Be Tactful)

किसी भी रिश्ते में व्यवहारकुशल का भी काफ़ी महत्त्व है। व्यवहारकुशल होने का मतलब है – किसी व्यक्ति को नाराज़ किए बग़ैर अपनी बात कह देने की क़ाबिलीयत।

दयालुता (Kindness)

पैसे से बहुत महँगा कुत्ता तो ख़रीदा जा सकता है, मगर वह पूँछ हमारे प्यार और दयालुता की वजह से ही हिलाएगा। दया का भाव जल्दी से जल्दी दिखाना चाहिए, क्योंकि ऐसा करने में कब देर हो जाए, कुछ कहा नहीं जा सकता।

दयालुता एक ऐसी भाषा है जिसे बहरे सुन सकते हैं, और अंधे देख सकते हैं। एक दोस्त के जीवित रहते उसके प्रति दयालुता दिखाना बेहतर है, बजाए इसके कि उसके मरने पर उसकी कब्र पर फूल चढ़ाया जाए।

दयालुता की भावना इंसान में अच्छी अनुभूति पैदा करती है, चाहे व्यक्ति इस भावना को किसी और के लिए दिखाए या दूसरे लोग उसके प्रति दिखाएँ। मीठी बोली बोलने से जीभ को कोई तकलीफ़ नहीं होती।

इक्कीसवाँ क़दम – हर रोज़ शिष्ट बनने का अभ्यास करें (Step 21 – Practice Courtesy on a Daily Basis)

शिष्टाचार का मतलब है - दूसरों का ख़याल रखना। यह उन दरवाजों को भी खोल देता है, जिन्हें खोलना मुश्किल हो। *एक तहज़ीब वाला मगर कम मेधावी*

इंसान जीवन में उस आदमी की तुलना में बहुत आगे बढ़ेगा, जो मेधावी तो है लेकिन तहज़ीब वाला नहीं है।

छोटी-छोटी बातें अहमियत रखती हैं, और बड़ा फ़र्क़ डालती हैं। क्या आपको कभी किसी हाथी ने काटा है? सीधा-सा जवाब है, नहीं। क्या आपको कभी किसी मच्छर ने काटा है? हममें से बहुतों को। छोटी-छोटी परेशानियाँ हमारे धैर्य की परीक्षा लेती हैं। छोटे-छोटे त्यागों का ही नाम शिष्टाचार है।

इंसान को ये छोटे-छोटे शिष्टाचार ही आगे ले जाएँगे, न कि चालाकियाँ। शिष्टाचार हमारे नैतिक व्यवहार की ही एक शाखा है। इस पर ख़र्च ज़्यादा नहीं होता, लेकिन इससे हासिल बहुत कुछ होता है।

कोई भी इंसान इतना बड़ा या इतना व्यस्त नहीं होता कि अपने व्यवहार को शिष्ट न बना पाए। शिष्टाचार का मतलब है – किसी बुज़ुर्ग या अपंग को बैठने के लिए अपनी जगह दे देना। शिष्टाचार 'एक मुस्कान' या 'धन्यवाद' के रूप में ज़ाहिर किया जा सकता है। इसमें लागत कम लगती है और लाभ बहुत ज़्यादा मिलता है। इससे दूसरे व्यक्ति की नज़रों में आदमी की क़ीमत बढ़ जाती है। शिष्ट होने के लिए विनम्र होना ज़रूरी है। यह अफ़सोस की बात है कि लोग अपने अच्छे गुणों से भटक कर नीच बन जाते हैं। मैंने कई बार लोगों को गर्व से कहते सुना है – "तुम नहीं जानते कि मैं कितना नीचे जा सकता हूँ।"

जहाँ भी संभव हो, शिष्टाचार के बीज अवश्य बिखेरें। इनमें से कुछ ज़रूर जड़ पकड़ लेंगे, और आपको अपनी और दूसरों की नज़रों में ऊँचा उठाएँगे।

व्यवहार (Manners)

शिष्टाचार और व्यवहार (manners) साथ-साथ चलते हैं। घर में शिष्ट व्यवहार करना उतना ही ज़रूरी है, जितना कि बाहर वालों के साथ। घर में दूसरों का ख़याल रखने और अच्छा व्यवहार करने से गर्मजोशी और अपनेपन की भावना बढ़ती है, शिष्टाचार का मतलब है – अच्छा व्यवहार करना।

रूखा व्यवहार करने के बजाए यदि हम शिष्ट व्यवहार करें, तो इससे आत्म-संतुष्टि मिलने के साथ ही और भी कई फ़ायदे होते हैं। मुझे आश्चर्य होता है कि ज़्यादातर लोग शिष्ट व्यवहार क्यों नहीं करते। रूखे और असभ्य लोग थोड़े समय के लिए सफल हो सकते हैं, मगर ज़्यादातर लोग ऐसा व्यवहार करने वालों से दूर रहना चाहते हैं, और ऐसे लोग आख़िरकार नापसंद किए जाते हैं। बच्चों को बचपन से ही शिष्ट व्यवहार की शिक्षा दी जानी चाहिए ताकि उनका विकास हो सके, और वे बड़े होकर परिपक्व (mature) एवं दूसरों का ख़याल रखने वाले बन

सके। एक बार, शिष्ट व्यवहार सीख लेने पर यह उम्रभर साथ रहता है। यह दूसरों का ख़याल रखने और संवेदनशील होने के नज़रिए को दर्शाता है। ऐसी बातें बहुत छोटी और साधारण लगती हैं, लेकिन 'मेहरबानी करके', 'शुक्रिया' और 'मुझे माफ़ कर दीजिए' जैसे छोटे-छोटे जुमलों का इस्तेमाल करके इंसान काफ़ी लंबा रास्ता तय कर सकता है।

याद रखें, शिष्ट व्यवहार के बदले शिष्ट व्यवहार मिलता है। उसकी प्रैक्टिस जितनी ज़्यादा और जितनी बार हो सके, उतनी बार करें। शुरुआत में इसके लिए थोड़ी मेहनत करनी पड़ेगी, मगर बाद में आपको उसका लाभ मिलेगा।

एक अच्छे इंसान की पहचान है, और शिष्टाचार विनम्रता का दूसरा नाम है, जिसमें थोड़ी-सी लागत लगाने से किसी अकेले इंसान को ही नहीं, बल्कि पूरे संगठन को फ़ायदा मिलता है।

आपने देखा होगा, जब कोई चुटकुला सुना रहा होता है तो कोई दूसरा आदमी बीच में कूद कर चुटकुले की आख़िरी लाइन सुना कर दूसरों का ध्यान अपनी तरफ़ खींच लेता है, और जब सब लोग हँस पड़ते हैं, तब वह यह बताता है कि उसने यह चुटकुला कहाँ पढ़ा। इससे उस आदमी की बेहतर जानकारी भले ज़ाहिर हो, मगर यह घटिया व्यवहार है।

शिष्टाचार अच्छी परवरिश की पहचान है
(Courtesy Shows Good Upbringing)

बहुत से प्रखर और प्रतिभाशाली लोग सफलता इसलिए नहीं पा सके कि उनमें शिष्टाचार और अच्छे व्यवहार की कमी थी। विनम्रता और शिष्टाचार सभ्य होने की निशानी हैं। असभ्यता और बदतमीजी सभ्यता की कमी को दर्शाते हैं। दूसरे लोगों के प्रति सम्मान और शिष्टता का बर्ताव करें।

कठोरता एक कमज़ोर आदमी की झूठी ताक़त है।

– ऐरिक हॉफर

बाइसवाँ कदम – हँसाने की आदत डालें और खुशमिजाज़ बनें
(Step 22 – Develop A Sense of Humour)

कुछ लोग ख़ुशमिज़ाजी क़िस्म के होते हैं। आप भी हँसने-हँसाने की आदत डालिए, इससे आपमें अपनी कमियों पर भी हँसने की ताकत आ जाएगी। हँसने-हँसाने की आदत इंसान को हर-दिल-अज़ीज़ और आकर्षक बना देती है।

अपने पर हँसना सीखें क्योंकि यह सबसे ज़्यादा महफूज़ मज़ाक है। ख़ुद पर हँसने से हमको गिरकर उठने की शक्ति मिलती है। सारी दुनिया में हँसी हर दर्द की क़ुदरती दवा है। हँसी मर्ज़ को मिटा भले न सके, लेकिन उसके दर्द को बेशक कम कर सकती है।

हँसने-हँसाने में स्वस्थ करने की शक्ति है

THE HEALING POWER OF HUMOUR

'एनाटॉमी ऑफ़ एन इलनेस' (Anatomy of an illness) के लेखक डॉ. नॉरमन कज़िन (Dr Norman Cousin) इस बात की जीती-जागती मिसाल हैं कि इंसान अपनी लाइलाज बीमारी को कैसे ठीक कर सकता है। उनके बचने की आशा न के बराबर (500 में से एक की) थी, लेकिन कज़िन यह साबित करना चाहते थे कि अगर मन की शक्ति चीज़ों पर असर डालती है, तो वह इसे साबित कर दिखाएँगे। उन्होंने सोचा कि अगर बुरे ख़याल शरीर को नुक़सान पहुँचाने वाले रसायन (chemical) पैदा कर सकते हैं, तो इसका उलटा भी सच होना चाहिए। अच्छे भाव, जैसे – खुश-मिज़ाजी और हँसना शरीर में फ़ायदा पहुँचाने वाले केमिकलों को पैदा करेंगे। वे अस्पताल छोड़कर होटल के एक कमरे में चले गए, और वहाँ उन्होंने बहुत सारी हँसी-मज़ाक़ वाली फिल्में देखनी शुरू कीं। इस तरह उन्होंने वास्तव में खुद को हँसते-हँसते ही ठीक कर लिया। बेशक़ दवाईयाँ ज़रूरी हैं, मगर मरीज़ की जीने की इच्छाशक्ति अगर ज़्यादा नहीं, तो उतनी ही ज़रूरी है।

एक फ़नीबोन (funny bone) जीवनरक्षक भी हो सकती है, और साथ ही जीवन की मुश्किलों का सामना करना थोड़ा आसान कर देती है।

तेइसवाँ क़दम – दूसरों का मज़ाक़ न उड़ाएँ और न ही उन्हें नीचा दिखाएँ

(Step 23 – Don't Be Sarcastic and Put Others Down)

घटिया किस्म के हँसी मज़ाक़ में ताने कसने, दूसरों को नीचा दिखाने और दूसरों को तकलीफ़ पहुँचाने वाली बातें शामिल होती हैं। जिस मज़ाक़ में दूसरों पर कसे जाने वाले ताने शामिल हों, वह घटिया क़िस्म का होता है। किसी चोट पहुँचाने वाले को माफ़ करना, अपमान करने वाले को माफ़ करने से ज़्यादा आसान होता है।

जब किसी को शर्मिंदा होना पड़े, जब कोई दिल में दुख लेकर जाए, जब किसी महान चीज़ को छोटा बना दिया जाए, जब किसी की कमज़ोरी हँसी का कारण बने, जब किसी चीज़ को मज़ेदार बनाने के लिए बेअदबी की ज़रूरत पड़े, जब एक बच्चे को रुला दिया जाए और जब हर कोई हँसी में शामिल न हो सके, तब वह एक घटिया जोक होता है।

– क्लिफ थॉमस

दूसरों को तक़लीफ़ पहुँचा कर मज़ा हासिल करने वाले इंसान को हर चीज़ तब तक मज़ाक़ लगती है, जब तक वह दूसरों पर बीतती है। आपने अकसर देखा होगा कि मज़ा लेने के लिए लड़के मेंढकों को पत्थर मारते हैं। लड़कों का मज़ा मेंढकों की मौत बन जाता है। यह मेंढकों के लिए मज़े की बात नहीं है।

हँसी का उपयोगी या ख़तरनाक होना इस बात पर निर्भर होता है कि हम किसी व्यक्ति के साथ हँस रहे हैं, या उस पर हँस रहे हैं। जब हँसी का मकसद दूसरों का मज़ाक या हँसी उड़ाना हो जाए तब वह न तो मासूम होती है, न ही अच्छा प्रभाव छोड़ती है। दूसरों की भावना को चोट पहुँचाना क्रूरता की निशानी है। कुछ लोगों को दूसरों को नीचा दिखाने में मज़ा आता है। ताने देने की आदत लोगों को हमसे दूर करती है। दूसरों को तकलीफ़ पहुँचने के ख़तरे से बचने के लिए कटाक्ष भरे मज़ाकों से बचें।

चौबीसवाँ क़दम – दोस्त पाने के लिए दोस्त बनें
(Step 24 – To Have a Friend, Be a Friend)

हम हमेशा अच्छे मालिक, कर्मचारी, जीवनसाथी, माँ-बाप और बच्चे चाहते हैं। हम यह भूल जाते हैं कि हमें भी अच्छा इंसान बनने की ज़रूरत है। तज़रबा यही बताता है कि कोई इंसान पूरा नहीं होता, कोई नौकरी हर लिहाज़ से अच्छी नहीं होती और कोई जीवनसाथी भी सभी गुणों से भरपूर नहीं होता। जब हम पूर्णता की तलाश करते हैं तो हमें निराशा ही हाथ लगती है, क्योंकि तब हमारे हाथ एक तरह की परेशानी के बदले दूसरे तरह की परेशानी लगती है। पश्चिम में 20 साल तक रहने के बाद मैंने पाया है कि वहाँ तलाक की दर बहुत ऊँची है, और जब लोग दूसरी शादी करते हैं, तो पाते हैं कि उनके नए जीवनसाथी में पहले जीवनसाथी वाली कमियाँ तो शायद न हो, लेकिन दूसरे तरह की बहुत-सी

कमियाँ होती हैं। इसी तरह, लोग नौकरियाँ बदलते हैं, या कर्मचारियों को नौकरी से यह सोचकर निकालते हैं कि बदले में बेहतरी मिलेगी, लेकिन उन्हें पता चलता है कि एक कमी से छुटकारा पाया तो दूसरी गले पड़ गई। चलिए इन चुनौतियों का सामना करने की कोशिश करें; तलाक और नौकरी से निकालने जैसे क़दमों को पहला नहीं, बल्कि आख़िरी सहारा बनाएँ।

त्याग (Sacrifice)

दोस्ती त्याग माँगती है और इम्तहान लेती है। दोस्ती और रिश्ते बनाए रखने के लिए त्याग, निष्ठा और समझदारी की ज़रूरत पड़ती है। त्याग बस यूँ ही की जाने वाली चीज़ नहीं है। इसके लिए अपनी आसानियाँ कुर्बान करनी पड़ती हैं। स्वार्थ की भावना दोस्ती को तोड़ देती है। हल्के-फुल्के रिश्ते तो आसानी से बन जाते हैं, लेकिन सच्ची दोस्ती बनाने और क़ायम रखने के लिए समय और प्रयास की ज़रूरत होती है। दोस्ती इम्तहान की घड़ियों से गुज़र कर ही मज़बूत बनती है। हमें झूठे रिश्तों को पहचानना सीखना चाहिए। सच्चे दोस्त कभी अपने दोस्तों का नुक़सान नहीं चाहते। सच्ची दोस्ती जितना लेती है, उससे ज़्यादा देती है, और परेशानियों में भी मज़बूती से टिकी रहती है।

सुख के साथी (Fair-Weather Friend)

एक सुख का साथी उस बैंकर (banker) की तरह होता है, जो आसमान साफ़ होने पर तो छाता उधार देता है, लेकिन बारिश होते ही उसे वापस ले लेता है।

दो लोग जंगल के रास्ते जा रहे थे, तभी उन्हें एक भालू मिला। उनमें से एक तो झटपट पेड़ पर चढ़ गया, लेकिन दूसरा ऐसा न कर सका। इसलिए वह ज़मीन पर मुर्दे की तरह लेट गया। भालू उसके कान के पास अच्छी तरह सूँघ कर चला गया। पहले आदमी ने पेड़ से उतरकर दूसरे से पूछा, "भालू ने तुमसे क्या कहा?" दूसरे आदमी ने जवाब दिया, "उसने कहा कि ऐसे दोस्त का विश्वास मत करो, जो खतरा आने पर उसे भुगतने के लिए तुम्हें अकेला छोड़ दे।" कहानी का संदेश दिन के उजाले की तरह साफ़ है।

आपसी विश्वास और भरोसा हर दोस्ती की बुनियाद है।

लोग अलग-अलग कारणों से दोस्त बनाते हैं
(People Make Friends for Different Motives)

दोस्ती कई तरह की होती है –

1. **सुख के साथी**– ऐसे लोग तभी तक दोस्त रहते हैं, जब तक दोस्ती में ख़ुशी और मज़ा है। ख़ुशी जाती है, तो ऐसे दोस्त भी चले जाते हैं।

2. **सुविधा की दोस्ती**– ऐसी दोस्ती कुछ हासिल करने के लिए की जाती है, और टिकाऊ नहीं होती। यह तीन तरह की होती है।

(क) *नजदीकी* – इस तरह की दोस्ती का एक नमूना पड़ोसी से की जाने वाली दोस्ती है। उसके साथ रिश्ते बनाना सुविधाजनक होता है। हम दोनों साथ-साथ हँसते हैं, एक-दूसरे के साथ चीज़ों को बाँटते हैं। इमर्जेंसी की हालत में मदद पाने के लिए बगल में उसी का दरवाज़ा होता है। उसके साथ रिश्ते बनाए रखना आसान भी होता है, लेकिन नज़दीकी ख़तम हाने पर ऐसी दोस्ती भी ख़तम हो जाती है।

(ख) *फ़ायदा* – ऐसी दोस्ती मतलब के लिए होती है। उसकी पहुँच ऊपर तक है, वह पैसे वाला है, साधन संपन्न है; वह डॉक्टर है, वकील है। उससे रिश्ते बनाना किसी दिन फ़ायदेमंद हो सकता है। इस तरह की दोस्ती ऐसे नज़रिए से ही की जाती है। इस तरह के रिश्तों की उपयोगिता ख़त्म होने पर दोस्ती भी ख़त्म हो जाती है।

(ग) *दुश्मन का दुश्मन मेरा दोस्त* – कहावत है कि 'दुश्मन का दुश्मन दोस्त होता है।' यह दोस्ती तब तक बरकरार रहती है, जब तक दोनों का दुश्मन एक है, लेकिन उस दुश्मन के जाने पर वह दोस्ती भी चली जाती है।

3. **सच्ची दोस्ती** – यह एक-दूसरे की इज़्ज़त पर आधारित होती है। सच्चे दोस्त वे लोग होते हैं जिनके मन में एक-दूसरे के लिए भलाई होती है, और वे उसी हिसाब से काम करते हैं। इसका आधार चरित्र और वचनबद्धता होते हैं। इस तरह की दोस्ती में दोनों तरफ़ से अच्छाई हमेशा बनी रहती है। ऐसी दोस्ती हमेशा बनी रहती है।

ख़ुशहाली में दोस्त बनते हैं, लेकिन मुश्किलें उनके असली रूप को दिखातीं, या ज़ाहिर करती हैं। मतलबी दोस्ती का वर्णन इस कविता में क्या ख़ूब किया गया है –

आप ख़ुश होंगे, तो लोग आपके पास आएँगे
आप दुखी होंगे तो वे आँखें चुराएँगे
वे आपकी सारी ख़ुशियाँ बाँटना चाहते हैं
मगर उन्हें आपका दुख नहीं चाहिए
अगर आप ख़ुश हैं तो आपके बहुत सारे दोस्त होंगे
आपके दुखी होने पर वे आपसे किनारा कर लेंगे –
आपके मधुरतम पैग को कोई नहीं नकारेगा
मगर ज़िंदगी के कड़वे घूँट आपको अकेले ही पीने पड़ेंगे।

– एल्ला व्हीलर विलकॉक्स

सच्ची दोस्ती में मदद करना, एक-दूसरे पर एहसान नहीं होता। यह दोस्ती की सहज अभिव्यक्ति होता है, उसका मकसद नहीं। अगर एक-दूसरे से मदद हासिल करना दोस्ती का मक़सद बन जाए, तो मक़सद ख़त्म होने पर दोस्ती भी ख़त्म हो जाती है।

रिश्ते अपने आप नहीं बन जाते, उन्हें बनाने में समय लगता है। रिश्ते ईर्ष्या, स्वार्थ, अहंकार और रूखे व्यवहार की वजह से नहीं, बल्कि दयालुता, आपसी समझ और आत्मत्याग के आधार पर बनते हैं।

रिश्तों को महत्त्व देकर उन्हें गंभीरता से लेना चाहिए, और एक बार रिश्ते बन जाएँ, तो उन्हें पौधे की तरह सींचना चाहिए। कोई भी पूर्ण नहीं होता। संपूर्णता की तलाश करने में निराशा ही हाथ लगती है।

दोस्ताना सहयोग (Friendly Cooperation)

बिना दोस्ताना सहयोग के सफलता प्राप्त करना मुश्किल है। एक ख़ुशमिज़ाज शख़्सियत संतुलन को बनाए रखते हुए खुले दिमाग़ वाली और हालात के अनुसार ढलने वाली होती हैं। खुले दिमाग़ का मतलब ढीला-ढाला या असहाय व्यवहार नहीं होता। इसका मतलब किन्हीं हालत में नाप-तौल कर सही समय पर ज़िम्मेदारी के साथ सही क़दम उठाना होता है। खुले दिमाग़ का मतलब-सिद्धांतों और मूल्यों से समझौता करना भी नहीं होता।

पचीसवाँ क़दम – दूसरों भी भावना को महसूस करें (Step 25 – Show Empathy)

दूसरे से किए गए और अपने साथ किए गए नाजायज़ व्यवहार को हम अलग-अलग तराज़ू पर तौलते हैं। किसी अच्छी शख़्सियत का एक अत्यंत महत्त्वपूर्ण गुण दूसरों

की अनुभूतियों को समझना है। जिनमें यह गुण होता है, वे ख़ुद से यह सवाल पूछते हैं, "मुझे तब कैसा महसूस होता, जब कोई दूसरा मेरे साथ ऐसा व्यवहार करता?"

एक पिल्ला
A PUPPY

एक बच्चा पालतू जानवरों की दुकान में एक पिल्ला ख़रीदने गया। वहाँ चार पिल्ले साथ बैठे थे, जिनमें से हर एक की क़ीमत 50 डॉलर थी। एक पिल्ला कोने में अकेला बैठा हुआ था। उस बच्चे ने जानना चाहा कि क्या वह उन्हीं बिकाऊ पिल्लों में से एक था, और वह अकेला क्यों बैठा था? दुकानदार ने जवाब दिया कि वह उन्हीं में से एक है, मगर अपाहिज है, और बिकाऊ नहीं है।

बच्चे ने पूछा? उसमें क्या कमी है? दुकानदार ने बताया कि जन्म से ही इस पिल्ले की एक टाँग बिल्कुल ख़राब है, और उसके पूँछ के पास के अंगों में भी ख़राबी है। बच्चे ने पूछा, आप इसके साथ क्या करेंगे? तो उसका जवाब था कि इसे हमेशा के लिए सुला दिया जाएगा। उस बच्चे ने दुकानदार से पूछा कि क्या वह उस पिल्ले के साथ खेल सकता है। दुकानदार ने कहा, क्यों नहीं। बच्चे ने पिल्ले को गोद में उठा लिया, और पिल्ला उसके कान को चाटने लगा। बच्चे ने उसी समय फ़ैसला किया कि वह उसी पिल्ले को ख़रीदेगा। दुकानदार ने कहा, यह बिकाऊ नहीं है, मगर बच्चा ज़िद करने लगा।

इस पर दुकानदार मान गया। बच्चे ने दुकानदार को 2 डॉलर दिए और बाक़ी के 48 डॉलर लेने अपनी माँ के पास दौड़ा। अभी वह दरवाज़े तक ही पहुँचा था कि दुकानदार ने ज़ोर से कहा, मुझे समझ में नहीं आता कि तुम इस पिल्ले के लिए इतने डॉलर क्यों ख़र्च कर रहे हो, जबकि तुम इतने ही डॉलर में एक अच्छा पिल्ला ख़रीद सकते हो। बच्चे ने कुछ नहीं कहा। उसने अपने बाएँ पैर से पैंट उठाई, उस पाँव में उसने ब्रेस (Brace) पहन रखी थी। दुकानदार ने कहा, मैं समझ गया, तुम इस पिल्ले को ले जा सकते हो। इसी को दूसरों की भावनाएँ समझना कहते हैं।

हमदर्द बनें (Be Sympathetic)

जब आप दुख बाँटते हैं तो यह कम हो जाता है; जब आप सुख बाँटते हैं तो यह बढ़ जाता है।

सहानुभूति और समानुभूति में क्या अंतर है?
(What is the Difference Between Sympathy and Empathy?)

सहानुभूति का मतलब है, "मैं समझता हूँ, तुम्हें कैसा महसूस हो रहा है।" समानुभूति का मतलब है, "तुम्हें जो महसूस होता है, वह मुझे भी महसूस होता है।" ये दोनों ही मन की ज़रूरी भावनाएँ हैं, लेकिन इन दोनों में से दूसरों के भावों को महसूस करना ज़्यादा महत्त्वपूर्ण है (समानुभूति ज़्यादा ज़रूरी है)।

जब हम अपने ग्राहकों, मालिकों, कर्मचारियों और परिवार के लोगों के मनोभावों को खुद भी महसूस करते हैं, तो हमारे रिश्ते कैसे हो जाते हैं? वे और अच्छे हो जाते हैं, इससे आपसी समझ-बूझ, निष्ठा, मन की शांति और उत्पादकता में बढ़ोतरी होती है।

आप किसी व्यक्ति, समाज या देश के चरित्र की पहचान कैसे करते हैं? यह बहुत आसान है। सिर्फ़ यह देखिए कि व्यक्ति या समाज इन तीन तरह के लोगों से किस तरह पेश आता है –

- अपाहिज
- बुज़ुर्ग
- अपने मातहत या जूनियर

सिर्फ़ इन तीन तरह के लोगों से ही क्यों?

क्योंकि ये लोग अपने अधिकारों के लिए बराबरी में खड़े नहीं हो पाते।

एक अच्छा इंसान बनें
(Be a Better Person)

प्रतिज्ञा करें कि आप छोटों के साथ नरमी से, बड़ों के साथ करुणा से, संघर्ष करने वालों के साथ हमदर्दी से, और कमज़ोर व ग़लती करने वालों के साथ सहनशीलता से पेश आने की। क्योंकि हम अपने जीवन में कभी-न-कभी इनमें से किसी-न-किसी स्थिति से गुज़रते हैं।

– लॉयड शीयरर, 1986

कार्य योजना
(ACTION PLAN)

1. अपने कामों की ज़िम्मेदारी क़बूल करने के लिए वचनबद्ध हों।
2. इनमें से हर श्रेणी में कम से कम एक ऐसे क्षेत्र का उल्लेख करें, जिसमें आप पहले से बड़ी ज़िम्मेदारी निभाएँगे –

- घर

____

____

- दफ़्तर

____

____

- सामाजिक जीवन

____

____

2. इस अध्याय को पढ़ने के बाद आप कौन से तीन कामों को करने के लिए वचनबद्ध होंगे?

(क)

____

____

(ख)

____

____

(ग)

____

____

अपनी वचनबद्धता को लिखें और अगले 21 दिनों तक रोज़ पढ़ें।

अध्याय

9

अवचेतन मन और आदतें

अच्छी आदतों और चरित्र का निर्माण

हम जिन कामों को लगातार करते हैं, हमारी शख़्सियत उन्हीं के मुताबिक ढल जाती है। श्रेष्ठता किसी एक काम से नहीं, बल्कि एक समूची आदत के नतीजे के तौर पर हासिल होती है।

– अरस्तू

हम सभी सफल जीवन जीने के लिए पैदा हुए हैं, मगर हमारी आदतें और माहौल हमें असफलता की ओर ले जाते हैं। हमारा जन्म जीत के लिए हुआ है, मगर हम इस ढंग से ढल गए हैं कि हारना सीख लिया है। हम अकसर ऐसी बातें सुनते हैं – 'उस आदमी की क़िस्मत अच्छी है, मिट्टी छूता है तो सोना बन जाती है' या फिर 'वह बदक़िस्मत है, वह कुछ भी छुए, मिट्टी हो जाता है'। यह सच नहीं है।

अगर आप जाँचे-परखें तो पाएँगे कि जाने या अनजाने सफल लोग अपने हर काम में सही क़दम उठा रहे हैं जबकि हारने वाले लोग बार-बार एक ही ग़लती दोहरा रहे हैं। याद रखें, प्रैक्टिस (practice) से पूर्णता नहीं आती, बल्कि सिर्फ़ परफैक्ट (perfect) प्रैक्टिस से ही पूर्णता आती है। प्रैक्टिस बार-बार किए जाने वाले हर काम को स्थायी बना देती है। कुछ लोग अपनी ग़लतियों की ही प्रैक्टिस करते रहते हैं, और वे उसी में पूर्णता (perfection) हासिल कर लेते हैं। वे ग़लतियाँ करने में माहिर हो जाते हैं, और ग़लतियाँ उनसे ख़ुद-ब-ख़ुद होने लगती हैं।

पेशेवर लोग अपना काम आसानी से इसलिए कर जाते हैं, क्योंकि उन्होंने उस काम में पूरी महारत हासिल कर ली होती है। बहुत से लोग काम सिर्फ़ तरक्क़ी को दिमाग़ में रखकर करते हैं, लेकिन जिनकी अच्छा काम करने की आदत बन जाती है, तरक्क़ी के असली हक़दार वही हैं।

किसी चीज़ की आदत डालना खेती करने के समान है। इसमें समय लगता है। एक आदत दूसरी आदत को जन्म देती है। अंत:प्रेरणा एक व्यक्ति से काम शुरू कराती है, प्रेरणा उसे सही राह पर बनाए रखती है, और आदत की वजह से काम ख़ुद-ब-ख़ुद होता चला जाता है।

संकट के समय में भी साहस दिखाना, लालच के सामने आत्मसंयम दिखाना, दुख की घड़ी आने पर भी ख़ुश रहना, निराशा सामने होने पर चरित्र दिखाना, और बाधाओं में भी अवसर की तलाश करना – ये गुण सिर्फ़ संयोग या क़िस्मत से नहीं आते; बल्कि ये तो शारीरिक और मानसिक रूप से की गई लगातार प्रैक्टिस का नतीजा है। कठिनाई के सामने आने पर हमारा व्यवहार हमारी प्रैक्टिस के मुताबिक ही सकारात्मक, या नकारात्मक होगा।

हम छोटे-छोटे कामों में यह सोचकर कायरता और बेईमानी दिखाते हैं कि जब बड़े काम करने होंगे, तब उन्हें सही ढंग से करेंगे, मगर ऐसा हो नहीं पाता, क्योंकि हमने अच्छे गुणों की प्रैक्टिस नहीं की होती।

जब हम ख़ुद को एक बार झूठ बोलने की छूट दे देते हैं, तो अगली बार झूठ बोलना थोड़ा और आसान हो जाता है, तीसरी बार थोड़ा और, फिर यह एक आदत-सी बन जाती है। सफलता की फ़िलॉसाफी (philosophy) है – क़ायम रहें, और संयम रखें। जो काम करना चाहिए उसे करते रहो, और जो काम नहीं करना चाहिए उससे तब तक बचते रहो, जब तक उससे बचते रहना हमारी आदत नहीं बन जाती। इंसान की फ़ितरत है कि वह दिमाग़ से कम, और दिल से ज़्यादा काम लेता है। ईमानदारी और निष्ठा हमारी प्रैक्टिस और यक़ीन का नतीजा होते हैं। लंबे समय तक किया जाने वाला हर काम हमारे व्यक्तित्व का हिस्सा बन जाता है, और आदत भी। ईमानदारी बरतने वाला इंसान हमेशा पहली बार झूठ बोलने पर पकड़ा जाता है; जबकि किसी ने झूठ बोलने की ही प्रैक्टिस की हो, तो वह पहली बार सच बोलने पर पकड़ा जाता है।

ख़ुद से और दूसरों से ईमानदारी या बेईमानी बरतना, दोनों ही आदतें बन जाती हैं। अब यह फैसला हमें करना है कि हम इनमें से किसकी प्रैक्टिस करेंगे। हमारे सोचने का तरीका भी आदत का एक हिस्सा बन जाता है। हम आदतें बनाते हैं, और आदतें हमारा चरित्र बनाती हैं। हम किसी आदत को महसूस करें, उससे पहले ही वह हमें अपना चुकी होती है।

किसी ने कहा है, "हमारे विचार काम की तरफ़ ले जाते हैं, काम से आदतें बनती हैं, आदतों से चरित्र बनता है, और चरित्र से हमारा भविष्य बनता है।" इसलिए हमें सही ढंग से सोचने की आदत डालनी चाहिए।

अच्छी आदतें डालें
FORM GOOD HABITS

हमारा ज़्यादातर व्यवहार आदतन होता है। यह बिना सोचे-समझे अपने आप होता रहता है। चरित्र हमारी आदतों का मिला-जुला रूप होता है। अच्छी आदतों वाला इंसान अच्छे चरित्र वाला माना जाता है। ठीक इसी तरह बुरी आदतों वाला इंसान बुरे चरित्र वाला माना जाता है। आदतें तर्क और समझदारी से कहीं ज़्यादा शक्तिशाली होती हैं। आदतें शुरू में इतनी मामूली लगती हैं कि आप ध्यान नहीं

देते, और बाद में वे इतनी मजबूत हो जाती हैं कि उनसे छुटकारा मिलना मुश्किल होता है। आदतों का विकास या तो अनजाने में होता है, या फिर निश्चयपूर्वक। यदि हमने सोच-समझ कर आदतें बनाने का फैसला नहीं किया, तो अनजाने में बुरी आदतों के शिकार बन जाएंगे।

हम आदतें कैसे बनाते हैं? (How Do We Form Habits?)

किसी काम को बार-बार करने से, उसे करना हमारी आदत बन जाती है। हम काम करके ही सीखते हैं। साहस भरा व्यवहार करने से हम साहस सीखते हैं। ईमानदारी और निष्पक्षता की प्रैक्टिस से हम इन गुणों को अपना लेते हैं, और इनकी लगातार प्रैक्टिस करने से हम इनमें निपुणता हासिल कर लेते हैं। इसी तरह जब हम बेईमानी, ग़लत व्यवहार, या अनुशासन की कमी जैसी बुरी आदतों की प्रैक्टिस करते हैं, तो उन्हीं में निपुण हो जाते हैं। हमारा नज़रिया हमारी आदत बन जाती है, और हम वैसा ही व्यवहार करने लगते हैं। वे हमारी सोच बन जाते हैं, और फिर हमारे व्यवहार की दिशा निर्धारित करने लगते हैं।

आदी होना
CONDITIONING

किसी चीज़ का आदी बन जाना एक मनोवैज्ञानिक प्रक्रिया (psychological process) है। इसकी वजह से हम एक-दूसरे से जुड़ी किन्हीं ख़ास ढंग की घटनाओं के आदी बन जाते हैं। इसका एक मशहूर उदाहरण पाव्लोव द्वारा कुत्तों पर किया गया प्रयोग है। रूसी वैज्ञानिक (Russian Scientist) पाव्लोव (Pavlov) कुत्तों को खाना खिलाते समय घंटी बजाया करते थे। खाना देखने पर कुत्तों के मुँह में लार भर आती है। पाव्लोव अपना प्रयोग कुछ समय तक दुहराते रहे। उसके बाद उन्होंने घंटी तो बजाई, पर खाना नहीं परोसा, पर कुत्तों के मुंह में लार भर आई, क्योंकि वे घंटी बजने के साथ खाना पाने के आदी हो चुका था।

हमारे अधिकतर व्यवहार चीज़ों, या माहौल का आदी बन जाने का नतीजा होते हैं। हमारा माहौल और मीडिया हमें लगातार कुछ चीजों का अभ्यस्त, या आदी बनाते रहते हैं। नतीजे के तौर पर हम रोबोट की तरह व्यवहार करने लगते हैं। इसलिए हमें स्वयं को अच्छी चीज़ों का आदी बनाना चाहिए।

यदि हम किसी चीज़ को सही ढंग से करना चाहते हैं, तो यह ख़ुद-ब-ख़ुद होनी चाहिए। यदि हम कोई सही चीज़ सचेत ढंग से करना चाहें तो वास्तव में

उसे सही तरीक़े से नहीं कर पाएँगे। इसका मतलब यह है कि हमें उसकी आदत बनानी पड़ेगी।

जब मैं मार्शल आर्ट (Martial Art) का स्टुडेंट था तो मैंने ग़ौर किया कि ब्लैक बेल्ट होल्डर भी घूँसा मारने और वार रोकने जैसे साधारण एक्शन (action) की प्रैक्टिस कर रहे थे, ताकि जब उन्हें इन कलाओं की ज़रूरत पड़े, तो वे इनका प्रयोग बहुत स्वाभाविक रूप से कर सकें।

पेशेवर लोग किसी काम को आसानी से इसलिए कर लेते हैं कि वे अपने काम की बुनियादी चीज़ों में माहिर हो चुके होते हैं। कई लोग अच्छा काम क़ामयाबी पाने के इरादे से करते हैं, पर उसे पाने का हक़ उन्हीं को होता है, जो अच्छा काम आदतन करते हैं।

अच्छी आदतों को अपनाना मुश्किल है, लेकिन उनके साथ जीना आसान है। बुरी आदतें अपनाना आसान है, मगर उनके साथ जीना मुश्किल है।

हम आदतों के आदी कैसे बन जाते हैं?
HOW DO WE GET CONDITIONED?

उस विशाल हाथी के बारे में सोचिए जो एक टन से भी ज़्यादा वज़न सिर्फ़ अपनी सूँढ़ से उठा लेता है। ज़रा सोचिए कि उसी हाथी को एक पतली रस्सी और एक खूँटे से एक ही जगह पर बँधे रहने का आदी कैसे बना दिया जाता है; जबकि वह खूँटे को आसानी से उखाड़ कर, जहाँ चाहे, वहाँ जा सकता है? जवाब यह है कि बचपन में हाथी को एक मज़बूत जंज़ीर और एक मज़बूत पेड़ से बाँधा जाता है। हाथी के बच्चे की तुलना में जंज़ीर और पेड़ मज़बूत होते हैं। बच्चे को बँधे रहने की आदत नहीं होती, इसलिए वह उस जंज़ीर को खींचने और तोड़ने की लगातार नाकाम कोशिश करता रहता है। एक दिन ऐसा आता है जब बच्चा समझ जाता है कि खींचने और तोड़ने की कोशिश करने से कोई फ़ायदा नहीं। वह रुक जाता है और शांत खड़ा रहने लगता है। अब वह दिमाग़ी रूप से इसका आदी हो चुका होता है।

और जब वही बच्चा एक विशाल हाथी बन जाता है तो उसे एक कमज़ोर रस्सी और खूँटे से बाँध दिया जाता है। वह हाथी चाहे तो एक झटका देने से ही आज़ाद हो सकता है, मगर अब वह कहीं नहीं जाता, क्योंकि वह बचपन से ही दिमाग़ी रूप से इसका आदी हो चुका होता है।

हम पर जाने-अनजाने इन चीज़ों का असर पड़ता चला जाता है –

- जैसी किताबें हम पढ़ते हैं।
- जैसी फिल्में और टी.वी. प्रोग्राम हम देखते हैं।
- जैसा संगीत हम सुनते हैं।
- जैसी संगति में हम रह रहे हैं।

गाड़ी चलाते समय, अगर हम एक ही धुन बहुत दिनों तक सुनें, और एक दिन टेप रिकॉर्डर (tape recorder) ख़राब हो जाए तो अंदाज़ लगाइए कि हम कौन-सी धुन गुनगुना रहे होंगे?

पागलपन की परिभाषा यह है कि एक ही काम को बार-बार किया जाना, लेकिन हर बार अलग-अलग नतीजों की उम्मीद रखना। अगर आप वही करते हैं जो आप करते रहे हैं, तो आपको वही मिलता रहेगा जो आपको मिलता रहा है। आदतों को बदलने में सबसे मुश्किल बात यह होती है कि जो चीज़ काम नहीं कर रही है, उसे कैसे भुलाया जाए, और उनके बदले अच्छी आदतों को कैसे अपनाया जाए।

गीगो सिद्धांत

THE GIGO PRINCIPLE

कंप्यूटर का गीगो (GIGO – Garbage in, Garbage out) सिद्धांत कहता है –

- गलत अंदर डालिए; गलत बाहर आएगा।
- सही डालिए; सही बाहर आएगा।
- अच्छा डालिए; अच्छा बाहर आएगा।

हम जितना डालते हैं, उतना ही निकालते हैं। हमारा अवचेतन मन भेदभाव नहीं करता। हम जो कुछ भी अपने अवचेतन मन में डालेंगे, वह उसे स्वीकार कर लेगा, और वही बात हमारे व्यवहार में उतरेगी।

टेलीविज़न ने हमारे नैतिक मूल्यों, सोचने के ढंग और संस्कृति पर काफ़ी हद तक अच्छा, या बुरा असर डाला है। जहाँ उसने हमें बहुत-सी अच्छी और फ़ायदेमंद सूचनाएँ दी हैं, वहीं यह हमारी रुचियों में घटियापन भी लाया है, इसने हमारी नैतिकता को भ्रष्ट किया है, और बच्चों में अपराध की प्रवृत्ति को बढ़ाया

है। 18 साल की उम्र तक बच्चे टेलीविज़न पर हिंसा के लगभग दो लाख सीन (scene) देख चुके होते हैं।*

विज्ञापनदाता अपने दर्शकों को प्रभावित करने में माहिर होते हैं। किसी बड़ी घटना के दौरान कंपनियाँ 30 सेकंड के विज्ञापन के लिए लगभग दस लाख डॉलर खर्च करती हैं। यकीनन उन्हें इसका फ़ायदा मिलता है। हम किसी ख़ास ब्रैंड के साफ्ट ड्रिंक या टूथपेस्ट का विज्ञापन देखकर सुपरमार्केट से उसी को ख़रीद लाते हैं। दरअसल हम साफ्ट ड्रिंक को नहीं, बल्कि उस ब्रैंड को ख़रीदते हैं। क्यों? इसलिए कि हमारे दिमाग़ को उसी ढंग से ढाला गया है, और हम वैसा ही व्यवहार करते हैं।

जब हम टी.वी. देखते हैं, या रेडियो पर कोई विज्ञापन सुनते हैं, तो हमारा चेतन मन उस पर भले न ग़ौर कर रहा हो, लेकिन हमारा अवचेतन मन खुला होता है, और हम प्राप्त होने वाली हर उस चीज़ को स्वीकार कर रहे होते हैं। क्या आपने कभी किसी टी.वी. से बहस की है? ज़ाहिर सी बात है नहीं।

जब हम पिक्चर देखते हैं, तो हँसते हैं, और रोते भी हैं, क्योंकि हमारे अंदर डाला गया भावनात्मक इनपुट, भावनात्मक आउटपुट के रूप में फ़ौरन बाहर आता है। इनपुट (input) को बदलने पर आउटपुट (output) अपने आप बदल जाता है।

चेतन और अवचेतन मन

YOUR CONSCIOUS AND SUBCONSCIOUS MIND

हमारे चेतन मन के पास सोचने की शक्ति है। यह स्वीकार कर सकता है और अस्वीकार भी। मगर अवचेतन मन सिर्फ़ स्वीकार करता है। यह इनपुट को लेकर कोई भेदभाव नहीं करता। अगर हम अपने मन में डर, शंका, नफ़रत के भाव भरें, तो हमारे आत्मसुझाव इन सभी भावों को सक्रिय बनाकर वास्तविकता में बदल देंगे। हमारा अवचेतन मन एक डाटा बैंक (data bank) की तरह है। अवचेतन मन एक गाड़ी की तरह है, और चेतन मन एक ड्राइवर की तरह। इन दोनों में से अवचेतन मन ज़्यादा शक्तिशाली है। शक्ति तो गाड़ी में ही होती है, यह अलग बात है कि उसका कंट्रोल ड्राइवर के पास होता है।

अवचेतन मन हमें फ़ायदा पहुँचा सकता है, और नुक़सान भी। उसमें सोचने-समझने की क्षमता नहीं होती है। अगर हम सफल नहीं हैं, तो हमारे अवचेतन मन को नए और सही तरीक़े से दोबारा प्रोग्राम करना पड़ेगा।

* "ऐँज़ इन सेलिंग पावर" से, नेशनल टाइम्स, मार्च 1996, पृष्ठ 40।

अवचेतन मन एक बगीचे की तरह है, इसे कोई परवाह नहीं कि आप कैसे पौधे लगाते हैं। यह निरपेक्ष (neutral) है; इसकी अपनी कोई इच्छा नहीं, अगर आप अच्छे बीज बोएँगे, तो आपका बगीचा सुंदर होगा; नहीं तो वह घास-फूस से भर जाएगा। मैं तो एक और क़दम आगे बढ़कर कहूँगा कि अगर आप अच्छे बीज बोएँगे, तब भी घास-फूस उग ही आएँगे, इसलिए उन्हें उखाड़ फेंकने का सिलसिला लगातार जारी रहना चाहिए।

इंसान का दिमाग़ भी ऐसा ही होता है। याद रखिए, सही और ग़लत विचार हमारे मन में एक साथ नहीं रह सकते।

हमें अपने अवचेतन मन को इस तरह ढालने की ज़रूरत है कि वह हमें सही रास्ते पर ले जा सके।

हम आदी कैसे बनते हैं?

HOW DO WE GET PROGRAMMED?

सोचिए, हमने साइकिल चलाना कैसे सीखा? इसके चार स्तर हैं – पहले स्तर को अवचेतन-अयोग्यता (unconscious incompetence) कहते हैं। यह वह स्तर है जब हम यह नहीं जानते कि हम उस काम को नहीं जानते। बच्चा यह नहीं जानता कि साइकिल चलाना क्या है (अवचेतन); न ही वह साइकिल चला सकता है (अयोग्यता)। यह अवचेतन-अयोग्यता का स्तर है।

दूसरा स्तर चेतन अयोग्यता (conscious incompetence) कहलाता है। यह ऐसा स्तर होता है जब बच्चा थोड़ा बड़ा होकर जान जाता है कि साइकिल चलाना क्या है, मगर वह खुद नहीं चला सकता, इसलिए वह चेतन तो है, मगर अयोग्य है।

फिर वह साइकिल चलाना सीखता है। यह तीसरा स्तर है, जो चेतन योग्यता (conscious competence) कहलाता है। अब वह साइकिल चला तो सकता है, मगर ऐसा करने के लिए उसे उस प्रक्रिया के बारे में सचेत ढंग से सोचना पड़ता है। इस तरह सचेत सोच और प्रयास के साथ बच्चा साइकिल चलाने योग्य है।

चौथा स्तर अवचेतन योग्यता (unconscious competence) का है। यह तब आता है, जब बच्चे ने पूरी समझ के साथ साइकिल चलाना इतनी अच्छी तरह से सीख लिया होता है कि उसे अब सचेत रूप से सोचना नहीं पड़ता। यह सिलसिला अपने-आप चलने लगता है। साइकिल चलाते समय वह लोगों से बातें

कर सकता है, और दूसरों को हाथ से इशारा कर सकता है। इसका मतलब यह है कि वह अवचतेन योग्यता के स्तर पर पहुँच गया है। इस स्तर पर हमें ध्यान देने, और सोचने की ज़रूरत नहीं होती, क्योंकि यह हमारे व्यवहार में खुद-ब-खुद उतरने लगता है।

हम अपनी सभी अच्छी आदतों को इसी स्तर पर पहुँचाना चाहते हैं। दुख की बात है कि शायद हमारी कुछ बुरी आदतें भी हमारी अवचेतन योग्यता के स्तर तक पहुँच जाती हैं, और वे हमारी तरक़्क़ी में रुकावट डालती हैं।

क़ुदरत ख़ालीपन को भर देती है

NATURE ABHORS A VACUUM

मेरे दो भतीजे हैं, जिनकी उम्र 12 और 14 साल है। उन्हें टेनिस बहुत पसंद है। एक दिन उनके पिता ने मुझसे कहा, "यह खेल बहुत महँगा होता जा रहा है। इन बच्चों के लिए रैकेट, गेंदें, लॉन की फीस देनी पड़ती है, और अब तो इन्होंने एक कोच भी रख लिया है। ये सब बहुत महँगा पड़ रहा है।" तब मैंने उनसे पूछा, "यह किस चीज़ की तुलना में ज़्यादा महँगा पड़ रहा है? तुम अपने बच्चों का टेनिस खेलना रोक सकते हो, और पैसे बचा सकते हो, लेकिन अगर वे खेलना छोड़ देंगे, तो स्कूल से घर लौटने पर अपने समय और ऊर्जा (energy) का क्या करेंगे?" वे कुछ देर चुपचाप सोचते रहे, और फिर बोले, "मुझे लगता है, उन्हें खेलने देना चाहिए। यह सस्ता ही पड़ेगा।" उन्होंने बच्चों को अच्छे रास्ते पर लगाए रखने का महत्व समझ लिया। नहीं तो, वे बुरी चीज़ों की तरफ़ मुड़ते, क्योंकि कुदरत को ख़ालीपन पसंद नहीं है। या तो हमारे पास अच्छा होता है या बुरा, इन दोनों के बीच का कोई रास्ता नहीं होता।

चरित्र का निर्माण करना एक आदत-सी बन जाती है। अगर हम अपनी शख़्सियत को ख़ुशनुमा बनाना चाहते हैं, तो हमें अपनी आदतों को गहराई से जाँचना होगा। जो बात कभी-कभी मौजमस्ती करने की वजह से शुरू होती है, वह एक स्थायी कमी बन जाती है। खुद से ये सवाल करें –

- क्या आप अपने काम की क्वालिटी को गिरने देते हैं?
- क्या आप गप मारना पसंद करते हैं?
- क्या ईर्ष्या और अहंकार आपके स्थायी साथी हैं?
- क्या दूसरों के मनोभावों को महसूस करने की क्षमता आपमें कम है?

हमारा निर्माण आदतें करती हैं। ऐसा होना अच्छी बात है, क्योंकि अगर हमें हमेशा कुछ करने से पहले सोचना पड़े, तो हम कोई भी काम ठीक से नहीं कर पाएँगे।

हम अपनी सोच पर आत्मअनुशासन लागू करने की प्रैक्टिस करके अपनी आदतों को कंट्रोल कर सकते हैं। हमें अपने अवचेतन मन की शक्ति का फ़ायदा उठाना चाहिए। हमें बचपन से ही अच्छी आदतें विकसित करनी चाहिए, ताकि बड़े होने पर वे हमारे अच्छे चरित्र का निर्माण कर सकें। वैसे इसकी शुरुआत करने में कभी देर नहीं होती। हर अच्छा, या बुरा तज़रबा कुछ-न-कुछ फ़र्क पैदा करता है। नई आदतों को सीखने में समय लगता है, मगर अच्छी आदतें एक बार सीख ली जाएँ, तो जीवन को नए मायने देती हैं।

आशावादी या निराशावादी होना भी एक आदत है। आदतों पर दुख और सुख का सिद्धांत लागू होता है। हम कोई काम या तो सुख पाने के लिए या दुख से बचने के लिए करते हैं। जब तक नफ़ा नुक़सान से ज़्यादा होता है, तब तक हम उस आदत को जारी रखते हैं, मगर जब नुक़सान नफ़े से ज़्यादा होने लगता है तो हम उस आदत को छोड़ देते हैं। मिसाल के तौर पर, जब डॉक्टर सिगरेट पीने वाले को सिगरेट पीने से मना करता है तो वह जवाब देता है, “मैं नहीं छोड़ सकता। यह एक आदत है जिसमें मुझे मज़ा आता है।” और वह सिगरेट पीना जारी रखता है। यहाँ मज़ा दर्द से ज़्यादा है। और जब एक दिन वह एक ख़तरनाक बीमारी का शिकार हो जाता है, जब डॉक्टर कहता है, “अगर आप ज़िंदा रहना चाहते हैं, तो सिगरेट पीना इसी वक़्त बंद कर दीजिए।” और वह उसी समय सिगरेट पीना छोड़ देता है, क्योंकि अब नुक़सान नफ़े से ज़्यादा है।

बदलाव का विरोध

RESISTANCE TO CHANGE

जब लोग अपनी बुरी आदतों को पहचान लेते हैं, तो उन्हें बदलते क्यों नहीं?

उनके न बदलने का कारण यह है कि वे ज़िम्मेदारी कबूल करने से इंकार करते हैं। अपनी आदतों को बनाए रखने में उन्हें जो मज़ा आता है, वह बदलाव के दर्द से ज़्यादा होता है। उनमें शायद –

- बदलाव की इच्छा की कमी हो।
- बदलाव के लिए ज़रूरी अनुशासन की कमी हो।
- अपने आपको बदल पाने के विश्वास की कमी हो।
- बदलाव की ज़रूरत के बारे में जानकारी की कमी हो।

ये सारी बातें हमें बुरी आदतों से पीछा छुड़ाने से रोकती हैं। हम सबको एक चुनाव करने का हक़ है। हम बुरे व्यवहार को नज़रअंदाज़ करते हुए यह आशा कर सकते हैं कि इससे हमें खुद-ब-खुद छुटकारा मिलजाएगा – यह शुतुरमुर्ग का तरीक़ा (Ostrich approach) हुआ – या इसका मुक़ाबला करके इस पर पूरी ज़िंदगी के लिए क़ाबू पा सकते हैं। बेबुनियाद डर और अपनी आरामदायक ज़िंदगी के दायरे से बाहर निकलकर ही आदतों में सुधार किया जा सकता है। याद रखिए, डर एक सीखी हुई आदत है, और इससे छुटकारा पाया जा सकता है।

अपनी बुरी आदतों को न बदलने के बड़े आम बहाने नीचे लिखे हुए हैं –

- हमलोग हमेशा इसी तरह करते आए हैं।
- हमने इस तरह कभी नहीं किया है।
- यह मेरा काम नहीं है।
- मैं नहीं समझता कि इससे कोई फ़रक पड़ेगा।
- मैं बहुत व्यस्त (busy) हूँ।

अच्छी आदतें डालें
FORMING POSITIVE HABITS

बदलाव किसी भी समय लाया जा सकता है, चाहे हमारी उम्र कुछ भी हो, या आदत कितनी ही पुरानी हो। अगर हमें मालूम हो कि क्या बदलने की ज़रूरत है, तो व्यवहार बदलने वाले तरीक़ों का इस्तेमाल करके हम किसी भी वक़्त बदलाव ला सकते हैं। एक पुरानी कहावत है कि बूढ़े कुत्ते को नई कलाबाज़ियाँ नहीं सिखाई जा सकती। यह कहावत ग़लत है। हम लोग कुत्ते नहीं, इंसान हैं, और हम कलाबाज़ी नहीं कर रहे हैं। हम बुरी और नुक़सान पहुँचाने वाली आदतों से छुटकारा पा सकते हैं, और अच्छी आदतें डाल सकते हैं।

जैसा कि अर्ल नाइटिंगल (Earl Nightingale) ने कहा है, सफल लोगों का राज़ यह है कि वे उन कामों को करने की आदत डाल लेते हैं जो असफल लोग करना नहीं चाहते, और न ही करते हैं। ज़रा उन चीज़ों के बारे में सोचिए जो असफल

लोग नहीं करना चाहते। ये वही काम हैं जिन्हें सफल लोग भी करना नहीं चाहते, लेकिन वे फिर भी करते हैं। मिसाल के तौर पर असफल लोग अनुशासन और मेहनत करना पसंद नहीं करते। सफल लोग भी अनुशासन और कड़ी मेहनत (एक खिलाड़ी रोज़ सुबह उठकर प्रैक्टिस करने का अनुशासन न तो चाहता है, न ही पसंद करता है, फिर भी ऐसा नियमित रूप से करता है) नापसंद करते हैं, फिर भी ऐसा करते हैं क्योंकि इन लोगों ने उन कामों को करने की आदत डाल ली है जो असफल लोग नहीं कर पाते।

सभी आदतें बहुत छोटे रूप में शुरू होती हैं, लेकिन बाद में इनसे छुटकारा पाना बहुत मुश्किल हो जाता है। सोचने का तरीका एक आदत है, और इसे बदला जा सकता है। ज़रूरत इस बात की है कि पुरानी बुरी आदतों को बदलकर नई अच्छी आदतों को अपनाया जाए।

बुरी आदतों को न अपनाना उन पर क़ाबू पाने से आसान है। अच्छी आदतें लालच पर क़ाबू पाने से बनती हैं। ख़ुशमिजाज़ी और चिड़चिड़ापन भी आदतें हैं।

उमदा या अच्छा होना सचेत मन से तब तक किए गए लगातार प्रयासों का नतीजा होती है, जब तक कि अच्छा व्यवहार और नज़रिया आदत का रूप नहीं ले लेते हैं।

आत्मसुझाव

AUTO-SUGGESTION

आत्मसुझाव क्या है? आप जैसा इंसान बनना चाहते हैं – उस सोच को वर्तमान काल में कहे जाने को ही आत्मसुझाव कहते हैं। आत्मसुझाव उस इश्तिहार की तरह हैं, जो आप अपने-अपने बारे में ख़ुद अपने लिए लिखते हैं। ये आपके चेतन और अवचतेन मन, दोनों को प्रभावित करते हैं, जिसका असर आपके नज़रिए और व्यवहार पर पड़ता है।

आत्मसुझाव आपके अवचेतन मन को मनचाहे साँचे में ढालने (प्रोग्राम करने) का एक तरीक़ा है। आत्मसुझाव सकारात्मक या नकारात्मक हो सकते हैं।

बुरे आत्मसुझाव के कुछ उदाहरण –

- मैं थका हुआ हूँ।
- मैं फुर्तीला नहीं हूँ।
- मेरी याददाश्त कमज़ोर है।
- मैं हिसाब-किताब में अच्छा नहीं हूँ।

जब हम बुरे आत्मसुझावों को बार-बार दोहराते हैं, तब हमारा अवचेतन मन उन पर विश्वास करने लगता है, और ये असलियत न बनकर जीवन में उतर आते हैं। उदाहरण के तौर पर यदि कोई व्यक्ति बार-बार खुद को यह आत्मसुझाव देता है कि "मेरी यादाश्त खराब है", तो किसी नए व्यक्ति से मिलने पर वह उसका नाम याद रखने की कोशिश ही नहीं करेगा, क्योंकि वह खुद से कहता है, "मेरी यादाश्त तो कमज़ोर है, इसलिए याद करने की कोशिश बेकार है।" ऐसी हालत में वह नए आदमी से दोबारा मिलने पर उसका नाम सचमुच याद नहीं रख पाएगा, और वह अपने आप से फिर कहेगा, "मेरी यादाश्त कमज़ोर है।" यह कभी न खत्म होने वाला सिलसिला है – यह एक ऐसी भविष्यवाणी है, जो ख़ुद-ब-ख़ुद सच बन जाती है।

एक व्यक्ति जब किसी विश्वास को बार-बार दोहराता है, तो यह उसके अवचेतन मन में गहराई में बैठ जाता है, और एक असलियत का रूप ले लेता है। बार-बार दोहराया गया झूठ सच मान लिया जाता है।

आत्मसुझाव सकारात्मक वक्तव्य (positive statement) क्यों होने चाहिए? ताकि हम अपने दिमाग़ में उस चीज़ की तस्वीर न बनाएँ, जिसे हम नहीं पाना चाहते, बल्कि वह तस्वीर बनाएँ, जिसे पाना चाहते हैं। कोई भी तस्वीर हमारे दिलोदिमाग़ में ज़्यादा देर तक रहती है, तो असलियत का रूप ले लेती है। आत्मसुझाव बार-बार दोहराने का सिलसिला है। एक इंसान जब कुछ वाक्यों को काफ़ी समय तक दोहराता है, तो वह उन्हें अपने अवचेतन मन की गहराई में बैठा देता है। मिसाल के तौर पर, अगर आप ख़ुद से कहते रहते हैं कि मैं शांत और धीर हूँ, तो आप किसी भी हालत में खुद को शांत और धीर महसूस करेंगे।

आत्मसुझावों की प्रैक्टिस नकारात्मक रूप में नहीं होनी चाहिए। यह मत कहिए, "मैं कितना अव्यवस्थित व्यक्ति हूँ।" इसके बजाय यह कहिए, "मैं कितना व्यवस्थित व्यक्ति हूँ।" आत्मसुझाव में नकारात्मक शब्दों का इस्तेमाल होने पर दिमाग़ में नकारात्मक तस्वीर बनती है, और हम यह नहीं चाहते। अगर मैं आपसे कहूँ, "नीले हाथी के बारे में मत सोचो तो संभावना है कि आपके दिमाग़ में नीले हाथी की छवि फ़ौरन उभर आएगी।"

सकारात्मक वाक्य इसलिए बनाए जाते हैं कि हमारी सोच एक तस्वीर के रूप में आती है, न कि शब्दों के रूप में। जब मैं कहता हूँ, "माँ!" तो आपके दिमाग़ में क्या आता है – माँ की तस्वीर या उसकी स्पेलिंग?

वर्तमान काल में ही क्यों? क्योंकि हमारा मन काल्पनिक और वास्तविक अनुभव में फ़र्क नहीं कर पाता। मिसाल के तोर पर, माँ-बाप चाहते हैं कि उनका बच्चा 9.30 बजे तक घर आ जाए, लेकिन बच्चा देर तक घर नहीं लौटा और अब एक बज रहा है। माँ-बाप के मन में क्या चल रहा है? वे दुआ कर रहे होते हैं कि सब कुछ ठीक हो। वे खुद से कह रहे होते हैं, "मैं आशा करता हूँ कि बच्चे के साथ कोई दुर्घटना नहीं हुई होगी।" फिर भी क्या होता है? उनका ब्लड प्रेशर (blood pressure) बढ़ता है। यह एक काल्पनिक अनुभव है। सच्चाई यह हो सकती है कि बच्चा किसी पार्टी में मौजमस्ती में मशगूल हो और ग़ैरज़िम्मेदारी दिखा रहा हो।

अब परिस्थिति को उलटा करके देखें। मान लें कि बच्चा बहुत ज़िम्मेदार है, और वह वास्तव में 9.30 बजे घर आने वाला था, मगर एक दुर्घटना का शिकार हो गया, और एक बजे तक घर नहीं पहुँचा है। माँ-बाप के ब्लड-प्रेशर का क्या हाल हो रहा होगा? वह फिर भी बढ़ेगा। पहली हालत में अनुभव काल्पनिक था, और दूसरी में वास्तविक, मगर शरीर पर दोनों का असर एक-सा था। हमारा मन काल्पनिक और वास्तविक अनुभव में फ़र्क महसूस नहीं करता।

अवचेतन मन को तैयार करें (Prepare the Subconscious)

हम आत्मसुझावों का इस्तेमाल बुरी या ग़लत आदतें छोड़ने, और सही या अच्छी आदतों डालने के लिए कर सकते हैं? हम सभी आत्मसुझावों का जाने-अनजाने इस्तेमाल कर चुके हैं। मिसाल के तौर पर, आपको जब सुबह की फ्लाइट (flight) पकड़नी होती है, तो सोते वक़्त आप ख़ुद से कहते हैं, मुझे सुबह छह बजे उठना है, और आप सदा उठ भी जाते हैं (अकसर अलार्म घड़ी के बजे बिना ही)। हमारा तैयार अवचेतन मन हमें जगाने का काम कर देता है।

आत्मसुझाव एक ऐसा रास्ता है जिससे कि हम अपने दिमाग़ को एक बयान को हक़ीकत में बदलने के लिए प्रोग्राम करते हैं।

आत्मसुझाव बार-बार दोहराने का एक सिलसिला है, जिसके द्वारा हम अपने अवचेतन मन को सकारात्मक सुझाव देते हैं, जो वास्तविकता में बदल जाते हैं। बार-बार दोहराना ही काफ़ी नहीं है। इसके साथ भावनाओं और अहसास का संयोग भी होना चाहिए।

बिना कल्पना के आत्मसुझाव का कोई नतीजा नहीं निकलता। हमारे मन को कोई आत्मसुझाव जब पहली बार दिया जाता है, तो वह उसे अस्वीकार कर देता

है। क्यों? चूँकि यह विचार अजनबी होता है, इसलिए हमारे सोचने के ढंग के उलट होता है। सफलता इस सिलसिले को पूरे मन से बार-बार दोहराने की हमारी क़ाबिलीयत पर निर्भर करती है।

क़ल्पना

VISUALIZATION

हम जो पाना, करना, या बनना चाहते हैं, मन में उसकी छवि बनाने और देखने का सिलसिला ही कल्पना है। कल्पना और आत्मसुझाव दोनों साथ-साथ चलते हैं। कल्पना किए बिना आत्मसुझाव अपनी बात को मशीन की तरह दोहराना भर है, और वह बेअसर होगा। नतीजे पाने के लिए आत्मसुझाव से इच्छाएँ और भावनाएँ (कल्पना) भी जुड़ी होनी चाहिए।

चेतावनी – पहली बार में आत्मसुझाव मन को स्वीकार नहीं भी हो सकता है, क्योंकि यह एक अजनबी विचार होता है। मिसाल के तौर पर, अगर पिछले कुछ सालों से मेरा विश्वास रहा है कि मेरी यादाश्त कमज़ोर है, और अब अचानक मैं अपने आपसे कहता हूँ, "मेरी यादाश्त बहुत अच्छी या तेज़ है", तो मेरा मन इसे स्वीकार नहीं करेगा, और वह कहेगा, "तुम झूठे हो, तुम्हारी यादाश्त कमज़ोर है", क्योंकि आज तक मेरे दिमाग़ में यही बात बैठी हुई थी कि मेरी यादाश्त कमज़ोर है। मेरे मन को इसी पर विश्वास था। इस विचार को हटाने में 21 दिन लगेंगे। 21 दिन ही क्यों? क्योंकि किसी भी आदत को बनाने या हटाने में कम-से-कम 21 दिन लगातार सचेत ढंग से प्रैक्टिस करने की ज़रूरत पड़ती है। यदि आपको कोई ऑडियो टेप 21 दिन तक लगातार सुनना हो, और आपका प्लेयर उसी बीच टूट जाए, तो कल्पना कीजिए कि आपको कैसी धुन सुनाई देगी।

महत्त्वपूर्ण सवाल यह है कि क्या 21 दिनों की सचेत प्रैक्टिस जीवन को बेहतर बनाने की बहुत बड़ी क़ीमत है? नहीं ! लेकिन इस पर अमल प्रतिबद्ध (committed) लोग ही कर पाते हैं। यह लगता तो सरल है, मगर इसे करना आसान नहीं है। फिर भी आप इसे आजमा सकते हैं। अपने आत्मसुझावों को हक़ीकत में बदलने के लिए अगले सेक्शन (Section) में दिए गए तरीकों पर अमल करें और अपने आत्मसुझावों को असलियत में बदलें।

अच्छी आदतें डालने का 21 दिन का फार्मूला
21-DAY FORMULA TO FORM POSITIVE HABITS

आत्मसुझाव को असलियत में बदलें
(Translating Auto-Suggestion into Reality)

1. एक ऐसी जगह पर जाइए जहाँ आपको कोई बाधा न पहुँचाए।
2. अपने आत्मसुझावों की एक लिस्ट (list) बनाएँ। ये सकारात्मक और वर्तमान काल में हों।
3. आत्मसुझावों को दिन में कम-से-कम दो बार दोहराएँ – एक बार सुबह और एक बार रात में। सुबह मन शांत, धैर्यवान, ताज़गी भरा और कुछ भी स्वीकार करने के लिए तैयार रहता है, और रात में आप अपने अवचेतन मन में एक सकारात्मक छवि सारी रात असर छोड़ने के लिए डाल देते हैं। आप इन आत्मसुझावों को छोटे-छोटे स्टीकरों पर लिख सकते हैं। उन्हें ऐसी जगहों पर लगा दें, जहां आपकी निगाह दिन भर पड़ती रहे (जैसे कि आपके बाथरूम का शीशा, आपकी कार का डैश बोर्ड, आपके रोज़ की कार्यसूची, या आपकी डेस्क का ड्रायर)। आत्मसुझावों को पूरे दिन देखते रहने से आपको इन्हें बार-बार दुहराने का अवसर मिलेगा।
4. सिर्फ़ आत्मसुझाव काम नहीं करेगा, इसके साथ ही कल्पना की भी ज़रूरत होगी।
5. इसे लगातार 21 दिन तक दोहराएँ, जब तक कि यह एक आदत न बन जाए।

कार्य योजना
(ACTION PLAN)

एक टन सिद्धांत की तुलना में एक औंस काम की ज़्यादा क़ीमत होती है।

– फ़्रेडरिक एंगेल्स

महत्त्वपूर्ण – आत्मसुझाव और कल्पना किसी समयबद्ध और लक्ष्यबद्ध कार्य योजना के पूरक (supplement) होते हैं, विकल्प (substitute) नहीं।

1. हममें कुछ ऐसी बुरी आदतें होती हैं, जो हमें नीचे ढकेलती हैं। 15 मिनट के लिए किसी ऐसी जगह पर चले जाएँ, जहाँ एकांत हो और कोई बाधा न हो। वहाँ बैठकर अपनी उन बुरी आदतों की लिस्ट बनाएँ, जो आपको नीचे धकेल रही हों।

 ____

 ____

 ____

2. 15 मिनट के लिए बिना बाधा वाली एकांत जगह पर बैठकर उन अच्छी आदतों की लिस्ट बताएँ, जिन्हें आप अपनाना चाहते हैं।

 ____

 ____

 ____

3. उन आत्मसुझावों की सूची (List) बनाएँ, जिन्हें आप ये अच्छी आदतें विकसित करने के लिए ख़ुद को दे सकते हैं।

____

____

____

____

____

____

____

4. मन में अपने लक्ष्य की कल्पना करते हुए 21 दिन के इस कार्यक्रम को लागू करें।

____

____

____

____

____

अध्याय

10

लक्ष्य बनाएँ

अपने लक्ष्य बनाना और हासिल करना

जीवन के रास्तों पर चलते हुए अपनी आँखें अपने लक्ष्य पर जमाए रहें। आम पर ध्यान दें, गुठली पर नहीं।

— अज्ञात

ज्ञान आपको मंज़िल तक पहुँचने में मदद करता है, बशर्ते कि आपको अपनी मंज़िल का पता हो।

प्राचीन भारत में एक ऋषि अपने शिष्यों को तीरंदाज़ी की कला सिखा रहे थे। उन्होंने लक्ष्य के रूप में एक लकड़ी की चिड़िया रखी, और अपने शिष्यों से उस चिड़िया की आँख पर निशाना लगाने को कहा। उन्होंने पहले शिष्य से पूछा, "तुम्हें क्या दिख रहा है?" शिष्य ने कहा, "मैं पेड़, टहनियाँ, पत्ते, आकाश, चिड़िया और उसकी आँख देख रहा हूँ।"

ऋषि ने उस शिष्य को इंतज़ार करने को कहा। तब उन्होंने दूसरे शिष्य से वही सवाल किया, तो दूसरे शिष्य ने जवाब दिया, "मुझे सिर्फ़ चिड़िया की आँख दिखाई दे रही है।" तब ऋषि ने कहा, "बहुत अच्छा, अब तीर चलाओ।" तीर सीधा जाकर चिड़िया की आँख में लगा।

अगर हम अपने मक़सद पर ध्यान नहीं लगाएँगें, तो अपने लक्ष्य को हासिल नहीं कर पाएँगे। अपने मक़सद पर ध्यान लगाना एक मुश्किल काम है, मगर यह एक कला है, जिसे सीखा जा सकता है।

अपनी नज़र लक्ष्य पर रखें
KEEP YOUR EYES UPON THE GOAL

4 जुलाई, 1952 को फ्लोरंस चैडविक (Florence Chadwick) कैटलिना चैनल (Catalina Channel) को तैर कर पार करने वाली पहली महिला बनने वाली थी। वह इंग्लिश चैनल (English Channel) को पहले ही पार कर चुकी थी। सारी दुनिया की निगाहें उन पर टिकी थीं। चैडविक ने घने कोहरे, हड्डियों तक कँपकँपाने वाली ठंड और कई बार शार्क मछलियों का मुक़ाबला किया। वह किनारे पर पहुँचने का प्रयास कर रही थी, लेकिन उसने अपने चश्मे से जब भी देखा, उसे घना कोहरा ही दिखाई दिया। किनारा न दिखाई देने की वजह से उसने हार मान ली। चैडविक को सदमा तब लगा, जब उसे पता चला कि वह किनारे से सिर्फ़

आधा मील दूर रह गई थी। उसने हार इसलिए नहीं मानी थी क्योंकि बाधाओं ने उसकी हिम्मत तोड़ दी थी, बल्कि इसलिए मानी थी क्योंकि उसे अपना लक्ष्य कहीं नज़र नहीं आ रहा था। वह किसी बाधा की वजह से नहीं रुकी। उसने कहा, "मैं बहाने नहीं बना रही हूँ। अगर मैंने किनारा देखा होता, तो मैं ज़रूर क़ामयाब हो जाती।"

दो महीने बाद, वह फिर वापिस गई, और उसने कैटलिना चैनल को पार कर लिया। इस बार ख़राब मौसम के बावजूद उसने अपने लक्ष्य पर निगाह रखी, और वह न केवल सफल रही, बल्कि उसने पुरुषों के रिकॉर्ड को भी दो घंटे के समय से तोड़ा।

लक्ष्य क्यों ज़रूरी हैं? (Why are Goals Important?)

तेज़ धूप और शक्तिशाली मैगनीफाइंग ग्लास (Magnifying Glass) के बावजूद कागज़ को आग तब तक नहीं पकड़ सकती, जब तक आप ग्लास को हिलाते रहेंगे। अगर आप उसे थोड़ी देर स्थिरता से पकड़कर प्रकाश को फ़ोकस करेंगे, तो कागज़ आग पकड़ लेगा। ध्यान लगाने (Focus) में ऐसी ताक़त होती है।

एक बार एक यात्री एक चौराहे पर रुका। उसने एक बुज़ुर्ग से पूछा, "यह सड़क मुझे कहाँ ले जाएगी?" बुज़ुर्ग ने पलट कर पूछा, "तुम कहाँ जाना चाहते हो?" उस यात्री ने कहा, "मैं नहीं जानता।" बुज़ुर्ग ने कहा, "तब कोई भी सड़क पकड़ लो। क्या फ़र्क़ पड़ेगा?" कितनी सही बात है।

जैसा कि एलिस इन वंडरलैंड (Alice in Wonderland) में चेशायर कैट (Cheshire cat) एलिस (Alice) से कहती है, "जब तुम जानती ही नहीं कि तुम्हें कहाँ जाना है, तो कोई भी सड़क तुम्हें वहाँ ले जाएगी।"

मान लीजिए कि आपकी फुटबॉल की टीम खेलने के लिए पूरे उत्साह के साथ तैयार है, तभी अचानक कोई गोल पोस्ट (Goal Post) और गोल लाइन (Goal Line) को हटा देता है। तब खेल का क्या होगा? अब वहाँ कुछ भी नहीं बचा। आप स्कोर (score) कैसे रखेंगे? आप कैसे जानेंगे कि आप लक्ष्य तक पहुँच गए हैं? बिना दिशा के उत्साह उस जंगली आग की तरह है, जिससे मायूसी ही मिलती है। लक्ष्य दिशा का अहसास कराते हैं।

क्या आप किसी ऐसी ट्रेन, या बस में बैठेंगे, जिसके बारे में यह न जानते हों कि वह कहाँ जा रही है? हरग़िज नहीं। लोग ऐसी बस या ट्रेन में तो नहीं बैठेंगे; फ़िर वे ज़िंदगी के सफ़र में बिना लक्ष्य के चलने को क्यों तैयार हो जाते हैं?

सपने
DREAMS

महान मस्तिष्क उद्देश्य से भरे होते हैं, और अन्य लोगों के पास केवल इच्छाएँ होती हैं।

– वाशिंगटन इरविंग

लोग अकसर इच्छा या सपने को लक्ष्य समझने की भूल करते हैं। सपने और इच्छाएँ सिर्फ़ चाहत हैं। चाहतें कमज़ोर होती हैं। चाहतों में मज़बूती तब आती है, जब वे इन बातों की बुनियाद पर टिकी होती हैं –

- दिशा (Direction)
- समर्पण (Dedication)
- दृढ़निश्चय (Determination)
- अनुशासन (Discipline)
- समय-सीमा (Deadlines)

यही वे बाते हैं, जो इच्छा और लक्ष्य में अंतर करती हैं। लक्ष्य वे सपने हैं, जिनके साथ समय-सीमा और कार्य-योजना जुड़ी होती हैं। लक्ष्य मूल्यवान, या मूल्यहीन हो सकते हैं। सपनों को असलियत का रूप चाहत नहीं, बल्कि लगन देती है।

सपनों को असलियत में बदलने वाले क़दम –

1. निश्चित और साफ़ लक्ष्य लिखें।
2. इसे हासिल करने का प्लान बनाएँ।
3. पहली दो बातों को रोज़ दो बार पढ़ें।

ज़्यादातर लोग अपने लक्ष्य क्यों नहीं बनाते?
(Why Don't More People Set Goals?)

कुछ करने की कोशिश करके असफल हो जाने वाले लोग उन लोगों से लाख गुना बेहतर हैं, जो कुछ किए बिना सफल हो जाते हैं।

– लॉयड जोंस

लोगों द्वारा लक्ष्य तय न किए जाने की कई वज़हें होती हैं, जैसे कि –

1. निराशावादी नज़रिया (Pessimistic attitude) – संभावनाओं की बजाए हमेशा रास्ते की बाधाओं को देखना।

2. असफलता का डर (Fear of failure) – यह सोच कि, "अगर मैं नहीं कर सका तो क्या होगा?" लोगों के अवचेतन मन में यह विचार रहता है कि अगर वे लक्ष्य तय नहीं करेंगे, तो असफलता भी नहीं मिलेगी, लेकिन ये लोग इस बात को नहीं समझते कि लक्ष्य का न होना असफलता की ही निशानी है।
3. सफलता का आतंक (Fear of success) – ख़ुद को कम करके आँकना, या सफल ज़िंदगी को लेकर पाली गई आशंकाओं के कारण भी कुछ लोगों के मन में सफलता का आतंक पैदा हो जाता है।
4. अभिलाषा की कमी (Lack of ambition) – यह हमारे जीवन मूल्यों, और साथ-ही-साथ एक भरपूर ज़िंदगी जीने की इच्छा के अभाव का नतीजा होती है। हमारी बंद दिमाग़ी हमें आगे बढ़ने से रोकती है। एक मछुवारा था जो जब भी कोई बड़ी मछली पकड़ता तो उसे वापिस नदी में फेंक देता था, और सिर्फ़ छोटी मछलियों को अपने पास रहने देता। उसकी इस अजीब हरकत को देखने वाले एक आदमी ने उससे पूछा कि वह ऐसा क्यों कर रहा है? इस पर उस मछुवारे ने जवाब दिया, "मेरी कड़ाही बहुत छोटी है।" बहुत-से लोग जीवन में सफलता इसलिए नहीं प्राप्त कर पाते कि वे उस मछुवारे की तरह छोटी कड़ाही ही लेकर घूमते हैं। यही बद दिमाग़ी है।
5. अस्वीकार किए जाने का डर (Fear of rejection) – इस बात की चिंता कि अगर मैं सफल नहीं हो पाया, जो लोग क्या कहेंगे?
6. टालमटोल (Procrastination) – "कभी-न-कभी तो मैं अपना लक्ष्य तय करूँगा।" इस सोच में महत्त्वाकांक्षा की कमी होती है।
7. घटिया दर्जे का आत्मसम्मान (Low self-esteem) – इंसान अपनी अंदरूनी प्रेरणा से काम नहीं करता, और उसके जीवन में प्रेरणा का अभाव होता है।
8. लक्ष्य का महत्त्व न समझना (Ignorance of the importance of goals) – किसी ने उन्हें इसके बारे में सिखाया नहीं, और उन लोगों ने कभी लक्ष्य के महत्त्व को समझा ही नहीं।
9. लक्ष्य तय करने का तरीका न जानना (Lack of knowledge about goal-setting) – लोग लक्ष्य तय करने के तरीक़ों को नहीं जानते। उन्हें हर क़दम के लिए एक गाइड (guide) की ज़रूरत होती है, ताकि वे एक बंधे-बंधाये ढर्रे पर चल सकें।

लक्ष्य तय करने के लिए एक के बाद एक क़दम उठाने पड़ते हैं। जब आप हवाई जहाज़ का एक टिकट ख़रीदते हैं, तो इस पर क्या लिखा होता है?

- यात्रा प्रारंभ करने का स्थान (Starting point)
- क़ीमत (Price)
- गंतव्य स्थान (Destination)
- यात्रा शुरू करने की तारीख (Starting date)
- श्रेणी (Class of travel)
- टिकट समाप्ति की तारीख (Expiry date)

अगर आप लोगों से ज़िंदगी का कोई एक बड़ा मक़सद बताने को कहें तो वे शायद आपको अस्पष्ट जवाब देंगे, जैसे कि, "मैं सफल होना चाहता हूँ, खुश रहना चाहता हूँ, अच्छा जीवन गुज़ारना चाहता हूँ" और यहीं पर रुक जाएँगे। ये सभी कोरे सपने हैं, इनमें से कोई भी लक्ष्य साफ नहीं है। लक्ष्य चुस्त (smart) होने चाहिए –

1. **S** – specific (स्पष्ट) – मिसाल के तौर पर, "मैं वज़न घटाना चाहता हूँ", यह सिर्फ़ एक इच्छा है। यह लक्ष्य तब बनता है, जब हम यह तय कर लेते हैं, "मैं 90 दिन में दस पाउंड वज़न घटाऊँगा।"
2. **M** – measurable (मापा जा सके) – जिसकी सही माप की जा सके। अगर हम माप नहीं सकते, तो हम इसे हासिल भी नहीं कर सकते। मापना ही वह रास्ता है, जिससे हम अपनी तरक़्क़ी पर नज़र रख सकते हैं।
3. **A** – achievable (हासिल करने के क़ाबिल) – हासिल करने के क़ाबिल होने से मतलब है कि यह चुनौती भरा और मुश्किल तो हो, लेकिन नामुमकिन न हो, क्योंकि असंभव लक्ष्य हमें निराश ही करेगा।
4. **R** – realistic (वास्तविक) – एक इंसान यदि 30 दिन में 50 पाउंड वज़न घटाना चाहे, तो यह लक्ष्य बिल्कुल अवास्तविक है।
5. **T** – time-bound (समयबद्ध) – काम के शुरू और अंत की एक निश्चित समय-सीमा होनी चाहिए।

लक्ष्यों की कई तरह की समय-सीमा हो सकती है। मसलन –

1. कम समय (Short-term) सीमा – एक साल

2. मध्यम समय (Mid-term) सीमा – तीन साल
3. लंबी समय (Long-term) सीमा – पाँच साल

लक्ष्य पाँच साल से भी ज़्यादा समय के हो सकते हैं, लेकिन तब वे जीवन का उद्देश्य बन जाते हैं। जीवन का उद्देश्य होना बहुत ज़रूरी होता है, क्योंकि इसके बिना हमारा देखने का नज़रिया तंग हो जाता है, और फिर हम जीवन में लक्ष्यों को हासिल करने तक ही सीमित रह जाते हैं और उद्देश्यों को भूल जाते हैं। लक्ष्यों को छोटे-छोटे हिस्सों में बाँट दिया जाए, तो उन्हें हासिल करना आसान हो जाता है।

ज़िंदगी में लंबे क़दम बढ़ाना भले मुश्किल हो, पर इंच-इंच बढ़ना आसान है।

– जीन गॉर्डोन

लक्ष्य संतुलित होने चाहिए (Goals Must Be Balanced)

हमारी ज़िंदगी एक पहिए की तरह है जिसमें छह तीलियाँ लगी होती हैं।

1. *पारिवारिक* (*Family*) – हमारे प्रियजन ही हमारे जीने और जीविका कमाने का मक़सद हैं।
2. *आर्थिक* (*Financial*) – हमारा कैरियर और वे चीज़ें; जिन्हें पैसों से ख़रीदा जा सकता है।
3. *शारीरिक* (*Physical*) – हमारी सेहत, जिसके बग़ैर किसी चीज़ का कोई मायने नहीं है।
4. *मानसिक* (*Mental*) – हमारा ज्ञान और हमारी बुद्धि।
5. *सामाजिक* (*Social*) – हर व्यक्ति और संगठन की कुछ सामाजिक ज़िम्मेदारियाँ हैं, जिनको पूरा न किए जाने पर समाज टूटने लगता है।
6. *आध्यात्मिक* (*Spiritual*) – हमारे जीवन मूल्य नैतिकता और चरित्र को दिर्शाते हैं।

इनमें से कोई भी तीली अपनी जगह से खिसक जाए, तो हमारे जीवन का संतुलन डगमगा जाता है। थोड़ा समय निकालकर सोचिए, अगर इन छह में से कोई एक तीली न रहे तो, जीवन कैसा होगा?

संतुलन
BALANCE

सन् 1923 में, दुनिया के सबसे अमीर व्यक्तियों में से आठ लोग मिले। अंदाज़ा लगाया गया कि उनकी संपत्ति का जोड़ अमरीकी सरकार की उस समय की कुल संपत्ति से भी ज़्यादा थी। इन लोगों से ज़्यादा कौन जानता था कि जीविका (Living) कैसे कमाई जाती है, और दौलत कैसे जोड़ी जाती है। अब आइए देखें, 25 साल के बाद इनके साथ क्या हुआ –

1. सबसे बड़ी स्टील कंपनी के मालिक, चार्ल्स शॉब (Charles Schwab) उधार की पूँजी पर पाँच साल तक जिए, और फिर वे दीवालिया होकर मर गए।
2. सबसे बड़ी गैस कंपनी के प्रेसिडेंट, हॉवर्ड हब्सन (Howard Hubson) पागल हो गए।
3. एक बहुत बड़े व्यापारी, आर्थर क्यूटन (Arthur Cutton) दीवालिया होकर मर गए।
4. न्यूयॉर्क स्टॉक एक्सचेंज (New York Stock Exchange) के प्रेसिडेंट रिचर्ड ह्विटनी (Richard Whitney) को जेल जाना पड़ा।
5. राष्ट्रपति के कैबिनेट सदस्य, अल्बर्ट फाल (Albert Fall) को जेल से इसलिए छोड़ दिया गया ताकि वे अपने जीवन के अंतिम दिन घर पर बिता सकें।
6. वॉल स्ट्रीट (Wall Street) के सबसे बड़े सट्टेबाज़ जेसी लिवरमोर (Jessie Livermore) ने आत्महत्या कर ली।
7. दुनिया के सबसे बड़ी एकाधिकार कंपनी (monopoly) के प्रेसिडेंट, इवार क्रूजर (Ivar Krueger) ने आत्महत्या कर ली।
8. 'बैंक ऑफ़ इंटरनेशनल रोटलमेंट' (Bank of International Settlement) के प्रेसिडेंट, लियॉन फ्रेज़र (Leon Fraser) ने भी आत्महत्या कर ली।

ये लोग पैसा कमाने में तो माहिर थे, लेकिन यह भूल गए थे कि ज़िंदगी को कैसे बनाया जाए! ऐसी ही कहानियाँ लोगों के मन में भ्रम डालती हैं कि पैसा ही सब बुराइयों की जड़ है। यह सच नहीं है। इनकी समस्याओं की वजह पैसा नहीं था। पैसा भूखे को खाना, ग़रीब को दवाई और ज़रूरतमंद को कपड़ा देता है। लेकिन पैसा सिर्फ़ लेन-देन का ज़रिया है। दरअसल, उन्होंने पैसा कमाने के

लिए ज़िंदगी की बाकी पाँच तीलियों की ज़रूरत को नज़रअंदाज़ किया, और यही उनके पतन का कारण बना।

हमें दो तरह की शिक्षा चाहिए। एक वह जो हमें रोज़ी-रोटी कमाना सिखाए, दूसरी वह जो हमें जीने का ढंग सिखाए।

कुछ ऐसे लोग हैं जो अपने काम में इतने व्यस्त होते हैं कि वे अपने परिवार, सेहत और सामाजिक ज़िम्मेदारियों को नज़रअंदाज़ कर देते हैं। मज़े की बात यह है कि उनसे पूछने पर कि वे ऐसा क्यों करते हैं, उनका जवाब होता है कि वे यह सब अपने परिवार के लिए ही तो कर रहे हैं।

जब हम घर से निकलते हैं तो हमारे बच्चे सो रहे होते हैं, जब हम घर लौटते हैं तब भी वे सो रहे होते हैं, बीस साल बाद हम पाते हैं कि वे सभी हमें छोड़कर चले गए हैं। अब हमारा परिवार ही नहीं रहा। बड़े दुख की बात है!

संख्या नहीं गुण (Quality Not Quantity)

आमतौर पर सुना जाता है कि परिवार के साथ संख्या का नहीं, बल्कि गुण का समय बिताना चाहिए (यानी अधिक समय नहीं, बल्कि बेहतर समय बिता ना चाहिए)? ज़रा इसके बारे में सोचकर देखिए, क्या यह वास्तव में सही है?

मान लीजिए कि आप शहर के एक रेस्टोरेंट (restaurant) में गए, जहाँ हाथ में सफ़ेद दस्ताने पहने बैरे, इंग्लैंड (England) के बने काँटे-चम्मच, फ्रांस (France) की क्रॉकरी, स्विट्ज़रलैंड (Switzerland) की चॉकलेट और ऐसी बहुत सारी चीज़ें हैं। आप सुनहरी फ्रेम वाली मेनू (menu) उठाकर सीख पर भूने हुए चिकन का ऑर्डर देते हैं। कुछ ही देर में बैरा बेहद लजीज़ चिकन का छोटा-सा टुकड़ा लाकर आपको देता है। आप उसे खाते हैं, और पूछते हैं, "क्या इतना ही मिलेगा?" बैरा जवाब देता है, "संख्या (quantity) से ज़्यादा महत्त्व गुण (quality) का होता है।"

मुझे उम्मीद है कि आपको बात समझ में आ गई होगी। हमारे परिवार को संख्या और गुण, दोनों की ज़रूरत होती है।

आप क्वालिटी टाइम पर अपना अधिकार नहीं दिखा सकते। आप ये नहीं कह सकते कि अब हम एक-दूसरे के साथ क्वालिटी-टाइम बिताएँगे। वास्तविकता यह है कि ज़िंदगी के बेहतर पल (क्वालिटी टाइम) ढेर सारे तज़रबे के बीच ही जन्म लेते हैं। बड़े लोगों से जब उनके बचपन की सबसे बेहतर यादों के बारे में पूछा जाता है तो वे उन लम्हों को याद करते हैं, जब उनकी माँ ने उन्हें कोल्ड ड्रिंक (cold drink) लाकर दिया था, या उनके बीमार होने पर कोई कहानी पढ़कर

सुनाई थी। दोस्तों और परिवार के लोगों के साथ बिताई गई दुनियादारी की ज़िदगी के बीच ही वे क़ीमती पल भी आते हैं, जब आपने आपस में हँसी-मज़ाक किया होता है, एक-दूसरे के अहसासों में भागीदारी की होती है, किसी ने मुस्कराकर ठीक उस वक़्त आपका उत्साह बढ़ाया होता है, जब आपको उसकी बेहद ज़रूरत होती है, या किसी दोस्त ने आड़े वक़्त में मदद की होती है।

सेहत (Health)

पैसा कमाने के चक्कर में हम अपनी सेहत खो बैठते हैं, और खोई हुई सेहत को पाने के चक्कर में अपना पैसा। इस तरह पैसा भी चला जाता है, और सेहत भी।

सामाजिक दायित्व (Social Responsibility)

पैसा कमाने के चक्कर में हम अपने सामाजिक दायित्वों को नज़रअंदाज़ करते हैं, और समाज में गिरावट आने देते हैं। हम यह नहीं सोचते कि किसी दिन खुद भी इस हालत के शिकार बन जाएँगे।

अपने लक्ष्यों को जाँचें-परखें (Scrutinize Your Goals)

जो इंसान किसी चीज़ पर निशाना ही नहीं लगाता, वह चूकेगा क्या ! छोटे लक्ष्य बनाना ही सबसे बड़ी ग़लती है। जीतने वाले लक्ष्य को देखते हैं, और हारने वाले रुकावटों को।

हमारे लक्ष्य इतने बड़े होने चाहिए कि हमें प्रेरणा दे सकें, मगर असलियत से इतनी दूर भी न हों कि हम निराश हो जाएँ।

हम जो कुछ भी करते हैं, या तो वह हमें लक्ष्य के क़रीब ले जाता है, या उससे दूर। हर लक्ष्य इन पैमानों पर तौला जाना चाहिए – [रोटरी क्लब के चार सूत्रीय टेस्ट (Rotary Club's Four-way Test) की तरह] –

1. क्या यह सच है?
2. क्या यह सभी संबंधित लोगों के लिए निष्पक्ष है?
3. क्या इससे मुझे ख्याति मिलेगी?
4. क्या यह मुझे सेहत, धन और मन की शांति देगा?
5. क्या यह मेरे दूसरे लक्ष्यों के अनुकूल है?
6. क्या मैं अपने आपको इसके लिए वचनबद्ध कर सकता हूँ?

नीचे लिखे उदाहरण इस कसौटी पर खरे नहीं उतरते –

1. अगर मेरा लक्ष्य सेहतमंद बनना हो, लेकिन जेब में पैसा न हो, तो यह बिल्कुल साफ़ है कि यह व्यावहारिक (practical) नहीं है। इसका मतलब यह है कि इसका तालमेल हमारे दूसरे लक्ष्यों के साथ नहीं है।
2. एक इंसान दुनिया में जितना चाहे धन कमा सकता है, लेकिन अगर वह अपनी सेहत और परिवार को खो देता है, तो क्या उस धन की कोई क़ीमत है?
3. कोई व्यक्ति नशीली दवाएँ बेंचकर करोड़ों रुपए कमा सकता है, लेकिन फिर उसे बाकी ज़िंदगी कानून से भागते हुए बितानी पड़ेगी। इस तरह का व्यवहार ग़ैरकानूनी, सामाजिक ज़िम्मेदारी से परे, और मन की शांति, तथा ख्याति को छीनने वाला होगा।

ऊपर बताए गए छह सवालों की कसौटी पर परखें, और यह निश्चित कर लें कि उनमें आपस में तालमेल है।

बिना कर्म (action) के लक्ष्य खोखले सपनों की तरह होते हैं। कर्म ही सपनों को लक्ष्यों में बदलता है। अगर हम अपना लक्ष्य नहीं भी हासिल कर पाते, तो इसका मतलब असफल होना नहीं होता। देरी होने का मतलब हारना नहीं है, इसका मतलब यह है कि अपने लक्ष्य को पाने के लिए फिर से योजना बनाने की ज़रूरत है।

जैसे एक कैमरे को तस्वीर लेने के लिए फ़ोकस (Focus) करना पड़ता है, वैसे ही हमें भी सफल जीवन पाने के लिए लक्ष्य बनाने की ज़रूरत पड़ती है।

अपने ऊपर इस डर को कभी हावी न होने दें कि किसी काम को करने में कितना समय लगेगा। वह समय किसी-न-किसी तरह बीत ही जाएगा, लेकिन हमें उस बीतने वाले समय का बेहतर-से-बेहतर उपयोग करने की कोशिश करनी चाहिए।

– अर्ल नाइटिंगल

हमारे लक्ष्यों और नैतिक मूल्यों के बीच तालमेल होना चाहिए (Goals Should Be Consistent with Our Values)

लक्ष्य हमारे जीवन को अर्थ देते हैं। यह सफलता की ओर पहला क़दम है। चाँद बनने का लक्ष्य बनाएँ। अगर आप चूक भी गए तो एक तारा तो बन ही जाएँगे।

बाधाएँ ऐसी डरावनी चीज़ें हैं, जो लक्ष्य से आँखें हटने पर आपको दिखती हैं।

– हेनरी फोर्ड

इस दुनिया में हम सभी के जीवन में एक उद्देश्य है, और यह हर इंसान का अलग-अलग हो सकता है। किसी आर्केस्ट्रा (orchestra) में अगर हर कोई एक ही बाजा बजा रहा हो, तो वह सुनने में शायद अच्छा नहीं लगेगा।

छोटी योजनाएँ न बनाएँ उनमें इंसान के दिलों में जोश भरने वाला जादू नहीं होता . . . । बड़ी योजनाएँ बनाएँ, पूरी आशा के साथ ऊँचाई की ओर बढ़ें और काम करें।

– डेनियल एच बर्नहम

इससे कोई फ़र्क़ नहीं पड़ता कि हम कहाँ है? महत्त्व इसका है कि हम किस दिशा में जा रहे हैं।

बिना किसी उद्देश्य के मेहनत और साहस भी बेकार होते हैं। चिंता ग़लत लक्ष्य बनाने की ओर ले जाती है। चिंतित आदमी उन बातों के बारे में सोचता रहता है, जिन्हें वह घटित होते नहीं देखना चाहता।

सक्रियता का मतलब उपलब्धि नहीं है
(Activity is Not the Same as Accomplishment)

सक्रियता को उपलब्धि मानने की भूल न करें। कठघोड़ा (Rocking Horse) अपनी जगह पर लगातार चलता दिखता है, लेकिन आगे ज़रा भी नहीं बढ़ता।

– अल्फ्रेड ए मोंटापर्ट

सक्रियता और उपलब्धि में बहुत फ़र्क़ है। एक फ्रांसीसी वैज्ञानिक फेब्र (Fabre) ने इस बात को भेड़चाल वाले कैटरपिलर्स (Processionary Caterpillars) के साथ एक प्रयोग करके दिखाया। कैटरपिलर्स अपने सामने वाले की नक़ल करते हुए आँखें मूँदकर चलते हैं। फैब्रे ने उन्हें एक फूलदान के घेरे में इस तरह से रखा कि सबसे आगे वाला कैटरपिलर वास्तव में सबसे पीछे वाले कैटरपिलर के ठीक पीछे रहे। फिर उसने चीड़ के काँटे, जो कैटरपिलर का भोजन हैं, उस फूलदान के बीच में रख दिए। कैटरपिलर्स उस फूलदान में एक घेरे में ही घूमते रहे। आख़िरकार एक हफ़्ते तक चक्कर लगाने के बाद वे थकान और भूख से मर गए, जबकि खाना उनसे कुछ ही इंच दूर था। हमें कैटरपिलर्स से सीख लेनी चाहिए। सिर्फ़ काम करते रहने का

मतलब यह नहीं है कि आप क़ामयाबी की तरफ़ बढ़ रहे हैं। हर किसी को अपने काम को परखते रहना चाहिए, ताकि हमारे काम का फल भी मिल सके।

एक आदमी अपनी पत्नी के साथ गाड़ी चला रहा था। पत्नी ने कहा, "प्रिय, हम लोग ग़लत दिशा में जा रहे हैं।" पति ने जवाब दिया, "कौन परवाह करता है, हम बिफोर टाइम (before time) चल रहे हैं।"

अगर हम सिर्फ़ रफ़्तार और काम करने को क़ामयाबी समझ बैठे तो हमारी गाड़ी तो बहुत अच्छी चलेगी, मगर हम कहीं पहुँचेंगे नहीं।

निरर्थक लक्ष्य

MEANINGLESS GOALS

किसी किसान का एक कुत्ता सड़क के किनारे बैठकर आने वाली गाड़ियों का इंतज़ार करता रहता था। जैसे ही कोई गाड़ी आती, वह भौंकता हुआ उसके पीछे दौड़ता। एक दिन उसके पड़ोसी ने उस किसान से पूछा, "क्या तुम्हें ऐसा लगता है कि तुम्हारा कुत्ता कभी किसी गाड़ी को पकड़ पाएगा?" उस किसान ने जवाब दिया, "सवाल यह नहीं है कि वह किसी गाड़ी को पकड़ पाएगा, बल्कि यह है कि अगर पकड़ पाएगा तो वह क्या करेगा?"

बहुत-से लोग उस कुत्ते की तरह निरर्थक (meaningless) लक्ष्यों के पीछे भागते रहते हैं।

कार्य योजना
(ACTION PLAN)

किसी अच्छी योजना पर फ़ौरन अमल करना किसी हर लिहाज से दुरुस्त योजना पर अगले हफ़्ते अमल करने से बेहतर है।

— जनरल जार्ज़ एस० पैटन (जूनियर)

1. सफलता को व्याख्यायित करें – आपके लिए इसका क्या मतलब है?

____

____

____

2. आपको सफलता की ओर पहुँचा सकने वाले लक्ष्यों की लिस्ट बनाएँ। ये लक्ष्य आपके लिए क्यों महत्त्वपूर्ण हैं?

____

____

____

3. उन लक्ष्यों को स्पष्ट रूप से लिखें जिन्हें आप एक महीने, एक साल, तीन साल और पाँच साल में प्राप्त करना चाहते हैं। हर लक्ष्य के लिए ऐसी छोटी-छोटी, स्पष्ट और मापी जा सकने वाले

कार्रवाइयों की लिस्ट बनाएँ, जिन पर आप अपने लक्ष्यों को प्राप्त करने के लिए फ़ौरन अमल करने जा रहे हैं। हर कार्रवाई के लिए निश्चित समय-सीमा तय करें।

लक्ष्य	*तय तारीख़ तक लक्ष्य पाने के लिए ज़रूरी कार्रवाई*
एक महीना	
एक साल	
तीन साल	
पाँच साल	

अध्याय

11

नैतिक मूल्य और दूरअंदेशी

सही काम सही वजह के लिए करना

अब हम पर बीती बातों के लिए किसी पर इल्ज़ाम लगाने की नहीं, बल्कि भविष्य के लिए काम करने का ढंग तय करने की ज़िम्मेदारी है।

– जॉन एफ केनेडी

जब एक बच्चे का जन्म होता है तो खुशियाँ कौन मनाता है? माँ-बाप, रिश्तेदार और दोस्त। लेकिन रोता कौन है? वह बच्चा। लेकिन जब हम इस दुनिया से जाते हैं, तब इसका उलटा होना चाहिए। हमें ख़ुशी और संतुष्टि होनी चाहिए कि हमने दुनिया को जैसा पाया था, उससे बेहतर छोड़ कर जा रहे हैं। दुनिया को रोने दें कि उसने एक ऐसी अच्छी आत्मा को खो दिया जिसके जाने से दुनिया थोड़ी ग़रीब हो गई।

हिंदू फिलॉसफ़ी का मानना है कि जब अच्छे इंसान इस दुनिया से जाते हैं, तो वे मरते नहीं। उनका नाम उनके अच्छे कामों की वजह से सदा अमर रहता है। याद कीजिए, आपने ऐसे किसी आदमी की प्रशंसा आख़िरी बार कब सुनी थी। जब लोग इनकी प्रशंसा करते हैं तो आम तौर पर उस व्यक्ति द्वारा जीवन में किए गए छोटे-से-छोटे दयालुता भरे कामों की चर्चा कर रहे होते हैं। दयालुता भरे छोटे-छोटे काम अनदेखे नहीं रहते हैं। वास्तव में किसी व्यक्ति के गुज़रने के बाद इन कामों का महत्त्व और गहराई से महसूस किया जाता है, तभी लोग महसूस करते हैं कि गुज़रने वाले के छोटे-छोटे काम, याद करने वालों, और दूसरों के लिए कितने महत्त्वपूर्ण थे।

आज तक कोई इंसान इसलिए सम्मानित नहीं हुआ कि उसने दुनिया से क्या लिया, लेकिन इसलिए ज़रूर हुआ कि उसने क्या दिया।

– काल्विन कूलिज़

हम अपने जीवन मूल्यों को किस तरह परखते हैं?
HOW DO WE JUDGE OUR VALUE SYSTEM?

हम अपने नैतिक मूल्यों को कैसे परखते हैं

महात्मा गाँधी के अनुसार सात महापाप ये हैं –

- बिना मेहनत किए दौलत कमाना (Wealth without work)
- सद्विवेक रहित आनंद (Pleasure without conscience)
- चरित्ररहित ज्ञान (Knowledge without character)
- नैतिकतारहित व्यापार (Commerce without morality)

- मानवतारहित विज्ञान (Science without humanity)
- त्यागरहित धर्म (Religion without sacrifice)
- सिद्धांतरहित राजनीति (Politics without principle)

इनमें से हर विकृति (perversion) मूल्यहीनता (lack of value) दर्शाती है।

हम अपने जीवन मूल्यों को किस तरह परखते हैं? मेरे ख़याल से इसकी दो ही कसौटियाँ हैं। सबसे ऊँची कसौटी ममा टेस्ट (Mama Test) कहलाती है। हम कुछ भी कर रहे हों, घर या बाहर, अकेले में या किसी के साथ, अगर मूल्यों का सवाल हो, तो खुद से पूछें, अगर मेरी माँ (Mama) देख रही होती कि मैं क्या कर रहा हूँ, तो क्या वह गर्व करती और कहती 'शाबास मेरे बच्चे !, या वह शर्म से सिर झुका लेती? आपके जीवन मूल्य तुरंत स्पष्ट हो जाएँगे। अगर हम ममा टेस्ट पास कर लें और दूसरे सभी टेस्टों में फेल हो जाएँ, तो भी हम पास हैं। और अगर हम ममा टेस्ट में फेल हो गए और बाक़ी सभी टेस्टों में पास हो गए तो हम फेल हैं।

अगर ममा टेस्ट से जवाब नहीं मिलता, तो हमारे पास एक और टेस्ट है, जिसे कहते हैं – बाबा टेस्ट (Baba Test)। हम कुछ भी कर रहे हों, घर या बाहर, अकेले में या किसी के साथ, अगर मूल्यों का सवाल हो, तो खुद से पूछें, "अगर मेरे बच्चे मुझे यह काम करता हुआ देखें, तो क्या मैं चाहूँगा कि वह इसे देखें, या मैं शर्मिंदा होऊँगा?" एक बार फिर शंका के बादल जल्दी ही छँट जाएँगे और आपको अपना जवाब मिल जाएगा।

अगर ये दोनों टेस्ट किसी इंसान के जीवन मूल्यों को नहीं परख पाते, तब वह इंसान, इंसान नहीं है।

हमारे जीवन मूल्य कैसे बदलते हैं?
HOW DOES OUR VALUE SYSTEM CHANGE?

लगातार संपर्क में आने से, जो असहनीय है, वह भी स्वीकार करने लायक हो जाता है, और फिर हम उसमें उलझ जाते हैं। जब हम इन असह्य चीज़ों को स्वीकार करने लगते हैं, तो इन्हें उचित बताने लगते हैं।

समय बदल रहा है
TIMES ARE CHANGING

हम युवा पीढ़ी में नैतिक मूल्यों में गिरावट की बात करते हैं। अफ़सोस ज़ाहिर करते हुए हम कहते हैं कि उनका आख़िरकार क्या होगा? लेकिन उन पर उँगली उठाने से पहले, आइए देखें कि दोष किसका है।

हमें यह याद रखना चाहिए कि नैतिक मूल्य, अच्छी आदतें और सद्‌गुण, पैदाइशी नहीं होते हैं, वे सीखे जाते हैं। अगर हम आने वाली पीढ़ियों पर सकारात्मक असर डालना चाहते हैं, तो हमें अपनी प्राथमिकताएँ सही ढंग से निर्धारित करनी चाहिए।

हम जीविका के लिए क्या करते हैं, और हम जीविका के साथ क्या करते हैं – में अंतर

WHAT WE DO FOR A LIVING VERSUS WHAT WE DO WITH A LIVING

पैसा हर काम की क़ीमत नहीं होता। माँ-बाप बच्चों की परवरिश इस उम्मीद से नहीं करते हैं कि बदले में उन्हें पैसा मिलेगा। **बहुत-से लोगों के पास काफ़ी पैसा है, मगर वे फिर भी ग़रीब हैं।** हमारा लक्ष्य होना चाहिए कि हमारे पास पैंसे भी हों और हम (मानसिक स्तर पर) अमीर भी हों। हम लोगों की ज़िंदगी का सबसे दुर्भाग्यपूर्ण पहलू यह है कि कई लोग पैसा बिना कमाए ही हासिल करना चाहते हैं।

दुनिया की सबसे अच्छी और सबसे सुंदर चीज़ों को न तो देखा और न ही छुआ ही जा सकता है। उन्हें दिल से महसूस किया जाना चाहिए।

– हेलन कीलर

मेहनत इंसान को पैसे की क़ीमत सिखाती है। इसीलिए यह बहुत ज़रूरी है कि माँ-बाप अपने बच्चों को यह बात सिखाएँ। मुझे युवा पीढ़ी के बारे में सोचकर बहुत दुख होता है कि वह मूल्यों को सीखे बिना दौलत विरासत में पा लेते हैं। सही शिक्षा और निर्देशन न मिलने की वजह से वे हर चीज़ को पैसे से तौलते हैं। उनका मानना है कि हर चीज़ बिकाऊ है, और हर चीज़ की क़ीमत है। वास्तव में यह सच नहीं है।

चरित्र अमूल्य है

CHARACTER IS PRICELESS

एक अंग्रेज़ी फिल्म *इनडीसेंट प्रपोज़ल (Indecent Proposal)* में यह बात साफ़ रूप में दिखाई गई है। उसमें दिखाया गया है कि एक बार व्यभिचार करने की क़ीमत दस लाख डालर भी हो सकती है। लोग रातों-रात सफल होना चाहते हैं, चाहे उन्हें अपनी आत्मा को ही क्यों न बेचना पड़े, लेकिन फिर भी बात नहीं बनती। ऐसा

इसलिए है कि सच्चे जीवन मूल्य अमूल्य होते हैं। जैसे ही मूल्यों की कोई क़ीमत लग जाती है, तो वे अपनी क़ीमत खो बैठते हैं। कोई भी फ़ायदा उस नुक़सान की भरपाई नहीं कर सकता।

पैसे का होना, और उससे ख़रीदी गई चीज़ों का होना ठीक है, मगर पैसे कमाने के दौरान हम उन चीज़ों को नहीं खोना चाहते, जो अनमोल हैं।

जिसे पैसा नहीं ख़रीद सकता
WHAT MONEY CANNOT BUY

पैसा हमेशा अक्ल की बात नहीं बोलता है। हम अकसर लोगों को यह कहते हुए सुनते हैं कि हर आदमी की एक क़ीमत होती है। जो लोग ऐसी बातें करते हैं, वे वास्तव में ख़ुद बिकाऊ होते हैं। अच्छे चरित्र, निष्ठा और सही जीवन मूल्यों वाले लोग बिकाऊ नहीं होते। पैसा ख़रीद सकता है–

- हँसी, मगर ख़ुशी नहीं।
- बिस्तर, मगर नींद नहीं।
- किताबें, मगर ज्ञान नहीं।
- एक घड़ी, मगर समय नहीं।
- साथी, मगर दोस्त नहीं।
- चमक-दमक, मगर ख़ूबसूरती नहीं।
- खाना, मगर भूख नहीं।
- मकान, मगर घर नहीं।
- दवा, मगर सेहत नहीं।
- अँगूठी, मगर जीवनसाथी नहीं।

जीवन में दो तरह के दुख होते हैं
THERE ARE TWO KINDS OF TRAGEDIES IN LIFE

1. हम जो चाहते हैं, वह न मिलना (Not Getting What We Want)

दुख झेलने वालों के लिए एक नसीहत

मैंने ईश्वर से शक्ति माँगी थी, ताकि मैं कुछ हासिल कर सकूँ
उसने मुझे कमज़ोर बनाया, ताकि मैं दूसरों की सेवा अदब से करूँ . . .
मैंने सेहत माँगी थी, ताकि मैं बड़े काम कर सकूँ।
मुझे दुर्बलता मिली, ताकि मैं अच्छे काम कर सकूँ . . .

मैंने धन-दौलत माँगी थी, ताकि मैं ख़ुश रह सकूँ।
मुझे ग़रीबी मिली, ताकि मैं बुद्धिमान बन सकूँ . . .
मैंने रुतबा माँगा था, ताकि लोग मुझे सराहें।
मुझे असहाय बनाया, ताकि मैं ईश्वर की ज़रूरत महसूस करूँ . . .
मैंने सब चीज़ें माँगी थी, ताकि मेरा जीवन ख़ुशहाल हो।
मुझे सिर्फ़ जीवन मिला, ताकि मैं हर चीज़ से ख़ुशी पा सकूँ . . .
मैंने जो भी माँगा नहीं मिला – मगर वह सब कुछ मिला जिसकी आशा की थी
मेरे ऐसा करने के बावजूद, मेरी अनकही प्रार्थनाएँ सुनी गईं।
मुझ पर सब इंसानों से ज़्यादा कृपा हुई।

– अज्ञात

2. जो चाहा, वह मिला (Getting What We Want)

जब हमारे जीवन मूल्य स्पष्ट न हों, तब हमारी इच्छाओं का पूरा होना ज़्यादा दुखदायी हो सकता है। राज मिदास की कहानी यही बताती हैं।

मिदास का स्पर्श
THE MIDAS TOUCH

हम सभी लालची राजा मिदास की कहानी जानते हैं। उसके पास सोने की कमी नहीं थी, लेकिन सोना जितना बढ़ता, वह और अधिक सोना चाहता। उसने सोने को ख़ज़ाने में जमाकर लिया था, और हर रोज़ उसे गिना करता था।

एक दिन जब वह सोना गिन रहा था, तो एक अजनबी कहीं से आया और बोला, "तुम मुझसे ऐसा कोई भी वरदान माँग सकते हो, जो तुम्हें दुनिया में सबसे ज़्यादा ख़ुशी दे।" राजा ख़ुश हुआ, और उसने कहा, "मैं चाहता हूँ कि जिस चीज़ को छुऊँ, वह सोना बन जाए।" अजनबी ने राजा से पूछा, "क्या तुम सचमुच यही चाहते हो?" राजा ने कहा, "हाँ", तो अजनबी बोला, "कल सूरज की पहली किरण के साथ ही तुम्हें किसी चीज़ को छूकर सोना बना देने की ताक़त (Golden Touch) मिल जाएगी।"

राजा ने सोचा कि वह सपना देख रहा होगा, यह सच नहीं हो सकता। लेकिन अगले दिन जब राजा नींद से उठा, तो उसने अपना पलंग छुआ और वह सोना बन गया। वह वरदान सच था। राजा ने जिस चीज़ को भी छुआ, वह सोना बन गई। उसने खिड़की के बाहर देखा, और अपनी नन्हीं बच्ची को खेलते पाया। उसने अपनी बिटिया को यह अजूबा दिखाना चाह, और सोचा कि वह खुश होगी। लेकिन बग़ीचे में जाने से पहले उसने एक किताब पढ़ने की सोची। उसने जैसे ही उसे छुआ, वह सोने की बन गई। वह किताब को पढ़ न सका। फिर वह नाश्ता करने बैठा, जैसे ही उसने फलों और पानी के गिलास को छुआ, वे भी सोने के बन गए। उसकी भूख बढ़ने लगी, और वह खुद से बोला, "मैं सोने को खा और पी नहीं सकता।" ठीक उसी समय उसकी बेटी दौड़ती हुई वहाँ आई, और उसने उसे बाँहों में भर लिया। वह सोने की मूर्ति बन गई। अब राजा के चेहरे से खुशी ग़ायब हो गई।

राजा सिर पकड़कर रोने लगा। वह वरदान देने वाली अजनबी फिर आया, और उसने राजा से पूछा कि क्या वह हर चीज़ को सोना बना देने की अपनी ताक़त से खुश है? राजा ने बताया कि वह दुनिया सबसे दुखी इंसान है। राजा ने उसे सारी बात बताई। अजनबी ने पूछा, "अब तुम क्या पसंद करोगे, अपना भोजन और प्यारी बिटिया, या सोने के ढेर और बिटिया की सोने की मूर्ति।" राजा ने गिड़गिड़ाकर माफ़ी माँगी, और कहा, "मैं अपना सारा सोना छोड़ दूँगा, मेहरबानी करके मेरी बेटी मुझे लौटा दो, क्योंकि उसके बिना मेरी हर चीज़ मूल्यहीन हो गई है। अजनबी ने राजा से कहा, "तुम पहले से बुद्धिमान हो गए हो।" और उसने अपने वरदान को वापिस ले लिया। राजा को अपनी बेटी फिर से मिल गई, और उसे एक ऐसी सीख मिली जिसे वह ज़िंदगी-भर नहीं भुला सका।

इस कहानी से क्या शिक्षा मिलती है?

1. घटिया या विकृत जीवन मूल्यों से दुख ही मिलता है।
2. कई बार इच्छा का पूरा होना, न पूरा होने से बड़ा दुख बन जाता है।
3. फुटबॉल के खेल में तो खिलाड़ी बदले जा सकते हैं, पर ज़िंदगी के खेल में न तो खिलाड़ी बदले जा सकते हैं, और न ही खेल दुबारा खेला जा सकता है। शायद हमें अपने दुखों से मुक्ति पाने का मौका दुबारा न मिल सके।

आप कैसे याद किया जाना पसंद करेंगे
HOW WOULD YOU LIKE TO BE REMEMBERED?

क़रीब सौ साल पहले, एक आदमी ने सुबह के अख़बार में जब अपना नाम उठावनी (obituary) वाले कॉलम में देखा तो वह हैरान रह गया। अख़बार वालों ने ग़लतफ़हमी की वजह से उसका नाम छाप दिया था। उसे पढ़कर वह पहले तो हक्का-बक्का रह गया। क्या मैं ज़िंदा हूँ या नहीं? थोड़ा सँभलने पर उसके मन में विचार आया कि देखूँ, लोगों ने मेरे बारे में क्या कहा है। उसके बारे में लिखा गया था, "डायनामाइट का बादशाह मर गया", और "वह मौत का सौदागर था।" इस व्यक्ति ने डाइनामाइट की खोज की थी। अख़बार में अपने लिए इस्तेमाल किए गए 'मौत का सौदागर' विशेषण (adjective) को पढ़कर उसने ख़ुद से सवाल किया, "क्या मुझे इसी तरह याद किया जाएगा?" उसने फैसला किया कि वह हर्गिज़ नहीं चाहेगा कि लोग उसे इस तरह याद करें। उस दिन से उसने शांति के लिए काम करना शुरू कर दिया। उसका नाम था अल्फ्रेड नोबेल (Alfred Nobel), और आज उसे नोबेल पुरस्कार के लिए याद किया जाता है।

जिस प्रकार अल्फ्रेड नोबेल ने अपने जीवन मूल्यों को दुबारा व्याख्यायित किया, वैसे हमें भी अपनी बीती ज़िंदगी को देख-समझकर अपने जीवन मूल्यों की नई व्याख्या करनी चाहिए।

दुनिया के लिए आपकी विरासत क्या होगी? आप किस तरह याद किया जाना चाहेंगे? क्या आपके बारे में लोग अच्छी बातें कहेंगे? क्या आपको प्यार और इ़ज़्ज़त के साथ याद किया जाएगा? क्या कोई आपके न होने की कमी महसूस करेगा।

छोटी-छोटी बातें बड़ा फ़र्क़ डालती हैं
IT'S THE LITTLE THINGS THAT MAKE A BIG DIFFERENCE

एक आदमी सुबह को समुद्र के किनारे टहल रहा था। उसने देखा कि लहरों के साथ सैकड़ों स्टार मछलियाँ तट पर आ जाती हैं, जब लहरें पीछे जाती हैं तो मछलियाँ किनारे पर ही रह जाती हैं, और धूप से मर जाती हैं। लहरें उसी समय लौटी थीं, और स्टार मछलियाँ अभी जीवित थीं। वह आदमी कुछ कदम आगे बढ़ा, उसने एक मछली उठाई और पानी में फेंक दी। वह ऐसा बार-बार करता रहा। उस आदमी के ठीक पीछे एक और आदमी था, जो यह नहीं समझ पा रहा था कि वह क्या कर रहा है। वह उसके पास आया, और पूछा, "तुम क्या कर रहे हो? यहाँ तो सैकड़ों स्टार मछलियाँ हैं। तुम कितनों को बचा सकोगे? तुम्हारे ऐसा करने से क्या फ़र्क़ पड़ेगा?" उस आदमी ने कोई जवाब नहीं दिया, दो क़दम आगे बढ़कर उसने एक और मछली को उठाकर पानी में फेंक दिया, और बोला, "इससे इस एक मछली को तो फर्क पड़ता है।"

हम कौन-सा फ़र्क़ डाल रहे हैं? बड़ा या छोटा, इससे कोई फ़र्क़ नहीं पड़ता। अगर सब लोग थोड़ा-थोड़ा फ़र्क़ लाएँ, तो बहुत बड़ा फ़र्क़ पड़ेगा।

क्या आपका जीवन बचाने लायक है?
IS YOUR LIFE WORTH SAVING?

एक लड़का नदी में डूब रहा था वह मदद के लिए चिल्लाया। एक आदमी, जो उधर से गुज़र रहा था, नदी में कूद पड़ा, और उसने लड़के को बचा लिया। जब वह आदमी जाने लगा तो बच्चे ने कहा,

"धन्यवाद।" उस आदमी ने पूछा, "किस लिए?" लड़के ने जवाब दिया, "मेरी ज़िंदगी बचाने के लिए।" उस आदमी ने लड़के की आँखों में देखा और कहा, "बेटा, जब तुम बड़े हो जाओ, तो इस बात को साबित करना कि तुम्हारी ज़िंदगी बचाने लायक थी।"

यह सोचने का समय है। यह सचेत होने का समय है।

आत्म-संतुष्टि के बिना सफलता व्यर्थ है। यदि जीवन का कोई अर्थ और उद्देश्य न हो, तो आप कितना भी सम्मान, पैसा और शिक्षा हासिल कर लें, आपको ज़िंदगी में खालीपन और उदासी ही महसूस होगी। सेहत, पैसा, परिवार, समाज और जीवन मूल्यों के बारे में अपनी व्यक्तिगत सफलता की फ़िलॉसफ़ि बनाने से ही सफलता की शुरुआत होती है। अगर हमारी ज़िंदगी में सफलता की साफ़ फ़िलॉसफ़ी न हो, तो ख्यालीपुलाव ही हमारे मार्गदर्शक बन जाएँगे। अगर हमारे पास सफलता की कोई फ़िलॉसफ़ी नहीं है, तो हमने अनजाने में असफलता की फिलॉसफ़ी को अपना लिया है।

वचनबद्धता
COMMITMENT

हमारे जीवन मूल्यों का एक बेहद ज़रूरी हिस्सा है वचनबद्धता। जब हमारे जीवन मूल्य साफ़ होते हैं, तो फ़ैसला लेना और वचन निभाना आसान हो जाता है।

उदाहरण के तौर पर आप दुश्मनों को अपने देश के राज़ बेचकर अपने देश के प्रति वचनबद्धता नहीं निभा सकते। अपने दोस्त के राज़ दूसरों को बताकर दोस्ती बरकरार नहीं रख सकते। भरसक कम काम करके, आप अपनी नौकरी या काम के प्रति वचनबद्धता नहीं दिखा सकते।

वचनबद्धता पूरा न करने का नतीजा बेईमान व्यवहार होता है। कोई रिश्ता, चाहे वह व्यक्तिगत हो, या व्यावसायिक, अगर ऐसी बातों के बावजूद क़ायम रहे तो मुझे हैरानी होगी –

- मैं कोशिश करूँगा, मगर मैं वचनबद्धता नहीं दे सकता।
- मैं इसे कर लूँगा, मगर मेरे भरोसे मत रहना।
- अगर हो सका तो मैं आऊँगा, मगर कम ही आशा रखना।
- जब तक तुम कामयाब हो, मैं तुम्हारे साथ रहूँगा।
- जब तक तुम्हारी सेहत अच्छी है, मैं तुम्हारे साथ रहूँगा।
- जब तक मुझे कुछ और अच्छा नहीं मिल जाता, मैं तुम्हारे साथ रहूँगा।

अगर ये रिश्ते एक-दूसरे पर भरोसा नहीं कर सकते, तो मुझे समझ में नहीं आता कि दुनिया का काम कैसे चलेगा –

- माँ-बाप/बच्चे
- पति/पत्नी
- गुरु/शिष्य
- विक्रेता/ग्राहक
- मालिक/कर्मचारी
- दोस्त/दोस्त

इन रिश्तों के बुनियादी उसूलों पर भरोसा न कर पाने का अहसास किसी इंसान को पागल बना सकता है। हमारे सबसे मज़बूत रिश्ते वचन के अदृश्य धागे से बँधे होते हैं। इन दिनों वादों को तोड़ना कोई बड़ी बात नहीं मानी जाती है, लेकिन वचनबद्धता के बिना सभी रिश्ते खटाई में पड़ जाते हैं।

वचनबद्धता की कमी रिश्तों में दरार डाल देती है, और असुरक्षा बढ़ाती है। वचनबद्धता न होने पर लोग समझ नहीं पाते कि उनके आपसी रिश्तों में कितनी गहराई है।

वचनबद्धता में ये बातें शामिल हैं –

1. भरोसा (Dependability)
2. विश्वसनीयता (Reliability)
3. निश्चितता (Predictability)
4. निरंतरता (Consistency)
5. परवाह करना (Caring)
6. दूसरों की भावनाओं का अहसास (Empathy)
7. कर्तव्य का भाव (A sense of duty)
8. ईमानदारी (Sincerity)
9. चरित्र (Character)
10. निष्ठा (Integrity)
11. वफ़ादारी (Loyalty)

अगर इनमें से एक भी चीज की कमी हो, तो वचनबद्धता में कमजोरी आ जाती है।

जब कोई व्यक्ति किसी को वचन देता है, तो वह वास्तव में कहता है, "तुम मुझ पर हर हाल में भरोसा कर सकते हो", और "जब भी तुम्हें मेरी ज़रूरत होगी, मैं तुम्हारे साथ होऊँगा।"

बिना किसी शर्त के दिया गया वचन कहता है, "अनिश्चित भविष्य में मैं ही निश्चित हूँ।"

भविष्य को कौन-सी चीज़ें अनिश्चित बना सकती हैं?

- आपकी ज़िंदगी और हालात में बदलाव
- बाहरी हालात में बदलाव

अनिश्चितता के बावजूद वचनबद्धता कहती है, "तुम मुझ पर भरोसा कर सकते हो।" वचन देने वाला इंसान बहुत कुछ क़ुर्बान करने को तैयार रहता है। किस लिए? जवाब साफ़ है। इसके इनाम बहुत क़ीमती हो सकते हैं। वचनबद्धता कहती है –

- मैं त्याग करने को तैयार हूँ, क्योंकि मुझे तुम्हारी परवाह है
- मैं भरोसेमंद व्यक्ति हूँ, तुम मुझ पर विश्वास कर सकते हो
- मैं तुम्हें धोखा नहीं दूँगा
- तकलीफ़ों के बावजूद, मैं तुम्हारे साथ रहूँगा
- अच्छे या बुरे समय में मैं तुम्हारा साथ नहीं छोड़ूँगा

वचनबद्धता उस एक क़ानूनी कांट्रेक्ट की तरह नहीं होती जिसे पूरा करना ही पड़ता है। इसकी बुनियादी कागज़ के टुकड़े पर किया गया दस्तख़त नहीं, बल्कि चरित्र, निष्ठा और दूसरे के मनोभावों का अहसास है।

वचन देने का मतलब यह नहीं है कि और कोई रास्ता न बचने पर ही इसे निभाया जाए। इसका मतलब है – बहुत-से रास्ते होने पर भी अपने वचन पर डटे रहना। ऊपर लिखे गुणों के बिना कोई भी इंसान दूसरों के साथ देर तक वचन नहीं निभा सकता।

वचनबद्धता क़ायम रखने के फ़ायदे क्या हैं? यह लाती है –

- निश्चितता (Predictability)
- सुरक्षा (Security)
- व्यक्तिगत विकास (Personal growth)
- व्यक्ति और समुदाय के बीच अटूट रिश्ता (Strong relationships between individuals and community)
- टिकाऊ व्यक्तिगत और व्यावसायिक रिश्ते (Lasting personal and professional relationships)

चोर-उचक्कों और गुंडे-मवालियों को भी ईमानदारी से साथ वचन निभाने वालों की तलाश रहती है। वचनबद्धता उलझावभरे विशाल जंगल में एक व्यवस्थित भूखंड की तरह है। यह असुरक्षित संसार में सुरक्षा कवच की तरह है। वचन पूरा करने के लिए की गई मेहनत वाज़िब भी है और मूल्यवान भी। वचनबद्धता का मतलब है – दूसरे की ज़रूरतों के लिए अपनी इच्छाओं का त्याग करना।

याद रखें और गाँठ बाँध लें कि ज़रूरतें इच्छाओं से ज़्यादा गहरी या मज़बूत होती हैं। वचनबद्धता रिश्तों को जोड़ने वाली गोंद की तरह हैं। वचन निभाने का मतलब है – अपने सुखों को त्यागकर दुख को इच्छापूर्वक स्वीकार करना।

मिसाल के तौर पर –

1. दोस्ती में वचन निभाने का मतलब है – विश्वसनीयता क़ायम रखना।
2. ग्राहकों के प्रति वचन निभाने का मतलब है – अच्छी सेवा देना।
3. वैवाहिक जीवन के प्रति वचनबद्धता का मतलब है – वफ़ादार होना।
4. शिष्टता के प्रति वचनबद्धता का मतलब है – अशिष्टता से दूर रहना।
5. देशभक्ति के प्रति वचनबद्धता का मतलब है – त्याग करना।
6. नौकरी के प्रति वचनबद्धता का मतलब है – निष्ठावान होना।
7. समुदाय के प्रति वचनबद्धता का मतलब है – ज़िम्मेदार होना।

वचनबद्धता परिपक्वता की पहचान है। वचनबद्धता का मतलब है – दूसरा रास्ता मिलने या कठिनाइयाँ सामने पर अपने फ़र्ज़ से मुँह न मोड़ना। सिर्फ़ मज़बूत इरादों के लोग ही एक मज़बूत समाज का निर्माण करते हैं।

रिश्ते वचनबद्धता पर आधारित होते हैं, सिर्फ़ निकटता और घनिष्ठता पर नहीं। कोई व्यक्ति क़रीबी और घनिष्ठ हो सकता है, लेकिन ज़रूरी नहीं कि वह वचन भी निभाए। पिछले कुछ दशकों में समाज के जीवन-मूल्य तेज़ी के साथ बदले हैं। अब तो बिना वचनबद्धता के संबंध बनाना भी अच्छा समझा जाने लगा है।

बहुत-से लोग वचनबद्धता का मतलब बंधन मान लेते हैं। वे लोग वचनबद्ध नहीं होना चाहते, क्योंकि वे खुद को इसके लिए पूरी तरह तैयार नहीं मानते हैं। फिर भी, सालों तक वे दूसरों की हर चीज़ इस्तेमाल करते रहते हैं। बहाना यह होता है कि "वचनबद्ध होने से पहले हम एक-दूसरे को परख रहे हैं।" वे सालों-साल परखते रहते हैं। वे ऐसी क्या चीज़ परख रहे हैं, जिसे उन्होंने पिछले कुछ दिनों या कुछ महीनों, अथवा कुछ सालों में नहीं परखा है?

मेरे विचार में ऐसे लोग स्वार्थी जोंक (selfish parasite) की तरह हैं। ये लोग चीज़ें जब तक ठीक चल रही हों, तब तक अधिक-से-अधिक फ़ायदा उठा लेना चाहते हैं। ये केवल लेना जानते हैं, और समाज के लिए एक बोझ हैं।

रिश्ते प्यार और भावनाओं के आवेग से नहीं चलते, बल्कि वचनबद्धता और दूसरे के मनोभावों को समझने से चलते हैं। वचनबद्धता का मतलब है कि दूसरों की ज़रूरत को ज़्यादा महत्त्व देना। कई बार नेक इरादे वाले अच्छे लोगों के सामने एक-दूसरे से टकराने वाली वचनबद्धताएँ आ खड़ी होती हैं। उदाहरण के तौर पर –

1. एक सिपाही आख़िरी साँसे ले रही अपनी पत्नी की देखभाल के प्रति वचनबद्ध है। तभी अचानक उसे इमरजेंसी (emergency) से निपटने के लिए बुलावा आता है, शहर में कहीं दस लोगों का जीवन ख़तरे में है। उसे क्या करना चाहिए?
2. एक सर्जन की बेटी को स्नातक (Graduate) की उपाधि मिलने वाली है। उसने अपनी बेटी से जीवन में एक बार आने वाले इस अवसर पर मनाए जाने वाले समारोह में मौजूद रहने का वादा किया है। समारोह से बीस मिनट पहले उसे एक इमरजेंसी सूचना मिलती है कि एक्सीडेंट की वजह से घायल हुए एक आदमी का जीवन बचाने के लिए उसे ऑपरेशन करना है। और कोई सर्जन इस समय शहर में मौजूद नहीं है। उसके पास क्या रास्ता है?

किसी एक का चुनाव करने का मतलब यह नहीं है कि हमारी दूसरे के प्रति वचनबद्धता नहीं है। इन दोनों ज़िम्मेदारियों में से एक को चुनते समय प्राथमिकता, ज़िम्मेदारी और कर्त्तव्य का ध्यान रखना पड़ता है। प्राथमिकताओं को नैतिक मूल्यों के आधार पर तय करने से हमें बिना किसी अपराध-बोध के एक के बजाए दूसरी वचनबद्धता को चुनने में मदद मिलती है।

काफ़ी हद तक मुमकिन है कि सर्जन अपनी बेटी के स्नातक-उपाधि समारोह में ही रुकना चाहता हो। लेकिन इससे कोई फ़र्क़ नहीं पड़ता कि उसकी प्राथमिकताएँ क्या हैं, या फिर वह क्या चाहता है। वचनबद्धता में 11 बातें शामिल हैं, जिनके बारे में हम पहले बता चुके हैं, भले ही हम उन्हें पसंद करें या न करें।

वचनबद्धता को निभाना चरित्र की दृढ़ता को दिखाता है। इसमें अपनी इच्छाओं के बदले दूसरे की ज़रूरतों को प्रमुखता दी जाती है, लेकिन उनकी सनक और ऊटपटाँग इच्छाओं को नहीं।

ज़रूरतें आवश्यक हैं; जबकि इच्छाएँ अनंत हैं। कश्मकश के समय ज़रूरतों का फ़ैसला उनकी प्रमुखता, ज़िम्मेदारी और कर्त्तव्य की बुनियाद पर किया जाना चाहिए। विवाह जैसे रिश्ते में दो लोग एक-दूसरे के प्रति वचनबद्ध होते हैं। मान लीजिए, अगर शादी के एक साल बाद ही पति और पत्नी में से किसी एक को कैंसर हो जाए, तो क्या दूसरे को ऐसा महसूस करना चाहिए कि उसके साथ छल हुआ है? उसका कुछ छीन लिया गया है? क्या उसे नाराज़गी महसूस करनी चाहिए? ऐसे में दूसरे को अपनी ज़िंदगी बरबाद करने का दोषी मानना चाहिए? यह वचनबद्धता नहीं है। यह सिर्फ़ स्वार्थ है।

वचनबद्धता पूरा न होने पर उस धोखे को क़बूल करना वचन का सबसे ज़्यादा दुखदायी पहलू है। वचन अगर किसी ग़लती या भूल के कारण पूरा न हुआ हो, तो उसे आगे कायम रखा जा सकता है; ग़लती से की गई भूल को उदारता दिखाते हुए माफ़ किया जा सकता है। पर यदि इसे जान-बूझकर पूरा नहीं किया गया है, तो इस पर ग़ौर किया जाना चाहिए। इसका जवाब यही है कि "अगर तुम मुझे एक बार धोखा देते हो, तो तुम पर लानत है, अगर तुम मुझे दूसरी बार धोखा देते हो, तो मुझ पर लानत है।"

उदारता न दिखाई जाए, तो वचन शायद ही पूरे हो पाते हैं। मिसाल के तौर पर, एक बच्चा झूठ बोलकर, धोखा देकर अपने माँ-बाप का विश्वास खो सकता है, लेकिन माँ-बाप बच्चे के प्रति अपनी वचनबद्धता को निभाना चाहते हों, तो उन्हें बच्चे को माफ़ कर देना चाहिए। उन्हें बच्चे को सही दिशा देनी चाहिए, और उसे झूठ बालने के नतीजों को बताना चाहिए। अगर कोई केवल इस वजह से धोखा देता है कि उसे माफ़ी मिल जाने का यक़ीन होता है, तो यह नीचता भरा व्यवहार है। क्या क्षमाशीलता को किसी बिना लिमिट वाले एकाउंट (limitless account) का कोरा चेक (blank cheque) मानना चाहिए? शायद नहीं।

हमारी सबसे बड़ी वचनबद्धता क्या है?
WHAT IS OUR GREATEST COMMITMENT?

अगर हम अनजाने में ऐसे ग़लत या अनैतिक वचन दे बैठें, जो हमारे मूल्यों और आत्मा की आवाज़ के ख़िलाफ़ हो, तो ऐसे हाल में हमें क्या करना चाहिए? ऐसे

हाल में हमारी सबसे बड़ी वचनबद्धता इस बात पर दुबारा ग़ौर करने की होगी कि उस वचन को निभाएँ या तोड़ें।

मूल्यों के प्रति वचनबद्धता
COMMITMENT TO VALUES

वफ़ादारी ख़रीदी नहीं जा सकती, इसे कमाया जाता है। और हम किसके प्रति वफ़ादार होते हैं? व्यक्तियों के प्रति या संगठनों के प्रति? तो जवाब है, इनमें से किसी के प्रति नहीं। हमारी वफ़ादारी मूल्यों और सिद्धांतों के प्रति होती है। जहाँ मूल्यों में टकराव हो, वहाँ लोग न तो एक साथ एक ही घर में रह सकते हैं, न ही एक संगठन में साथ काम कर सकते हैं।

जब कोई इंसान किसी व्यक्ति या संगठन से वफ़ादारी या वचन निभाने का वादा करता है, तो वह वास्तव में क्या कहता है? वह कहता है, "मैं तुम्हारे साथ हूँ, क्योंकि जिस चीज़ में तुम यक़ीन रखते हो उसी में मैं भी रखता हूँ।"

अगर मेरी वचनबद्धता किसी ऐसे नेता, जीवन-साथी, मालिक या कर्मचारी के प्रति है जो नशीली दवाओं का व्यापारी, या दुश्मन देश का जासूस बन जाता है, तो मुझे क्या करना चाहिए? क्या उसका साथ देना इसलिए जारी रखूँ क्योंकि मैंने पहले वचन दिया हुआ है? बिल्कुल नहीं। मैंने अनैतिक और ग़ैर-क़ानूनी व्यवहार को समर्थन देने का वचन नहीं दिया था।

वचन न निभाने का नतीजा होता है –

- परिवार का टूटना
- अधूरी ज़िंदगी
- लावारिस बच्चे
- व्यापार में नुक़सान
- कमज़ोर रिश्ते
- अकेलापन
- भारी तनाव
- मायूसी
- शर्मिंदगी

वचन दें और उन पर क़ायम रहें!

नैतिकता
ETHICS

ग़लत फ़ैसले और बुरी ज़िंदगी के लिए ख़राब हालात को दोषी नहीं ठहराया जा सकता। नैतिक मूल्य और सिद्धांत सिर्फ़ अच्छे दिनों के लिए नहीं बने हैं, बल्कि वे बुरे दिनों से भी बचाते हैं। वे किसी देश के क़ानून की तरह हैं जिनकी ज़रूरत जब नागरिक अच्छे हों, तब तो पड़ती ही है, मगर उससे भी ज़्यादा उनकी ज़रूरत बुरे लोगों से बचाव करने के लिए पड़ती है।

हर चुनाव सिद्धांत-आधारित चुनाव नहीं होता है। मिसाल के तौर पर, कैसे कपड़े ख़रीदें, या कैसा टी०वी० ख़रीदें, यह व्यक्तिगत चुनाव है, जो इस पर निर्भर करता है कि हमारे लिए क्या ठीक है। इन कामों में नैतिकता या अनैतिकता का सवाल नहीं उठता। व्यक्तिगत चुनाव मन की पसंद (subjective) पर आधारित होता है, न कि ठोस यथार्थ (objective) पर। हालाँकि ऐसे मामलों में नैतिकता का मसला नहीं जुड़ा होता, फिर भी ज़िम्मेदारी की भावना बनी रहनी चाहिए।

नैतिक चुनाव में सही और ग़लत के बीच ठोस सच्चाई के आधार पर चुनाव किया जाता है। यही वजह है कि जब हम एक अनैतिक क़दम उठाते हैं, तो हमारी आत्मा हमें धिक्कारती है, जबकि एक ग़लत व्यक्तिगत चुनाव करने पर ऐसा नहीं होता, क्योंकि नैतिक चुनाव में सही चीज़ का बिल्कुल स्पष्ट चुनाव किया जाता है। जैसे कि गणित के इम्तहान में कोई भी बैठ सकता है? उनके जवाब भी अलग-अलग हो सकते हैं। मगर जवाब का सही होना उनके चुनाव पर निर्भर नहीं करता, बल्कि वह तो उत्तर के वास्तविक रूप से सही होने पर निर्भर होता है।

किसी आदमी के शालीन होने का यह मतलब नहीं होता कि वह अच्छा और नैतिक व्यक्ति है। किसी आदमी में सामाजिक शालीनता होने के बावजूद वह झूठा, और मक्कार हो सकता है। वह इंसान शालीन होते हुए भी अनैतिक माना जाएगा। शालीनता उसे सामाजिक स्वीकृति दिला देती है, पर सिर्फ़ शालीनता का मतलब अच्छाई नहीं होता।

दुख की बात है कि आजकल हमारे ज़्यादातर फ़ैसले इन बातों पर आधारित होते हैं –

1. सुविधा, आराम और सुख की हमारी इच्छा।
2. हमारी भावनाएँ – कोई काम करने का पैमाना ज़िम्मेदारी की भावना नहीं, बल्कि यह होता है कि हमें क्या करना अच्छा लगता है।

3. सामाजिक चलन और प्रचार – और लोग यह काम कर रहे हैं, इसलिए मुझे भी करना चाहिए।

यह एक आम धारणा है कि नैतिकता और नैतिकता पर आधारित चुनाव उलझा देते हैं। मगर अहम सवाल यह है कि किसको उलझा देते हैं? सिर्फ़ उन्हीं को, जिनके जीवन मूल्य साफ़ नहीं हैं।

हालत के मुताबिक बदलती नैतिकता
SITUATIONAL ETHICS

जो लोग महसूस करते हैं कि नैतिक मूल्य हर हाल में एक से नहीं हो सकते, बल्कि हालात के अनुसार बदलते रहते हैं, वे लोग तरह-तरह की सफ़ाई पेश करके अपने बदलते सिद्धांतों को सही ठहराते हैं, और अलग-अलग हालात और अलग-अलग व्यक्तियों के साथ अपने सिद्धांतों को बदलते रहते हैं। इसी को कहते हैं – हालात के साँचे में ढली नैतिकता। यह आस्था पर नहीं, बल्कि सुविधा पर टिकी नैतिकता है।

पैमाने
BENCHMARKS

किसी भी नैतिक दिशासूचक (compass) के सहारे तभी आगे बढ़ा जा सकता है, जब उसमें अंदरूनी संगति और स्थिरता हो, तथा किसी भी प्रकृति, या रीति के प्रचलित होने की स्थिति में वह एक ही दिशा में संकेत करें।

– टेड कॉपेल

हम स्टैंडर्ड्स (standards) क्यों बनाते हैं? वे एक पैमाना होते हैं। यूरोप और एशिया में एक मीटर एक जैसा ही होता है। एक किलो आटा, कहीं भी जाइए, एक किलो ही होता है। जो लोग नैतिक पैमानों (standards) पर यक़ीन नहीं रखते, वे नैतिकता की परिभाषा, यह कहकर बदलते रहते हैं कि कुछ भी ग़लत या सही नहीं होता, हमारी सोच ही उसे ऐसा बनाती है। वे व्यवहार के बजाय व्याख्या को ज़िम्मेदार मानते हैं। वे महसूस करते हैं, "मेरा व्यवहार तो ठीक है, आपकी व्याख्या ही ग़लत है।"

मिसाल के तौर पर, हिटलर (Hitler) सोच सकता था कि वह सही था। मगर बड़ा सवाल यह है कि, "क्या वह सही था?" भूखे को खाने के लिए पैसे देना उचित हो सकता है, लेकिन नशीली दवाएँ ख़रीदने के लिए पैसे देना ग़लत है।

सामान्य हालात पैमानों को तय करते हैं, जिनमें सिर्फ़ ख़ास हालात तब्दीली ला सकते हैं। मिसाल के तौर पर, हत्या करना ग़लत है। यह एक आम धारणा है, माना हुआ सत्य है, और एक नैतिक पैमाना है। आत्मरक्षा के लिए की गई हत्या को इस नैतिक पैमाने का अपवाद (exception) माना जाता है, लेकिन किसी को हत्या करने की छूट इसलिए नहीं मिल सकती कि आज मौसम अच्छा है, या उसका दिल कर रहा है।

हमारे नैतिकता के स्तर का पता इस बात से भी चलता है कि हम कैसे सलाहकार और कैसे सप्लायर (supplier) चुनते हैं, कैसे ख़रीदारों से नाता रखते हैं, और अपने फ़ुर्सत का वक़्त कैसे बिताते हैं।

अलग-अलग संस्कृतियों में लोगों की अलग-अलग राय और मत हो सकते हैं, मगर निष्पक्षता, न्याय, निष्ठा और वचनबद्धता जैसे मूल्य सर्वव्यापी (universal) और शाश्वत (eternal) हैं। उनका संबंध किसी ख़ास संस्कृति से नहीं होता। ऐसा कभी नहीं हुआ कि समाज में कायरता के मुक़ाबले में वीरता को सम्मानित न किया गया हो।

न्याय और नैतिकता में ये गुण शामिल हैं –

- एक-दूसरे के मनोभावों को समझना
- निष्पक्षता
- घायलों, बीमारों और बूढ़ों के लिए हमदर्दी
- समाज के व्यापक हितों का ध्यान

ज़्यादा लोगों के एक बात पर सहमत होने का मतलब यह नहीं है कि वह बात सही है। मिसाल के तौर पर, यदि किसी देश के नागरिक उस देश के सभी नीली आँखों वाले लोगों से वोट देने का हक़ छीनने के लिए मतदान करें तो उसे सही नहीं माना जाएगा। समाज के व्यापक हितों का ध्यान गुरुत्वाकर्षण के नियमों – (Laws of Gravity) की तरह ही नैतिकता के बुनियादी मूल्य सर्वव्यापी है। जिस तरह अनुशासन के बिना आज़ादी बरबादी लाती है, उसी तरह मूल्यों और सिद्धांतों के बिना समाज नष्ट हो जाता है। अगर सचमुच सिद्धांतों का सही या ग़लत होना हर एक की राय पर ही निर्भर है तो फिर किसी अपराधी को जेल में नहीं भेजा जाना चाहिए।

एक समाज अच्छा या बुरा उसके नागरिकों के नैतिक मूल्यों के आधार पर बनता है। इन्हीं नैतिक मूल्यों से समाज को शक्ति मिलती है।

कुछ लोग सापेक्षता के सिद्धांत (relativity of ethics) में विश्वास करते हैं, लेकिन वे अपनी विडंबनाओं में ही फँसकर रह जाते हैं। वे कहते हैं, "सब कुछ सापेक्ष

(relative) है।" यह बात बिल्कुल सच है लेकिन अपने आपमें ही विरोधाभासी (self-contradictory) भी है। ग़लत और सही, ईमानदारी और बेईमानी में फ़र्क़ करने के लिए पहले हमें इनके वजूद की मौजूदगी को मानना होगा। जैसे किसी चीज़ का लेबल बदलने से चीज़ नहीं बदल जाती, ठीक वैसे ही नाम बदलने से उसका मतलब नहीं बदल जाता।

गिरे हुए नैतिक मूल्यों को नए-नए नाम देकर अधिक स्वीकार योग्य बनाने की कोशिश की जा रही है, और मीडिया अनैतिकता को ग्लैमराइज़ (glamorize) कर रहा है। झूठ बोलने वालों को बर्हिमुखी (extrovert), और कल्पनाशील (imaginative) बताया जा रहा है।

किसी व्यक्ति को नैतिक शिक्षा दिए बिना वैचारिक शिक्षा देना समाज के लिए संकट को न्योता देना है।

– थिओडोर रूज़वेल्ट

1993 में जब कोलंबिया यूनिवर्सिटी (Colombia University) के प्रेसीडेंट माइकल सोवर्न (Michael Severn) ने इस्तीफ़ा दिया, तो एक रिपोर्टर ने उनसे पूछा कि क्या कोई काम उनसे अधूरा छूट गया है। सोवर्न ने जवाब दिया, "हाँ। बस एक ही काम बाक़ी रह गया है।" उन्होंने नैतिक शिक्षा की कमी की तरफ़ इशारा करते हुए कहा, "एक आम स्टूडेंट को इस बारे में कोई शिक्षा नहीं दी जाती। ज़्यादातर शिक्षक इन विषयों को छूने से कतरराते हैं। नैतिक शिक्षा देना माँ-बाप के ज़िम्मे छोड़ दिया जाता है। नतीजा यह है कि इस देश में नई पीढ़ी को नैतिकता और सिद्धांतों की शिक्षा पहले से भी कम मिल रही है, जबकि उसे इसकी बहुत ज़्यादा ज़रूरत है। सिद्धांत और नैतिक मूल्य कोई धर्म नहीं हैं। ये एक शांतिप्रिय समाज के लिए ज़रूरी सूझ-बूझ भरे व्यवहार के सिद्धांत हैं।"*

नैतिकता और क़ानून

ETHICS AND LEGALITY

किसी व्यक्ति को यह सोचकर दुखी नहीं होना चाहिए कि उसने अच्छा काम किया, लेकिन औरों ने बुरा काम किया। अगर किसी ने अकेले ही सही काम

---

* "द बेस्ट ऑफ ... बिट्स एंड पिसेज़" में जॉन बेकले लिखित 'इज़ंट इट टाइम टु वेक अप' से उद्धृत (इकॉनॉमिक प्रेस, फ़ेयर फ़ील्ड, एन जे, सन् 1994, पृष्ठ 129)

किया हो, तो उसने उचित किया, और यदि ग़लत काम किया हो, तो पूरी मानव-जाति की स्वीकृति भी उसके काम को उचित सिद्ध नहीं कर सकती।

– हेनरी फ़ील्डिंग

ज़्यादातर लोग इस बात से सहमत होंगे कि नैतिकता और क़ानून एक ही चीज़ नहीं हैं। जो बात नैतिक हो सकती है वह क़ानून के दायरे में हो भी सकती है ओर नहीं भी। इसका उलटा भी उतना ही सच है। मिसाल के तौर पर –

1. एक जीवन बीमा (insurance) सेल्समैन ज़्यादा कमीशन पाने अपने ग्राहक को सबसे उपयोगी पॉलिसी बेचने के बजाय अनुपयुक्त पॉलिसी बेचता है। उसका काम क़ानूनी तो है, मगर अनैतिक और सिद्धांत के ख़िलाफ़ है।
2. एक नौजवान अधिकारी, कार की पिछली सीट पर ख़ून से लथपथ पड़े अपने ज़ख़्मी बच्चे को बचाने के लिए स्पीड लिमिट से (speed limit) तेज़ गाड़ी चला रहा है। ऐसी स्थिति में शायद ही कोई उससे क़ानून तोड़ने-संबंधी नैतिकता का प्रश्न उठाएगा। उस बच्चे का जीवन बचाने के लिए डॉक्टरी सहायता उपलब्ध न कराना सिद्धांत के ख़िलाफ़ होगा, फ़िर चाहे इसके लिए ट्रैफ़िक के नियमों को तोड़ना ही क्यों न पड़े।

क़ानून न्यूनतम पैमाने (minimum standards) तय करता है, जबकि नैतिकता और मूल्य इन पैमानों से काफ़ी आगे जाते हैं। नैतिकता और मूल्य निष्पक्षता और न्याय पर आधारित हैं। ये लोगों को ख़ुश या नाख़ुश करने के लिए नहीं हैं। ये लोगों की ज़रूरतों और अधिकारों का सम्मान और इज़्ज़त करने के लिए हैं।

जीवन का उद्देश्य

PURPOSE IN LIFE

इच्छाएँ कई तरह की होती हैं। सफल होने की इच्छा, अपनी ख़ुशी की क़ीमत पर भी अपना कर्तव्य निभाने की इच्छा, मक़सद पाने की इच्छा, जीवन को अर्थ देने वाली किसी चीज़ के लिए मर-मिटने की इच्छा।

अपनी आत्मा को बेचकर सारी दुनिया हासिल कर भी लें तो उसका क्या फ़ायदा है?

एक उद्देश्यहीन जीवन जीते जी मरने के समान है। आपका उद्देश्य क्या है? क्या आपके पास कोई उद्देश्य है भी? उद्देश्य लगन पैदा करता है। एक उद्देश्य पाइए या बनाइए, और फिर उसे लगातार लगन एवं दृढ़ता से पूरा कीजिए।

हर रोज़ ख़ुद से यह सवाल पूछना चाहिए – "क्या मैं जीवन में अपने उद्देश्य के क़रीब पहुँच रहा हूँ? क्या मैं दुनिया को रहने लायक एक बेहतर जगह बना रहा हूँ?" अगर जवाब 'न' है, तो मैंने आज अपने जीवन का एक दिन बरबाद कर दिया। ज़िंदगी हमें उसी हिसाब से देती है, जिस हिसाब हम उसे देते हैं।

हम जीवन में अपने उद्देश्य जितनी जल्दी ढूँढ़ लें, उतना ही अच्छा है। ऐसा लगता है कि जीवन में उद्देश्य खोजने की अनंत तलाश ही सबसे बड़ी चुनौती है, यह सिर्फ़ व्यक्ति के साथ ही नहीं, बल्कि हमारे परिवारों, संगठनों और देश के साथ भी होता है। एक बार हमारा उद्देश्य और नैतिक मूल्य साफ़ हो जाएँ, तो व्यक्तिगत फ़ायदों और सामाजिक ज़िम्मेदारियों के बीच के संघर्ष में एक नैतिक संतुलन आ जाता है। हम जागरूक हो जाते हैं कि हमें कब दृढ़ता से खड़े होना है। तब हम फ़ौरन फ़ायदा हासिल करने के लिए ग़लत फ़ैसले करने के बजाय दूर के फ़ायदे की सोचकर सही फ़ैसले करने लगते हैं। समझदारी और परिपक्वता से बड़े मुद्दों के बारे में बेहतर समझ पैदा होती है।

पढ़ो ऐसे कि जैसे तुम्हें सदा जीना है
जियो ऐसे कि जैसे तुम्हें कल ही दुनिया से चले जाना है।

– महात्मा गाँधी

दूसरों की मदद किए बिना
हम अपनी मदद नहीं कर सकते हैं
दूसरों को फ़ायदा पहुँचाए बिना
हम ख़ुद को फ़ायदा नहीं पहुँचा सकते।
दूसरों को ख़ुशहाली दिलाए बग़ैर
हम ख़ुद ख़ुशहाल नहीं हो सकते।

– जेनेट कोल, स्पलेमैन कॉलेज

जेनेट कोल (Janette Cole) ने एक बार कहा, "मुझे ऐसा व्यक्ति दिखाओ जो साधारण स्तर से संतुष्ट हो, तो मैं तुम्हें ऐसा व्यक्ति दिखाऊँगी जिसकी क़िस्मत

में असफल होना लिखा है।" ज़िंदगी तमाशबीनों का खेल नहीं है। हम चुपचाप बैठकर कुछ होते हुए नहीं देख सकते। ज़िंदगी को सार्थक बनाने के लिए एक उद्देश्य को खोजना और उसे पाने की कोशिश करना ज़रूरी है।

उद्देश्य के साथ जीना
LIVING WITH A PURPOSE

हम सभी इस धरती पर एक उद्देश्य के साथ भेजे गए हैं। हम इस विशाल तस्वीर का एक हिस्सा हैं। लेकिन बहुत कम लोग ही जीवन में अपने उद्देश्य को खोज या पहचान पाते हैं। हममें से ज़्यादातर लोग सिर्फ़ जीते हैं, और अपने समय को सार्थक बनाने के बजाय अपने दिन गिनते रहते हैं।

डॉ० अल्बर्ट आइंस्टीन (Albert Einstein) से एक बार पूछा गया, "हम यहाँ क्यों आए हैं?" तो उन्होंने जवाब दिया, "अगर दुनिया एक एक्सीडेंट (accident) की देन है, तो हम भी एक्सीडेंट की देन हैं। अगर इस दुनिया के होने का कोई मक़सद है, तो हमारे होने का भी कोई मक़सद है।" और वे आगे बोले, "मैं भौतिक विज्ञान (Physics) को जितना ही पढ़ता हूँ, उतना ही आध्यात्मिक ज्ञान (Metaphysics) की तरफ़ खिंचता जाता हूँ।"

मैं उस काम में असफल होना पसंद करूँगा, जो आख़िर में सफल होगा, बजाए उस काम में सफल होने के जो आख़िर में असफल होगा।

— वुडरो विल्सन

हम अपने जीवन मूल्य कहाँ से सीखते हैं?
FROM WHERE DO WE LEARN OUR VALUES?

मैंने हाल ही में एक ऐसे शिक्षक के बारे में पढ़ा जो टीनेक, न्युजर्सी – अमेरिका (Teaneck, New Jersey, America) में हाई स्कूल स्तर के छात्रों को जीवन मूल्यों के बारे में पढ़ा रहे थे। क्लास की एक लड़की को एक हज़ार डॉलर से भरा पर्स पड़ा मिला, और लड़की ने वह उसके मालिक को दे दिया। शिक्षक ने छात्रों की राय जाननी चाही। क्लास के हर छात्र ने उस लड़की को बेवकूफ़ बताया। ज़्यादातर छात्रों का यह मानना था कि अगर कोई अपने सामान के प्रति लापरवाह है तो उसे इस बात की सज़ा मिलनी चाहिए। जब शिक्षक से पूछा गया कि उसने

बच्चों से क्या कहा, तो उसने जवाब दिया, "मैंने कुछ भी नहीं कहा। अगर मैं उन्हें यह बताऊँ कि क्या सही है और क्या ग़लत, तो मैं उनका काउंसलर (counselor) नहीं माना जाऊँगा। मैं अपने विचार उन पर नहीं लाद सकता।"*

अगर हम नैतिकता अपने माँ-बाप और शिक्षकों से नहीं सीखेंगे, तो फिर किससे सीखेंगे? और जब वे हमें नैतिक शिक्षा नहीं देते तो हम उन्हें अनजाने ही टेलीविज़न और दूसरे ग़लत ज़रियों से सीखने लगते हैं। कोई आश्चर्य की बात नहीं कि इससे समाज में गंदगी फैल जाती है। ऊपर जिस शिक्षक का उदाहरण दिया गया है, वह न केवल विकृत (Distorted) जीवन मूल्यों वाला और ग़ैर-ज़िम्मेदार है, बल्कि उसे हमारे बच्चों को पढ़ाने का हक़ भी नहीं है।

जीत और विजेता में फ़र्क़
WINNING VERSUS WINNERS

जीत और विजेता में क्या फ़र्क है? जीतना एक घटना है। विजेता होना एक भावना है। विजेता जीत को अपने सिद्धांतों के तराज़ू पर तौलते हैं।

तीन प्रेरक विजेता
THREE INSPIRATIONAL WINNERS

1. ओलंपिक में भाग लेना जीवन की एक बहुत बड़ी घटना मानी जाती है। लारेंस लेमिएक्स (Lawrence Lemieux) ओलंपिक में नाव की रेस (Race) के दौरान मुसीबत में फँसे अपने एक प्रतियोगी की मदद करने के लिए रुक गए। सारी दुनिया देख रही थी। अपने जीतने की इच्छा से ज़्यादा दूसरे के जीवन की रक्षा करने को उन्होंने प्राथमिकता दी। हालाँकि वे नौका-दौड़ में नहीं जीते, फिर भी विजेता थे। सारी दुनिया के राजा और रानियों ने उनका सम्मान किया, क्योंकि उन्होंने ओलंपिक की भावना को जीवित रखा।
2. रुबेन गॉनज़ेलिस (Reuben Gonzales) रैकेटबॉल की विश्व चैंपियनशिप फाइनल मैच खेल रहे थे। फाइनल खेल में मैच प्वाइंट पर, गॉनज़ेलिस ने एक बहुत अच्छा शॉट खेला। रैफरी और लाइंसमैन, दोनों ने उनके शॉट को सही बताया और उन्हें विजेता घोषित कर दिया। मगर

* "जर्नल ऑफ़ द अमेरिकन फेमिली एसोसिएशन" से उद्धृत, नवंबर/दिसंबर, सन् 1991

गॉनज़ेलिस ने थोड़ा रुकने और हिचकने के बाद, पीछे मुड़कर अपने प्रतिद्वंद्वी से हाथ मिलाते हुए कहा, "शॉट ग़लत था।" नतीजा यह हुआ कि वे सर्विस हार गए, और मैच भी।

हर कोई हैरान रह गया। कौन सोच सकता था कि एक खिलाड़ी, जिसके हक़ में सारी बातें हों, हार को इस तरह गले लगा लेगा। जब पूछा गया कि उन्होंने ऐसा क्यों किया तो गॉनज़ेलिस ने जवाब दिया, "अपने ज़मीर को बनाए रखने के लिए मेरे पास यही एक रास्ता था।" वह मैच हार गए, लेकिन फिर भी वह एक विजेता थे।

3. कुछ सेल्समैनों के एक ग्रुप ने मीटिंग (meeting) के लिए शहर से बाहर जाते समय अपने परिवार वालों से कहा कि वे शुक्रवार की रात को खाने के समय तक आ जाएँगे। लेकिन जैसा कि इस तरह के दौरों में होता है, एक के बाद एक काम होने की वजह से मीटिंग निश्चित समय पर ख़त्म नहीं हो सकी। उन्हें देर हो चुकी थी, और उन्हें जहाज़ पकड़ना था। वे भागते-भागते जहाज़ छूटने से कुछ ही मिनट पहले एयरपोर्ट पहुँचे, टिकट उनके हाथों में थे और वे आशा कर रहे थे कि जहाज़ शायद अभी न उड़ा हो। इसी भाग-दौड़ में उनमें से एक उस मेज़ से टकरा गया, जिस पर फलों का एक टोकरा रखा था। सारे फल इधर-उधर बिखर गए और ख़राब हो गए, लेकिन उनके पास रुकने का समय नहीं था। वे दौड़ते रहे और जहाज़ के अंदर पहुँचकर उन्होंने चैन की साँस ली, सिर्फ़ एक को छोड़कर। उसने अपने साथियों से विदा ली और लौट आया। उसने जो कुछ देखा, उससे उसे अहसास हुआ कि उसने बाहर आकर ठीक किया है। वह उस गिरी हुई मेज़ के पास गया, और उसने उस मेज़ के पीछे एक दस साल की अंधी बच्ची को देखा, जो रोज़ी-रोटी के लिए फल बेचती थी। उसने कहा, "मुझे उम्मीद है कि हमने तुम्हारा दिन ख़राब नहीं किया है।" उसने 10 डॉलर जेब से निकालकर उस लड़की को दे दिए, और कहा, "यह तुम्हारा नुक़सान पूरा कर देगा।" इसके बाद वह चला गया। लड़की यह सब कुछ तो देख न सकी; लेकिन दूर जाते क़दमों की धीमी पड़ती आवाज़ को सुनकर उसने ज़ोर से आवाज़ लगाई, "क्या आप भगवान हैं?" उस सेल्समैन का

जहाज़ तो छूट गया, लेकिन क्या वह विजेता नहीं था? यक़ीनन था। **कोई बिना मेडल के भी विजेता हो सकता है, और यदि जीत को सही नज़रिए से न देखा जाए, तो वह मेडल जीतने के बाद भी हारा हुआ हो सकता है।**

जीत एक घटना है; विजेता होना एक भाव

WINNING IS AN EVENT; BEING A WINNER IS A SPIRIT

तीन लोग मैराथन (marathan) रेस में अन्य सैकड़ों लोगों के साथ दौड़े। मेडल किसी चौथे ने जीता। क्या इसका मतलब यह हुआ कि वे तीन लोग हार गए थे? हर्गिज़ नहीं। उन तीनों ने अलग-अलग वजहों से रेस में भाग लिया था : पहले ने अपनी क्षमता आजमाने के लिए रेस में भाग लिया था, और उसने आशा से अच्छा प्रदर्शन किया। दूसरा अपने पिछले प्रदर्शन को बेहतर बनाना चाहता था, और उसने वैसा ही किया। तीसरे ने कभी मैराथन में भाग नहीं लिया था। उसका उद्देश्य था रेस में भाग लेना, और उसे पूरा करना, और उसने किया भी। इससे हमें क्या पता चलता है? वे तीनों अलग-अलग उद्देश्य लेकर दौड़े, और तीनों विजेता रहे, चाहे उनमें से किसी ने भी मेडल न जीता हो।

जैसा कि मार्क ट्वेन ने कहा है, "किसी सम्मान के योग्य होते हुए भी उसे न पाना, अयोग्य होकर उसे पाने से बेहतर है। सही सम्मान सम्मानित होने की योग्यता में है, न कि सम्मान पाने में।"

अगर जीतना ही एकमात्र उद्देश्य हो, तो इंसान अपने मन की उस अंदरूनी ख़ुशी से महरूम हो जाता है जो किसी अच्छे काम को करने की वजह से पैदा होती है। जीतने से ज़्यादा ज़रूरी इ़ज़्ज़त और सम्मान के साथ जीतना, और उस जीत के क़ाबिल होना है। बेईमानी की जीत से सम्मान के साथ हार अच्छी है। सम्मानपूर्वक हारना दिखाता है – तैयारी में कमी, लेकिन बेईमानी की जीत दिखाती है – चरित्र की कमी।

जब किसी इंसान को यह पता हो कि कोई नहीं जान पाएगा कि उसने क्या किया, और क्या नहीं किया, तब वह क्या करता है – इसी बात से उसके चरित्र की असली पहचान होती है। कोई भी जीत इस योग्य नहीं कि उसके लिए ज़मीर से समझौता करके झटपट क़ामयाबी दिलाने वाले ग़लत रास्तों को अपनाया जाए। ट्रॉफी तो आप भले ही जीत लें, लेकिन यह जानते हुए कि वह सच्चाई से नहीं जीती गई है, उससे आपके मन को ख़ुशी कभी नहीं मिलेगी। एक ट्रॉफी जीतने से ज़्यादा अहम बात है, एक अच्छा इंसान होना।

विजेता हर दिन यह सोचकर जीते और काम करते हैं कि यह उनके जीवन का आख़िरी दिन है, क्योंकि इनमें से कोई एक दिन हमारा आख़िरी दिन होगा, और हम नहीं जानते कि वह दिन कौन-सा होगा। जब वे इस दुनिया से जाते हैं, तो एक विजेता की तरह जाते हैं।

कई बार जीत से ज़्यादा हार में विजय होती है।

– माइकेल डि मांटेग्न

विजेता उदार होते हैं
WINNERS ARE GRACIOUS

याद रखिए, विजेता उदार होते हैं। वे कभी अपने बारे में डींग नहीं हाँकते, वे अपने साथी, और विपक्षी खिलाड़ियों, दोनों को पूरा सम्मान देते हैं, और उनकी प्रशंसा करते हैं।

सफल होना तो बहुत-से लोग जानते हैं, पर सफलता को सँभालना कम ही लोग जानते हैं।

सफलता का ब्लूप्रिंट
BLUEPRINT FOR SUCCESS

हम दुनियाभर में कई संगठनों और आम लोगों के लिए एक तीन दिन की सेमिनार आयोजित करते हैं जिसका नाम है – 'ब्लूप्रिंट फॉर सक्सेज' (Blueprint for Success)। दुनिया के बहुत-से संगठनों के लिए यह सेमिनार ख़ासतौर पर उनमें काम करने वालों के लिए आयोजित की जाती हैं, और आम लोगों के लिए यह ख़ुले तौर पर आयोजित की जाती है। यह इस सिद्धांत पर आधारित होती है, "जीतने वाले अलग काम नहीं करते, वे हर काम अलग ढंग से करते हैं" ("Winners don't do different things. They do things differently.")। यह सिद्धांत इस सोच के जवाब में आया "जीत ही सब कुछ है।" इस बाद वाली फ़िलॉसफ़िको मानने वाले की निष्ठा पर मुझे शक़ होता है। यह 'किलर इंस्टिंक्ट' (Killer Instinct) का ग़लत मतलब देती है। अगर आप किसी राह चलते इंसान से पूछें, "किलर इंस्टिंक्ट का मतलब क्या है?" तो ज़्यादातर लोग यही जवाब देंगे, "जैसे भी हो, आपको जीतना है, रास्त चाहे टेढ़ा हों, या सीधा।" यह किलर इंस्टिंक्ट नहीं, बल्कि पूरी बेईमानी है।

एक अच्छे खिलाड़ी के लिए किलर इंस्टिंक्ट का मतलब है –

1. आप 100 प्रतिशत नहीं, बल्कि 200 प्रतिशत मेहनत और कोशिश करें।

2. जीत के लिए विपक्षी की ग़लती का फ़ायदा उठाएँ। विपक्षी की ग़लती का फ़ायदा न उठाना मूर्खता है। लेकिन, जीत के लिए खेल के नियमों को तोड़ना, उल्लंघन करना किलर इंस्टिंक्ट नहीं, सरासर बेईमानी है। ग़लत ढंग से हासिल की गई जीत थोड़े समय की सफलता तो दे सकती है, मगर मन की संतुष्टि नहीं।

सच्चाई यह है कि ज़िंदगी प्रतियोगिता है, और हम सभी को इसमें भाग लेना है। वास्तव में प्रतियोगिता भाग लेने वालों को और बेहतर बनाती है। इसमें कोई शक नहीं कि उद्देश्य तो जीतना होता है, मगर यह जीत ईमानदारी, उदारता, स्पष्टता और खेल के नियमों के अनुसार हासिल की जानी चाहिए।

विजेता क़दमों के निशान छोड़ जाते हैं

WINNERS LEAVE A LEGACY

महान लोग अपनी पहचान पीछे छोड़ जाते हैं। विजेता इस बात को महसूस करते हैं कि कोई अकेला ही क़ामयाबी हासिल नहीं कर सकता। हालाँकि चैम्पियनों को मेडल मिलते हैं, लेकिन वे जानते हैं कि उनकी सफलता के पीछे बहुत सारे लोगों का हाथ है, जिनके बिना यह सब कुछ संभव नहीं हो पाता। इनमें शामिल होते हैं – शिक्षक, माँ-बाप, कोच, प्रशंसक और उनके सलाहकार। जिन लोगों ने क़ामयाबी हासिल करने में हमारी मदद की है, हम उनका क़र्ज पूरी तरह कभी नहीं चुका सकते। उनके प्रति थोड़ा-सा आभार केवल आने वाली पीढ़ी की मदद करके जताया जा सकता है। विजेता के पास अपना आभार जताने का एक ही रास्ता है कि वह आने वाली पीढ़ियाँ का सही मार्गदर्शन करें। यह कविता इस बात को साफ़ ज़ाहिर कर देती है –

रास्ता बनाने वाला

एक बुज़ुर्ग, जो एक सुनसान सड़क पर जा रहा था,
शाम होते-होते ठंडा और ठिठुरता पहुँचा,
एक लंबे, गहरे और चौड़े दर्रे के क़रीब,
जिसके अंदर तेज़ पानी बह रहा था।
बुज़ुर्ग ने शाम के धुँधलके में उसे पार किया;
पानी की धारा से उसे कोई डर नहीं लगा;

मगर वह पीछे मुड़ा, सुरक्षित पार कर जाने के बाद,
और उन लहरों के आर-पार एक पुल बनाया।
"ओ बुज़ुर्ग" एक साथी यात्री ने उसे पुकारा,
"तुम इसे बनाने में बेकार मेहनत कर रहे हो;
तुम्हारी यात्रा दिन के ढलते ही ख़त्म हो जाएगी;
और फिर तुम कभी इस रास्ते से नहीं गुज़रोगे;
तुमने इस चौड़े और गहरे दर्रे को पार कर लिया है–
तुम इस धारा पर पुल क्यों बना रहे हो?"
उस बुज़ुर्ग ने अपने सिर को उठाकर कहा,
"प्यारे दोस्त, जिस रास्ते से मैं आया हूँ,
उस राह में मेरे पीछे आ रहा है
एक नौजवान, जिसे यहीं से गुज़रना है।
यह दर्रा जो मेरे लिए मुश्किल रहा है,
उस सजीले नौजवान के लिए एक बड़ा ख़तरा हो सकता है।
उसे भी शाम के धुँधलके में पार करना पड़ेगा;
मेरे दोस्त, मैं यह पुल उस नौजवान के लिए बना रहा हूँ।"

– विल एलेन ड्रमगुले

सुकरात (Socrates) ने प्लेटो (Plato) को शिक्षा दी; प्लेटो ने अरस्तु (Aristotle) को पढ़ाया; अरस्तु सिकंदर महान (Alexander the Great) के शिक्षक बने। ज्ञान अगर एक से दूसरे को न हासिल हुआ होता तो वह मर चुका होता।

हमारी सबसे बड़ी ज़िम्मेदारी एक ऐसी विरासत देना है जिस पर आने वाली पीढ़ियाँ गर्व कर सकें।

बदलते जीवन मूल्य – आज के सिद्धांत
CHANGING VALUES — TODAY'S VALUES

बदलाव निश्चित है। हम इसे पसंद करें या न करें, वह होगा ही। हम इस 'मैं' वाली पीढ़ी और हालात के अनुसार बदलते मूल्यों की सोच को बहुत देख चुके हैं। इसकी वजह से मज़बूत समाजों को भी नुकसान उठाना पड़ा है। "मैं" वाली पीढ़ी के लोग पकड़ में आ चुके हैं, पर उन्हें ग़लती का नहीं, बल्कि पकड़े जाने का दुख है।*

* पीटर क्रीफ़्ट की "मेकिंग चॉयसेज़" से उद्धृत, पृष्ठ 1-2।

1958 के एक सर्वे में कुछ हाई स्कूलों के प्रिंसिपलों से यह सवाल पूछा गया: आपके छात्रों की ख़ास समस्याएँ क्या हैं? उनका जवाब था –

1. होकवर्क (Homework) न करना।
2. संपत्ति का महत्त्व न समझना – जैसे कि किताबों को फेंक देना।
3. बत्तियाँ जली, और खिड़की, दरवाज़े खुले छोड़ देना।
4. क्लास में मुँह से थूक के बुलबुले निकालना।
5. कमरों में भाग-दौड़ करना।

उसी सवाल को 30 साल (एक पीढ़ी) के बाद 1988 में पूछा गया। जवाब आश्चर्यजनक रूप से बिल्कुल अलग थे। आज के हाई स्कूल के छात्रों की मुख्य समस्याएँ हैं –

1. गर्भपात
2. एड्स
3. बलात्कार
4. नशीली दवाएँ
5. स्कूल में हिंसा की वजह से मौत और हत्या का डर, बंदुकों और चाकुओं का आतंक।

पुराने मूल्य मिट नहीं सकते
OLD VALUES ARE NOT OBSOLETE

कोई भी देश साझा विश्वासों, और उसके नज़रिए की वजह से संगठित रहता है। इन्हीं की वजह से उस देश के लोगों को किसी भी समाज को परेशान करने वाले संघर्षों से उबरने की शक्ति मिलती है, और इन्हीं की वजह से किसी देश को उसका स्वर, आकार, निष्ठा, नैतिक स्वरूप और सहन शक्ति प्राप्त होती है।

– जॉन गार्डनर

कुछ लोग ज़िम्मेदारी, निष्ठा, वचनबद्धता, और देशभक्ति जैसे नैतिक मूल्यों को पुराना समझते हैं। ये नैतिक मूल्य पुराने हो सकते हैं, मगर इनका महत्त्व कभी ख़त्म नहीं हो सकता। ये समय की कसौटी पर खरे उतरे हैं, और हमेशा कायम रहेंगे। चाहे न्यूयॉर्क हो, नई दिल्ली हो या न्यूज़ीलैंड हो, इन मूल्यों का अर्थ सब

जगह एक-सा ही हैं। ये सर्वव्यापी हैं। मुझे इतिहास के किसी ऐसे दौर या संस्कृति के बारे में नहीं पता, जिसने इन मूल्यों को सम्मान न दिया हो।

आज नैतिक मूल्य काफ़ी नीचे गिर चुके हैं
VALUES ARE AT AN ALL-TIME LOW

किसी समाज में अनैतिकता और नाइंसाफ़ी से निराशा जन्म लेती है। अनैतिक आनंद की तलाश में रहने वाले लालची और अविवेकी लोगों पर दृढ़ नैतिक चरित्र वाले लोगों द्वारा अंकुश लगाया जाना ज़रूरी है। बदलाव के इस दौर में हम अपने रास्ते से भटक गए हैं।

जिस समाज ने अपने नैतिक मूल्यों को खो दिया है, वह विनाश की ओर बढ़ रहा है। इतिहास गवाह है कि जिस समाज के नैतिक मूल्य गिरे, वह समाज भी गिर गया।

लगभग पचास-साठ साल पहले, अमरीका ज़बरदस्त मंदी (Depression) के दौर से गुज़र रहा था। उसकी एक तिहाई दौलत कुछ ही महीनों में बरबाद हो चुकी थी। उत्पादन में 77 प्रतिशत की गिरावट आ गई थी। एक चौथाई मज़दूर बेकार हो गए थे। कई शहरों में स्कूल चलाना भी मुश्किल हो गया था। न्यूयॉर्क के 20 प्रतिशत स्कूली छात्र पोषण की कमी के शिकार हो चके थे। एक समय तो 3 करोड़ 40 लाख आदमी, औरत और बच्चे बग़ैर किसी आमदनी के थे।

धड़ाधड़ बंद होते होटलों (सूप किचन), बैंकों और भूखमरी के उस मुश्किल दौर के बीच भी फ्रैंकलिन रूज़वेल्ट (Franklin Roosevelt) ने अपने राष्ट्र के लोगों से रेडियो पर कहा, "ईश्वर का शुक्र है कि हमारी मुश्किलें सिर्फ़ भौतिक और सांसारिक (material) चीज़ों को लेकर हैं।"*

अच्छाई क्या है?
WHAT IS GOODNESS?

अगर हम एक सर्वे (survey) करें और लोगों से पूछें, "क्या आप अच्छे हैं?" तो ज़्यादातर लोगों का जवाब होगा, "हाँ !" उनसे पूछें, "कौन-सी चीज़ उन्हें अच्छी बनाती है?" तो जवाब होगा –

- मैं धोखा नहीं देता, इसलिए मैं अच्छा हूँ।
- मैं झूठ नहीं बोलता, इसलिए मैं अच्छा हूँ।
- मैं चोरी नहीं करता, इसलिए मैं अच्छा हूँ।

* जर्नल ऑफ़ द अमेरिकन फेमिली एसोसिएशन, नवंबर/दिसंबर, 1991

अगर आप ऊपर दिए जवाबों को जाँचें और परखें, तो पाएँगे कि उनमें ज़्यादा दम नहीं है। उस आदमी के बारे में सोचें जो कहता है, "मैं धोखा नहीं देता।" इसका सिर्फ़ यही मतलब है कि वह धोखेबाज़ नहीं है। और वे लोग जो कहते हैं कि हम झूठ नहीं बोलते और चोरी नहीं करते, इसका मतलब सिर्फ़ यही है कि वे झूठे और चोर नहीं हैं। मगर इतनी-सी बात से वे अच्छे नहीं बन जाते। एक इंसान अच्छा तब बनता है, जब वह वास्तव में अच्छे काम करता है, न कि तब जब वह ग़लत काम नहीं करता। नैतिक मूल्यों वाला व्यक्ति वही होगा जिसमें निष्पक्षता, दया, साहस, निष्ठा, दूसरों के भाव समझने की क्षमता, विनम्रता, तहज़ीब और वफ़ादारी जैसे गुण होंगे। इन ख़ूबियों वाले इंसान अच्छे क्यों माने जाते हैं? इसलिए कि ऐसे लोग ही भरोसेमंद होते हैं, न्याय के लिए खड़े होते हैं, ज़रूरतमंद की मदद करते हैं, अपनी और अपने आसपास के लोगों की ज़िंदगी बेहतर बनाते हैं। अच्छाई को हर रूप में पहचानने के लिए ख़ास पैमानों और मानदंडों (Benchmarks & Standards) की ज़रूरत पड़ती है। ये मानदंड नैतिक, क़ानूनी या दोनों ही तरह के हो सकते हैं। नैतिक मानदंड ग़लत और सही, और इन दोनों के बीच के धुँधलके भरे क्षेत्र के बारे में हमारी समझ को साफ करते हैं। वे बताते हैं कि क्या सही है, और क्या ज़्यादा सही है, क्या बुरा है, और क्या ज़्यादा बुरा है।

हमारी नैतिकता का स्तर कितना ऊँचा है?
HOW HIGH ARE OUR ETHICAL STANDARDS?

अगर हालात ऐसे हों, तो आप क्या करेंगे –

1. आपको मालूम है कि आपके घर और रेलवे स्टेशन के बीच का किराया 64 रुपये है। आप पहले भी इतना ही दे चुके हैं, और आप जानते हैं कि यही सही किराया है। मगर इस बार टैक्सी ड्राइवर केवल 32 रुपए माँग रहा है। अब आप क्या करेंगे?
2. आप किसी होटल में खाना खा रहे हैं, और आपने चार चीज़ें मँगवाई, बैरा चारों चीज़ें लाया, मगर ग़लती से उसने तीन ही चीज़ों का बिल बनाया। आप क्या करेंगे?
3. आपका सबसे अच्छा दोस्त आख़िरी साँस ले रहा है, और आप जीवन बीमा के एजेंट हैं। वह एक लाख रुपए का बीमा कराना चाहता है। किसी को पता नहीं है, और न ही किसी को मालूम होगा कि आपका दोस्त मरने वाला है। क्या आप उसे पॉलिसी बेचेंगे?

नैतिकता को कानूनी शक्ल नहीं दी जा सकती। ऊपर बताए गए हालात में आप अपने बच्चों को क्या सलाह देंगे? और जो सलाह देंगे, क्या आप अपने जीवन में खुद भी वैसा ही व्यवहार कर रहे हैं? हमें नैतिकता की शिक्षा जन्म के साथ ही मिलने लगती है, और वह जीवनभर साथ देती है। क्या हम अपना नैतिक व्यवहार बदल सकते हैं? हाँ। हमें नैतिक प्रशिक्षण की ज़रूरत है।

नैतिकता को कौन-सी चीज़ें प्रभावित करती हैं?
WHAT AFFECTS ETHICS?

- लालच (Greed)
- डर (Fear)
- दबाव (Pressure)

किसी अनैतिक काम को यह कहकर उचित नहीं ठहराया जा सकता कि उसे दबाव में किया गया है। इस बात को ध्यान में रखना चाहिए कि निष्पक्ष व्यवहार का मतलब समानता का व्यवहार नहीं होता।

व्यापार में नैतिकता
ETHICS IN BUSINESS

नैतिकता, और अनैतिकता का असर हर व्यवसाय में झलकता है। लालची डॉक्टर बिना ज़रूरत के जाँच और सर्जरी करते हैं। वकील सच को तोड़ते-मरोड़ते हैं। माँ-बाप और बच्चे, दोनों सफ़ेद झूठ बोलते हैं। एकाउंटेंट और सेक्रेटरी अक्सर ग़लत रिपोर्ट बनाते हैं।

जब हम अपने आसपास के लोगों को धोखा देते हैं, तो सबसे बढ़कर हम खुद को धोखा देते हैं। दरअसल उस समय हम खुद धोखा खाने की तैयारी कर रहे होते हैं। इसके अलावा हम जब दूसरों को धोखा देते हैं, तो सोचने लगते हैं कि दूसरे भी हमें धोखा देंगे। नतीजे के तौर पर हमारा नज़रिया सुबहे से भरा और निराशावादी हो जाता है।

समृद्धि और खुशहाली ज़िम्मेदारियाँ लाती हैं। हम नैतिक और सामाजिक मूल्यों को नष्ट करके उद्योग-धंधों और देश के बुनियादी ढाँचे का निर्माण नहीं कर सकते।

नैतिक नियमों को न मानने के नतीजे भी वैसे ही होते हैं, जैसे कि क़ानूनी नियमों को न मानने के होते हैं। कुछ लोग कभी भी नैतिकता का पालन करने वाले नहीं बनेंगे। वे सोचते हैं कि उन्होंने आसान रास्ता चुना है, मगर सच तो

यह है कि यह रास्ता कठिन है। ग्राहकों को उचित सेवा न देकर क्या आप खुद का सामना कर पाएँगे? क्या अपने बच्चों के सामने इस बात की डींग हाँककर आपको गर्व होगा, क्या आप अच्छा महसूस कर पाएँगे? अगर आप ऐसा नहीं कर सकते, तो आपका व्यवहार अनैतिक है।

स्वाभिमान और हास्यप्रियता (sense of humour) आपको सही रास्ते पर बनाए रख सकते हैं।

निष्कर्ष
CONCLUSION

लोग श्रेष्ठता का स्तर क्यों नहीं हासिल कर पाते? इसका सबसे बड़ा कारण दूरअंदेशी की कमी है। हमें अपनी नज़र मुमकिन कामों से भी आगे ले जानी चाहिए। आज हम जो कुछ भी देखते हैं, वास्तविकता बनने से पहले वह एक सपना ही था। ज़िंदगी को उत्साह, सही दिशा और सही उद्देश्य के साथ जिएँ। क्या आपका कोई सपना है? अगर है, तो क्या है? क्या आपकी ज़िंदगी का हर दिन आपको अपने उद्देश्य के नज़दीक ले जा रहा है? नाक़ामयाब लोगों की बातों पर ध्यान मत दीजिए – वे आपको सफलता पाने के बारे में ग़लत सलाह देंगे। सलाह लेनी ही हो तो क़ामयाब लोगों से लीजिए।

जहाँ दूरअंदेशी एक साल के लिए हो,
तो फूल लगाइए।
जहाँ दूरअंदेशी दस साल के लिए हो,
तो पेड़ लगाइए।
जहाँ दूरअंदेशी अनंत काल के लिए हो
तो लोगों का विकास कीजिए।

– एक प्राचीन कहावत

याद रखिए –

"जीतने वाले कोई अलग काम नहीं करते,
वे हर काम अलग ढंग से करते हैं!"®

–शिव खेड़ा

कार्य योजना (ACTION PLAN)

ज़िंदगी का केवल यही मकसद हो सकता है कि हम जो बनने लायक हैं, वह बन जाएँ।

— बेनेडिक्ट स्पिनोज़ा

- 15 मिनट तक शांति से सोचें कि आपमें किन तीन चीज़ों के लिए याद किए जाने की गहरी इच्छा है?

(क) ______________________

____

____

(ख) ______________________

____

____

(ग) ______________________

____

____

- आप जिन चीज़ों के लिए याद किया जाना चाहेंगे, उन्हें हासिल करने की राह पर आगे बढ़ाने वाली तीन गतिविधियों, या व्यवहारों की लिस्ट बनाएँ।

(क) 1. ______________________

2. ______________________

3. ______________________

(ख) 1. ______________________

2. ______________________

3. ______________________

(ग) 1. ______________________

2. ______________________

3. ______________________

THREE DAY WORKSHOP

"WINNERS DON'T DO DIFFERENT THINGS, THEY DO THINGS DIFFERENTLY"™

Mr Shiv Khera's dynamic 3-day workshop entitled "Blueprint for Success" has dramatically improved productivity in thousand of people and organizations internationally.

Seminar Highlights

Attitude – Ambition – Action

- Master the seven steps to positive thinking
- Turn weaknesses into strengths
- Do the right thing for the right reason
- Remove the barrier to productivity
- Introduce new vitality into your corporate culture – build trust and loyalty
- Help others to take on more responsibility
- Mutual respect to enhance teamwork
- Control things instead of letting them control you
- Become more effective immediately